SOBREVIVIR A LA MUERTE

LESLIE KEAN

SOBREVIVIR A LA MUERTE

UNA PERIODISTA INVESTIGA EVIDENCIAS DE VIDA EN EL MÁS ALLÁ

Traducción de Antonio-Prometeo Moya

indicios

Argentina – Chile – Colombia – España
Estados Unidos – México – Perú – Uruguay – Venezuela

Título original: *Surviving Death*
Editor original: Crown Publishing Group, a division of Penguin Radom House LLC, New York
Traducción: Antonio-Prometeo Moya Valle

1.ª edición Febrero 2018

Copyright © 2017 by Leslie Kean
All Rights Reserved
© 2018 de la traducción *by* Antonio-Prometeo Moya Valle
Copyright © 2018 *by* Ediciones Urano, S.A.U.
    Plaza de los Reyes Magos 8, piso 1.º C y D – 28007 Madrid
    www.indicioseditores.com

ISBN: 978-84-15732-29-7
E-ISBN: 978-84-17180-40-9
Depósito legal: B-793-2018

Fotocomposición: Ediciones Urano, S.A.U.

Impreso por: Rodesa, S.A. – Polígono Industrial San Miguel – Parcelas E7-E8
31132 Villatuerta (Navarra)

Impreso en España – *Printed in Spain*

A mi padre,
Hamilton Fish Kean
1925-2016

Índice

PRIMERA PARTE
¿Hay «vida» antes del nacimiento?

SEGUNDA PARTE
Morir y regresar

Introducción

Mientras buscaba indicios de la existencia de un más allá, presencié cosas increíbles que en principio no podían admitirse en nuestro mundo material. Sin embargo, eran inevitable e innegablemente reales. A pesar de las dudas que acompañaron mis primeros pasos, acabé dándome cuenta de que aún hay aspectos de la naturaleza que no se comprenden ni se aceptan, aunque su realidad comporta profundas consecuencias para el conocimiento de la verdadera dimensión de la psique humana y su posible continuidad después de la muerte física.

Estuve directamente en contacto con personas con una capacidad perceptiva que parecía rebasar los límites del cerebro; con fuerzas inexplicables que parecían poseer inteligencia, que movían objetos; y seres presuntamente incorpóreos que se comunicaban con personas desconocidas para ellos y les daban detalles poco conocidos y precisos. Además, estudié numerosos artículos publicados, algunos por médicos, que hablaban de pacientes clínicamente muertos y sin ninguna función cerebral que informaban de viajes a una dimensión en el más allá superior.

Mis investigaciones sobre estos y otros fenómenos igual de notables planteaban muchos interrogantes. ¿Cómo es posible que una aparición responda a un gesto de un observador humano? ¿O que determinadas personas presencien su propia resucitación desde el techo del quirófano, conscientes de que han abandonado el cuerpo? ¿O que un difunto que sigue vivo después de haber sido declarado muerto materialice su mano en múltiples ocasiones? ¿Y cómo es posible que un niño de dos años recuerde, o parezca recordar, múltiples hechos concretos de una vida anterior, desconocida para los miembros de su familia, y que después se comprobó que eran ciertos?

Documentadas en la literatura científica durante más de cien años, estas y otras manifestaciones tienen algo en común: sugieren que la conciencia —o un aspecto nuestro— puede sobrevivir a la muerte física. A lo largo de las páginas que siguen, viajaré con los lectores por este mundo.

Pocos periodistas han investigado de un modo sistemático estos fenómenos, sometiéndolos a una crítica rigurosa y en profundidad. Esta labor fue abordada sobre todo por científicos, filósofos, médicos, psiquiatras y otros investigadores valientes que por lo general estudiaron facetas específicas. Mi intención es presentar algunos de los testimonios más interesantes, procedentes de fuentes diversas, y exponer su interconexión, de un modo accesible para el lector curioso e inteligente que se enfrenta a este material por primera vez. Los estrictos protocolos periodísticos pueden aplicarse a cualquier campo de la experiencia del que haya datos, al margen de lo insólito e indeterminado que pueda ser dicho campo.

Sin embargo, este libro no es, ni mucho menos, un catálogo de indicios de la existencia de vida después de la muerte corporal. También para mí es una aventura muy personal. Mi exposición se quedaría en el limbo de lo abstracto y lo unidimensional sin mis experiencias y «experimentos personales». En este sentido, he realizado la investigación de un modo desacostumbrado, experimentando y analizando fenómenos directamente, y no limitándome a describirlos desde la perspectiva de la observadora alejada que estudia datos y mira un mundo extraño desde fuera. Profesionalmente puede ser arriesgado dar cuenta de estos hechos personales, pero creo que es mi obligación hacerlo. Sería poco ético omitir elementos que han influido en mi forma de pensar y me indujeron a entrar más profundamente en el tema, así como pasar por alto mis esfuerzos por entender y aceptar muchos fenómenos notables. Sin embargo, tuve la precaución de retroceder cuando llegaba el momento, manteniendo al respecto un criterio tan analítico y crítico como ante todo lo demás. La parte más delicada del problema radica en la interpretación de los acontecimientos extraordinarios, no en su exposición.

Como periodista, mi interés por la posibilidad de que haya pruebas de la supervivencia después de la muerte data de hace más de diez años. En 2007 fui productora asociada de un documental sobre el tema que me permitió conocer algunos de los mejores casos y expertos de Estados Unidos y del extranjero[1]. Viajé a Escocia, en concreto a Glasgow, para conocer a la familia de un niño llamado Cameron que desde muy pequeño venía hablando de una vida anterior que lo atormentaba. Los recuerdos le habían despertado muchas emociones y mucha añoranza de su otra familia. Su madre y el psiquiatra Jim Tucker, experto en casos de reencarnación de niños, acabaron llevando a Cameron a su «casa anterior», situada en una isla llamada Barra, donde encontraron pruebas de la veracidad de los recuerdos del chico. Aunque triste y apático mientras recorría la casa, Cameron pareció curarse después de aquello; sus recuerdos desaparecieron y desde entonces pudo llevar una vida normal[2].

¿Fue todo fruto de la fantasía de una madre con un hijo trastornado? ¿Fue, por extraño que parezca, el pequeño Cameron quien con tres años de edad puso en movimiento alguna clase de fuerza mental para conseguir información de un lugar con el que no tenía ninguna relación conocida? ¿O recordaba realmente una vida que había vivido con anterioridad, como creían sinceramente primero él y luego su madre?

También estuve presente en entrevistas con dos médiums físicos; es decir, personas que posibilitan la manifestación de fenómenos físicos extraordinarios mientras están en un trance generado, según ellos, por fuerzas procedentes del «mundo de los espíritus». En este caso hubo luces que se movían, objetos que levitaban, manos que se materializaron, imágenes insólitas impresas en película fotográfica salida de fábrica e información detallada aportada por parientes fallecidos. Estas manifestaciones fueron presenciadas por centenares de personas entre 1993 y 1998 en Scole, un pueblo de Inglaterra,

---

1. *The afterlife investigations*, 2010, NTSC, 86 minutos. Escrito, producido y dirigido por Tim Coleman, con Daniel Drasin como productor asociado. Véase www.timcolemanmedia.com.

2. Recomiendo el documental «The boy who lived before», producido en 2006 para el programa *Extraordinary people* del Canal 5 de la BBC, disponible en YouTube.

y en otros seis países. La finalidad declarada de los experimentos de Scole, como se llamaron las más de quinientas sesiones, era demostrar la realidad de la vida después de la muerte[3]. Las sesiones fueron supervisadas durante tres años por tres cualificados investigadores externos que a menudo dirigían y controlaban los experimentos personalmente y que certificaron la autenticidad de los acontecimientos en un largo informe académico[4]. Otros que revisaron los datos después de asistir a unas cuantas sesiones manifestaron dudas sobre si se habían implementado suficientes controles, en particular porque casi todos los experimentos se realizaron a oscuras. Yo estaba decidida a vivir personalmente algún día estos asombrosos fenómenos y finalmente lo hice con otro médium físico, mientras preparaba el material de este libro.

Durante ese tiempo me interesé asimismo por otro problema no menos seductor: si estamos solos en el universo. En 1999 di comienzo a una investigación en profundidad sobre las pruebas disponibles de los fenómenos aéreos no identificados, popularmente llamados OVNIS; revisé informes oficiales de casos y documentos gubernamentales emitidos en los últimos diez años, y entrevisté a pilotos, a personal militar y a altos funcionarios de la administración. Con el tiempo me convencí de que había indicios sólidos de la existencia de objetos físicos desconocidos y extraordinarios en nuestro cielo, pero aún no sabemos qué son, por qué están ahí ni de dónde proceden. Mi trabajo culminó con la publicación de *UFOs: generals, pilots and government officials go on the record* en 2010[5]. Como es lógico, este fenómeno es difícil de investigar por muchísi-

---

3. Recomiendo: Grant y Jane Solomon, *The Scole experiment*, Campion Books, 1999. Un libro ameno e ilustrado sobre lo ocurrido en Scole, escrito por dos periodistas.

4. Montague Keen, Arthur Ellison y David Fontana, «The Scole report», *Proceedings of the Society for Psychical Research*, vol. 58, parte 220 (Society for Psychical Research, noviembre de 1999). Recomiendo vivamente este informe de 450 páginas a los interesados en profundizar en la mediumnidad física. Disponible en Amazon, reimpreso como Keen, Allison y Fontana, *The Scole report*, Saturday Night Press Publications, 2011.

5. Harmony Books, 2010. Edición de bolsillo en Rivers Press, 2011. Con un prólogo de John Podesta. El libro fue un superventas en la lista del *New York Times* y se ha traducido a once idiomas, entre ellos el español: *OVNIS: la más amplia recopilación de documentos oficiales desclasificados, y testimonios de pilotos, generales y funcionarios involucrados*, Urano, Barcelona, 2017, trad. de Antonio-Prometeo Moya. Véase UFOsOnTheRecord.net.

mas razones, y necesitamos muchos más datos concluyentes[6]. En cualquier caso, es lamentable que los científicos que buscan pruebas más convencionales de la existencia de vida extraterrestre hayan marginado o desechado la amplísima documentación que hay sobre los OVNIS. Del mismo modo, la comunidad científica considera desde hace mucho tiempo que los acontecimientos «paranormales» que se tratan en este libro son un tema marginal, aunque en realidad merecen una seria atención académica y científica.

Una cosa es sentir curiosidad por el universo físico, pero la pregunta universal, que los seres humanos vienen planteándose desde el origen de los tiempos, acerca del estado de conciencia o de «espíritu» que tiene lugar tras la muerte corporal reviste cada vez más urgencia en este planeta. Las personas incitan al odio e incluso se matan por diferencias ideológicas, y las distorsiones religiosas se utilizan para justificar las más horrendas actividades humanas. ¿No podríamos idear una amplia concepción unificada de lo que podría ser la realidad de la vida después de la muerte, *basada en hechos comprobados,* que en consecuencia reduciría la capacidad de persuasión de los rígidos sistemas en pugna? Un conocimiento más racional podría consolar a muchas personas en el ocaso de su vida y al mismo tiempo nos motivaría para ser más éticos y generosos mientras vivimos. Un mayor conocimiento de la naturaleza de la conciencia y de su posible supervivencia después de la muerte podría tener un enorme y benéfico efecto sobre la humanidad.

Supongo que los lectores se habrán dado cuenta ya de que este libro no tiene nada que ver con los dogmas, ni con el del dios inmaterial de las religiones, ni con el de la ciencia materialista que sostiene que lo único que existe es materia y que todos los fenómenos, incluso la conciencia, son reducibles a procesos físicos. Esto no significa que las convicciones personales o religiosas de los ciudadanos tengan por fuerza que estar en conflicto con el material que se presenta aquí. Yo respeto sinceramente todas las perspectivas y espero que los indicios que apoyan la supervivencia enriquezcan y estimu-

---

6. Para información de los interesados, me he embarcado en UFODATA, una organización sin ánimo de lucro que recogerá más datos sobre ovnis a un nivel inédito hasta ahora y que se pondrán a disposición de la comunidad científica. Véase UFODATA.net.

len las búsquedas individuales de respuestas más objetivas, sea cual sea la formación de cada cual. Mi intención es aclarar, no crear conflictos. Espero que todos estén de acuerdo en que resulta interesante saber lo que realmente hay cuando nos enfrentamos a un tema de esta importancia.

Al margen de nuestra perspectiva individual, tarde o temprano nos llega a todos la hora de la muerte y todos vivimos la tragedia de perder a personas que amamos. En los últimos cuatro años, mientras preparaba este libro, he perdido a mi padre, a mi hermano menor y a un tío al que quería mucho. En 2011 estuve presente en el instante en que una amistad íntima exhalaba su último aliento, víctima de un cáncer. Algunas personas confían en los sistemas religiosos o místicos para hacer frente a la muerte, cuyo sentido se nos antoja incomprensible, escandaloso y a menudo irreal. Pero hay muchas otras personas que no creen en nada. A semejanza de estos agnósticos, quiero entender, en la medida de lo posible, qué significa ese terrible punto final de la vida. ¿Somos únicamente el cuerpo que yace ahí, materia física con un cerebro que ha clausurado todo funcionamiento humano y todos los elementos de la conciencia y del que no resta más que materia vacía, no diferente de un puñado de barro? ¿O hay algo esencial y consciente que abandona nuestro cuerpo físico en el momento de la muerte, que es transición a otra existencia en un reino inmaterial? Aunque sea imposible demostrarlo, pueden consolarnos los múltiples indicios objetivos que sugieren que los que hemos perdido viven bajo otra forma y que incluso podrían comunicarse con nosotros desde «el otro mundo».

La mayoría de la gente probablemente no sabe que se ha formulado una «hipótesis de la supervivencia» y que desde hace mucho tiempo se debate en el ámbito de muchas disciplinas. Generalmente escondida en recónditos volúmenes, artículos científicos y diversos campos de investigación, posee una sólida base académica y científica. Para apoyar mi presentación de los hechos, invité a diez destacados expertos y testigos que ofrecen sorprendentes e innovadoras declaraciones en capítulos exclusivos, para que el lector aprecie y juzgue sus propias palabras.

Los contribuyentes estadounidenses son un psiquiatra infantil de la Universidad de Virginia que ha estudiado a niños que recuerdan vidas pasadas; un parapsicólogo experto en apariciones; un destacado investigador que estudia la mediumnidad mental bajo controles estrictos; un asistente social clínico con experiencia personal en un caso comprobado de abandono del cuerpo; y el padre de un niño que tiene docenas de recuerdos de una vida pasada que han sido comprobados. Entre los británicos hay un neuropsiquiatra especializado en experiencias del final de la vida; un psicólogo retirado de la Universidad de Nottingham que ha investigado el trance de los médiums; y un reputado y auténtico médium físico. Colaboran también un cardiólogo holandés que es experto en experiencias cercanas a la muerte y un psicólogo de la Universidad de Islandia con pruebas de supervivencia post mortem aportadas por un joven médium físico islandés. Muchos otros han estado dispuestos a ser entrevistados para este libro y a aportar casos e informes de testigos presenciales.

Antes de empezar el viaje me gustaría repasar algunos puntos básicos. Cuando lleguemos al final creo que los lectores estarán de acuerdo conmigo en que aún no estamos en condiciones de comprender un fenómeno tan vasto y complejo como la conciencia humana; en que la creencia en la vida después de la muerte tiene una base lógica y cuenta con datos que la apoyan; y en que toda la información que hay disponible merece que la comunidad científica investigue más a fondo, puesto que se trata de una de las incógnitas más trascendentales con que los seres humanos se han enfrentado desde siempre.

Ante todo es importante aclarar lo que entiendo por «supervivencia». Este concepto no se refiere a la fusión impersonal con una conciencia pura ni a que pasemos a formar parte de una conciencia universal, como quieren las personas influidas de un modo u otro por las religiones orientales. Si esto fuera lo único que sucede, perderíamos la individualidad. Aquí hablamos de supervivencia personal, de una existencia *post mortem* en la que subsisten rasgos característicos, recuerdos y emociones, en algunos de nosotros y durante un tiempo desconocido. Hablamos de continuidad de la vida psíquica después de la muerte, continuidad que permite que la personalidad incorpórea sea reconocible por los que siguen en este mundo cuando se establece la comunicación. La hipótesis de la supervivencia no está demostrada, pero es razonable y propone esta clase de supervivencia personal para explicar muchos datos convincentes. En otras palabras, sugiere la supervivencia de una «esencia» individual, un «espíritu», un «alma», términos que aquí no tienen ningún significado religioso.

En este contexto, hay que entender además que los seres humanos poseen extraordinarias aptitudes mentales que la ciencia no alcanza a explicar. Podrán discutirse, pero científicos legítimos las vienen documentando desde hace muchos años; he sido testigo de su pleno funcionamiento. Estas aptitudes suelen llamarse «psi», o capacidad psíquica, aunque también puede hablarse de «percepción extrasensorial» (PES). Este fenómeno se refiere a la fuerza que entra en funcionamiento en la adquisición de información por la mente sin intervención de los cinco sentidos tradicionales (vista, gusto, tacto, oído y olfato). Por eso algunos lo llaman «sexto sentido».

Para estudiar la hipótesis de la supervivencia hay que comprender las diversas formas de psi. Cuando una mente influye en otra, o la «lee», por ejemplo cuando percibe los pensamientos ajenos, hablamos de telepatía. Cuando se perciben objetos o acontecimientos físicos lejanos, por ejemplo cuando se localiza algo perdido o se «ve» lo que dice un documento distante, entonces hablamos de clarividencia. Llamamos psicoquinesia a la influencia activa de la mente sobre la materia, de tal modo que causa efectos físicos observables, como el desplazamiento de objetos. La precognición es el conocimiento de acontecimientos que no han ocurrido todavía. Los resultados de estas aptitudes perceptivas están documentados y comprobados.

Para que se establezcan comunicaciones entre los vivos y seres incorpóreos de un reino inmaterial, una o ambas partes suelen necesitar estas aptitudes psíquicas. La conciencia incorpórea ya no puede comunicarse mediante los sentidos corporales y tiene que recurrir a psi para pasar al «otro lado del velo» y llegar al mundo físico. Algunas personas vivas tienen capacidad para funcionar como un operador telefónico con una «antena psíquica» que llega al otro mundo, y se sirven de su psi para recibir información concreta de seres incorpóreos, como por una red de fibra óptica invisible.

Seguro que muchos lectores han arqueado ya las cejas y arrugado el entrecejo. Es verdad que en este campo hay fraudes por todas partes. Son muchos los llamados psíquicos y médiums que vienen aprovechándose de la gente crédula desde tiempos inmemoriales. Pero hay casos de personas con decenios de experiencia que han hecho gala de habilidades extraordinarias y han sido estudiadas en condiciones de control estricto. Se crea o no, después de más de un siglo de investigaciones, y aunque la ciencia oficial no lo acepte, esta reiterada documentación ha establecido que dichas habilidades son auténticas.

No sabemos cómo funcionan la telepatía o la clarividencia, pero eso no es motivo para despreciarlas. Tampoco sabemos cómo funciona la gravedad, sin embargo nadie niega su existencia. Y encima tenemos eso que los científicos llaman «energía oscura», que compone alrededor de las tres cuartas partes del universo. Pesa más que toda la energía de las estrellas y las galaxias juntas[7]. Sin embargo, los modelos oficiales del universo, establecidos por la física, no predecían su existencia y los científicos no tienen la menor idea de lo que es. «Ninguna teoría explica la energía oscura, aunque tenemos la prueba de su existencia delante de nuestras narices», dice Michio Kaku, el conocido físico teórico y autor de libros superventas[8]. Michael S. Turner, cosmólogo de la Universidad de Chicago, califica la energía oscura como «el misterio más impenetrable de toda la ciencia»[9].

---

7. Michio Kaku, *Physics of the impossible*, Doubleday, 2008, p. 270. [Ed. española: *Física de lo imposible*, Delibros, Barcelona, 2010, trad. de Javier García Sanz.]

8. Ibid.

9. Richard Panek, «Dark energy: the biggest mystery in the universe», revista *Smithsonian*, abril de 2010.

Y si pasamos a nuestro universo interior, la ciencia tampoco entiende la naturaleza de la conciencia. «La conciencia plantea los problemas más desconcertantes de la ciencia de la mente —dice David Chalmers, profesor de filosofía en la Universidad de Nueva York y en la Universidad Nacional Australiana—. No hay nada que conozcamos más íntimamente que la experiencia de la conciencia. Y, sin embargo, no hay nada más difícil de explicar»[10]. Daniel Dennett, científico cognitivo y filósofo, afirma que por lo menos sabemos meditar los problemas no resueltos de la cosmología, la física de partículas y otros campos científicos. «Pero en lo referente a la conciencia seguimos estando en un espantoso atolladero— manifiesta—. La conciencia es hoy el único tema que suele dejar boquiabiertos y aturullados incluso a los pensadores más sutiles»[11].

Las aptitudes psíquicas, o psi, son un enigmático subconjunto de este atolladero de la conciencia, que enreda aún más su estudio a quienes optan por no salirse del camino de la ortodoxia. Parece que muchos científicos se limitan a alejarse de lo inexplicable y encuentran medios para soslayar los indicios de psi y fenómenos afines.

Una excepción es Dean Radin, quizá la mayor autoridad en el campo de los estudios científicos de los fenómenos psíquicos relacionados con la conciencia[12]. Doctorado en psicología de la educación, es científico jefe del Instituto de Ciencias Noéticas de Petaluma, California, y ha trabajado en la Universidad de Princeton. Ha trabajado también en un programa secreto hoy conocido como Star Gate, que investigaba fenómenos psíquicos para el gobierno estadounidense. Para Radin:

La realidad de los fenómenos psíquicos ya no se basa únicamente en la fe, ni en deseos irracionales, ni en anécdotas entretenidas. Ni

---

10. David J. Chalmers, «Facing up to the problem of consciousness», *Journal of Consciousness Studies* 2 (3), 1995, pp. 200-219, http://consc.net/papers/facing.html.

11. Daniel C. Dennett, *Consciousness explained*, Back Bay Books, 1992, p. 22. [Ed. española: *La conciencia explicada*, Paidós, Barcelona, 1995, trad. de Sergio Balari.]

12. Radin es profesor adjunto en el Departamento de Psicología de la Universidad Estatal de Sonoma y autor o coautor de más de 250 artículos técnicos y divulgativos. Entre sus libros se cuentan *The conscious universe* (HarperOne, 1997), *Entangled minds* (Simon & Schuster, 2006) y *Supernormal* (Randon House, 2013).

siquiera se basa en los resultados de un puñado de experimentos científicos. Lejos de ello, sabemos que estos fenómenos existen porque tenemos nuevas formas de valorar cantidades ingentes de indicios científicos recogidos durante más de un siglo por docenas de investigadores[13].

El psicólogo británico David Fontana ha estudiado los indicios de psi durante más de treinta años. «Las aptitudes psíquicas son un hecho, no una creencia —dice—. Qué sean y qué signifiquen para nuestra concepción de la realidad es otra cuestión, pero no podemos despreciarlas como ficciones y al mismo tiempo pretender credibilidad como observadores imparciales»[14]. Los lectores encontrarán en todo este libro la realidad de las más sutiles capacidades psíquicas, y cuando se acerquen al final ya no dudarán de su existencia.

Los defensores de la supervivencia, a menudo llamados «supervivencialistas», creen que la hipótesis de la supervivencia personal es la mejor explicación de los indicios que se encontrarán en las páginas que siguen. (Y este libro reseña solo una pequeña parte de todos los que hay.) Sin embargo, Michael Sudduth, que estudió en Oxford y hoy es profesor de filosofía y religión en la Universidad Estatal de San Francisco y prolífico autor de libros sobre la supervivencia *post mortem*, señala que los supervivencialistas andan confundidos o son insinceros cuando hablan de la hipótesis de la supervivencia[15]. Su versión de la hipótesis comporta algunas «suposiciones auxiliares» que se dan por sentadas sin reconocer que son premisas indemostrables y sin solidez. En otras palabras, los supervivencialistas cons-

---

13. Dean Radin, *The conscious universe*, HarperOne, 1997, capítulo 1; fragmentos del mismo en deanradin.com/NewWeb/TCUindex.html.

14. David Fontana, *Is there an afterlife?: A comprehensive overview of the evidence*, O Books, 2005, p. 470.

15. Para más información sobre este asunto, véase Michael Sudduth, «What's wrong with survival literature?» en su blog *Cup of Nirvana* (septiembre de 2015). Para un análisis en profundidad del mismo Sudduth, véase su libro *A philosophical critique of empirical arguments for postmortem survival*, Palgrave Macmillan, 2016.

truyen lo que ellos llaman su «hipótesis» con ciertas creencias imposibles de demostrar sobre lo que podría ser la supervivencia. Suponen que al menos algunas personas incorpóreas (que han muerto y están en el más allá) tienen recuerdos y características personales identificadoras; estas entidades incorpóreas tienen intención de comunicarse con los vivos; tienen la capacidad psíquica necesaria para comunicarse con los vivos; y tienen conocimiento de lo que ocurre en nuestro mundo, lo cual les permite localizar a determinadas personas para comunicarse a través de ellas[16].

Sin estas suposiciones insertas en la descripción de la supervivencia nos sería imposible saber qué indicios obran a favor o en contra de la hipótesis. Pero ¿sabemos si las suposiciones son ciertas? Se da por sentado que lo son con objeto de que la hipótesis de la supervivencia coincida con los datos. Se da por sentado que estas características del más allá y de la conciencia superviviente son verdaderas para que la hipótesis de la supervivencia tenga capacidad explicativa.

Esto puede parecer una elucubración abstracta, pero representa un problema ideológico que no podemos descuidar. Estamos dando por sentado que la naturaleza de la conciencia «al otro lado de la muerte» tiene características y motivaciones equivalentes a las de los vivos. «No sabemos de qué modo la experiencia de la muerte puede alterar la conciencia o los estados mentales o las fuerzas causativas de las personas inmateriales», alega Sudduth[17]. Pensemos en ello del siguiente modo: sabemos que el mundo cuántico —el de los componentes infinitesimales de la materia empapada de vida— está gobernado por principios y realidades diferentes de los que conocemos en la vida cotidiana. ¿Hasta qué extremo podría ser diferente e inimaginable un mundo en el que la conciencia existe *post mortem*?

Por suerte, Sudduth nos ofrece una hipótesis de la supervivencia que él llama «afianzada» o «sólida»[18]: una hipótesis a la que

---

16. Michael Sudduth, «Is postmortem survival the best explanation of the data of mediumship», en Adam Rock, *The survival hypothesis: essays on mediumship*, McFarland & Company, Inc., 2013, pp. 47-48.

17. Ibid., p. 49.

18. Ibid., p. 48.

podemos adscribir las suposiciones ya expuestas, siempre que seamos conscientes de que las adscribimos, para tener algo con lo que trabajar. Esta es la que analizamos en las páginas que siguen. Si aceptamos las suposiciones sobre la naturaleza de esa existencia que los supervivencialistas creen cierta pero no pueden demostrar, los indicios en tal caso son convincentes. Y se comprenderá por qué creen en esas características de la existencia en el más allá cuando se vean los casos e informes personales que presento. Muchos teóricos han aducido que la supervivencia *post mortem* es la explicación más lógica que puede darse sobre los datos; se han publicado volúmenes académicos y estudios de investigación partiendo de esa base.

Así llegamos a una pregunta que cae por su propio peso: ¿hay alguna otra forma, aparte de la supervivencia, de interpretar los indicios que tenga lógica y pueda explicarlos? (Reconozco que aún no he presentado los indicios a los lectores, pero estos conceptos que estamos barajando son el telón de fondo imprescindible para hacer una evaluación como es debido.)

Hay otra hipótesis que ha sembrado mucha polémica y desánimo en la comunidad investigadora. Afirma que los indicios pueden explicarse como efectos de facultades psíquicas *de los vivos* y no porque haya comunicaciones con los difuntos. Esto significaría que los médiums que reciben datos comprobables y que ellos interpretan como procedentes de entes incorpóreos, por ejemplo, en realidad están utilizando su potente capacidad telepática para leer la mente de los relacionados con el difunto, que es donde se contiene también la información. Las fuentes humanas pueden estar físicamente lejos, pero eso no tiene importancia para la telepatía. Por otro lado, las personas dotadas y capaces de localizar un testamento oculto, ignorado por los vivos, podrían estar utilizando su clarividencia en vez de basarse en la información del autor del testamento, ahora incorpóreo, que le indica la situación del escondrijo. Las personas con dotes psi muy desarrolladas podrían sin saberlo malinterpretar la información que reciben, atribuyéndola a una conciencia incorpórea ajena a ellas. Pero, en realidad, dice esta hipótesis, toda la información adquirida mediante su telepatía y su clarividencia procede exclusivamente de fuentes terrenales, sin que importe la sutileza de la capacidad en juego.

Esta contraexplicación se conoce como «hipótesis psi de agente vivo» (*living-agent psi*; hipótesis LAP, en sus siglas en inglés) y es opuesta a la hipótesis de la supervivencia, que propone que la fuente de información es una entidad incorpórea. A veces se han llamado «superpsi» los casos más extremos de aptitud psíquica humana, puesto que van más allá de lo que puede probarse en el laboratorio, pero la capacidad LAP incluye toda la gama. En otras palabras, lo que se discute es la fuente de la capacidad psi, no la capacidad psi propiamente dicha.

La validez de la hipótesis psi de agente vivo ha sido discutida y analizada con todo detalle por el filósofo Stephen Braude, profesor emérito de la Universidad de Maryland, en su brillante y compleja obra *Immortal remains: the evidence for life after death* (2003)[19]. Este minucioso análisis ha sido una referencia indispensable para mi investigación por su rigor. Con Michael Sudduth, Braude está entre los más exigentes e intransigentes analistas críticos de esta hipótesis en la actualidad.

Sin embargo, al igual que la hipótesis de la supervivencia, la hipótesis LAP depende, para sostenerse, de sus propias suposiciones auxiliares o creencias teóricas intrínsecas. La suposición básica es que las aptitudes psíquicas humanas pueden ser prácticamente ilimitadas en cuanto a posibilidades y alcance, según sugieren los indicios de dotes psíquicas extraordinarias. «Ninguna teoría científica invalida ninguna forma de psi», afirma Braude[20]. Basándose en esta suposición, prácticamente todo lo que pueda interpretarse como indicio de supervivencia puede también interpretarse teóricamente como producto de un ilimitado psi humano. Algunos analistas no admiten que los seres humanos

---

19. Braude es también director del *Journal of Scientific Exploration* y autor de *The limits of influence: psychokinesis and the philosophy of science* (Routledge, 1986; nueva edición corregida, University Press of America, 1997); *Immortal remains: the evidence for life after death* (Rowman & Littlefield, 2003); y *The gold leaf lady and other parapsychological investigations* (University of Chicago Press, 2007), entre otras.

20. *Immortal remains*, p. 16.

sean capaces de generar el psi requerido en los casos más extremos que se han registrado y que los lectores verán pronto, así que sugieren que estas manifestaciones deben de proceder de un lugar que no es la mente humana. Pero aquí hay trampa. ¿Es lógico aducir que estas dotes psíquicas extremas son más aceptables cuando se atribuyen a un difunto que cuando se atribuyen a un ser vivo? Braude señala asimismo que no disponemos de una escala o un sistema de medidas claro para lo que nos parece superior o extraordinario. Puede que la cantidad de psi exigida por la hipótesis LAP no sea tan extrema: que solo sea un poco mejor que la que solemos ver en el laboratorio.

Al margen de la fuente de psi, las manifestaciones de aptitudes psíquicas que veremos en breve son realmente asombrosas. Introduzco el debate «LAP contra supervivencia» para delimitar un contexto que reaparecerá continuamente a lo largo del libro.

El principal objetivo de Braude al escribir *Immortal Remains* fue determinar si es razonable una interpretación supervivencialista de los indicios y ver mientras tanto el papel que podía desempeñar la hipótesis psi de agente vivo. «En general, yo diría que los indicios apoyan más que nada la idea de que algunos aspectos de nuestra personalidad y de nuestra conciencia personal, algunos fragmentos significativos de nuestra psicología característica, podrían sobrevivir a la muerte del cuerpo, al menos durante un tiempo», alega[21]. Sudduth concluye que la cantidad de fenómenos que puede explicar una u otra hipótesis dependerá de los elementos auxiliares que reclutemos y del criterio explicativo que utilicemos. A este nivel teórico, la conclusión es ya cuestión de opinión personal. «Braude y yo analizamos críticamente los argumentos de la supervivencia, no la hipótesis de la supervivencia en cuanto tal», me dijo[22].

Otro comentarista experto que tendrá voz en este libro es el psicólogo británico David Fontana, ya mencionado, que es autor del clásico estudio *Is there an afterlife?* (2005). Fontana falleció en

---

21. Ibid., xi.
22. Sudduth, comunicación personal, 17 de enero de 2016.

2010. Escribió más de dos docenas de libros de psicología, traducidos a veintiséis idiomas; investigador psíquico durante decenios, fue presidente de la conocidísima Sociedad de Investigaciones Psíquicas de Londres. Fontana es un supervivencialista, con conocimientos muy sólidos, con el que Braude no siempre está de acuerdo. Fontana admitió que algunos indicios de supervivencia también pueden explicarse como capacidad psi de agente vivo, «pero sostener que estas dotes lo explican todo o casi todo es llevar la hipótesis más allá del límite», dijo[23].

Una observación final: a propósito de los casos que presento aquí, haremos bien en descartar lo primero que viene a la cabeza —los «sospechosos habituales», que dice Braude—, es decir, la idea de que puede haber fraudes, errores de observación, informes equivocados, así como insinceridades y engaños. Es, en efecto, en lo primero que se piensa, pero si estos casos fueran cuestionables no figurarían en este libro. Los «sospechosos no habituales» de Braude[24], descritos como «procesos anormales o raros», por ejemplo las patologías disociativas, formas de sapiencia inauditas o las habilidades creativas latentes, son más difíciles de descartar en algunos casos, pero son enfoques mal definidos que no es probable que expliquen los fenómenos incluidos aquí.

Los lectores deben entender que por cada caso o testimonio que presento hay muchos otros iguales. Prefiero ofrecer pocos casos muy detallados a presentar una lista de muchos casos tratados superficialmente. Aunque he procurado elegir los casos más demostrativos, los lectores encontrarán mucho más material para meditar en la literatura sobre el tema. Espero que las notas a pie de página estimulen la consulta de más títulos y del material videográfico.

Así pues, que empiece el viaje. Mientras avanzamos, recordemos las célebres palabras de William James: «Quien quiera invalidar la ley que dice que todos los cuervos son negros no necesita demostrar que ningún cuervo es negro; basta con que demuestre que existe

---

23. Fontana, *Is there an afterlife?*, p. 471.

24. Braude, *Immortal remains*, p. 11.

un cuervo blanco»[25]. Puede que los lectores encuentren su cuervo blanco en las páginas que siguen e invaliden la ley que dice que la muerte es el final de todo. En cualquier caso, espero que todos disfruten del recorrido.

25. William James, «Address of the President before the Society for Psychical Research» de 1896 (reimpreso en *Subtle Energies & Energy Medicine* 7, 1 (1996), pp. 23-33.

PRIMERA PARTE

¿Hay «vida» antes del nacimiento?

Cuando mueras, serás lo que fuiste antes de nacer.

ARTHUR SCHOPENHAUER

1

«¡Avión en llamas se estrella!»

Durante muchos decenios los investigadores han documentado casos de niños, a menudo muy pequeños, incluso de dos años de edad, que afirmaban tener recuerdos de una vida anterior. A veces los niños daban detalles muy concretos —nombres, lugares, formas de morir en la vida anterior—, suficientes para «resolver» el caso. Esto significa que se localizaron registros y familiares de la supuesta persona anterior y que los hechos detallados por los niños resultaron exactos. Pesadillas sobre la primera muerte, conductas y conocimientos relativos a una trayectoria vital anterior suelen formar parte del mundo de estos niños, además de los recuerdos. Casi todos los casos publicados han tenido lugar en países asiáticos, pero en fecha reciente se han documentado también en Estados Unidos.

Huelga decir que estos desconcertantes acontecimientos resultan muy conflictivos para los padres de estos niños, sobre todo cuando la cultura y la religión de la familia no defienden la reencarnación. Para familias como la que vamos a conocer, la innegable precisión de los recuerdos de los niños acaba venciendo la posible resistencia de su mentalidad. Casos como estos representan un sólido indicio de la posibilidad de la reencarnación, es decir, de que se sigue viviendo después de la muerte.

Bruce y Andrea Leininger —dos atractivos y cultos progenitores de clase media de Lafayette, en el estado norteamericano de Luisiana— no sabían lo que les esperaba en el año 2000, momento en que *su pequeño hijo James empezó a hablar. Andrea, antaño consumada bailarina del Ballet de San Francisco y del American Ballet Theatre, hoy da clases de* ballet *en una compañía local de danza. Bruce es director de recursos humanos del Lafayette Parish School System. Después de sostener muchas conversaciones con él, me proporcionó material para que pudiera describir en este capítulo la transformación emocional y espiritual que sufrió durante la dura prueba*[26].

James Leininger no tenía aún dos años cuando su padre, Bruce, lo llevó al Museo Cavanaugh de la Aviación, aprovechando que estaban en Dallas, visitando a unos parientes. Se encontraban en las pistas del exterior cuando, por el motivo que fuese, James dio un grito de placer al ver estacionado allí el F-104 Thunderchief. Una vez dentro del museo, el equilibrado y alegre niño se quedó transfigurado al ver los aviones de la Segunda Guerra Mundial, que lo atraían como si fueran imanes. Entre los aviones expuestos y él no había más que un cordón de seguridad, pero el niño quería acercarse. Cada vez que su padre lo cogía de la mano para llevarlo hacia otros aviones, el niño se resistía y lanzaba ensordecedores chillidos de ansiedad. Bruce estaba confuso; aquello le parecía muy extraño. Tres horas después consiguió alejar al pequeño con la promesa de llevarlo a un aeropuerto para que viera despegar los aviones.

En el curso del mes siguiente, la madre, Andrea, lo paseaba en un cochecito cuando pasaron por delante de una tienda de regalos en cuya puerta había un contenedor lleno de juguetes de plástico. Eligió un avión de hélice y se lo dio al pequeño James, diciéndole que el aparato incluso tenía una bomba adosada debajo. James lo inspeccionó unos momentos, levantó la cabeza e informó a su madre: «No es una bomba, mami, es un "tanqueterno"».

Andrea no sabía lo que era un tanque externo, llamado también depósito arrojadizo. Bruce le explicó después que era un depósito de combustible auxiliar que llevaban los aviones que recorrían largas

---

26. Todos los pasajes y comentarios de Bruce Leininger que aparecen en este capítulo proceden de correos electrónicos suyos y de conversaciones telefónicas que sostuve con él en 2014 y 2015.

distancias. Ninguno de los dos supo explicarse cómo era posible que James, que apenas sabía hablar, hubiera oído hablar de algo tan exótico como un depósito arrojadizo.

James era el único hijo que tenían los Leininger y sus padres lo adoraban. Bruce había empezado a trabajar por entonces en la Oil Fields Services Corporation of America y Andrea era madre de jornada completa. Bruce era metodista por educación. Había ido a la iglesia todos los domingos durante la infancia y encontraba seguridad y consuelo en su fe. De mayor pasó a formar parte del movimiento cristiano evangélico y todas las semanas acudía dos veces a la Hermandad Evangélica de Empresarios para estudiar y comentar la Biblia. Se consideraba a sí mismo «un cristiano maduro en continuo desarrollo espiritual». Pero en pocas semanas sintió amenazado todo esto por algo que sacudió su fe y los cimientos de su misma identidad.

James cumplió dos años en abril y al mes siguiente Bruce volvió a llevarlo al museo aéreo de Dallas, donde fotografió al pequeño pasmado y como en éxtasis junto a un aparato de la Segunda Guerra Mundial. Desde la visita anterior, Bruce y Andrea habían advertido que el pequeño se entusiasmaba con aviones de juguete y que no jugaba con ninguna otra cosa. No solo estaba obsesionado por los aviones de juguete, sino por los aviones de la Segunda Guerra Mundial en concreto; tenía una familiaridad extraña con ellos, sentía por ellos un apego absorbente y los conocía de un modo inexplicable.

Y entonces empezaron las pesadillas, pesadillas peores que las corrientes. El pequeño estaba aterrorizado, se agitaba violentamente en sueños mientras lanzaba desde la cuna unos gritos que helaban la sangre. Atormentaban a la familia hasta cinco veces por semana. Las pesadillas eran tan espeluznantes que Andrea llevó al pequeño a un pediatra para saber qué le pasaba. El médico no encontró ninguna solución y los sueños continuaron implacablemente, destruyendo la paz del hogar.

Al cabo de unos meses pareció llegarse a un punto crítico cuando entre los alaridos se oyeron unas palabras. Andrea llamó a Bruce para que fuera testigo. Tal como contó este último:

Me quedé en la puerta de la habitación de mi hijo. James estaba boca arriba, pataleando y arañando las sábanas de la cuna, como si quiera salir de un ataúd. Daba violentos cabezazos adelante y atrás y gritaba incesantemente: «¡Avión en llamas se estrella! ¡Pequeño no puede salir!»

James acababa de cumplir dos años y empezaba a hablar formando frases, pero aquellas desesperadas palabras me parecieron muy poco propias de un niño. «¡Avión en llamas se estrella! ¡Pequeño no puede salir!» Quería protegerlo, pero estaba asustado y petrificado. ¿Qué le ocurría a mi hijo?

Aquellos sueños y aquellas palabras se repitieron muchas veces, durante varios meses. Al cabo del tiempo empezó a repetir aquellas palabras cuando estaba despierto. En cierta ocasión, Andrea llevó a Bruce al aeropuerto porque tenía que emprender un viaje por asuntos laborales. Cuando Bruce bajó del coche, el niño se volvió hacia sus padres y dijo: «¡Avión de papá se estrella! ¡Grandes llamas!» Estrellaba los aviones de hélice tantas veces en la mesa de centro que las hélices se rompían y arañaban la mesa. Y por la noche parecía revivir algo muy real. Aquello carecía de toda lógica para sus atribulados padres.

Una noche, antes de ir a acostarse, Andrea leyó a James un cuento infantil del doctor Seuss. El clima era de relajación total, pero James, que seguía despierto, se puso a hablar del sueño sin previo aviso y a representar el accidente con movimientos corporales. La madre, temblando, le preguntó quién era aquel «Pequeño». James dijo: «Yo». Bruce entró en la habitación y preguntó lo mismo. «¿Quién es el pequeño?» y James repitió: «Yo». Bruce describe la conversación:

«Hijo, ¿qué le pasó a tu avión?»
   «Se estrelló ardiendo», respondió James.
   «¿Por qué se estrelló?»
   «Le dispararon.»
   «¿Quién le disparó?»
   James ladeó la cabeza y me miró como si la respuesta fuera evidente. Debió de parecerle una idiotez, porque puso los ojos en

blanco. «Los japoneses", dijo con desdén, como un adolescente intransigente. Solo tenía dos años. Fue como si la habitación se hubiera quedado sin aire.

En otra ocasión James fue más concreto si cabe. Dijo que el pequeño se llamaba James. Sus padres supusieron que se limitaba a repetir su nombre, como haría cualquier niño de dos años que representa en su imaginación una escena donde hay un piloto. Pero cuando le hicieron más preguntas sobre el avión, James dijo que el «pequeño» pilotaba un tipo de avión llamado Corsair. Dijo también que había despegado de un barco. El padre le preguntó por el nombre del barco y el niño respondió: «*Natoma*». Bruce comentó que aquel nombre parecía japonés, pero James le aseguró que era americano, nuevamente con expresión de fastidio, como si estuviera hablando con imbéciles. Bruce escribe:

> Me estremecí como si me hubieran dado un puñetazo. James conocía el avión. ¿Cómo podía saber el niño el nombre de un caza de combate de la Segunda Guerra Mundial y encima con la convicción de que era el avión del sueño? ¿Y cómo diantres sabía que despegaban de portaaviones? En ningún momento había visto, leído u oído nada que pudiera haber dejado en su memoria aquellos recuerdos.
>
> Acabé convenciéndome de que tenía que pillar en falta a James, de que tenía que encontrar los fallos de su historia. Quería algo contundente, algo escrito en papel, que me demostrara que se trataba de una fantasía. Pensaba que aquello de los japoneses, el Corsair e incluso el barco eran una ocurrencia que se le había metido en la cabeza. Y me puse a navegar por Internet. Tras repasar varias páginas en que aparecía el nombre «Natoma», me quedé mirando una foto en blanco y negro del *Natoma Bay*, un pequeño portaaviones estadounidense que había intervenido en el frente del Pacífico durante la Segunda Guerra Mundial. Llamé a Andrea y se lo enseñé, y los dos nos quedamos tiesos, helados, con los pelos de punta.
>
> Es curioso, pero aquello me enfureció. Aún usaba pañales y allí lo tenías, contándome cosas que sacudían mi concepción del mun-

do. Me estaba adentrando en un territorio totalmente desconocido. Empecé a tener miedo, pero sin alarmismos. Mi mujer y su familia se preguntaban si era posible que el niño hubiera tenido una «vida anterior». Les dije: «¡Nunca, al menos no en mi casa!» Tenía que ser riguroso en este aspecto. Mi faceta espiritual estaba gobernada por la fe cristiana, que no admitía la reencarnación y se acabó. Y el mundo era un lugar racional regido por el método científico. ¡Tenía que haber una explicación lógica!

Bruce imprimió la información sobre el *Natoma Bay* que había en una página web y esa página se conserva en la documentación con fecha de 27 de agosto de 2000. Esto es importante, porque señala de modo irrefutable el momento en que Bruce se puso a hacer averiguaciones y deja claro que las afirmaciones de James se produjeron antes de que se supiera nada sobre la persona de la «vida anterior» a la que pudiera estar refiriéndose el niño. El Corsair era un caza estadounidense que fue utilizado sobre todo por el Marine Corps, pero también por la Marina de Estados Unidos, en la Segunda Guerra Mundial. Es importante señalar que en el museo aéreo que visitó James no había ningún Corsair y que no había estado presente en nada que tuviera que ver con la aviación[27].

Varios miembros de la familia habían sido ya por entonces testigos presenciales del escalofriante espectáculo de las pesadillas del niño. Una noche de octubre, ya con dos años y medio, James explicó que no recordaba el apellido del «pequeño» James de las pesadillas. Pero dijo que este James tenía un buen amigo. Cuando le preguntaron por su nombre, el niño respondió: «Jack Larsen, y también era piloto». La concreción de aquel nombre lo cambió todo. Y además apareció otro importante detalle. James contó a sus padres que el avión recibió impactos en el motor, en la proa, donde estaba la hélice. Lo extraño era que, como James escenificaba una y otra vez el episodio, todos sus aviones de juguete tenían las hélices rotas.

---

27. Jim Tucker, *Return to life: extraordinary cases of children who remember past lives*, St. Martin's Press, 2013, p. 69.

James acabó aportando inesperadamente otra pieza del rompe-cabezas el fin de semana de Acción de Gracias. Estaba esperando que pusieran unos dibujos animados y, como se impacientaba, su padre le dijo que se sentara en sus rodillas. Se pusieron a hojear un libro, *La batalla de Iwo Jima,* que Bruce había comprado como regalo navideño para su padre, antiguo marine. (El abuelo de James vivía a unos dos mil kilómetros de allí, en Pensilvania, y durante estos acontecimientos solo había estado una vez en la casa.) Pasaron una página y, al ver una foto de Iwo Jima, James la señaló con el dedo y dijo: «Papá, eso fue cuando dispararon y mi avión se estre-lló». Había dicho «eso fue cuando» y no «ahí fue donde» mientras señalaba la foto de Iwo Jima y el dibujo adjunto, sin mencionar en ningún momento el nombre de la isla.

Cada vez que aparecía una nueva pista, Bruce se deprimía un poco más. «Cuantas más cosas sabía por boca de James, más con-vencido estaba de que mi misión era demostrar que las pesadillas y todo lo demás eran ocurrencias casuales de un niño», escribe. Me había atrincherado en un escepticismo total. Me decía a mí mismo que, como ya tenía el nombre Jack Larsen, podía hacer averiguacio-nes sobre él y comprobar que tenía razón. Debía ser la voz de la lógica en mi familia».

Por entonces Bruce suponía que la persona del sueño, la que había muerto al estrellarse el avión, era Jack Larsen. Cuando preguntaba a su hijo por el nombre del «pequeño» del sueño, este siempre decía James, cosa comprensible porque era su pro-pio nombre. Como Bruce no admitía que James estuviera soñan-do con una vida anterior, llegó a la conclusión de que el nombre que importaba era Jack Larsen y que Larsen era probablemente el tema del sueño. (Visto retrospectivamente, este razonamiento parece extraño, pero entonces tenía lógica para Bruce, ya que se esforzaba por negar lo que ocurría.) De modo que, si Larsen era el que se estrellaba en el sueño, tenía que estar muerto. Bruce se puso a investigar. Encontró en Internet la página de la Comisión de Monumentos Bélicos (ABMC), que traía la lista de los solda-dos desaparecidos en combate o enterrados en el extranjero. Vio 170 personas apellidadas Larson o Larsen que habían caído en la

Segunda Guerra Mundial, pero solo diez se llamaban Jack, James o John.

Bruce pasó meses buscando incansablemente cualquier cosa que ayudara a explicar lo que James contaba. Averiguó que el USS *Natoma Bay* había entrado en servicio en octubre de 1943, de modo que el derribo del avión de Jack (o John) Larson (o Larsen) debió de suceder entre aquella fecha y el fin de la guerra en el Pacífico, es decir, en agosto de 1945. El Corsair no prestó servicio en el portaaviones hasta 1944. Y averiguó que el *Natoma Bay* había estado en Iwo Jima para apoyar el desembarco de los marines en marzo de 1945.

Tiempo después buscó en Internet «organizaciones de veteranos de la Segunda Guerra Mundial» y encontró docenas de páginas. Una, Escort Carriers Sailors and Airmen Association («Asociación de Aviadores y Marineros de Portaaviones de Escolta»), traía una referencia a un reencuentro de la Asociación *Natoma Bay*. Bruce pasó semanas tratando de localizar a las personas que figuraban allí, pretextando que quería escribir un libro sobre el portaaviones. Por fin encontró a Leo Pyatt, que dijo que había volado en treinta y seis misiones de combate que habían partido del *Natoma Bay*, en el escuadrón VC-81, durante la batalla de Iwo Jima. Bruce imprimía toda la información que conseguía desde que había iniciado sus pesquisas en el año 2000 y toda ella consta en la documentación del caso.

Bruce preguntó a Pyatt si conocía a un tal Jack Larsen y Pyatt no titubeó ni un segundo. Dijo que sí, que conocía a un tal Jack Larsen, que «despegó un día y nadie volvió a verlo». También dijo a Bruce que no tenía noticia de que ningún Corsair hubiera despegado del *Natoma Bay*. Bruce se sintió a la vez aliviado e inquieto:

> Que James se hubiera equivocado —con lo del Corsair— me tranquilizó de un modo paradójico. El Corsair era crucial para mi escepticismo. James repetía que había volado en un Corsair, pero este dato no coincidía con los hechos conocidos. Era mi vínculo más firme con la realidad. Al fin y al cabo, se trataba solo de un sueño.

Pero Leo conocía el nombre Jack Larsen. ¿Cómo podía James haber soñado con el nombre de un miembro auténtico del escuadrón? El hallazgo me estremecía y me hacía callar. La conversación con Leo había encendido dentro de mí una chispa que me consumía el alma. Estaba asustado, desconcertado y furioso. Pero había tomado una decisión. No dejaría de buscar hasta que encontrara las respuestas.

Siguiendo las indicaciones de la orientadora Carol Bowman, que había investigado y escrito sobre casos parecidos, Andrea explicó a James que los recuerdos de sus pesadillas se referían a hechos que le habían sucedido en el pasado, pero que ahora estaba allí y a salvo. Poco a poco se redujo la frecuencia de las pesadillas hasta que solo tuvo una aproximadamente cada dos semanas. Los complicados rituales de Andrea a la hora de dormir es posible que coadyuvaran a expulsar el miedo de la cabeza del niño y a «introducirle buenos sueños». Pero la obsesión de James por los aviones de la Segunda Guerra Mundial no desapareció: transformó su calabaza de Halloween en un F-16 Thunderbird.

Y en la primavera de 2001 se puso a hacer dibujos frenéticamente, docenas de dibujos basados en sus recuerdos. Representaban escenas de batallas, por lo general con aviones que descendían bruscamente envueltos en llamas y rodeados de bombas que caían. Apenas capaz de escribir, las firmaba «James 3»; sus padres supusieron que era porque iba a cumplir tres años en abril. Pero cuando le preguntaron la razón, respondió: «Porque soy el tercer James». Y siguió haciendo centenares de dibujos y firmando casi todos «James 3».

Jim Tucker, psiquiatra infantil de la Universidad de Virginia y experto en estos casos (ha colaborado en este libro con un capítulo que se verá más adelante), no era ajeno a esta clase de conductas. «Esta especie de repetición compulsiva es un fenómeno que suele verse en niños que han sobrevivido a un trauma importante o han sido testigos de alguno; se llama juego postraumático —afirma—. Como la tendencia a dibujar ha aparecido con las pesadillas que se repiten y giran alrededor de la misma clase de escena, todo indica que el niño trata de recrear un suceso traumático»[28]. Tucker, que conoció a los Leininger cuando James tenía doce años y entrevistó a fondo a Bruce y a Andrea, cuenta además que James había confeccionado una cabina de mando en un armario con un viejo asiento de coche. Jugaba a pilotar y luego se lanzaba por la puerta como si se tirase en paracaídas después de haber sido alcanzado[29]. En el sueño y en los dibujos aparecía un hombre atrapado en el avión sin poder escapar del incendio, de modo que es probable que las reconstrucciones de James con escape efectivo representaran un intento de dar una solución al suceso traumático: escenificar la huida del avión incendiado saliendo de él.

Por lo que sabemos, en la breve vida de James no había sucedido nada que explicara el trauma potencial que dominaba su mente y sus emociones día y noche. No hace falta mucha imaginación para comprender hasta qué punto era conflictiva aquella situación para la familia. Por suerte, pasó el tiempo y las cosas se normalizaron durante años, en los que James jugó, habló y creció como cualquier otro niño. Pero Bruce y Andrea no podían estar seguros de que no fueran a ocurrir más fenómenos ni cuánto iba a durar la tranquilidad.

Por intervención de Carol Bowman, los Leininger fueron invitados a aparecer en un episodio piloto de una nueva serie de televisión titulada *Strange mysteries* («Misterios extraños»), producida por la ABC. Al principio dudaron, pero pensaron que los recursos movilizados por la compañía productora podían aportar respuestas. De modo que aceptaron, aunque a condición de que no se mencionara su verdadero apellido ni la zona en que vivían. Durante los preparativos, la presentadora Shari Belafonte hizo averiguaciones sobre un piloto de la Marina llamado Jack Larsen que hubiera muerto en la Segunda Guerra Mundial, averiguaciones documentadas en su correspondencia con Bruce.

El episodio se grabó en verano de 2002, cuando James tenía ya cuatro años. Como suele suceder con los episodios piloto de posi-

28. Ibid., p. 73.
29. Ibid., p. 84.

bles programas, este no se emitió, pero lo importante es que existe una grabación en que constan las afirmaciones hechas por James antes de la solución del caso. Esto viene a confirmar que nada se añadió a la historia después de los hechos; las declaraciones de James estaban registradas antes de que se supiera si tenían lógica o si la incógnita tendría solución alguna vez.

Cuando la productora del episodio, Shalini Sharma, conoció a James, este, inopinadamente, le contó más cosas sobre el Corsair mientras le enseñaba una foto del avión que figuraba en un libro. «Se les desinflaban las ruedas todo el tiempo. Y cuando despegaban, se iban siempre hacia la izquierda», dijo el niño[30]. La productora buscó información sobre los Corsair y descubrió que era verdad. Y no fueron los únicos detalles que dio James sobre algunos aviones cuando tenía tres o cuatro años; hubo más revelaciones como aquellas.

En septiembre de 2002 Bruce se decidió por fin a asistir a una reunión del personal del *Natoma Bay* que se celebró en San Diego, California, con la esperanza de encontrar allí algunas respuestas. Si se confirmaban las afirmaciones de James, no tendría más remedio que plantar cara a los hechos y dejar de negar lo evidente. Era como lanzarse por un precipicio para poner a prueba su fe. Sucediera lo que sucediese allí, ya no podría volverse atrás.

Cuando llegó a la reunión, preguntó a John DeWitt, historiador del *Natoma*, por un piloto del portaaviones llamado Jack Larsen. DeWitt sacó la lista del personal contemporáneo de la asociación y localizó el nombre. ¡Increíble! ¡El individuo estaba vivo! Bruce había estado dos años buscando a un Jack Larsen muerto que no existía y de pronto lo encontraba allí, vivito y coleando, y domiciliado en Arkansas.

Bruce consiguió también una lista de las veintiuna bajas del portaaviones; veinte pertenecían a los tres escuadrones y una al personal del buque. Y entonces vio algo de mucho peso que iba a cambiar su vida para siempre. En la lista figuraba el nombre

30. Bruce y Andrea Leininger, *Soul survivor: the reincarnation of a World War II fighter pilot*, Gran Central Publishing, 2009, p. 109.

«James M. Huston Jr.». Huston había muerto el 3 de marzo de 1945, durante la batalla de Iwo Jima, mientras atacaban la isla de Chichi-Jima, situada a unos doscientos kilómetros de Iwo Jima. No se daban detalles de las muertes, pero James Huston había sido el único aviador abatido durante la batalla por la conquista de aquella isla que su hijo James había señalado en el libro. Bruce dice que se quedó petrificado y que al principio no entendió las consecuencias de aquello.

Llamó a Andrea. La mujer casi dio un grito al otro extremo del hilo. Que el aviador fuera «júnior», es decir, el joven, el menor, significaba que era el segundo James Huston. Esto explicaba por qué el pequeño James se llamaba a sí mismo James 3: si era James Huston reencarnado, entonces era el tercer James. Aquello era muy fuerte para que Bruce lo admitiera. De hecho, afirma que se sentía como en «guerra espiritual»: «Me daba la impresión de acercarme cada vez más a algo peligroso —confiesa—. Era como poner la mano en el fuego, pero no tenía más remedio que seguir adelante.»

Pero aún tenía un respiradero. Los veteranos le dijeron que del *Natoma Bay* no había despegado ningún Corsair. James Huston pilotaba un FM-2 Wildcat cuando fue abatido. Bruce se aferró a aquel dato con entusiasmo: ¡ningún Corsair! Y nadie vio descender el aparato, así que no había forma de saber por qué se había estrellado ni cómo. Bruce consultó registros y documentos y se llevó a casa muchos más, pero las incógnitas que quedaban siguieron en el aire.

Unas semanas después fue a ver a Jack Larsen, que vivía con su mujer, Dorothy, en Springdale, Arkansas. Jack sacó su diario de vuelo y demostró a Bruce que había participado en una misión de ataque contra Chichi-Jima el 3 de marzo de 1945. Cuando volvió, se enteró de que James Huston no había regresado. Nadie lo vio caer porque iba en la cola de la formación. Fue una batalla espantosa para aquellos jóvenes que volaban en solitario en aviones pequeños y frágiles que rugían entre el denso fuego antiaéreo y espesas nubes de humo negro. «Algunos hombres gritaban todo el tiempo mientras duraba el ataque; otros se meaban encima; otros apretaban la palanca de mando con tanta fuerza que casi la rompían. Y otros morían», le contó Jack.

Al día siguiente, mientras desayunaban, Bruce contó a los Larsen que su hijo de cuatro años, sin que se supiera cómo, tenía conocimientos sobre los aparatos de aquella época. «Es capaz incluso de distinguir un Corsair de un Avenger y sabe identificar los Betty y Zero japoneses», dijo Bruce. Jack fue al garaje y volvió con una vieja bolsa de lona que dijo que era para James. Dentro estaban el casco de combate, las gafas y la mascarilla de oxígeno que había llevado el día de la muerte de James Huston, cuando había volado delante de él.

Bruce se llevó aquellos objetos a casa y se los dio a su hijo. Aunque no pertenecían a James Huston, eran muy parecidos a los que había llevado el piloto abatido. James tenía ahora algo muy potente que lo relacionaba con sus recuerdos. Según Bruce:

> Celebró una especie de lúgubre ceremonia cuando se puso el casco por primera vez. Se lo encajó con firmeza, con profesionalidad, sacudiendo las burbujas de aire del material y ajustando la correa como si se preparase para entrar en acción. Se lo ponía cuando se encerraba en la cabina que se había construido en el armario. Lo llevaba cuando jugaba con el simulador de vuelo y mientras veía cintas de los Blue Angels. Él y el casco se volvieron inseparables.

Había algo más que vinculaba a James con sus recuerdos, pero Bruce y Andrea no lo comprendieron hasta unos meses después, en Navidad. Cuando James tenía tres años, le habían regalado dos soldados de juguete a los que llamaba «Billy» y «Leon». Les tenía mucho aprecio, jugaba con ellos en incesantes juegos de guerra y dormía con ellos todas las noches. Billy tenía el pelo castaño y Leon era rubio. Aquella Navidad, ya con cuatro años, consiguió el tercer soldado, un muñeco pelirrojo al que James llamó «Walter».

A sus padres les intrigaban aquellos nombres, porque no había nadie que se llamara Walter o Leon en su familia. Cuando Walter se unió a los otros dos aquellas Navidades, Bruce preguntó a James por qué les había puesto aquellos nombres. James interrumpió el juego para mirarlo y respondió con toda naturalidad: «Porque fueron los que conocí cuando estuve en el cielo», y siguió con sus actividades.

Bruce fue a su despacho y buscó la lista de los caídos mientras prestaban servicio en el *Natoma Bay*. En la lista, además de James Huston, estaban Billie Peeler, Leon Conner y Walter Devlin, todos pertenecientes al escuadrón VC-81 de Huston. Siguió indagando y averiguó que todos habían caído a fines de 1944, así que ya estaban muertos cuando James Huston fue abatido. Era lógico que hubieran ido al «cielo» antes que él.

Los Leininger se pusieron en contacto con las familias de los tres hombres y averiguaron que tenían el pelo del mismo color que los soldados de juguete bautizados con sus nombres[31]. ¿Cómo era posible que James hubiera bautizado a sus muñecos con el mismo nombre que tenían aquellos pilotos que habían caído antes que James Huston? A sus cuatro años no había leído la lista de las veintiuna bajas y no tenía forma de conocer sus nombres, y no digamos el color del pelo.

Bruce supo aún más cosas. El historiador John DeWitt le envió el diario de guerra oficial del VC-81, el escuadrón de James Huston. El 3 de marzo de 1945 había habido tres ataques contra la cercana isla de Chichi-Jima y el diario decía que en el primero «James M. Huston Jr. fue al parecer abatido por el fuego antiaéreo. El avión cayó en un ángulo de 45 grados y se estrelló contra el agua en el recinto del puerto. Explotó a causa del impacto y no hubo supervivientes ni restos flotando». Seguía un elogio del piloto caído, que había sido «callado, sencillo, siempre alerta».

Sin embargo, no había habido testigos presenciales del impacto contra el agua. Y seguía sin resolverse la incongruencia del Corsair. Bruce acabó obsesionándose por encontrar respuestas para aquellas ambigüedades mientras su hijo continuaba con sus dibujos. A modo de ejemplo, pasó tres semanas en la biblioteca copiando nueve láminas de microfichas de documentos sobre el *Natoma Bay* —quinientas páginas— que le había enviado DeWitt. «Estaba loco por

---

31. Gwen Connor les dijo que su primo Leon Connor tenía el pelo rubio. Wallace Peeler, hermano menor de Billie, dijo que este era de pelo castaño y se parecía mucho al soldado de James. No pudieron localizar a ningún pariente de Walter Devlin, pero veteranos que lo habían conocido dijeron que era pelirrojo y recordaban que lo apodaban «Rojo» o «Rojo el Grandullón». Leininger, *Soul survivor*, pp. 170 y 180-186.

encontrar respuestas, y las respuestas me enloquecían aún más, porque confirmaban lo que decía el niño —me contó Bruce—. Cuando encontraba datos concretos, y había docenas y docenas, en ningún caso desmentían nada que él hubiera dicho o hecho».

Por la oficina del censo de Pensilvania Bruce supo que James Huston Jr. había tenido dos hermanas, Ruth y Anne. (Este dato coincidía con lo que James había dicho.) Los padres habían fallecido a mediados de la década de 1970, y Ruth también había muerto ya, pero Anne Huston Barron, de ochenta y cuatro años a la sazón, vivía en Los Gatos, California. Primero la llamó Andrea y luego Bruce, alegando que estaba escribiendo un libro; fue muy amable, contaba el preocupado padre, y prometió enviarles un paquete de fotos. Estas llegaron el 24 de febrero de 2003. Primero había una foto de todo el escuadrón, con un avión detrás. La siguiente mostraba a James Huston de pie, solo, delante de un avión. Se veía todo el aparato: el fuselaje, las alas «de gaviota», la elevada cabina de mando. Bruce lo reconoció inmediatamente: era un Corsair.

El expediente militar de Huston reveló que antes de unirse al escuadrón a bordo del *Natoma Bay* había formado parte de un grupo de pilotos de élite encargados de aprender a volar con el Corsair, el primer caza de la Marina de aquellos tiempos. Cuando hubo completado el servicio en aquel grupo, Huston pasó al escuadrón VC-81, del *Natoma Bay*, unos cuatro meses antes de caer abatido. No pilotaba un Corsair cuando cayó, pero los veteranos dijeron a Bruce que el Corsair era un avión muy especial, que era un privilegio pilotarlo y que volar con él era por lo tanto una experiencia memorable, nada que ver con el FM-2 Wildcat, que en comparación no tenía nada de especial.

La única laguna que quedaba en el caso era que no se sabía, por falta de testigos oculares, si el avión había sido alcanzado en el motor y se había incendiado, como había dicho el pequeño James. Al final Bruce encontró un dibujo en un informe oficial sobre misiones aéreas del escuadrón en que se señalaba el punto en que el avión de Huston había impactado en el agua, y conoció más detalles sobre el hecho. Más importante fue el hallazgo de que los bombarderos Avenger que también intervinieron en el ataque pertenecían a otro escuadrón, el VC-83, que había despegado del USS *Sargent Bay* y no del *Natoma Bay*. Esto significaba que algunos miembros de este otro escuadrón pudieron haber visto algo.

James acababa de cumplir cinco años cuando un veterano del escuadrón del *Sargent Bay*, Jack Durham, llamó a Bruce en respuesta a un mensaje que este último había dejado meses antes en una página web. Durham había participado en el ataque contra Chichi-Jima. Dijo que había visto caer el avión de Huston y que diez minutos más tarde también él fue alcanzado. Había descrito el hecho en una memoria informal, y además estaba el diario de a bordo, que demostraba que había sido la misión del 3 de marzo de 1945. «Uno de los cazas de nuestro escuadrón de escolta estaba cerca de nosotros y recibió un impacto directo en la proa —había escrito en el diario—. Solo pude ver fragmentos que caían en la bahía.» El detalle revelador importante era la expresión «en la proa».

Con el tiempo aparecieron otros testigos. Uno, John Richardson, de Texas, habló del humo negro que rodeaba su avión en llamas. Vio que había otro avión cerca de su ala izquierda. El piloto disparaba con las ametralladoras, se volvió y miró a Richardson desde una distancia de unos treinta metros. «Vi sus ojos y nos entendimos. No bien se estableció esta comunicación cuando su avión fue alcanzado en el motor por un proyectil que parecía bastante grande. De pronto hubo un estallido de llamas que envolvió el aparato.» Desapareció debajo de él. Richardson reconoció a Huston en las fotos de Bruce. «Desde aquel día he vivido con la cara de aquel piloto y con sus ojos fijos en mí —contó a Bruce con voz trémula—. Nunca supe quién era. Yo fui la última persona que vio antes de morir.»

Otro testigo contó a Bruce tiempo después que el proyectil arrancó la hélice del avión de Huston, y otro corroboró una vez más que el avión fue alcanzado en el motor y que el aparato se incendió inmediatamente. Era punto por punto lo que había recordado el pequeño James.

Bruce acabó rindiéndose. Se arriesgó a contar a los veteranos lo de James y sus recuerdos, sus conocimientos sobre los aviones de la Segunda Guerra Mundial y sus sueños sobre el avión incendiado. Abandonó la comedia de que investigaba para escribir un libro, aunque por entonces era ya un experto en lo sucedido a cada una de las veintiuna bajas del Natoma Bay. Los veteranos fueron comprensivos con él y muchos le contaron sus propias experiencias «paranormales», consistentes en premoniciones y comunicaciones *post mortem*. Ya no sabía por qué se había resistido durante tanto tiempo. «La experiencia de James no era en el fondo contraria a mis creencias. Dios nos ha dado un espíritu. Este vive eternamente. El espíritu de James Huston había vuelto con nosotros. ¿Por qué? No lo sabré nunca. Hay cosas que son inexplicables e incognoscibles.»

Por entonces cesaron las pesadillas de James. En abril de 2004, durante la semana en que James cumplía seis años, el programa *Primetime* de la ABC cubrió el caso con unas entrevistas grabadas en octubre del año anterior[32]. Y en septiembre, Bruce fue con James y Andrea a la reunión del *Natoma Bay*. James, con su inocente madurez, fue una fascinante atracción que disfrutó mucho del momento. Según sus padres, reconoció la voz de un veterano la primera vez que lo vio, mencionando el nombre completo del hombre. James vio además a Jack Larsen y escuchó atentamente las anécdotas de la guerra mientras comía con los hombres, aunque, según contó a su madre, se sintió triste porque eran muy ancianos. Pero los desconcertó con sus conocimientos sobre el *Natoma Bay*, del que habló espontáneamente mientras recorrían el cercano museo.

Anne Barron, hermana de James Huston, también acudió a la reunión. El pequeño James se mostró cohibido cuando la vio; la mujer tenía solo veinticuatro años cuando murió su hermano James y era ya una señora muy anciana. Anne se dio cuenta de que el niño la observaba, esforzándose por comprender el paso del tiempo, y al final conectaron, pero en silencio. La edad de la señora confundía mucho al niño y se notaba. «James la llamaba "Annie" y se acercó a ella con enternecedora familiaridad —me contó Bruce—. Ann dijo que solo su hermano la había llamado "Annie"».

---

32. Emitido el 15 de abril de 2004, presentado por Chris Cuomo. Se encuentra en YouTube con otros clips sobre el caso.

Antes de verla, el James de cinco años había contado por teléfono a la Annie (como Huston la llamaba siempre) de ochenta y seis muchos detalles de su infancia común, incluyendo secretos de familia que el niño no podía conocer. Anne envió a James algunos recuerdos de la infancia de su hermano, por ejemplo un retrato que le había hecho su madre, que había sido una notable pintora. «¿Dónde está el tuyo?», le preguntó James cuando lo recibió. Según Anne, nadie más que ella sabía que su madre la había pintado a ella también. Este detalle la impresionó mucho. El retrato estaba en el desván y se lo mandó asimismo a James. «El niño era muy convincente y hablaba de muchas cosas que es imposible que supiera, a menos que se trate de algo espiritual», confesó la señora en el programa *Primetime* de 2004[33].

Conforme pasaba el tiempo, James fue recuperando la paz y su comportamiento dejó de ser diferente del de otros niños. «Pero hay algo que sigue dentro de él», dice Bruce.

En 2006, cuando tenía ya ocho años, James y su familia fueron invitados por una productora japonesa a ir a Chichi-Jima, donde había sido abatido el avión de Huston. Los productores querían contar la historia en un programa especial de una hora de la Fuji Television y se ofrecieron a celebrar una «ceremonia de sanación» en el agua, en el sitio exacto en que había caído el avión. Los Leininger visitaron la isla tras efectuar un viaje marítimo de veintiséis horas para recorrer los mil kilómetros que había desde Tokio. Como ya habían visto en el dibujo de las misiones aéreas del escuadrón VC-81 y en muchas fotos, Welcome Rock se alzaba en el límite del puerto como una señal gigantesca que indicaba el punto en que James Huston Jr. había perdido la vida en su avión incendiado.

Recorrieron andando las colinas que rodeaban Futami-ko, el nombre del puerto, y que estaban salpicadas de cañones oxidados que cubrían todos los ángulos de ataque. James reconoció el paisaje en un acantilado. «Los aviones venían hacia aquí cuando James Huston fue derribado», dijo a su padre.

Se desplazaron con un ramo de flores en un pequeño barco de pesca hasta el lugar donde había caído el avión de Huston y, según se

---

33. Ibid.

ve en el vídeo que grabó la familia, James parecía como cualquier otro niño de ocho años que disfrutara del paseo y de las vistas. Pero cuando llegaron al punto exacto en el que Huston se había hundido y muerto, se produjo un cambio. El patrón de la embarcación paró los motores y todos guardaron silencio. Bruce leyó el nombre de los veintiún héroes del *Natoma Bay* que habían caído en la batalla de Iwo Jima y James arrojó un fragmento de coral por cada uno para reunirlos simbólicamente en el lugar de descanso de Huston. A principio dio la impresión de que James se esforzaba por contener sus emociones. Pero la madre, que era persona sentimental de por sí, lo abrazó y le dijo que James Huston siempre sería parte de él, pero que ya era hora de decirle adiós. Bruce recuerda lo que sucedió entonces:

James apoyó la cabeza en el regazo de su madre y rompió a llorar. Sus sollozos partían el alma, como si liberase con ellos toda la emoción que había retenido en su cuerpo infantil durante los últimos seis años. Lloró y sollozó durante quince minutos. Todos los que estábamos en la embarcación guardábamos silencio, impresionados por el espectáculo de un niño traspasado por un dolor tan profundo. Parecía llorar por él mismo y por James Huston.

Cogió a continuación el ramo de flores y lo arrojó a las inquietas aguas y con las mejillas arrasadas de lágrimas se despidió de James Huston. «Nunca te olvidaré», dijo poniéndose en pie y saludando. Todavía deshecho en lágrimas, volvió entre los brazos de su madre.

La determinación de ir a Chichi-Jima fue beneficiosa para James. Fue al lugar donde había empezado todo. Cerró el círculo. El resultado fue evidente y conmovedor. Lloró la muerte y se aferró a la vida en el mismo instante. Fue para él el final de una prueba.

Todo esto fue captado en un vídeo que obra en poder de la familia; algunas escenas del mismo aparecen en algunos clips de televisión que pueden verse en YouTube.

Los recuerdos de James se desvanecieron después de aquello, y hoy han desaparecido por completo. Mientras escribo esto, James tiene dieciocho años y estudia en la universidad. Recibió menciones de honor en el instituto, ha sido un *boy scout* galardonado y en 2015 fue elegido entre los 2.500 alumnos de su instituto para asistir a una conferencia nacional de orientación en Washington, D. C. A raíz de las largas conversaciones que había sostenido con Bruce, finalmente tuve la suerte de conocer personalmente a James y a sus padres cuando visitaron Nueva York en abril de 2016. James era un chico guapo, robusto y serio; al principio callado, aunque luego habló por los codos sobre los planes que tenía para el futuro. Ya de pequeño había dicho que quería ser militar cuando fuera mayor y aún sigue empeñado. Me dijo que tenía intención de enrolarse en la Marina, y me impresionó lo mucho que sabía sobre el rigor de la instrucción y sobre los programas que pensaba seguir. Le pregunté que por qué no se hacía aviador, y respondió: «Esta vez no».

Bruce encontró su propia solución espiritual, según me escribió poco después de vernos en persona:

> Este viaje ha sido un forcejeo por conciliar mi fe con algo que me daba muchísimo miedo. Gracias a James ahora conozco la posibilidad de que las almas rompan el velo que nos separa del más allá y regresen. He observado atentamente el fruto que podía dar el árbol, y ha sido bueno. Mi fe es más profunda y la relaciono con lo que Tomás, el apóstol que dudaba, debió de sentir cuando Jesús se le apareció cuando volvió de la tumba. En el caso de James, ha regresado un espíritu; con paciencia conseguí pruebas de ello. Lo que he aprendido: que Dios nos *da* vida eterna, aunque esto no es nada nuevo. La experiencia de James es una prueba de cómo la vida eterna se manifiesta entre nosotros. Todos los días me hago a la idea de que esto es así.

2

El caso de James 3

¿Cómo explicar que un niño de dos años diera detalles concretos sobre una persona desconocida para él y su familia que había muerto cincuenta y tres años antes de que el niño naciera? James insistía en que él era esa persona y nunca albergó la menor duda al respecto. Y resultó que todos sus recuerdos coincidían con la vida de una persona: James Huston Jr., un abnegado piloto de la Segunda Guerra Mundial a quien le gustaba volar y que murió en Japón en 1945. No había absolutamente ninguna conexión entre las dos familias.

El caso de James Leininger es uno de los pocos casos americanos resueltos que están documentados en el principal instituto investigador de estos temas, la División de Estudios de la Percepción (DOPS) de la Universidad de Virginia. Los investigadores de aquel centro han investigado durante más de cincuenta años casos de niños que han alegado tener recuerdos de vidas anteriores. El psiquiatra Ian Stevenson, pionero en este campo, ha publicado muchos artículos académicos y voluminosos libros sobre casos ocurridos en todo el mundo[34].

Se han documentado más de 2.500 casos de niños con recuerdos que según ellos son de vidas anteriores, y en 1.400 casos, entre ellos el de James Leininger, se consiguió identificar lo que Stevenson lla-

---

34. Para ver una lista de los libros y artículos de Stevenson, consúltese la página web de la Division of Perceptual Studies (DOPS), University of Virginia.

maba «personalidad anterior», basándose en datos aportados por los propios niños. En 350 casos resueltos la personalidad anterior era de un sujeto completamente desconocido por la familia del niño, tal como lo era Huston para los Leininger[35]. Casi todos los casos, algunos de los cuales datan de muchos decenios atrás, se dieron en familias de Tailandia, Birmania, la India y Sri Lanka, lugares cuya cultura acepta la idea de la reencarnación y es más propensa a la divulgación de los casos. No deja de ser irónico que los casos documentados más convincentes se hayan producido en Estados Unidos.

Jim Tucker trabajó varios años con Stevenson, y cuando este se retiró, en 2002, prosiguió su labor. (Stevenson falleció en 2007.) Psiquiatra infantil colegiado, Tucker es profesor adjunto de Psiquiatría y Ciencias neuroconductuales en la Universidad de Virginia. Además, es director de la DOPS y ha publicado dos libros sobre niños con recuerdos de vidas anteriores y multitud de artículos en revistas científicas[36]. Además de investigar, atiende a pacientes y supervisa tratamientos en la Clínica Psiquiátrica Infantil y Familiar de la universidad.

En 2014 me desplacé a Charlottesville, Virginia, para conocer personalmente a Jim Tucker y repasar los expedientes de ciertos casos de la DOPS, algunos de los cuales tenían decenios de antigüedad. Jim, natural de Carolina del Norte, es un hombre amable que habla suavemente, con una voz tranquilizadora que cualquiera consideraría ideal en las sesiones con niños, ya que instantáneamente se sentirían seguros con él. Está entregado en cuerpo y alma a su trabajo, y es siempre atento con los padres que contactan con él porque tienen hijos con recuerdos desconcertantes.

Llegué con una lista que había hecho con los casos que más me interesaban tras haber leído los libros y artículos de Stevenson, y

35. Toda la información precedente me la comunicó Jim Tucker en persona, en enero de 2016.

36. Jim Tucker, *Return to life: extraordinary cases of children who remember past lives*, St. Martin's Press, 2013, y *Life before life: a scientific investigation of children's memories of previous lives*, St. Martin's Griffin, 2008. [Hay edición española de este último título: *Vida antes de la vida: los niños que recuerdan vidas anteriores*, Arkano Books, Madrid, 2012, trad. de Alejandro Pareja.] Véase www.jimbtucker.com. Los artículos académicos, listados en página web de la DOPS.

Jim, generosamente, sacó los expedientes de los archivadores y me dejó con una impresionante torre de papeles en la mesa de conferencias de la biblioteca. Casi todos los expedientes de Stevenson contenían fotocopias de notas escritas a mano durante las entrevistas, cartas originales, notas y listas de recuerdos escritas por miembros de la familia, antiguos recortes de prensa y fotos de las familias actuales y anteriores. (Eran, por lo tanto, documentos confidenciales y, a petición de Jim, acepté que siguieran siéndolo.) Stevenson era un investigador minucioso y detallista. Ir a las fuentes de los casos sobre los que había leído me resultó revelador e instructivo, y me dio una nueva perspectiva sobre las dificultades que comportaba investigar esta clase de fenómenos, sobre todo cuando se producían en familias que no hablaban nuestro idioma.

En 2015 fui con Jim a Columbus, Ohio, para entrevistar a la familia de Luke Ruehlman, un joven que, por lo que decía, recordaba haber sido una mujer afroamericana llamada Pam que había muerto en Chicago al saltar de un edificio en llamas[37]. Tuve ocasión de comprobar el rigor con que trabajaba Jim y la facilidad con que se relacionaba con los angustiados padres y los animados niños mientras realizaba las entrevistas informales en casa de la familia. El caso parecía prometedor, pues Luke aportó algunos otros detalles, y la posible personalidad anterior se localizó haciendo indagaciones en Internet. Tras aquel encuentro, contacté con el hijo de la supuesta «Pam» —cuyo apellido callo por respeto a la familia—, pero la información que me dio acerca de su madre no coincidía con lo que recordaba Luke. No había forma de saber qué era acertado y qué no y, como no pudimos conseguir más datos, la investigación quedó en punto muerto. Esto es normal: lo raro es que se documenten y resuelvan casos de la magnitud del de los Leininger.

En el caso Leininger fue fundamental que se registraran las declaraciones de James mucho antes de que se averiguara la identidad de Huston. Esto siempre es importante, porque revela que los re-

---

37. Para conocer más detalles sobre este interesante caso, véase la cobertura de la noticia en YouTube.

cuerdos no se alteraron o adaptaron *a posteriori* para que coincidieran con la vida de la personalidad anterior, cuando esta se localiza: en otras palabras, todos los recuerdos estaban debidamente registrados antes de localizar a la persona en cuestión. (Hubo muchos otros detalles y comentarios, algunos presenciados por parientes, por veteranos y por la hermana de Huston, Anne, que no fueron fechados ni registrados.[38]) Igualmente importantes fueron las intensas emociones ligadas a los recuerdos, sobre todo las que se expresaban en las reiteradas y aterradoras pesadillas, tan vívidas que era como si el niño estuviera reviviendo la caída del avión. La escenificación lúdica de los recuerdos y la manifestación de inexplicables conocimientos sobre los aviones de la Segunda Guerra Mundial contribuyeron asimismo a reforzar la solidez del caso. «Los niños de nuestros casos tienen a menudo un comportamiento que parece relacionado con lo que cuentan sobre sus recuerdos de la vida anterior, y suele tener que ver con la ocupación o las habilidades de la persona anterior», dice Jim[39]. En el caso de James tenemos, por ejemplo, la «cabina de mando» que construyó con un viejo asiento de coche en el armario del despacho doméstico de Bruce[40], las docenas de dibujos que hizo[41] y sus conocimientos sobre detalles abstrusos, como una antena que faltaba en un aeromodelo[42] y un Zero japonés al que se llamó erróneamente «Tony» cuando pasó flechado por la pantalla de un televisor[43].

Aunque nadie evaluó psicológicamente a Bruce ni a Andrea, no hay indicios de que nada exterior a James, como traumas o perturbaciones psicológicas en la familia, interviniera en la aparición de aquellos recuerdos en la mente del niño. No parece que los padres ejercieran ninguna clase de influencia en el desarrollo

---

38. Andrea tomó nota de ellos en un cuaderno y Bruce también hacía anotaciones a menudo, pero por desgracia se perdieron cuando completaron su libro *Soul survivor (2009)*, que escribieron cuando James tenía once años y que incorporó todos aquellos apuntes.

39. Tucker, comunicación personal, 12 de septiembre de 2016.

40. Tucker, *Return to life*, p. 84.

41. Ibid., p. 73.

42. Ibid., p. 81.

43. Ibid., pp. 81-82.

de los recuerdos, y hay constancia de que solo empezaron a hacer preguntas al hijo cuando este habló de ellos. «No hemos encontrado indicios de que la influencia parental contribuya a la desproporción de los casos —afirma Jim Tucker—. La actitud inicial de los padres ante las afirmaciones sobre una vida anterior no guarda ninguna correlación con la cantidad de afirmaciones exactas que hace el niño al cabo del tiempo ni con la solidez general del caso. Más que estimular las afirmaciones, muchos padres tienden a disuadir a los niños para que no hablen sobre una vida anterior»[44]. A pesar de la predisposición de Andrea a creer en los recuerdos sobre una vida anterior, Bruce estaba decidido a demostrar la *falsedad* del caso, no su verdad. De todos modos, la opuesta postura de los padres de James en lo relativo a su fuente de información no iba a alterar, ni alteró, la exactitud de los detalles que proporcionaba James. Por encima de todo, lo que más preocupaba a los dos era el bienestar de su hijo.

Aunque James hizo muchas afirmaciones en total, lo importante para la investigación son los recuerdos registrados y escritos antes de la solución del caso. Estos pudieron contrastarse con los detalles de la vida de James Huston Jr. que se conocieron después. Ahora nos fijaremos en este grupo de declaraciones iniciales, cuya fecha conocemos por los documentos que imprimió Bruce, por los correos electrónicos y por la grabación de la ABC. Doce datos quedaron bien establecidos cuando James tenía tres años:

1. Era piloto.
2. Estaba atrapado en un avión incendiado.
3. El avión recibió disparos de los japoneses.
4. El avión fue alcanzado en la hélice.
5. El avión se estrelló en el océano y él murió.
6. Pilotaba un Corsair.
7. Las ruedas de los Corsair se desinflaban todo el tiempo.
8. El avión despegó de un buque.
9. El buque se llamaba *Natoma*.

---

44. Jim Tucker, carta inédita al director de *Harper's*, febrero de 2015.

10. Su amigo piloto se llamaba «Jack Larsen».
11. El avión se estrelló cerca de Iwo Jima.
12. Él era «James 3».

Pongamos que a lo mejor no se trataba de recuerdos. ¿Podrían explicarse como información obtenida mediante un psi de agente vivo de James y sus padres? Puede que James obtuviera información sobre Huston gracias a una PES muy desarrollada (tal como se explicó en la Introducción). ¿Son la telepatía y la clarividencia una explicación más sencilla de este conocimiento sobre la vida de James Huston jr.? Ahora bien, si la información que tenía James sobre Huston se debía a una capacidad psíquica inusual y no a recuerdos reales de una vida anterior, ¿por qué dicha capacidad se manifestaba solo en relación con una persona que había fallecido más de medio siglo antes? «Los padres de James negaron que manifestara otras aptitudes psíquicas, lo que sugiere que para que se produjera una transmisión paranormal de información tendría que haber una claridad manifiesta o en los recuerdos sobre Huston o en la relación entre Huston y James —dice Tucker en un artículo de 2016—. No hay indicios que apoyen lo segundo»[45]. ¿Habría tenido James unos recuerdos tan vívidos y turbadores y se habría comportado de un modo tan obsesivo si la información que recibía fuera la percepción psíquica de la vida de una persona no relacionada con él de ningún modo?

Para explicar un caso así únicamente desde el punto de vista de psi, «habría que proponer o unos inverosímiles vínculos de PES muy eficaz entre el sujeto y múltiples fuentes o una función psi más increíble todavía por parte de los padres, con información que se recoge y se transmite telepáticamente al sujeto», dice Stephen Braude, el experto investigador del que he hablado en la Introducción[46]. Vale la pena recordar que Bruce tuvo que rastrear muchas fuentes y conocer a muchas personas para investigar las pistas que

45. James Tucker, «The case of James Leininger: an american case of the reincarnation type», *EXPLORE* 12, n.º 8 (mayo-junio de 2016), p. 206.

46. Braude, *Immortal remains*, pp. 217-218.

daba James, con objeto de comprobar sus rememoraciones. Así que, si James recibía la información gracias a la PES y no se trataba de recuerdos, que empezaron antes de que cumpliera dos años, ¿cuántas fuentes habría necesitado pulsar para adquirir la información que le había hecho creer que había sido James Huston anteriormente? ¿Y por qué motivo? ¿Es posible tamaña clarividencia antes de aprender a leer? Por improbable que parezca, los indicios apuntan a que James recordaba realmente y revivía una existencia anterior.

James daba la impresión de haber *sido* la persona anterior, no de haberla *conocido*. Siempre dio a entender que sabía el origen de sus recuerdos: eran de una vida que había vivido anteriormente. Las emociones eran tan intensas como los recuerdos y parecía revivir experiencias, y las repetía como si tuvieran mucho sentido para él y siguieran inconclusas. El trauma que desató el infierno de las pesadillas, durante las que se agitaba y gritaba noche tras noche, parece que fue el recuerdo visceral de algo que ocurrió realmente, y sus imágenes sobre el avión que se estrellaba se correspondían exactamente con todos los detalles de la muerte de James Huston. Me pregunto además si la intensa experiencia emocional que sufrió James a los ocho años, en el barco pesquero, cuando estaba en el punto exacto en que había caído el avión de Huston, habría tenido lugar si su identificación con Huston no hubiera formado parte de su realidad interior en virtud de una conexión con acontecimientos reales y se hubiera debido, por el contrario, a un vínculo psíquico con algo exterior a él.

Stephen Braude señala asimismo la importancia de descartar en estos casos trastornos psicológicos como las patologías disociativas o la posesión. Es evidente que el psiquiatra infantil Jim Tucker, que pasó mucho tiempo investigando este caso y entrevistando a la familia, los descartó en su momento. Braude termina diciendo que los casos más impresionantes, entre los que se encuentra este, «inclinan la balanza hacia el supervivencialismo», aunque no podamos demostrar de manera concluyente que no es aquí aplicable la hipótesis psi de agente vivo. Y añade que, cuando miramos la totalidad de estos casos contundentes de niños con recuerdos exactos de vidas anteriores, su «fuerza conjunta» hace que «la postura supervivencialista parezca aún más sólida»[47].

A pesar de todo, quedan algunas dudas legítimas. ¿Y si James tomó los detalles de sus recuerdos de personas o materiales de su entorno? «No pudo haber sabido nada por las personas que tenía cerca, porque estas no sabían nada ni del buque ni de Huston cuando el niño empezó a hablar de ellos —señala Tucker—. James ya había hecho todas las afirmaciones registradas cuando tenía cuatro años, así que no pudo enterarse de lo ocurrido leyéndolo. Además, no se sabe que hubiera ningún material publicado sobre James Huston. Tampoco parece que se hubieran hecho programas de televisión sobre el *Natoma Bay* o sobre James Huston»[48]. Bruce y Andrea conocían a todas las personas que tenían algo que ver con James y ninguna le dio información sobre la vida de James Huston. Además, las afirmaciones del niño fueron aleatorias. «No había ningún orden en los datos que nos iba proporcionando de manera casual, y era imposible que preparase sus afirmaciones», explica Bruce. El engaño y la fantasía podían descartarse sin problemas.

Los años que pasó Bruce buscando respuestas ilustran lo difícil que puede llegar a ser la solución de estos casos. ¿Cuántos padres tendrían la perseverancia y la determinación de Bruce, y cuántos dedicarían tanto tiempo a su caso como dedicó él al suyo? Creo más bien que casi todos los padres estadounidenses rechazarían estas cosas alegando que son fantasías, y no se tomarían en serio los recuerdos de sus hijos. «Las pesadillas que sufrió James y el juego postraumático al que se entregó, experiencia y conducta que son típicas de estos niños, ponen de manifiesto lo problemático que es para ellos tener recuerdos de vidas anteriores», señala Tucker en su artículo[49]. Comprender la historia de James Leininger debería ayudar a los padres a reconocer los síntomas de estas experiencias que pueden afectar a todos los niños.

---

47. Ibid., pp. 216-217.

48. Tucker, «The case of James Leininger», p. 206.

49. Tucker, ibid.

«La documentación del caso de James proporciona indicios de que tenía una conexión con una vida de otra época —concluye Tucker—. Ante ella, la explicación más evidente de esta conexión es que tuvo una vida como James Huston Jr. antes de tener otra. Los hechos del caso aconsejan pensar seriamente esta explicación»[50]. Tengo que estar de acuerdo. Casos como el de James Leininger nos proporcionan algunos de los indicios más sólidos de que hay una continuidad de la conciencia: antes, durante y después de la vida.

---

50. Ibid.

3

La investigación de casos de niños con recuerdos de vidas anteriores

Por Jim B. Tucker, doctor en Medicina

*Jim ha contribuido a este libro con un texto inédito para que los lec-
tores conozcan algunos de los casos más extraordinarios descubiertos
por el doctor Ian Stevenson, y para dar a conocer también algunas de
sus indagaciones.*

James Leininger es solo uno entre los muchos niños que han
descrito recuerdos de vidas pasadas. En la primera mitad del siglo XX aparecieron esporádicamente informes de casos parecidos.
Estos casos fueron objeto de investigación sistemática cuando
Ian Stevenson, a la sazón director del Departamento de Psiquiatría de la Universidad de Virginia, empezó a estudiarlos en la
década de 1960.

Aunque era un académico consumado, con docenas de publicaciones y, además, director de un departamento universitario con
solo treinta y pico de años, Stevenson era bastante iconoclasta. En
un artículo titulado «Hechos incómodos de la percepción

extrasensorial»[51], afirmó que los crecientes indicios de PES eran cada vez más difíciles de ignorar y de pasar por alto. Y en un ensayo titulado «Científicos de mente medio cerrada»[52] comentó que un sorprendente número de científicos temía las ideas nuevas. Él, desde luego, no era uno de ellos.

Stevenson estuvo recogiendo durante años informes aparecidos en libros, revistas y periódicos sobre individuos que afirmaban recordar vidas anteriores. En 1960 publicó un artículo en dos partes que resumía un corpus de cuarenta y cuatro casos[53]. Los más impresionantes correspondían a niños que tenían menos de diez años cuando empezaron a hablar de sus recuerdos, y muchos tenían tres años o menos. A Stevenson le llamó poderosamente la atención que niños de diferentes partes del mundo recordaran vidas anteriores de un modo muy parecido.

Una vez publicado el artículo, Stevenson se puso a estudiar nuevos casos y aceptó una beca para estudiar uno en la India. Cuando hizo este viaje sabía ya que se habían producido en aquel país otros cuatro o cinco casos. Estuvo cuatro semanas y acabó conociendo veinticinco, fue a ver a los niños y a sus familias y recogió los detalles de lo ocurrido en cada caso. En Sri Lanka tuvo una experiencia parecida. Al volver a Virginia tuvo noticia de otro caso en Alaska; descubrió que había más casos en las tribus tlingit de los alrededores de Juneau.

A aquellas alturas estaba ya claro que los casos de niños con recuerdos de vidas anteriores eran más frecuentes de lo que la gente creía, al menos en Occidente. Stevenson estaba intrigado. Como había expuesto en su artículo, estos fenómenos eran especialmente importantes porque planteaban la cuestión de la vida después de la muerte. Pensaba que averiguar en estas situaciones si una persona

---

51. Ian Stevenson, «The uncomfortable facts about extrasensory perception», *Harper's* 219 (1959), pp. 19-25.

52. «Scientists with half-closed minds», *Harper's Magazine* 217 (1958), pp. 64-71.

53. Ian Stevenson, «The evidence for survival from claimed memories of former incarnations. Part I. Review of the data», *Journal of the American Society for Psychical Research* 54 (1960), pp. 51-71.3. Ian Stevenson, «The evidence for survival from claimed memories of former incarnations. Part II. Analysis of the data and suggestions for further investigations», *Journal of the American Society for Psychical Research* 54 (1960), pp. 95-117.

viva había fallecido anteriormente era más fácil que indagar en los estudios sobre médiums si los muertos seguían con vida.

Stevenson dedicó cada vez más tiempo a los casos y al final abandonó la dirección del departamento para concentrar sus energías en la investigación. Fundó un pequeño organismo en 1967, en la Universidad de Virginia, hoy llamado División de Estudios de la Percepción (DOPS), para realizar indagaciones parapsicológicas e investigaciones sobre la cuestión de la vida después de la muerte.

Así empezó una labor que duró cuarenta años. Stevenson viajó miles de kilómetros y fue donde hizo falta para investigar casos. Eran más fáciles de encontrar en las culturas que creían en la reencarnación. Y aunque se concentró en Asia, se desplazó también a muchos otros sitios. Hoy se conocen casos en los cinco continentes. Stevenson consiguió interesar a otros investigadores —los psicólogos Erlendur Haraldsson, Jürgen Keil y Satwant Pasricha, la antropóloga Antonia Mills y, finalmente, yo en mi condición de psiquiatra infantil—, y también nosotros hemos publicado ya libros y artículos en revistas científicas[54]. En total hemos estudiado más de dos mil quinientos casos, y en dos tercios se ha identificado a una persona ya difunta cuya vida coincide en mayor o menor medida con las afirmaciones de los niños.

Un caso en la India

Un ejemplo es una niña de la India llamada Kumkum Verma[55]. Cuando investigó este caso, Stevenson se enteró de que la niña había empezado a hablar de una vida anterior cuando tenía tres años y medio. Su familia vivía en un pueblo, pero ella recordaba haber

---

54. Antonia Mills, Erlendur Haraldsson y H. H. Jürgen Keil, «Replication studies of cases suggestive of reincarnation by three independent investigators», *Journal of the American Society for Psychical Research* 88 (1994), pp. 207-219; Satwant Pasricha, *Claims of reincarnation: an empirical study of cases in India*, Harman, Nueva Delhi, 1990; Jim B. Tucker, «A scale to measure the strength of children's claims of previous lives: methodology and initial findings», *Journal of Scientific Exploration* 14 (2000), pp. 571-581.

55. Ian Stevenson, *Cases of the reincarnation type, volume I: ten cases in India*, University Press of Virginia, Charlottesville, 1975, pp. 206-240.

sido una mujer adulta que vivía en Darbhanga, una ciudad de doscientos mil habitantes situada a cuarenta kilómetros. No solo nombraba la ciudad, sino también el barrio donde alegaba haber vivido. Se trataba de una zona donde proliferaban los artesanos y los pequeños comerciantes, pero el padre de Kumkum, terrateniente culto y dedicado a la literatura, no conocía a nadie en aquel lugar.

Kumkum dio muchos datos sobre su vida anterior. Su tía anotó algunos seis meses antes de que nadie hiciera averiguaciones sobre la persona a la que se refería la niña. Stevenson consiguió una copia parcial de las anotaciones de la tía, con dieciocho datos concretos. El padre de Kumkun, andando el tiempo, habló con un amigo sobre lo que explicaba su hija. Este amigo tenía un empleado que era del barrio de Darbhanga mencionado por Kumkum y consiguió identificar a una persona fallecida cuya vida coincidía con los detalles aportados por la niña. Los dieciocho datos concretos que habían sido anotados coincidían, entre los cuales destacan: nombre del barrio, nombre del hijo de la fallecida, circunstancia de que trabajaba con martillo, nombre del nieto, población donde había vivido el padre de la difunta, situación de la casa de dicho padre, que estaba junto a una plantación de mangos, y presencia de una laguna en la casa de ella. Las anotaciones se referían también a pequeños detalles personales. Kumkum recordaba haber tenido una caja de caudales de hierro en su casa, y una espada colgada cerca de su cama, e incluso haber dado leche a una serpiente domesticada que tenía cerca de la caja fuerte. Todo era verdad en lo referente a la difunta, que había fallecido cinco años antes de que naciera Kumkum.

Kumkum dijo que había fallecido durante una disputa familiar, envenenada por la esposa de su hijastro. No se había practicado ninguna autopsia de la difunta, pero era verdad que había muerto inesperadamente en vísperas de un juicio en que tenía que declarar a favor de su hijo y en contra de su segundo marido. Este hijo creía que el segundo marido, padrastro suyo, había malversado el dinero de su difunto padre.

La familia de Kumkum decía que la niña hablaba con un acento distinto del suyo, un acento que recordaba el de las clases inferiores de Darbhanga. No conocían a la difunta ni a su familia, y las dos familias tenían poco en común. Ninguna de las dos había visitado la zona donde vivía la otra y no tenían amigos comunes que pudieran ser identificados. El padre de Kumkum no parecía orgulloso de que su hija recordara una vida anterior en que había sido esposa de un herrero, y después de que se identificara a la mujer las dos familias se relacionaron poco.

Es típico de estos niños empezar a hablar de una vida anterior a edad muy temprana, como en el caso de Kumkum. La edad media de estos niños es de treinta y cinco meses. No ocurre mediante hipnosis, sino que los niños, de manera espontánea, se ponen a contar hechos que dicen que han experimentado en otra vida. Aunque pueden hablar de una vida anterior muchas veces y con gran viveza, sus declaraciones suelen cesar hacia los seis años, la edad en que los niños acostumbran a olvidar los recuerdos de la primera infancia, que es también cuando empiezan la escuela y se introducen más en la vida general de las familias. Casi todos los niños de estos casos parecen olvidar los presuntos recuerdos de la vida anterior, aunque Haraldsson encontró en estudios complementarios que muchos informaban, ya en la edad adulta, de que seguían recordando detalles de una vida anterior[56].

Casi todos los niños describen una sola vida anterior. Sus recuerdos, generalmente, se concentran en personas y sucesos cercanos al final de esa vida, y las tres cuartas partes cuentan cómo fallecieron. Muy pocas veces refieren haber sido personas famosas. Por el contrario, recuerdan vidas insignificantes de personas que, por lo general, vivieron cerca y casi siempre en el mismo país. La única parte de la vida que a menudo se sale de lo corriente es la relativa al fallecimiento. Alrededor del 70 por ciento de los niños describe una vida que acabó de manera no natural, por ejemplo, por asesinato, por suicidio, en un accidente o en combate. Aunque hay excepciones,

---

56. Erlendur Haraldsson, «Persistence of past-life memories: study of adults who claimed in their childhood to remember a past life», *Journal of Scientific Exploration* 22 (2008), pp. 385-393; Erlendur Haraldsson y Majd Abu-Izzedin, «Persistence of "past-life" memories in adults who, in their childhood, claimed memories of a past life», *Journal of Nervous and Mental Disease* 200 (2012), pp. 985-989.

la vida en cuestión suele ser muy reciente. El intervalo entre una vida y otra arroja un promedio de cuatro años y medio, mientras que la media proporcional —la cantidad central entre los intervalos más largos y los más cortos— es de diecisiete meses.

El tiempo transcurrido en el caso de James, como se sabe, fue mucho mayor. Aunque no está claro por qué varía tanto el intervalo, los casos con un intervalo mayor tienen una ventaja. Estamos totalmente seguros de que el pequeño James no tuvo acceso en su entorno a ninguna información sobre la vida del piloto Huston. Si James hubiera nacido en 1948 y no en 1998, cabría la posibilidad de que algunos soldados, al volver del frente, hubieran hablado de sus experiencias y de que James hubiera oído a alguno comentar detalles sobre el aparato estrellado de Huston y sobre el USS *Natoma Bay*. Cincuenta años después resulta muy improbable.

Recuerdos conductuales

Además de hablar de una vida anterior, muchos niños se comportan de un modo que parece relacionado con lo que cuentan. Muchos se emocionan cuando comentan sucesos de esa vida. No enumeran fríamente una cantidad de hechos, sino que lloran por personas que añoran o piden que los lleven con ellas. Una niña de la India llamada Sukla Gupta no tenía aún dos años cuando se puso a acunar un pedazo de leña o una almohada y a llamarla «Minu». Dio muchos detalles sobre una vida anterior; por ejemplo, el nombre y el sector de un pueblo situado a quince kilómetros. Una mujer de allí, madre de una niña llamada Minu, había fallecido seis años antes de que naciera Sukla. Cuando Sukla tenía cinco años y Minu once, conoció a esta y lloró. Sukla adoptó una actitud maternal con la adolescente, y cuando Minu, tiempo después, cayó enferma, Sukla se preocupó al saberlo y exigió que la llevaran con ella[57].

---

57. Ian Stevenson, *Twenty cases suggestive of reincarnation*, University Press of Virginia, Charlottesville, 1974 (2ª ed. corregida), pp. 52-67. (1.ª ed. publicada en 1966, en *Proceedings of the American Society for Psychical Research*, vol. 26.) [Hay versión Española: *Veinte casos que hacen pensar en la reencarnación*, Ed. Mirach, Madrid, 1992, trad. de Pedro José Aguado.]

Algunos niños tienen pesadillas repetidas sobre acontecimientos de una vida anterior, como James Leininger. Otros manifiestan fobias relacionadas con la muerte de la otra persona[58]. En los casos en que la muerte se produjo por causas no naturales, el 35 por ciento de los niños siente un temor intenso a la forma concreta de la muerte. Por motivos que no comprendemos, estos miedos son especialmente frecuentes en los casos en que la persona murió ahogada. En los 52 casos resueltos de persona ahogada que tenemos registrados, 43 niños tenían miedo al agua. Una niña de Sri Lanka llamada Shamlinie Prema no soportaba que la sumergieran en el agua desde que nació, y se necesitaban tres adultos para bañarla. Cuando tenía alrededor de seis meses empezó a manifestar también un intenso temor a los autobuses. Cuando aprendió a hablar y a expresarse, describió la vida de una niña de un pueblo cercano que había muerto año y medio antes de nacer Shamlinie. La niña de la vida anterior iba andando por un estrecho camino cuando pasó un autobús. Al querer apartarse, cayó en un arrozal inundado que había junto al camino y se ahogó[59].

Las fobias tienden a desaparecer con los recuerdos, y a veces antes. Shamlinie venció su miedo al agua cuando tenía cuatro años, pero su temor a los autobuses duró hasta que tenía cinco y medio. Aunque no es típico, algunos niños siguen teniendo fobias incluso cuando ya han desparecido los recuerdos.

También en las actividades lúdicas de los niños suelen aparecer elementos de la vida anterior[60]. Parmod Sharma, un niño de la India, pasaba mucho tiempo, entre los cuatro y los siete años, jugando a ser vendedor de galletas y gaseosas, la ocupación de la persona anterior. Por culpa de este juego descuidaba sus obligaciones cuando empezó a ir a la escuela, y su madre llegó a creer que no recuperaría nunca el tiempo que perdía[61].

---

58. Ian Stevenson, «Phobias in children who claim to remember previous lives», *Journal of Scientific Exploration* 4 (1990), pp. 243-254.

59. Ian Stevenson, *Cases of the reincarnation type, volume II: ten cases in Sri Lanka*, University Press of Virginia, Charlottesville, 1977, pp. 15-42.

60. Ian Stevenson, «Unusual play in young children who claim to remember previous lives», *Journal of Scientific Exploration* 14 (2000), pp. 557-570.

61. Stevenson, *Twenty cases*, pp. 109-127.

Algunos niños escenifican una y otra vez la muerte de la persona anterior. Un ejemplo podría ser la costumbre de James de exclamar «Avión en llamas se estrella» y de estampar la proa de los aviones de juguete contra la mesa de centro de la familia. Maung Myint Soe, de Myanmar, recordaba haber sido un hombre ahogado en un transbordador, y de vez en cuando jugaba a escenificar un intento de huir de una embarcación que se hunde[62]. Ramez Shams, del Líbano, escenificaba el suicidio de la persona anterior empuñando un palo, fingiendo que era un fusil y poniéndoselo bajo la barbilla, juego que debió de inquietar a sus padres[63].

Las diversas conductas de los niños indican que si hay en ellos un resto de vidas anteriores, este no se limita a los recuerdos, sino que contiene también un componente emocional. Stevenson adujo que además de la genética y el entorno, la vida anterior podía ser un tercer factor que contribuye a la formación de la personalidad humana[64].

Marcas y defectos de nacimiento

Además de las afirmaciones y el comportamiento, en muchos casos hay señales físicas tangibles de una conexión con una vida anterior. Algunos niños presentan marcas de nacimiento que coinciden con heridas, generalmente fatales, del cuerpo de la persona anterior. Acostumbran a ser inusuales, por la forma o el tamaño, o por ser rugosas o en relieve en vez de planas.

Tenemos un ejemplo en Chanai Choomalaiwong[65], un niño de Tailandia que nació con dos marcas, una pequeña y redonda en la par-

---

62. Ian Stevenson, *Reincarnation and biology: a contribution to the etiology of birthmarks and birth defects*, Praeger, Westport (Connecticut), 1997, pp. 1403-1410.

63. Ibid., p. 1406.

64. Ian Stevenson, «The phenomenon of claimed memories of previous lives: possible interpretations and importance», *Medical Hypotheses* 54 (4) (2000), pp. 652-659; Ian Stevenson y Jürgen Keil, «Children of Myanmar who behave like japanese soldiers: a possible third element in personality», *Journal of Scientific Exploration* 19 (2005), pp. 171-183.

65. Ibid., pp. 300-323.

te trasera de la cabeza y otra más grande e irregular en la frente. Cuando tenía tres años empezó a decir que había sido un maestro llamado Bua Kai y que un día lo habían matado a tiros cuando iba a la escuela. Dio el nombre de sus padres de la vida anterior, así como el de su mujer y el de dos hijas suyas. Pidió que lo llevaran a una población cuyo nombre mencionó, aduciendo que había vivido allí como Bua Kai.

Cuando Chanai tenía tres años, su abuela lo llevó en autobús a una población cercana al lugar mencionado por el niño. Chanai la condujo entonces a una casa donde, según, él había vivido. La abuela se enteró de que era propiedad de un matrimonio anciano cuyo hijo, llamado Bua Kai Lawnak, había sido maestro. Había sido asesinado cinco años antes de que naciera Chanai. Iba en bicicleta a la escuela y le dispararon. Los padres de Bua Kai pusieron a prueba a Chanai y este distinguió los enseres de Bua Kai, que estaban en medio de otros. Reconoció a una hija de Bua Kai y preguntó por la otra mencionando su nombre. Repitió que las hijas de Bua Kai lo llamaban «padre», y se negó a responder si no se dirigían a él de aquel modo.

Stevenson no pudo hacerse con el informe de la autopsia de Bua Kai, pero habló con varios parientes del difunto acerca de las heridas que había recibido. La viuda recordaba que el médico que examinó el cadáver dijo que le habían disparado por detrás, porque tenía una herida en la parte posterior de la cabeza que era más pequeña que la que tenía en la frente. Era la señal típica que dejaban los disparos efectuados por detrás —una herida de entrada, redonda y pequeña, y otra mayor e irregular por donde había salido el proyectil—, y coincidía con el lugar donde Chanai tenía las marcas de nacimiento.

Chanai no es el único caso con estas características. Stevenson registró dieciocho con marcas de nacimiento dobles y que coincidían con heridas de entrada y salida de bala de personas a las que habían disparado[66]. En casi todos los casos, una marca era mayor que la otra, y la pequeña solía ser redonda y la otra más irregular.

En algunos casos, en vez de marcas de nacimiento, aparecen defectos, como miembros que faltan o cráneos deformados. Lekh Pal Jatav, de la India, hablaba de la vida de un muchacho de un

---

66. Ibid., pp. 933-934.

pueblo cercano que había perdido los dedos de la mano derecha en una máquina de triturar pienso. Lekh Pal nació con la mano izquierda normal, pero en la derecha solo tenía los muñones de los dedos[67]. Semih Tutuşmuş, de Turquía, recordaba haber sido un hombre que murió de un escopetazo en la parte derecha de la cabeza, y Semih nació con la parte derecha de la cara a medio formar y con la oreja derecha reducida a un dibujo troquelado[68].

En total tenemos cuatrocientos casos en que el niño tenía una marca o defecto de nacimiento que se correspondía con una herida mortal que había sufrido la persona anterior, y doscientos en que la marca o el defecto se correspondían con heridas no mortales. Estos casos intrigaban a Stevenson, que se interesaba por la medicina psicosomática desde mucho antes de empezar esta labor. Dedicó muchos años a estudiar casos con marcas o defectos de nacimiento, y con el tiempo escribió *Reincarnation and biology*, dos volúmenes de 2.200 páginas con una colección de más de doscientos casos de esta modalidad[69]. Estos casos sugieren que los niños podrían tener secuelas físicas de una muerte traumática sufrida en una vida pasada, tal como las fobias y las pesadillas son en algunos casos indicios de heridas psicológicas. Como comenta Stevenson en *Reincarnation and biology*, las imágenes mentales tienen en ocasiones efectos físicos muy concretos en el cuerpo. Si una parte de la conciencia ha pasado de la persona anterior al niño, es posible que las imágenes mentales, sobre todo las relativas a una muerte traumática, afecten al feto conforme se desarrolla[70].

Reconocimientos de la vida anterior

Algunos niños parecen reconocer a personas de la vida anterior, como le ocurrió a Chanai al ver a la familia de Bu Kai. Estos re-

---

67. Ibid., pp. 1186-1199.

68. Ibid., pp. 1382-1403.

69. Stevenson, *Reincarnation and biology*.

70. Ibid., capítulo 2.

conocimientos se producen a veces de manera espontánea: un niño podría cruzarse por la calle con un extraño y decir a su madre que ha conocido a esa persona en su vida anterior. En otras ocasiones se conciertan encuentros para ver si el niño reconoce a alguien. Estas pruebas podrían resultar sospechosas, pues una multitud reunida con frecuencia alrededor del niño podría inadvertidamente dar pistas sobre, por ejemplo, quién era la madre anterior entre las mujeres congregadas. Otros casos pueden ser más impresionantes, como cuando el niño da detalles concretos, incluido el nombre, de un familiar o amigo anterior al hallarse ante esa persona.

Gnanatilleka Baddewithana era una niña de Sri Lanka que hizo muchas afirmaciones sobre una vida anterior en otra población[71]. Cuando los investigadores averiguaron que la probable persona anterior era un adolescente fallecido, prepararon una prueba de reconocimiento consistente en la aparición, una por una, de diversas personas conocidas por el muchacho para que Gnanatilleka las identificara. No solo describió acertadamente la relación que cada una de aquellas personas había tenido con el difunto, sino que además dio otros detalles que la muchacha no podía haber deducido solo por su aspecto. Dijo por ejemplo que determinada mujer había sido su hermana y que la familia había ido a coser ropa a su casa. Cuando se presentaron individuos a los que el difunto no había conocido para poner a prueba a la niña, esta negó conocerlos.

El reconocimiento puede hacerse a veces por fotografías. Como se verá en el capítulo siguiente, un niño llamado Ryan Hammons señaló una figura en una foto de los años treinta y dijo que él había sido aquel hombre en una vida anterior. Con el tiempo lo identificamos y comprobamos que más de cincuenta detalles aportados por Ryan coincidían con la vida de aquella persona[72]. Otro niño estadounidense llamado Sam dijo haber sido su propio abuelo paterno. Cuando su madre le enseñó una foto colectiva de la época en que

71. Stevenson, *Twenty cases*, pp. 131-149; H. S. S. Nissanka, *The girl who was reborn: a case-study suggestive of reincarnation*, Godage Brothers, Colombo, 2001.

72. Tucker, *Return to life*, pp. 88-119.

su abuelo iba a la escuela primaria, Sam lo identificó en un grupo de veintisiete alumnos, entre ellos dieciséis varones[73].

Casos estadounidenses

Cuando Stevenson empezó a investigar, se concentró en Asia por la sencilla razón de que los casos de que se tenía noticia se encontraban allí. Cuando un niño hablaba de una vida anterior en un lugar como la India o Tailandia, solía correr la voz, a veces se mencionaba en la prensa y algún socio de Stevenson se enteraba. Las reacciones de los occidentales cuando los niños describen recuerdos de vidas anteriores pueden ser muy distintas. Casi todos los padres estadounidenses que contactan con nosotros dicen que no creían en la reencarnación antes de que sus hijos se pusieran a contar recuerdos. Por lo general no saben qué pensar de las protestas de los niños, y llegan a sentirse muy confusos. Estas experiencias infantiles no suelen divulgarse, porque los padres no quieren que la gente sepa lo que dicen sus hijos. Ni siquiera los abuelos se enteran de lo que cuentan sus nietos.

Es una razón —y probablemente la principal— por la que ha sido más difícil encontrar casos en Estados Unidos. Pero existen, efectivamente. Cuando Stevenson publicó sus informes sobre casos, empezó a oír comentarios de padres que estaban al tanto de su labor. Los niños, por lo general, habían hablado de vidas anteriores varios años antes de que los padres se pusieran en comunicación con Stevenson. Aun así, en 1983 publicó un artículo sobre setenta y nueve casos en Estados Unidos[74]. Decía que las afirmaciones de la mayor parte de los niños no habían podido comprobarse, y que los niños que habían hecho declaraciones comprobadas casi siempre decían haber sido un pariente fallecido. Señaló, sin embargo, que en muchos aspectos los casos de Estados Unidos se parecían mucho

---

73. Tucker, *Life before life*, pp. 141-143.

74. Ian Stevenson, «American children who claim to remember previous lives», *Journal of Nervous and Mental Disease* 171 (1983), pp. 742-748.

a los de la India: los niños hablaban de una vida anterior a una edad temprana, el contenido de las declaraciones era similar y por lo general manifestaban conductas, por ejemplo fobias, que parecían relacionadas con los supuestos recuerdos.

Hemos seguido trabajando con casos estadounidenses. Esto significa que hubo un estudio en que se hicieron pruebas psicológicas a muchos niños. Comprobamos que no había disociación ni indicios de perturbación psicológica. Por el contrario, el hallazgo más destacado de la prueba fue que los niños eran mayoritariamente muy inteligentes y sabían expresarse[75].

Cuando me interesé por esta labor, hice al principio varios viajes a Asia, pero luego decidí concentrarme en casos estadounidenses. Aunque son más difíciles de localizar y muchos incluyen pocos detalles verificables, tienen la ventaja de que se producen lejos de influencias culturales que puedan influirles. Que se produzcan en familias cristianas como los Leininger y los Hammons significa que los recuerdos de vidas anteriores no son fruto de contextos religiosos orientales. También pueden aparecer en familias que viven en nuestra misma calle. Gracias a que Internet ha divulgado nuestra labor, ahora tenemos noticias continuas de padres estadounidenses. Describen la misma clase de afirmaciones y comportamientos, y a veces incluso marcas de nacimiento y reconocimientos parecidos, que las familias de otros países describían a Stevenson hace más de cincuenta años.

He escrito sobre algunos casos estadounidenses, entre ellos el de James y el de Ryan, en mi último libro, *Return to life*[76]. Si les sumamos los más sólidos que Stevenson y otros investigadores estudiaron en todo el mundo, estamos ya en condiciones de afirmar que tenemos indicios de sobra de que algunos niños recuerdan una vida que existió antes que ellos. Lo que no está tan claro, al menos para mí, es qué consecuencias tiene todo esto en relación con la vida después de la muerte y la naturaleza esencial de nuestra

---

75. Jim B. Tucker y F. Don Nidiffer, «Psychological evaluation of american children who report memories of previous lives», *Journal of Scientific Exploration* 28 (2014), pp. 583-594.

76. Tucker, *Return to life*.

existencia. Los diversos campos de investigación descritos en las páginas de este libro abundan en importantes hallazgos sobre estos temas, y espero que futuros trabajos contribuyan a presentar una imagen general más definida. Solo podremos progresar si mantenemos una firme actitud científica en nuestras investigaciones. Esto significa que hay que enfocar el caso de Ryan —y, en realidad, todos los casos— que se verá en el capítulo siguiente con ojo crítico, sí, pero también con mentalidad abierta, no con esa mente medio cerrada de que hablaba Stevenson en un artículo. Tal vez descubramos que los niños que cuentan recuerdos de vidas anteriores tienen mucho que enseñarnos.

4

«El antiguo yo»

Por Cyndi Hammons

*La siguiente historia es la de otro extraordinario caso estadouniden-
se que tiene la ventaja de contar con la participación de Jim Tucker
desde el principio. Ryan Hammons tenía cinco años cuando empezó
a hablar de su vida anterior; por ser mayor que James, tenía más
facilidad expresiva y explicó docenas de recuerdos con mucho detalle.
Además, se identificaba con la personalidad anterior durante más
horas de vigilia que James, como si los recuerdos estuvieran más presentes en su conciencia. También tenía pesadillas.*

*La madre, Cyndi Hammons, anotó escrupulosamente todo lo que
decía Ryan para tener datos con que afrontar aquella sobrecogedora
situación y le fue entregando las notas a Jim Tucker antes de que
empezara la búsqueda de la personalidad anterior. Gracias a esta
medida, Jim estaría en condiciones de consultar los informes de Cyndi meses después, para comprobar si las afirmaciones de Ryan coincidían con la vida de la personalidad anterior, cuando se conociera.*

*La familia acusó el impacto que causaron estos acontecimientos
inquietantes y el efecto que produjeron las muchas noches que pasaron
todos sin dormir, como en el caso de los Leininger. Conocí a los Hammons a principios de 2015, en su casa. Tras hablar largamente con
Cyndi, llegué a la conclusión de que la persona más indicada para
contar la historia de Ryan era ella. Por primera vez teníamos un
informe directo y de primera mano sobre lo que le había ocurrido a
ella y sobre la solución del caso.*

Cyndi es funcionaria de la administración del condado de Mus-
kogee, Oklahoma, y su marido, Kevin, es teniente del Departamento
de Policía de Muskogee, destinado en el pueblo de Warner, Oklahoma,
donde vive la familia. Ryan Nació en 2004, y su historia empieza en
el otoño de 2009.

Tenía miedo de contarle a mi marido, Kevin, lo de los recuerdos de nuestro hijo de cinco años, que parecían ser la causa de sus pesadillas. Kevin es policía y a menudo tenía el turno de noche y estaba fuera hasta la madrugada, lo que significaba que yo estaba sola para cuidar de Ryan. En aquella época, empezaba a estar harto de volver a casa y encontrarme a mí agotada y a Ryan en nuestra cama. A veces me pasaba media noche despierta con el niño. Me había esforzado por saber más cosas sobre lo que él llamaba recuerdos, de los que hablaba mucho, antes de contar a Kevin lo que sabía que no quería oír.

Una madrugada, Kevin llegó a casa y, como siempre, se quitó el chaleco antibalas y el correaje con la pistola. Le expliqué que creía haber adivinado la causa de las pesadillas de Ryan. Para que lo entendiera, le enseñé un libro sobre casos de niños que tenían recuerdos sobre vidas anteriores y le dije que leyera dos capítulos. Los leyó, y el libro salió volando por encima de la cama.

«¡Maldita sea, Cyndi! ¿Reencarnación? Nuestro hijo no es la reencarnación de otra persona. ¿Cómo coño se te ha ocurrido esa tontería? Tenemos un hijo normal que no quiere dormir en su cama y tú cedes y le dejas dormir aquí. Es un niño, y los niños tienen pesadillas, y no quiero oír hablar más de esas bobadas de la Nueva Era.»

Kevin y yo éramos de familia cristiana, y la reencarnación no formaba parte de nuestra fe ni de lo que nos habían enseñado.

De súbito nos volvimos hacia la puerta y vimos a Ryan con su pijama de Spiderman y su osito de trapo. Se echó a llorar. Kevin se arrodilló y lo abrazó.

«Vamos, colega, no pasa nada. Cuéntame lo que sea. Puede que mamá no haya sabido explicármelo bien. Pero seguro que tú sí sabes.»

«¿Puedo, papá? Bueno, espera, sujeta al señor Oso. Voy por el libro.»

Ryan estuvo fuera unos momentos y volvió con un grueso libro sobre Hollywood[77]. Se subió a la cama, al lado de Kevin, y pasó las páginas hasta que encontró la foto que estaba deseoso de enseñar a su padre.

«Mira, papá, mamá me trajo este libro. Y me encontró. Este soy yo y este es George, e hicimos una película juntos», —dijo, señalando a dos hombres que aparecían en una foto con otros cuatro. El «yo» era el del extremo derecha, un tipo tocado con un sombrero hongo, y George era el segundo por la izquierda. El pie de foto estaba en la página siguiente, y decía que era una foto fija de una película de 1932 titulada *Noche tras noche*, protagonizada por George Raft, al que Ryan había señalado. Fue la primera película de Mae West[78].

Kevin se quedó sin habla. En su cara se reflejaban mil preguntas. Ryan habló unos minutos y dijo que nos quería y que estaba contento de haber podido hablarnos por fin del «antiguo yo». Luego preguntó si podía ir a la sala, a ver dibujos animados.

Aproveché aquello para explicar a Kevin todo lo que había estado callando durante meses. Ryan me había dicho una noche que tenía un secreto y que estaba convencido de que era un secreto que no debía contar. Sabía que antes había sido otra persona. Había sido actor de cine y vivía en Hollywood. Era rico, había vivido en una casa impresionante con una piscina grande en el patio. La casa estaba llena de niños. En realidad tenía tres hijos varones. No creía que fueran hijos suyos, pero les había dado su apellido porque nadie más podía. Había trabajado en el cine y tenía un coche verde. Iba a fiestas de fábula con el vaquero, el tipo que montaba el caballo que hacía cabriolas. Este hombre era amiguete suyo y también trabajaba en el cine. El vaquero había hecho, además, muchos anuncios de cigarrillos.

77. Don Shiach, *The movie book: an illustrated history of the cinema*, Smithmark Pub, 1996.

78. *Night after night*, producida por la Paramount, dirigida por Archie Mayo y protagonizada por George Raft, Constance Cummings y Mae West.

Contó tantas anécdotas que me puse a indagar en Internet los casos de niños que creían haber tenido una vida anterior. Me enteré de que si se localizaban libros o fotos de lugares mencionados por los niños, se les podía estimular a que recordaran más detalles. Así que me puse a buscar libros sobre Hollywood por todas partes y de noche me los llevaba a casa, a veces cinco o seis a la vez.

En ningún momento me figuré que encontraría una foto de un hombre del que Ryan dijera que era él. No se me había ocurrido. Pero sucedió, y del mismo modo que cuando se la enseñó a Kevin aquella noche. Ryan me había señalado aquella foto hacía unas semanas y me había dicho lo mismo: «¡Me has encontrado, mami! ¡Me has encontrado! Ese soy yo, ese es George e hicimos una película juntos».

Las noches que Ryan y yo mirábamos los libros estaba más contento y parecía dormir mejor. Por eso llevaba a casa un libro tras otro. Cada semana que pasaba Ryan aportaba más detalles. Contaba más anécdotas. Conocía detalles pequeños, las típicas insignificancias que solo podían saber quienes habían conocido a otra persona. Cosas como «Yo detestaba a los gatos». O: «Viajaba en barcos grandes porque así es como se conoce mundo, en barcos grandes».

Las minucias que recordaba parecían tranquilizarlo, pero las cosas importantes le inquietaban. Parecía saber detalles complejos relacionados con la vida de otro hombre, pero desconocía el nombre de este. Casi todas las noches, su principal preocupación era, al parecer, lo que había sido de los niños. ¿Cómo se llamaba su otra madre? Se acordaba de ella. Tenía el pelo corto, oscuro y rizado. ¿Qué había sido de su hermana?

Aquella noche se lo conté todo a Kevin, anécdota tras anécdota. Le expliqué los extraños detalles que Ryan revelaba las veces que despertaba llorando y gritando en mitad de la noche, aunque no sabía con qué estaba soñando. Le hablé de su comportamiento inusual y del vocabulario adulto que empleaba cuando parecía perdido en el mundo de aquel otro hombre, un mundo según él muy lejano, de antes de que nadie tuviera televisión.

Kevin había sido testigo de las pesadillas, que nos aterrorizaban a los dos. A veces Ryan se levantaba y decía que le dolía el pecho, y jadeaba como si le faltase el aire. Yo solía echarme a llorar cuando ocurrían estas cosas, y estaba muy preocupada y falta de sueño.

Kevin me preguntó qué sabía de la foto que había señalado Ryan en el libro. No le pude decir gran cosa. En los créditos de la película figuraban pocos nombres sobre los que se pudiera buscar información detallada o más películas. Ya lo había intentado, buscando referencias de los actores que no eran el de la foto. En cuanto a los nombres menos conocidos, apenas había nada: a lo sumo, la fecha del nacimiento y la defunción.

Kevin sugirió buscar la película o fragmentos de la misma en YouTube. Aunque era un filme antiguo, consiguió encontrarlo completo. Fuimos a la cocina, nos sentamos en sendas sillas delante del ordenador y pusimos en marcha la película. Cuando llegamos a la escena en que aparecía el hombre de la foto, nos quedamos mirando en silencio. El actor en cuestión no decía una palabra. Kevin llamó a Ryan y le dijo que viese la película, que no había visto hasta el momento. Llegamos a la escena en que los personajes abren un armario lleno de armas. Ryan había recordado aquello con anterioridad. Me había contado que durante el rodaje de la película habían ayudado todos a transportar las armas y a meterlas en el armario. Ryan, muy emocionado, explicó a Kevin que el armario estaba lleno hasta los topes. Su carita estaba radiante de entusiasmo, porque sabía que no pasaba nada si se lo contaba todo a su padre.

Kevin y yo vimos el resto de la película y el actor señalado por Ryan solo aparecía en otra breve escena, en la que tampoco decía nada. Eso significaba que no era más que un extra, lo que a su vez quería decir que ninguno de los nombres mencionados en los créditos —que no eran muchos— era el suyo. No teníamos ni la menor idea de quién era.

Necesitábamos ayuda. Sugerí ponerme en contacto con el doctor Jim Tucker, de la Universidad de Virginia, que había escrito el libro *Vida antes de la vida*, que tanto había molestado a Kevin. El 10 de febrero de 2010 escribí la primera carta al doctor Tucker, detallándole algunas afirmaciones de Ryan y adjuntando una fotocopia de la foto de la película. Mi impresión era que Ryan no tenía el nombre de nadie ni datos concretos que pudieran investigarse. Los detalles que daba eran personales y, por lo visto, parecian inverificables. Por qué no permitía que nadie más condujera su coche verde. Que el restaurante chino era su favorito. Que había trabajado de agente en lo que él llamaba «la agencia». Hablaba mucho de su guardarropa de agente y su amplia colección de gafas de sol.

La razón me decía que todo aquello podía ser una fantasía infantil, pero el corazón me sugería algo muy distinto. Lloraba por personas que decía haber amado y a las que echaba mucho de menos. Kevin sugirió que tomáramos nota de todos los detalle, de todas las anécdotas, de todos los comentarios y de todos sus comportamientos, tal como Ryan los expresaba. Dijo que aquello le ayudaría a él a creer y a comprender y que quizá luego nos ayudara a ambos a tomar una decisión.

A menudo era como resolver un puzle. En ocasiones surgían muchas anécdotas sobre bailar en escenarios de Nueva York con sus compinches. O sobre que el hombrecillo que dirigía el restaurante chino se había hecho amigo suyo y le había enseñado a meditar. Por lo visto, disponía de una fuente interminable de ingresos que le permitió viajar por todo el mundo. Dijo haber conocido a Rita Hayworth, a la que vio en una foto, y que la actriz sabía preparar «bebidas heladas». En otras ocasiones no había más que afirmaciones fragmentarias. Pero me ayudaba a sentirme más segura si las anotaba, aunque no sentía ninguna seguridad. Era una forma de concentrarme, y acabé pensando que era una especie de diario.

Aunque hablaba con frecuencia como un adulto, hay que recordar que solo tenía cinco años. Todas aquellas cosas se le ocurrían espontáneamente. Nunca le preguntaba por nada, a menos que él lo sacara a relucir. Antes bien, procuraba evitarlo en lo posible, para que Ryan pudiera ser solo Ryan. Pero tenía muchas cosas que decir. Era un niño sensible, aunque a veces se comportara como un personaje duro de película de Hollywood.

El momento más temido del día era el del baño que tomaba antes de acostarse, porque cuando se relajaba afloraban más recuerdos. Luego se transformaba en una persona completamente distinta. Había noches en que estaba muy gracioso y yo me lo pasaba muy bien oyendo sus anécdotas. Otras noches parecía estar enfadado con el mundo. ¿Por qué no lo llevaba a Hollywood para que comiera en su restaurante preferido? A veces, nuestra la casa le parecía demasiado pequeña y le parecía inconcebible que se esperase que viviera en aquellas condiciones. La casa en que había vivido en otros tiempos era muy grande y espaciosa, incluso había tenido piscina propia. ¿Por qué no podíamos tener servicio? ¿No sabía lo mucho que facilitaba la vida tener criados? Incluso quería pagarme por limpiarle la habitación.

Comía en la biblioteca pública, hojeando libros, con la esperanza de encontrar al hombre de la foto. Pasaba cada minuto extra que tenía buscando viejas películas de Hollywood en multitud de páginas web, y por la noche me quedaba hasta tarde viendo películas antiguas en los canales de cine clásico. Al mismo tiempo, rezaba para que todo aquello pasara y que no hubiera ninguna consecuencia si no averiguábamos quién era el hombre de la foto. Lo que a mí me importaba era que mi hijo encontrase alguna forma de paz.

El doctor Tucker me respondió y me preguntó si había algún inconveniente para hacernos una visita, con objeto de hablar con Ryan. Yo no creía en el fondo que Ryan fuera a decir mucho a un completo desconocido, pero el doctor Tucker fue muy amable y me tranquilizó diciendo que los niños suelen hablar poco en las entrevistas.

Antes de la visita le había estado enviando correos electrónicos casi todos los días, contándole lo que decía Ryan, mientras anotaba esa misma información en mi diario. En cierta ocasión escribí: «Cree que vivía en un lugar en cuyo nombre aparecía la palabra "monte" o "roca"». Decía que formaba parte de la dirección de Hollywood en que había vivido. Y cuando Ryan hablaba de la agencia y de trabajar como agente, el doctor Tucker y yo supusimos que quería decir que hacía alguna clase de trabajo detectivesco. Así que me puse a investigar las diferentes agencias en las que podía haber trabajado entonces. Ocasionalmente enviaba correos a entusiastas del cine antiguo y a estudiosos de las películas de Mae West que pudieran darme toda clase de información sobre George Raft. Pero nadie parecía saber quién era aquel actor que no decía ni pío en la película.

Ryan no solo hablaba de sus recuerdos, sino que los escenificaba de manera espontánea y natural en nuestra vida cotidiana. Algunos días, cuando iba al colegio a recogerlo, hablaba sobre ser agente, y cuando le preguntaba qué hacía en el colegio, respondía: «Ya sabes, cosas de agentes». También jugaba a rodar películas. Cuando tenía cuatro años recuerdo haberlo llevado a una fiesta de cumpleaños en la que congregó a todos los niños para darles instrucciones acerca de su película. Gritaba a los adultos que necesitaba ayuda, porque era difícil actuar y dirigir una producción de envergadura. Todos nos limitamos a reír la ocurrencia.

Solía tararear melodías de espectáculos y bailar como si interpretara claqué. Quería bailar conmigo y me decía que ardía en deseos de crecer para quedar con chicas en grandes barcos y bailar con señoritas guapas. Una vez se puso a bailar claqué en medio de la sala, murmurando «tip tap, tip tap», como si marcara el ritmo para sí. Dijo que recordaba cómo se hacía y me preguntó si le compraría unos zapatos de claqué.

«Hoy he oído música en unos dibujos animados y me he acordado de cómo se baila, porque me ha recordado una canción que solíamos utilizar», explicó.

También lloraba para que le comprara «ropa de agente»: corbatas, trajes, camisas de vestir y ropa que en general no era apropiada para que los niños la llevaran diariamente. Quería «gafas de agente» de montura negra. Cogió unas gafas infantiles para ver películas en tres dimensiones, les quitó los plásticos y se las ponía para ir a todas partes.

Algunos días era solo Ryan, y era maravilloso. Cierto día de marzo fuimos al parque y me dijo que no quería seguir hablándome de Hollywood.

«Mami, no quiero ser actor y no quiero volver allí. Hollywood da miedo y yo solo quiero ser Ryan.» Pero aquella misma noche lloró treinta minutos antes de irse a la cama, mientras me decía una y otra vez que sentía nostalgia.

A veces Kevin estaba en casa por la noche, y se quedaba levantado con Ryan o lo ayudaba cuando sufría pesadillas. Con el tiempo se convenció de que Ryan decía la verdad. En sus más de quince años de policía había interrogado a muchas personas sospechosas de haber cometido delitos, desde simples robos hasta asesinatos. Había aprendido a darse cuenta de cuándo alguien mentía. Y no lo dijo solo porque Ryan fuese su hijo. Kevin habría dicho si creía en sus palabras o no.

Una noche que preparaba a Ryan para irse a la cama, dijo algo que no olvidaré nunca. Le dije: «Ryan, sabes que ya no eres el hombre de la foto. Solo queremos que seas Ryan». Y respondió: «Mamá, aún no lo has comprendido, ¿verdad? No soy el hombre de la foto por fuera, pero por dentro sigo siendo ese hombre. No puedes ver por dentro lo que yo veo». A Kevin y a mí solía afectarnos mucho que Ryan se expresara como un adulto, aunque por entonces ya estábamos acostumbrados. Parecía tener un conocimiento que a su edad resultaba algo siniestro en ocasiones.

Unas semanas después sostuve una de las conversaciones más importantes con Ryan. Cuando fuimos a visitar la tumba de mi hermano en el cementerio local, Ryan me dijo que ya había estado en un cementerio, cuando él y su compañero habían ido a ver al senador Five.

«Ryan, ¿quién es el senador Five?», pregunté.

«El peor canalla que habrías podido conocer. Lo estaban investigando cuando yo y mi compañero trabajábamos para la agencia. Era un tipo vil y repulsivo.»

«¿Eso fue cuando estabas en Hollywood?»

«Mamá, no creo que quieras oír hablar del senador Five. No me refiero a ninguna de mis películas. Esto fue real, pero el cementerio no estaba en Hollywood, sino en otra parte.»

Llevábamos en casa alrededor de dos horas cuando Ryan quiso ver un mapa de Estados Unidos. Señaló Nueva York con el dedo.

«Ahí fuimos a ver al senador Five. Fuimos a Nueva York. Me pregunto si lo atraparon alguna vez. Nosotros no. La agencia lo buscaba, la policía lo buscaba, pero no lo atraparon nunca.»

Ryan dijo que por la noche, cuando dormía, veía la cara del senador Five, y en aquel momento supe exactamente qué atormentaba a mi hijo en sueños. Ryan parecía mirar siempre por encima del hombro. Tenía miedo del senador Five, fuera quien fuese, real o imaginario.

El 17 de abril se presentó el doctor Tucker, que estuvo tan agradable como imaginé que estaría. Durante la entrevista me preguntó si creía en la realidad de aquella agencia. Le dije que de lo único que Ryan estaba seguro era de la agencia. Había sido agente en una agencia dedicada a cambiar el nombre de las personas.

Un programa de televisión titulado *The Unexplained*, «Lo inexplicado», que trataba los mismos temas que el doctor Tucker, se interesó por el caso de Ryan. El personal del programa pensaba que conocía al hombre del sombrero hongo, pero cuando se nos enseñó una foto Ryan dijo que se habían equivocado de persona. Tampoco el doctor Tucker estaba convencido. El programa se ofreció a llevar a Ryan a Hollywood, Ryan se entusiasmó y aceptamos. Fue un desastre, porque Ryan no reaccionó en ninguno de los lugares a que lo llevaron, con una excepción: el de su amigo el vaquero de la película, al que habíamos identificado como Wild Bill Elliott. No nos trataron bien y volvimos emocionalmente vacíos, con la sensación de que habíamos perdido el tiempo buscando a quien no debíamos. Ryan pareció deprimirse, y llegué a preocuparme por él.

Unos meses después recibí una llamada de Russ Stratton, un productor ejecutivo de *The Unexplained*, que me dijo, con un nudo en la garganta, que habían hecho un importante descubrimiento en el caso de Ryan. Habían contratado a un historiador de Hollywood para que investigara en la Biblioteca de la Academia de las Artes y las Ciencias Cinematográficas, con objeto de identificar al individuo de la foto. Ya había hablado con el doctor Tucker y estaban interesados en visitarnos con otro equipo de filmación. No reveló mucha información porque no quería estropear el proceso de investigación, y el doctor Tucker tampoco. «Cyndi —me dijo—, produzco programas de televisión desde hace diez años y esto es lo más extraordinario que he visto».

Cuando llegó el equipo la semana siguiente, Ryan se animó al ver a Russ y simpatizó con él inmediatamente. Con las cámaras en marcha, el doctor Tucker puso en nuestra mesa cuatro fotos en blanco y negro. Ninguna tenía ningún distintivo, todas eran de mujeres guapas y las cuatro se parecían. Preguntó a Ryan si alguna le resultaba conocida. Ryan señaló una sin dudar: «Esta, creo que conozco a esta», dijo. Vi que la sonrisa del doctor Tucker se ensanchaba y pregunté con nerviosismo: «¿Quién es?» El doctor Tucker respondió: «Era su mujer». Ryan sonrió de oreja a oreja y cabeceó con satisfacción.

Ryan eligió entonces una foto de su familia anterior. Él (el hombre del sombrero hongo) no estaba en la foto, pero sí su esposa, dos hijastras, tres hijos varones adoptados y un recuadro con la hija biológica. Pero lo más asombroso vino cuando el doctor Tucker desplegó otro grupo de fotografías, todas de ancianos con traje. Ryan no necesitó pensárselo, a pesar de que el doctor Tucker le dijo que se tomara su tiempo y reflexionara. Señaló una inmediatamente y dijo: «¡Es el senador Five!» El doctor Tucker le preguntó si estaba seguro. Ryan no titubeó: «Estoy seguro».

El doctor Tucker explicó a continuación que el individuo en cuestión era el senador Ives y que había sido senador por Nueva York en aquella época; según el doctor Tucker, a oídos de un niño «senador Ives» y «senador Five» sonaban de un modo muy parecido. Ryan se enfureció y dijo: «Confundí el nombre por una estúpida letra».

Luego enseñaron a Ryan cuatro fotos de un joven con ropa de tenis, en tres empuñando una raqueta. Señaló una y dijo que lo conocía. Era el hombre del sombrero hongo cuando era joven. Por último, el doctor Tucker pidió a Kevin que leyera cuatro nombres en voz alta y a Ryan que eligiera uno. Kevin los leyó despacio: John Johnson, Willy Wilson, Marty Martyn y Robert Robertson. Ryan dijo que no con la cabeza a los dos primeros y al cuarto, pero no hizo nada al oír Marty Martyn. Al final dijo que aquel era el nombre. El doctor Tucker dijo que era verdad; era el nombre del hombre de la foto. Procedió a repasar muchos de los recuerdos de Ryan, que había anotado y tenía delante de él, y nos dijo que se correspondían con la vida de aquel hombre. Marty, en efecto, había sido agente: dirigía la agencia de actores Marty Martyn y representaba a algunas estrellas importantes de Hollywood, muchas de las cuales habían cambiado de nombre.

Marty había fallecido el día de Navidad de 1964, a los sesenta y un años, en el hospital. Yo estaba atónita. Recordaba que Ryan había dicho cierto día que no sabía por qué Dios nos permitía llegar a los sesenta y un años para hacernos volver como criaturas. Aparecía escrito el dos de abril en mi diario. Unos días antes habíamos estado en el hospital, donde tenían que hacerme unos análisis, y comentó que antes de morir nos mandaban a una habitación con números en la puerta. Entonces no sabía de qué narices estaba hablando, pero ahora estaba claro que la puerta de la habitación donde estaba Marty debía de tener unos números.

Cuando se fue el equipo de filmación, Ryan y yo nos quedamos solos en lo que para ambos fue un momento muy íntimo. Habían dejado las fotos para que las guardara él. De hecho, Russ había confeccionado para Ryan un álbum completo lleno de fotos, incluso un antiguo documento con datos que confirmaban que había cambiado de nombre como el niño había dicho, y que había tenido dos hermanas. Las edades estaban garabateadas junto con los nombres en una hoja de empadronamiento de principios del siglo xx, escrita a mano. La hermana a la que tanto había querido estaba con él en algunas fotos, bailando en escenarios de Nueva York. En realidad, había vivido en París, donde bailaba a edad muy temprana, y había fotos de Marty delante de monumentos parisinos y que se habían hecho cuando él había ido a visitarla. Incluso había fotos de los grandes barcos a los que había subido para cruzar el Atlántico. A Ryan le entró dolor de cabeza cuando miró la foto de la hermanastra mayor. Estaba furioso cuando dijo: «No tenía ningún respeto, ningún respeto». No tardó en comunicarme que no tenía el menor deseo de volver a verla, nunca, en absoluto.

Las fotos tenían mucha fuerza para Ryan. Le encantaban aquellas en que Marty aparecía joven y guapo. Pero detestaba las otras en que estaba viejo y calvo. Decía: «Volvamos a las anteriores». Me dijo entonces que esta vez esperaba no perder el pelo a la edad de la vez anterior.

El productor nos dijo que se había puesto en contacto con una hija biológica de Marty Martyn y que la mujer había accedido a vernos en terreno neutral. Tenía ocho años al morir su padre, así que en realidad no sabíamos cuánto podía contarnos. Pero todos pensamos que de todos modos valía la pena, aunque yo sospechaba que para Ryan iba a ser difícil ver a una hija suya con edad suficiente para ser su abuela. El viaje se planeó para agosto, un mes después de que Ryan cumpliera seis años.

Ryan estuvo muy tímido cuando nos reunimos con la hija de Marty Martyn. No quiso hablar mucho con ella y estuvo fuera de la habitación casi todo el tiempo. Ya cincuentona, era muy simpática y se esforzó por sernos de ayuda. Confirmó muchos detalles aportados por Ryan que yo había anotado en el diario destinado al archivo del doctor Tucker. Se trataba de las minucias personales, como que tenía un coche verde que no permitía que nadie más condujera. Ryan había afirmado que su dirección contenía la palabra «roca» o «monte» y en realidad habían vivido en Roxbury Drive. Martyn no soportaba los gatos y nunca le había permitido a ella tener ninguno de pequeña, pero le había comprado un perro y la mujer confesó que lo detestaba, tal como Ryan me había contado en una ocasión anterior. Marty tenía una amplia colección de gafas de sol. Y había más cosas. La mujer respondió a todas las preguntas lo mejor que pudo, por lo menos a todo aquello que recordaba.

Cuando fuimos a casa de Marty, resultó que había sido parcialmente derribada y estaba en proceso de restauración. Pero la piscina seguía allí y Ryan sonrió durante toda la visita. Parecía muy aliviado porque finalmente se hubiera demostrado que no se había inventado aquellas cosas.

La parte más asombrosa fue cuando volvimos al edificio donde había estado la agencia de actores Marty Martyn. Era un viejo y hermoso edificio del centro de Beverly Hills, con una araña colgando del techo de la entrada. Las oficinas estaban cerradas, pero pudimos dar una vuelta por el interior. Los techos eran de los más hermosos que había visto en mi vida. Ryan subió corriendo por la escalera para enseñar a su padre que la gente podía sentarse en la azotea y fumar. En cierto momento se sentó en el alféizar y se quedó sonriendo, como asimilando el panorama. Si le hubiéramos dejado se habría quedado allí el día entero. No habló mucho, pero su cara lo decía todo.

Volvimos a casa con un estado de ánimo distinto. La hija de Marty nos mandó muchas fotos, que ya habíamos visto cuando habíamos estado allí, de su padre, de su madre, de ella y de la casa familiar. En algunas se veía a Marty en la playa, o en París, o llevando en brazos a su hija cuando esta tenía unos dos años. También recibimos fotos del Rolls Royce, que en parte era negro y que conducía la esposa, del piano de la casa y de ella con el perro que Marty le había regalado porque detestaba a los gatos.

Ryan se quitó de encima mucha incertidumbre y pareció estar más capacitado para vivir en el presente como Ryan. Había conseguido probar que tenía razón y que realmente había existido un «antiguo yo» que coincidía con lo que contaba. En términos generales, se contentaba con creer que desde entonces podría olvidar el pasado y dedicarse a disfrutar de su nueva vida. Parecía más apaciguado. Todavía hablaba de recuerdos, pero de manera decreciente. Yo sentía que todo había terminado. Ya teníamos un final de trayecto.

El día que paseé por el edificio de la agencia con Ryan cambió mi vida para siempre. Vi a un niño que se comportaba como si regresara a su casa después de un largo viaje. La tristeza había desaparecido y toda su cara resplandecía de contento. No supe qué pensar, pero hizo que me sintiera como si cualquier cosa fuera posible.

5

Cincuenta y cinco recuerdos comprobados

Cuando fui a Warner, Oklahoma, para conocer a la familia Hammons, Ryan tenía ya diez años. Era un chico inteligente, educado y sumiso que parecía mayor de lo que era, como si tuviera mucha vida interior pero optase por no manifestarla. En este sentido era a veces difícil «interpretarlo», cosa que no suele ocurrir con los muchachos de su edad, aunque se mostró animado cuando me habló de sus películas y videojuegos favoritos y de sus amigos del colegio, y nos llevamos bien. Por su forma de hablar, parecía más adulto y complejo de lo que imaginaba que serían sus amigos. Estaba claro que Cyndi y su hijo tenían una relación muy estrecha.

Por suerte, Ryan ya no se muestra indeciso ni vive atormentado por su vida anterior. Duerme bien, le va bien en el colegio y tiene los intereses que son normales a su edad. Pero, aunque ya está lejos de ella, no ha olvidado por completo la vida anterior, como suele suceder cuando cumplen diez años los niños con recuerdos.

Después de pasar algún tiempo charlando con Ryan, Cyndi y yo nos sentamos a la mesa de la cocina, que da a la sala, y repasamos el material del caso mientras Ryan estaba enfrascado en sus videojuegos, aunque podía oírnos perfectamente. Me sentí un poco incómoda por aquella proximidad. Fue el mismo Ryan quien abordó el problema.

«Quiero que sepáis que puedo oír todo lo que decís», dijo, apartando la cara del ordenador para mirarnos. Le pregunté si le parecía bien que habláramos de aquello, y dijo que sí. Y Cyndi me confirmó que ya había oído conversaciones parecidas en ocasiones anteriores.

Fui a cenar con la familia y pasé unos días en su compañía para conocerlos. Antes de irme, Ryan y Cyndi pasaron por mi hotel. Ryan, luciendo una sonrisa radiante, me regaló un calendario de *Downton Abbey,* ya que había hablado con su madre de lo mucho que me gustaba aquella serie de la PBS. Al despedirnos, pregunté a Ryan si recordaba un detalle concreto del caso que no paraba de darme vueltas en la cabeza. Respondió: «Pienso ya muy poco en eso». Aquello me alegró y le dije que era una buena señal.

Cyndi y Kevin son unos padres muy comprensivos y responsables que pasaron una dura prueba, pero ahora respiran tranquilos porque están en condiciones de olvidar la vida anterior de Ryan. Tras pasar un día a solas con Cyndi, me sentí muy honrada de recibir una copia de su diario, la misma documentación que había ido enviando a Jim Tucker conforme avanzaba el caso. Era un testimonio importantísimo, comenzado en el otoño de 2009, que ponía de manifiesto que ninguno de los detalles se había inventado ni adornado tras la resolución del misterio, que consignaba de manera fehaciente que Ryan había dicho lo que había dicho en la fecha en que lo había dicho. Si este registro no se hubiera llevado con tanta diligencia y no se hubiera enviado a Jim conforme se escribía, creo que pocos habrían creído que Ryan hubiera hecho tantas afirmaciones que luego resultaron exactas. Conforme se desarrollaban los hechos, Cyndi estuvo en comunicación periódica con Jim, que fue para ella una tabla de salvación. Jim fue una fuente de consuelo y apoyo, de resistencia y comprensión, y cuando nos vimos no dejó de manifestar la gratitud y el respeto que sentía por la función estabilizadora de su presencia.

Jim Tucker también fue decisivo para el caso desde el punto de vista de la investigación; fue muy importante contar con el apoyo de un psiquiatra infantil competente e informado. Jim introdujo en el caso a Russ Stratton, que puso en movimiento a expertos en historia del cine para que buscaran e identificaran al hombre de la foto, clave de todo el asunto. Creo que es justo decir que sin la perseverancia profesional de Jim y Russ el caso no se habría resuelto nunca. Bruce Leininger había trabajado solo sin revelar a nadie sus motivos, y por eso había tardado años en encontrar a James Huston Jr.

Cuando volví a Nueva York con la copia del diario de Cyndi, lo leí atentamente y fui señalando los detalles decisivos que había dado Ryan desde que Cyndi había mandado la primera carta a Jim Tucker, en febrero de 2010. Otras afirmaciones de Ryan habían sido registradas por Jim en las entrevistas que sostuvieron o constaban en el material filmado; otras procedían del encuentro de julio con el equipo de filmación, cuando la familia oyó por primera vez el nombre de Marty Martyn; y otras, en fin, procedían del viaje a Los Ángeles que habían efectuado en agosto y durante el que conocieron a la hija de Marty, Marisa Martyn Rosenblatt. Desde entonces he estado en contacto con Marisa y ha respondido a mis preguntas sobre su padre con amabilidad y generosidad. Le pregunté por su encuentro con Ryan y su familia.

«Fue una experiencia extraña conocer a Ryan. ¡Lo primero que me dijo fue que era muy vieja!», comentó, confesando que era lógico, si se tenía en cuenta que ella solo tenía ocho años cuando murió su padre[79].

Además de disponer de la información que dio a la familia, Marisa fue una fuente gracias a la cual pude cotejar las declaraciones fundamentales de Ryan con los registros públicos de los archivos nacionales, periódicos, necrológicas, oficinas del censo, partidas de nacimiento, documentos de viaje y fotografías. Hice una lista de los recuerdos clave, prescindiendo de las afirmaciones más generales que se deducían de la época o que se inferían por lógica de cosas ya dichas (por ejemplo, «vivía en una casa llena de niños», cuando ya había afirmado más concretamente que había allí tres chicos, una hija y una hijastra). No pudieron comprobarse muchos otros recuerdos que constaban en el diario de Cyndi y siguen sin comprobarse hasta la fecha.

James Leininger tuvo doce recuerdos comprobados, que son de muchísimo valor porque contenían nombres concretos de personas,

---

79. Marisa Martyn Rosenblatt, comunicación personal, 30 de agosto de 2016.

del portaaviones y de lugares. Lo extraordinario del caso de Ryan es la elevadísima *cantidad* de recuerdos exactos que presenta, y no el hecho de que compensen la falta de concreción.

Algunos recuerdos iniciales de Ryan, descritos poco después de señalar la foto del libro y decir: «Ese soy yo», fueron comprobados personalmente por Cyndi antes de que Jim interviniera en el caso. Se los envió a Jim al principio de su correspondencia, con las soluciones que encontró en los créditos de películas y en Internet. Para los fines de la investigación, estos recuerdos pertenecen a una categoría distinta de los que quedaron sin resolver hasta que se localizaron los registros públicos y a la hija de Marty. Estos primeros recuerdos se referían al reconocimiento de «George» por Ryan en la foto en que estaba con él y al del amigo vaquero que hacía anuncios de cigarrillos y que tenía un caballo que hacía cabriolas. Cyndi no tuvo problemas para identificar al actor George Raft ni para averiguar que el vaquero era Gordon Nance, llamado también Wild Bill Elliott, y que los recuerdos de Ryan acerca de él eran exactos. Ryan contó también a Cyndi algunas cosas sobre la película (por ejemplo, «salía un armario lleno de armas») que Cyndi y Kevin comprobaron cuando la vieron en Internet.

Las siguientes afirmaciones fueron hechas por Ryan antes de que se supiera nada sobre Marty Martyn y no fueron comprobadas por nadie hasta que se supo la identidad del hombre de la foto. (La lista no incluye los datos inicialmente comprobados por Cyndi.) Todos se corresponden exactamente con la vida de Marty Martyn.

1. Es el hombre de la foto de la película *Noche tras noche*.
2. Vivió en Hollywood.
3. Vivió en una calle en cuyo nombre figuraban las palabras «roca» o «monte».
4. Era muy rico.
5. Su casa era grande.
6. Había una pared de ladrillo en la casa.
7. Había tres muchachos.
8. No creía que los chicos fueran suyos, pero les dio su apellido.

9. Tenía una hija.
10. Llevaba a casa libros de colorear.
11. Tuvo problemas con la hijastra mayor, que no escuchaba, no lo respetaba.
12. Tenía una piscina grande.
13. Su madre tenía el pelo castaño y rizado.
14. Tenía una hermana menor.
15. Cuando su hija tenía seis años le compró un perro.
16. A ella no le gustó el perro.
17. Él no soportaba los gatos.
18. Conocía al senador Ives (Five).
19. Veía al senador Ives en Nueva York (localizada en un mapa).
20. Tenía un coche verde.
21. No dejaba que nadie más condujera el coche verde.
22. Tuvo muchas esposas.
23. Su mujer conducía un bonito coche negro.
24. Era agente; dirigía una agencia.
25. La agencia cambiaba el nombre de las personas.
26. Bailaba claqué en el escenario.
27. El escenario estaba en Nueva York.
28. Vio mundo en grandes barcos en los que bailaba con señoritas guapas.
29. Comía a menudo en Chinatown; su restaurante favorito estaba allí.
30. Sufrió «quemaduras de piel» en Hollywood.
31. Fue a París, vio la Torre Eiffel.
32. Llevaba a sus amigas al mar.
33. Tocaba el piano, tenía uno.
34. Tenía una criada afroamericana.
35. Conoció a Rita Hayworth, que preparaba «bebidas heladas» (reconocimiento en foto).
36. Conoció a aquella tal Mary, no había forma de acercarse para hablar con ella (reconocimiento en foto, Marilyn Monroe).
37. Su comida predilecta era el pan.
38. Tenía una colección de gafas de sol.
39. Era fumador.

40. Tenía muchas amigas y líos, nunca tuvo problemas para conseguir mujeres.
41. Le gustaba mirar a los surfistas en la playa.
42. Tenía armas de fuego.
43. No tenía televisor de pequeño; antes tuvieron una radio.
44. Detestaba a Roosevelt.
45. Antes de morir vamos a una habitación con números en la puerta.
46. «No estoy en la 5; estoy más cerca de la 105 que cuando estuve allí antes» (pudo ser la 106).
47. Murió a los sesenta y un años.

Si se añaden las ocho afirmaciones iniciales que comprobó Cyndi, tenemos un total de cincuenta y cinco afirmaciones acertadas. «Ryan tiene el récord de afirmaciones sobre una vida anterior, junto con unos cuantos de nuestra colección de la Universidad de Virginia, en parte gracias a que Cyndi y yo estuvimos en contacto mucho tiempo», me contó Jim[80].

Marty fue bailarín en Nueva York y tuvo una relación muy estrecha con su hermana, Florence Maslow, bailarina conocida internacionalmente en los años veinte y treinta que aparecía en las Ziegfeld Follies y trabajó con Josephine Baker. Después pasó a dirigir la agencia de actores Marty Martyn. Cambió de apellido; el suyo de nacimiento era Kolinsky. Marisa —única hija biológica de Marty— dijo que recordaba haber visto una foto de su padre con el senador Ives y confirmó la amistad de ambos. Marty tuvo cuatro esposas y muchas amantes. Muchas afirmaciones se han explicado ya en el capítulo anterior y, como ya he dicho, todas las de la lista de más arriba se comprobó que eran exactas. Ryan hizo también algunas afirmaciones equivocadas, aunque pocas. Dijo que su padre (el de Marty) había fallecido cuando él era pequeño, pero no era verdad (en realidad falleció seis años antes que él). Ryan dijo que fue incinerado, pero la partida de defunción de Marty dice que fue enterrado. Muchas otras afirmaciones son de comprobación imposible.

80. Jim Tucker, comunicación personal, 13 de julio de 2015.

Ryan no había visto *Noche tras noche* cuando dijo: «Ese soy yo, ese es George e hicimos una película juntos». Que un niño efectúe un primer reconocimiento en una foto —antes de que se sepa nada más sobre la personalidad anterior— es un hecho sin precedentes, según Jim Tucker. Por lo general no se encuentra una foto de la personalidad anterior hasta el final de la investigación, y eso si el equipo que investiga tiene suerte. «En la mayor parte de nuestros casos se trataba de ver si se podía identificar a un difunto cuya vida coincidía con las afirmaciones que había hecho el niño —explica Tucker—. Pero en este caso solo había un individuo del que Ryan hablaba porque lo había señalado en una película. No se trataba de averiguar si había alguien cuya vida coincidiera con las afirmaciones de Ryan, sino si coincidía la de Marty Martyn»[81].

Y esa labor no habría podido realizarse sin ayuda profesional. Russ Stratton contrató a una investigadora cinematográfica profesional, Kate Coe, que partía del inconveniente de que solo tenía una foto de un extra sin nombre que aparecía en una película de 1932. Coe llevó la imagen a la biblioteca y a los archivos de la Academia de las Artes y las Ciencias Cinematográficas, la biblioteca cinematográfica más grande del mundo, una institución de Los Ángeles cuya planta tiene casi cuatro mil metros cuadrados. Investigó en los ficheros hasta que finalmente encontró la ficha de *Noche tras noche*. Repasó las fotos de la película y saltó de alegría cuando encontró un primer plano del que parecía ser el hombre del sombrero hongo; llevaba el mismo sombrero y mordisqueaba un largo cigarro. Le dio la vuelta y en el dorso ponía: «Marty Martyn en el papel de un mafioso de *NOCHE TRAS NOCHE* de la Paramount». Saltaba a la vista que las dos fotos eran del mismo hombre[82]. Esto ocurrió antes de que Jim fuera a casa de los Hammons por segunda vez y procediera a efectuar la prueba del reconocimiento fotográfico con Ryan.

¿Había alguna posibilidad de que los Hammons lo hubieran averiguado por su cuenta? Cuando Cindy y Kevin vieron la película

---

81. Tucker, *Return to life*, p. 109.

82. Toda la información sobre las investigaciones de Kate Coe proceden del documental de Russ Stratton titulado *A life in the movies*, emitido en The Biography Channel.

por primera vez, Marty Martyn aparecía en los créditos en el papel de «Malloy». Sin embargo, como en el caso de muchos otros intérpretes de la película, lo único que podía encontrarse en el fichero IMDb (Internet Movie Database) era la fecha de nacimiento y la del fallecimiento, y entonces no eran exactas. Jim recuerda que en 2010 no había nada más en la Red acerca de Martyn[83]. Las cosas han cambiado, pero solo porque el caso de los Hammons llamó la atención sobre la historia de Marty Martyn.

En abril de 2010, antes de que el equipo de filmación se presentara en la casa, Cyndi escribió a un productor de *The Unexplained* y hay un párrafo de su carta que confirma que no sabía entonces quién era el hombre de la foto y suponía que su nombre ni siquiera figuraba en los créditos:

> Solo hay dos hombres en los créditos de *Noche tras noche* que no he conseguido identificar. Uno llamado James Gillis y otro llamado Marty Martyn. He pasado horas buscándolos. He tenido la película probablemente desde enero o febrero. Realmente, no creo que figure en los créditos porque tenía un papel muy breve.

Y sus motivos para permitir la filmación aparecen con absoluta claridad en la misma carta:

> Agradeceríamos cualquier ayuda que se nos prestara. El doctor Tucker ha sido muy amable conmigo y ha respondido a muchas preguntas. Sé que Ryan es especial. No sé si el hombre que afirma ser y el de la película coincidirán. Quiero que sepa que no nos avergonzamos de lo que Ryan está pasando [...]
>
> Creo que este programa podría ayudar a otras personas que tienen hijos como Ryan. Si ustedes averiguan quién es, por favor, díganmelo. Hay días que solo duermo unas horas porque estoy siempre pendiente de Ryan. Creo que si pudiéramos responder a sus preguntas recuperaríamos algo de normalidad[84].

---

83. Jim Tucker, comunicación personal, 20 de marzo de 2015.

84. Conseguí esta carta porque formaba parte del diario de Cyndi.

El fragmento de veintidós minutos que Stratton produjo sobre el caso de Ryan se grabó en 2010, cuando Ryan tenía cinco años, y se emitió en abril de 2011 en The Biography Channel[85]. Gracias a Russ vi el fragmento, que incluía la «rueda de identificación» en que Ryan identificó al senador Ives y a otros. (Por desgracia, no está a disposición del público.) En casi todos los casos infantiles de reencarnación, los recuerdos empiezan a aflorar años antes que en el de Ryan, sobre todo si hay algún trauma asociado con ellos. En el caso de Ryan, la «muerte anterior» no fue repentina ni violenta, ni se produjo a una edad prematura, como en el de James, y eso es menos típico. Pero Ryan tenía dificultades para hablar, a edad temprana había sufrido múltiples infecciones de oído que le llenaban los conductos de fluido y le impedían oír bien. Según Cindy, no hablaba antes de andar. Le extirparon las vegetaciones adenoideas antes de cumplir cuatro años y gracias a eso se volvió más expresivo, aunque después de la intervención quirúrgica necesitó terapia foniátrica que duró hasta sus cinco años. Cuando Jim Tucker conoció a Ryan, este ya utilizaba un amplio vocabulario, pero no era tan expresivo como otros niños de su edad y a veces costaba entenderlo. Ryan contó a su madre que se acordaba de su vida anterior cuando era mucho más pequeño. «Cuando eres muy pequeño y recuerdas que eres malo, no se lo puedes decir a nadie porque no sabes hablar», le explicó a Cyndi, que muy escrupulosamente consignó aquella afirmación en su diario.

Al igual que James, Ryan tenía pesadillas dolorosas. Las de Ryan no consistían en una escena que se repetía, y a menudo sus padres no sabían de qué se trataba. No obstante, dijo que en ocasiones soñaba con el senador Five y que tenía muchos sueños relacionados con su muerte (la de Marty). Lloraba mucho de noche, incluso cuando se despertaba diciendo que sentía nostalgia y quería ver a su otra familia, la que había tenido de adulto. Y a semejanza de James con los aviones, a Ryan le gustaba jugar a ser director de cine y agente, como si estas aptitudes siguieran dentro

85. *A life in the movies*, para *The Unexplained*, producido por Air Extreme, LLC, para la A&E Network, 2011. Por desgracia, el fragmento no está a disposición del público. Espero conseguir que lo esté en el futuro.

de él. También a semejanza del caso de James, las emociones cruzadas, las pesadillas y los comportamientos derivados sugieren que Ryan estaba en realidad reviviendo algo que llevaba muy dentro y que para él era muy real.

La verdad es que a veces parecía tener dificultades para separar su vida anterior de su vida presente, y en una medida que parece particularmente extrema en comparación con otros casos. Había ocasiones en que él y Marty estaban tan mezclados que no sabía distinguirlos. No parecía tratarse de simples recuerdos que llegaban y se iban, y lo dejaban en paz en el presente durante períodos largos hasta que aparecía el siguiente recuerdo, como ocurre por lo general en niños más pequeños como James Leininger. Ryan parecía confuso, a veces, a propósito de lo que era el tiempo pasado y el tiempo presente, y a propósito de las expectativas razonables de una y otra época. Pensaba que debía pagar a su madre por limpiarle la habitación porque antes había tenido una criada que iba todos los días a limpiarle la casa. Esperaba ver a sus colegas cuando fuera a Hollywood, y decía que podía quedarse con ellos una temporada y volver después con sus padres.

Ryan también tenía un conocimiento que iba más allá de su edad, y esta situación le creaba conflictos. «Mami, ¿sabes que hay dos personas dentro de mí? Está Ryan y está Marty —dijo al poco de cumplir seis años—. Sé cosas que Marty sabe»[86]. Puede que la inusual intensidad resultante de la combinación de las dos personalidades —la vívida y continua presencia de Marty en su mundo interior— explicara la abundancia de recuerdos que tenía y la elevada cantidad de recuerdos exactos.

A diferencia de James (al menos por lo que sabían sus padres), Ryan parecía tener aptitudes psíquicas. A veces predecía cosas que estaban a punto de suceder, o sabía cosas en virtud de alguna clase de conciencia extrasensorial, por lo general en relación con sus parientes. Como casi todos los recuerdos de Ryan sobre Marty aparecieron después de que viese la foto del libro, ¿es posible que absorbiera psíquicamente los detalles de la vida de Marty a través

---

86. Del diario de Cyndi, 7 de agosto de 2010.

de ella? La agitación emocional de su nostalgia del pasado, las pesadillas y los juegos relacionados con la vida anterior sugerían que la conexión estaba viva en su interior. No parecía una reacción a una información recogida psíquicamente de una fotografía que no tenía ningún significado personal y era un objeto ajeno a él. Muchas recuerdos de Ryan se repetían en diferentes momentos y diferentes lugares, algunos muchas veces, lo cual sugiere que eran realmente recuerdos que se desencadenaban y afloraban en su mente. No obstante, y a pesar de su improbabilidad, no podemos descartar por completo la posibilidad de que en el caso de Ryan tuviera un papel algún mecanismo psíquico inusual.

A semejanza de lo ocurrido en el caso de los Leininger, no parece que Cyndi y Kevin tuvieran ningún motivo psicológico para precipitar la aparición de los recuerdos, dado que causaron estragos en la familia. Ninguno de los dos se había formado en el seno de una religión o sistema de creencias que apoyara la idea de la reencarnación. Cyndi había ido de pequeña a una iglesia baptista y el padre de Kevin había sido ministro de la Iglesia de Cristo. Vivían en un pueblo donde no era de esperar que aquellos fenómenos se mirasen con buenos ojos, y estuvieron preocupados por la reacción de sus vecinos y parientes. Sin embargo, tuvieron inteligencia y sensibilidad suficientes para permitir a Ryan que se expresara, sin negar la legitimidad de sus recuerdos. Su amor por Ryan se ve en las páginas del diario de Cyndi, donde se obliga a sí misma a soportar el drama con él. Su principal objetivo era que Ryan encontrara paz.

También benefició a Ryan que lo llevaran a Hollywood al principio, cuando el equipo de televisión localizó al hombre que no era, un actor llamado Ralf Harolde que se parecía al hombre del sombrero hongo. Aunque Ryan dijo que no era el de la foto, hubo alguna incertidumbre y el niño quiso aprovechar la oportunidad para visitar Los Ángeles. La familia mantuvo una mente abierta. Cuando llevaron a Ryan a la casa de Harolde, el pequeño no reaccionó; sí, por el contrario, cuando estuvieron en la casa de Bill Elliott, el vaquero amigo de Marty. Luego reconoció la casa de Marty Martyn, que estaba reformándose, pero conservaba intacta la piscina. Y cuando fue al edificio donde había estado la agencia de Marty, estaba exultante y se notaba que se sentía allí totalmente en casa[87].

La «rueda de identificación fotográfica» fue interesante, pero entrañaba sus dificultades. Más importante fue que Ryan reconociera inmediatamente al senador «Five» y acto seguido a su esposa anterior. Reconocerse a sí mismo de joven puede que no fuera difícil, puesto que había mirado muchas veces la foto de Martyn que parecía en el libro. Y es posible que hubiera oído a su madre mencionar el nombre de Marty Martyn con anterioridad, ya que figuraba en los créditos de la película. Lo ideal habría sido que enseñara las fotos a Ryan un observador de fuera que no supiera nada de la identidad de quienes aparecían en ellas. Pero lo más seguro es que Ryan se hubiera sentido cohibido ante una persona desconocida; tenía un vínculo con Jim Tucker y confiaba en él, así que era lógico que respondiera mejor a sus preguntas que a las de un desconocido. Sin embargo, el contexto era propicio para que se estableciera una conexión de tipo psi, y como Tucker conocía las respuestas verdaderas, Ryan pudo haber captado inconscientemente pistas sutiles de carácter no verbal.

¿Pudieron los padres haber investigado previamente y, tras informar a Ryan, haber montado una farsa? La respuesta es que no, porque la información sobre Martyn no estaba disponible en Internet por aquellas fechas. No había nada que relacionara este nombre con el del hombre del sombrero hongo que había señalado Ryan, y cualquiera habría supuesto, como hizo Cyndi, que un extra que no decía ni palabra no tenía por qué aparecer en los créditos, al lado de las estrellas que hablaban y tenían los principales papeles. Y aun en el caso de que Cyndi y Kevin hubieran adivinado que el hombre era Martyn y hubieran influido en Ryan, casi todos los datos aportados por el niño se verificaron después de una larga búsqueda en archivos y gracias a los recuerdos de la hija de Marty, a la que conocieron después de que la investigadora hubiera identificado al hombre en cuestión. Incluso para los profesionales fue muy difícil identificar a

---

87. De la película de Stratton *A life in the movies*, para The Biography Channel.

Marty, y es inconcebible que los Hammons hubieran podido hacerlo desde Warner, Oklahoma.

Cyndi y Kevin no obtuvieron ningún provecho de la publicidad que rodeó el caso, todo lo contrario. Cuando se leen las muchas páginas del doloroso, emotivo y sincero diario de Cyndi —que lo escribió pensando que nadie más que Jim Tucker lo leería—, es imposible creer que todo fuera fruto de la inventiva de una persona que día tras día urdiera una patraña de aquella magnitud, con la colaboración de su marido el policía. Ryan habría tenido que memorizar bien su papel para representarlo de manera convincente durante las entrevistas con Jim y ante el equipo de rodaje. Por lo que a mí se refiere, no creo que necesite decir que el caso no se explica diciendo que fue puro teatro.

Parte de la información recordada por Ryan resultaba poco clara. En la partida de defunción de Marty figuraba el año de nacimiento, 1905, así que Jim y los demás dieron por válido al principio que había nacido aquel año. Pero como falleció en 1964, entonces habría tenido cincuenta y nueve años al morir. Pero Ryan había afirmado que había fallecido a los sesenta y un años. («¿Por qué Dios nos permite llegar a los sesenta y un años para hacernos volver luego?») Los últimos documentos conseguidos revelaron que Ryan estaba en lo cierto, en contra de lo que pensaban los demás. Los censos de 1910, 1920 y 1940 dicen que el año de nacimiento de Marty fue 1903. El registro de bodas de California, 1949-1950, dice que en 1955, año en que se casó con Margaret Skouras, Marty tenía cincuenta y dos años, lo que significa que en 1964 tenía sesenta y uno. Y en una lista de pasajeros de 1929, del buque *Minnesota*, que llegó a Nueva York procedente de Francia, aparece Marty Kolinsky con la fecha de nacimiento escrita a máquina con total claridad: 19 de mayo de 1903[88]. Nadie había podido convencer a Ryan de que Marty no había muerto a los sesenta y un años, pensaran los demás lo que pensasen. En 2016 conseguí una foto de la tumba de Marty y vi que ostentaba las fechas 1903-1964.

---

88. Lo más probable es que esta información la diera el pasajero, en conformidad con su pasaporte. Toda la documentación mencionada aquí procede de los National Archives y puede consultarse en Ancestry.com.

Las personas más estrechamente relacionadas con los casos Leininger y Hammons creen que la mejor explicación de la conducta y las afirmaciones de los dos niños es la continuidad de la conciencia personal entre una vida y la siguiente. Si esto es verdad, estos casos y centenares como ellos sugieren que la conciencia o «mente» de una persona —que retiene recuerdos, conocimientos y emociones— vive después de la muerte y vuelve a nacer. En este planteamiento, la conciencia persiste de un modo u otro durante el período en que no habita en ningún cuerpo y para su supervivencia no depende del cerebro, como sí depende el cuerpo. «Creo que estos casos enriquecen el cúmulo de indicios que sugieren que la conciencia (en ciertas circunstancias por lo menos) puede sobrevivir a la muerte del cuerpo; que la vida después de la muerte no es una simple fantasía o un tema propio de la fe, sino algo que también puede enfocarse analíticamente, y la idea puede juzgarse por lo que vale», dijo Jim en 2014[89].

Pero ¿cómo podría existir la conciencia sin un cerebro? Algunos estudios apoyan la posibilidad de que haya una separación entre la «mente» y el cuerpo, al menos temporalmente. Los casos que se estudian en la sección siguiente refuerzan la idea de que la conciencia podría no depender del cerebro y de que, por lo tanto, tal vez podría haber continuidad entre una vida y la siguiente.

---

89. De una entrevista para la NPR (National Public Radio), «Buscando la explicación científica de la reencarnación», emitida en el magazín *Weekend Edition*, domingo 5 de enero de 2014.

SEGUNDA PARTE

Morir y regresar

*La frontera que separa la vida de la muerte
es a lo sumo vaga y confusa. ¿Quién podría decir dónde
termina una y dónde empieza la otra?*

EDGAR ALLAN POE

6

El zapato en el alféizar

Por Kimberly Clark Sharp, máster en asistencia social

Kimberly Clark Sharp tenía una larga experiencia médica como asistenta social. Durante los diez años que estuvo en el Harborview Medical Center de Seattle, Washington, fue una pionera en la asistencia de enfermos terminales y pacientes de enfermedades cardíacas, y en 1985 fundó el Departamento de Asistencia Social en el Centro Fred Hutchinson para la Investigación del Cáncer, el primer centro del mundo que hizo trasplantes de médula ósea. También ha sido instructora de prácticas de la Universidad de Washington para posgraduados en asistencia social y se retiró como profesora adjunta de asistencia social clínica de la Universidad de Washington tras dar clases durante veinte años sobre la muerte y los moribundos en la Facultad de Medicina. Sharp es fundadora y presidenta de la Seattle International Association for Near-Death Studies, el grupo de apoyo más antiguo y grande del mundo para quienes tienen experiencias cercanas a la muerte.

En 1977 yo era una joven asistenta social empleada en el Centro Médico Harborview de Seattle, un amplio centro de traumatología con una atareada unidad de cuidados intensivos coronarios y otra de cuidados intensivos médicos. Mi misión concreta en ambas unidades era intervenir en momentos críticos y en temas psicosociales relacionados.

Mi vida cambió para siempre aquel mes de abril a causa de una trabajadora mexicana de mediana edad llamada María. Había ido a Seattle a visitar a unos amigos, pero al llegar sufrió un paro cardíaco súbito y fue ingresada en la unidad de cuidados coronarios a través del servicio de urgencias de Harborview. La conocí al día siguiente para completar un diagnóstico psicosocial en profundidad, localizar a sus parientes y comprobar de qué entidades de ayuda económica dependía. María sabía un poco de inglés y yo sabía un poco de español, así que, a falta de intérpretes y con ayuda de la mímica, establecimos una forma sencilla pero suficiente de comunicación, y acabé pasando a verla periódicamente mientras estuvo ingresada.

Un día en que me encontraba en los archivos médicos de la unidad de cuidados coronarios se oyó una aguda señal de alarma. A través de una ventanilla veía el puesto de las enfermeras, y advertí el parpadeo y pitidos del panel de monitores de los enfermos del corazón. La alarma significaba que un paciente estaba en «código azul» o en «quiebra» —es decir, que tenía un paro cardíaco—, y ese paciente era María.

Me dirigía hacia su habitación cuando una docena de personas con instrumentos de asistencia médica me adelantó corriendo en respuesta a la emergencia. No era raro que ocurriera aquello; normalmente eran médicos de servicio, residentes, interinos, enfermeras, especialistas en terapia respiratoria, estudiantes y quizás incluso asistentes de visita que observaban. La situación parecía caótica, pero no lo era. Los «códigos» de paro cardíaco eran frecuentes y el equipo de respuesta era una máquina bien engrasada, ya que cada cual sabía adónde ir y qué hacer. Me quedé mirando mientras el equipo presionaba el pecho de María y lo masajeaba, y vi el tubo que le bajaba por la garganta para llevarle aire a los pulmones. María estaba conectada a un electrocardiógrafo portátil que medía la actividad de su corazón, y vi que le aplicaban las palas en el pecho para reactivarle los latidos cardíacos. Pero más que nada me fijaba en la pantalla del monitor portátil, cuya señal era plana: no había latidos ni respiración. Estaba clínicamente muerta.

Por suerte, se produjo una resucitación relativamente fácil y, tras un par de descargas de las palas, María, aunque aún inconsciente y con un respirador, estaba en situación estable. Horas después despertaba y respiraba por sí misma. Pero entonces una enfermera de cuidados coronarios me llamó por megafonía para que evaluase el estado de una María muy agitada. Estaba tan nerviosa que todos temían que por culpa de la tensión volviera a sufrir un paro cardíaco. Se me pidió que, como asistenta social, entrara y solucionase el problema.

Cuando entré en la habitación, María estaba medio levantada de la cama, agitaba los brazos y hablaba en español tan aprisa que no podía entenderla. Nuestra improvisada coiné no servía a aquella velocidad, pero capté que tenía algo importante que decirme. Mis esfuerzos por calmarla solo consiguieron alterarla más y, al comprender su impotencia, rompió a llorar. Al final se calmó y volvimos a nuestro código habitual de palabras y señas, y trató de explicarme la causa de su agitación, que ante mi sorpresa no estaba causada por el miedo ni por la ira, sino por una tremenda estupefacción.

Señaló un rincón del techo y me dijo que había abandonado su cuerpo y había subido allí, y que desde aquel punto había sido testigo de su resucitación. Me explicó con toda exactitud quiénes habían estado en la habitación, dónde se encontraban, qué habían dicho y qué habían hecho. Me describió asimismo dónde estaba situada la maquinaria que habían empleado, en concreto el electrocardiógrafo que no dejaba de escupir metros de ancho papel blanco; cuando el papel había llegado al suelo, un miembro del personal, para que no estorbara, lo había metido bajo la cama de un puntapié. Luego chascó los dedos para indicar que su perspectiva había cambiado rápidamente y dijo que se había visto encima de las puertas de la sala de urgencias de la planta baja. Una vez más, y con toda exactitud, me describió la curva de la entrada de vehículos, las ambulancias avanzando en una sola dirección y las puertas que se abrían automáticamente cada vez que entraba y salía gente.

Mi lado profesional y racional no me permitía creerla, aunque sus descripciones eran exactas. Las personas que había nombrado habían estado, ciertamente, en la habitación. Y no se había equivocado al indicar la situación de la maquinaria. Pero yo sabía que María había recibido instrucciones relativas a lo que sucedería si sufría una crisis cardíaca. Y sabía quién estaba de servicio aquel día y era capaz de reconocer sus voces en la habitación. Y yo sabía que, según se cree, el oído es el último sentido que desaparece al fallecer.

Sin embargo, María había visto que metían el papel bajo la cama de un puntapié, hecho que no tenía por qué haber previsto ni esperado. Mi escepticismo no quería ceder ante la exactitud con que había descrito este detalle. No tenía ningún medio por el que enterarse de lo del papel. No había recibido instrucciones al respecto, nadie le había comentado nada al respecto. Ni en televisión ni en películas, nunca se había visto que mostraran un paro cardíaco. Y María estaba de espaldas en la cama, de modo que no podía haber visto a la persona que daba el puntapié al papel, porque estaba fuera de su campo visual. Solo había podido conocer este detalle porque lo había visto. Pero ¿cómo? Tenía los ojos cerrados; esto lo comprobé personalmente.

Y en cuanto a la descripción de la entrada de urgencias, María había sido ingresada de noche y no había podido tener conocimiento de nada que ocurriese fuera porque los bordes de la mascarilla de oxígeno y los paramédicos inclinados alrededor de ella le obstaculizaban la visión. Según constaba, tenía los ojos cerrados porque se retorcía de dolor. Además, cuando alguien es ingresado en un hospital por una emergencia, está bajo una gran tensión emocional y es poco probable que se interese por lo que ocurre a su alrededor. Aunque hubiera visto abrirse las puertas, no habría alcanzado a ver por las ventanillas de la ambulancia para ver la curva de la entrada de vehículos y las ambulancias avanzando en una sola dirección. Tampoco pudo haber visto esto desde su ventana del hospital, porque había un largo alero para proteger a los pacientes de la lluvia que tapaba la vista.

No podía perder el tiempo dando vueltas a aquellos pensamientos, porque María quería decirme algo más importante. Dijo que mientras estaba fuera de su cuerpo fue atraída por algo que ocurría en otra parte del hospital. Con gestos y chascando los dedos me dio a entender que, sin saber cómo, se había visto a dos o tres pisos del suelo mirando con fijeza un curioso objeto situado en el alféizar exterior de una ventana: un zapato de tenis.

Desde una perspectiva muy cercana, María describió aquel zapato diciendo que era de la talla de un adulto, que era azul oscuro, que tenía una raspadura cerca del punto correspondiente al meñique del pie y un cordón blanco metido bajo el talón. María explicó a continuación por qué estaba tan alterada: quería que alguien fuera en busca del zapato, no para demostrarse a sí misma que el zapato estaba allí —sabía que estaba—, sino para demostrar a otros que, aunque «muerta», tenía lucidez suficiente para flotar dentro y fuera del hospital. Acto seguido se me quedó mirando con expectación, como esperando que fuera yo quien recogiera el zapato.

Me dije que la búsqueda iba a ser inútil. María no sabía en qué parte de la fachada del vasto edificio podía estar el zapato, solo que se encontraba unos pisos por encima del suelo. Pero para demostrarle mi afecto y para impedir que se alterase y su corazón volviera a estar en peligro, accedí a su petición.

Partí de la lógica conclusión de que, si salía y rodeaba el hospital, localizaría desde el suelo cualquier objeto situado en la fachada, sobre todo un zapato de tenis azul. Pero mientras recorría la acera que rodeaba el edificio, me di cuenta de que no podía ver bien los bordes de las ventanas. De hecho, completé una vuelta al hospital sin haber visto nada, ni siquiera un pájaro que voló hasta la cornisa de un piso superior y desapareció de mi vista. Estaba demasiado cerca de la construcción, que se alzaba junto a una hondonada, y en aquella época solo había dos zonas —la entrada de vehículos y el garaje— en las que podía apartarme de la acera. Pero para ello había que cruzar calzadas inseguras, de mucho tráfico, y como el zapato podía estar en un alféizar de cualquiera de las cuatro empinadas fachadas del enorme edificio (y como de todos modos no esperaba encontrarlo), no quise correr el riesgo.

Así que volví al interior, subí al segundo piso y busqué al azar en las ventanas del lado este. Entraba en habitaciones ocupadas, me acercaba a la ventana y miraba el alféizar. Las ventanas de unos sectores estaban tapadas y las de otros tenían una configuración diferente, según la parte del vasto complejo que exploraba. En muchas habitaciones se habían amontonado objetos junto a la ventana, y tenía que acercarme para mirar por encima y ver el alféizar. El peinado de la fachada este no arrojó ningún resultado. Fui a inspeccionar las ventanas de la fachada norte: nada tampoco. Luego, las de la fachada oeste. Tras mirar inútilmente varios alféizares, pasé a la siguiente habitación sin esperar nada. Pero cuando pegué la cara al enésimo cristal y miré el enésimo alféizar, el corazón me dio un vuelco. Estaba allí.

En el estrecho alféizar había un zapato de tenis masculino de color azul oscuro. Tenía el extremo de un cordón metido bajo el talón, tal como María había dicho; el cordón sobresalía por debajo del zapato por el lado de la ventana, pero no podía ver el tramo que quedaba en la otra parte. El punto correspondiente al dedo meñique, que María había dicho que estaba rozado, también quedaba fuera de mi vista, porque se encontraba en la parte exterior del zapato.

Estaba conmocionada. El tiempo se detuvo. Durante aquellos primeros instantes fui incapaz de sostenerme y caí contra el cristal, golpeándome en la frente. Aquello era imposible.

Mi mente corría en busca de una explicación, y se me ocurrieron cuatro posibilidades. A lo lejos veía un solitario edificio del centro, Smith Tower, que se alzaba a unos ochocientos metros. Antes de sufrir el ataque, cabía la posibilidad de que María hubiera subido al último piso de Smith Tower y con unos prismáticos hubiera localizado el zapato en el alféizar. Pero antes de ser ingresada en Harborview no había estado en Seattle, y era poco probable que la mujer dispusiera de prismáticos o de un telescopio. Otra posibilidad era que María hubiera conseguido quitarse las sondas intravenosas y los parches del monitor, fuera por su propio pie y, sin ser vista hasta el lado opuesto de la segunda planta, entrara en una habitación con dos camas y con pacientes, mirase por la ventana y viera el zapato en el alféizar. Inconcebible; en cuanto hubiera abandonado la cama, las enfermeras se habrían dado cuenta.

Otra posibilidad: otra persona puso el zapato en el alféizar y convenció a María de que participara en la farsa, explicándole lo que debía decir con todo detalle. Esto era absurdo, por no decir algo peor. María no recibió visitas de fuera el día de su resucitación. Yo lo sabía porque me avisaron para que fuese a verla en cuanto recuperó el conocimiento, y fue entonces cuando me contó lo del zapato. ¿Y el personal del hospital? No me imaginaba a un atareado médico o enfermera interviniendo en un asunto tan extraño y anti-profesional, y arriesgándose a que los descubrieran. ¿Y por qué iba María a prestarse a un engaño semejante? En cualquier caso, nadie del personal hablaba español, así que ningún miembro del mismo podía haber hablado con ella acerca de un montaje tan complicado.

No me quedaba más que la cuarta posibilidad: inconsciente, con los ojos cerrados, sin latidos cardíacos, sin actividad respiratoria, en una habitación llena de profesionales de la medicina afanándose por recuperarla, María, de algún modo, había oído y visto cosas situadas en otros lugares. Mientras yo veía saltar su cuerpo a consecuencia de las descargas, ella estaba en otra parte. Mientras su conciencia se desplazaba por el centro, fuera de su cuerpo, se detuvo delante de una ventana situada en otra parte del hospital y en el alféizar exterior vio un zapato de tenis, y luego lo recordó. Ninguna de estas conclusiones tenía sentido, pero me pareció que no tenía más remedio que creer en la cuarta posibilidad. Pero ¿cómo era posible?

Respiré hondo, abrí la ventana y cogí el zapato. Lo tenía en la mano. Le di la vuelta y comprobé el detalle identificador: la parte del meñique estaba rozada.

Cuando volví a la habitación de María, entré con el zapato escondido en la espalda para hacerle otra pregunta que iba a ser una especie de prueba. Con gestos y mis cuatro palabras de español le pregunté si podía decirme algo del interior del zapato, porque si su punto de vista había sido, según sus propias palabras, «de cara al cordón», no había tenido forma de saber lo que había dentro. Si me lo decía, yo podía replicar: ajajá, se lo está inventando todo. Pero me dio a entender que no había visto el interior. Su recuerdo era que tenía los ojos a la altura del lateral que daba al exterior. Cuando yo había estado en la ventana, miraba desde arriba, de modo que yo sí veía el zapato por dentro.

Esto corroboraba el hecho de que la perspectiva descrita por ella solo era posible si se encontraba suspendida en el aire, a tres plantas del suelo. Y lo que realmente me dejó atónita fue percatarme de que el detalle de la rozadura no habría podido verse desde cualquier ángulo: ni desde dentro del hospital, ni desde el suelo, ni desde otro edificio, porque no los había cercanos en aquella parte del complejo. Y sin embargo, dijo haber visto la rozadura desde el aire, mientras su cuerpo tenía el corazón detenido en otra parte del hospital. Tras aquello, y con el gesto teatral que la ocasión merecía, le enseñé el zapato que ocultaba en la espalda. A continuación hubo un frenético chorro de palabras en español, emociones intensas y una enfermera que temió que el monitor cardíaco de María se hubiera vuelto loco. María y yo nos abrazamos con alegría. Le enseñamos el zapato a la enfermera y le explicamos toda la historia.

Durante los días siguientes desfilaron por la habitación médicos, enfermeras y enfermeros, deseosos de ver a María y de observar el zapato, que estaba expuesto en una mesilla lateral. Todo el mundo quería verlo. Lo observaban, lo tocaban, presentaban sus respetos al humilde zapato y se iban. La reacción del personal fue de asombro. Ninguno de nosotros había oído nunca nada parecido. Estábamos desconcertados. Durante una temporada, mi broma favorita fue decir que aquel zapato era la Sábana Santa de Harborview.

Nadie puso en duda la versión de María, por lo menos nadie de mi entorno ni del equipo de resucitación. Conocían la seriedad de su estado y sabían que le habría resultado imposible tener un conocimiento previo del zapato. Yo no tenía la menor duda de la sinceridad de sus emociones, ni al darse cuenta de lo que le había ocurrido ni al insistir que buscara el zapato.

Fue dada de alta tras haber estado hospitalizada dos semanas. Cuando nos despedimos, me regaló el zapato y me dijo que lo guardara. No sabía entonces lo importantes que iban a ser María y el zapato en el futuro. Desde entonces se han investigado seriamente auténticas experiencias extracorpóreas, es decir, aquellas en que el paciente que ha sufrido un paro cardíaco percibe, desde un lugar fuera del cuerpo, imágenes o sonidos que luego pueden comprobarse. Por desgracia, al cabo de unos años perdí el contacto con María y el zapato desapareció en una de mis mudanzas. Ahora que ha pasado el tiempo, desearía haber seguido al tanto del paradero de María y haber conservado el zapato.

He contado la historia tal como la he venido contando desde el primer día, aunque con el tiempo olvidé que el zapato tenía un logotipo de Nike. Años después vi en televisión una reconstrucción filmada del suceso, en la que aparece el zapato auténtico[90]. Los escépticos han afirmado que el zapato es una quimera, que nunca existió, pero la verdad es que tenemos esta prueba filmada. En la grabación aparezco mucho más joven y con ropa ya pasada de moda, lo que invalida cualquier sugerencia de que pueda tratarse de una filmación reciente.

La historia del zapato en el alféizar es hoy muy conocida. Se difundió en otros hospitales y en otras ciudades y estados, sobre todo por personal de enfermería que me invitaba a visitar su centro y a dar conferencias sobre el caso. Todo el mundo expresó asombro y deseos de seguir mi ejemplo, al menos delante de mí.

Muchos años después los escépticos me asaltaron con sus opiniones, pero se trataba de personas que ya tenían una idea formada y que no estaban vinculadas con el caso. No tuve dificultades para enfrentarme a sus objeciones y responder a ellas[91]. Lo más importante es que encontrar el zapato en el alféizar tuvo un impacto colosal en mi vida y en la vida de otros. Yo personalmente tuve una experiencia cercana a la muerte en 1970, cuando era joven, pero no hice caso porque me faltaba un marco de referencia para una cosa así. El zapato validó aquella experiencia extracorpórea y me animó a contársela a otros.

También me despertó la curiosidad y me indujo a preguntar a todos mis pacientes que habían estado cerca de la muerte si recordaban algo en aquel estado de conciencia. Muchas personas recordaban. Desde entonces he dedicado gran parte de mi vida profesional a apoyar estas experiencias, a investigar los informes sobre ellas y a escribir al respecto[92]. Sobre todo, he aprendido que lo que lla-

90. En este documental puede verse el zapato auténtico y las primeras entrevistas que me hicieron. Está disponible en YouTube.

91. Mi respuesta a los incrédulos más mordaces puede verse en «The other shoe drops», *Journal of Near-Death Studies* 25, n.º 4 (verano de 2007), pp. 245-250.

92. De aquí surgió la fundación, en 1982, de la Seattle International Association for Near-Death Studies. Más de diez mil personas —que han tenido experiencias cercanas a la muerte, que necesitan apoyo por otra clase de experiencias espirituales, moribundas, personas en duelo y público curioso en general— han cruzado sus puertas desde entonces. Y escribí el libro *After the light*, William Morrow & Co., 1995, en el que aparecen la historia de María, la de la primera persona ciega entrevistada por una experiencia cercana a la muerte y muchas otras experiencias auténticas.

mamos muerte podría no ser el fin de nuestra conciencia, ni de nuestro sentido del yo, ni de nuestra relación con otros. Nuestra conciencia existe al margen del tiempo y el espacio, y fuera de los confines de nuestro cuerpo. Saber esto, a causa de un sencillo zapato, nos da el consuelo de que puede haber continuidad no solo cuando estamos cerca de la muerte, sino también cuando morimos realmente.

7

Viajes extracorpóreos

El de María es un caso excepcional de experiencia extracorpórea (EE; OBE en sus siglas en inglés) auténtica, es decir, una experiencia en que imágenes y sonidos que no pueden percibirse por medios normales luego se demuestra que fueron reales. María describió detalles visuales del zapato en el alféizar desde el exterior de la ventana, a tres plantas de altura; el lado rozado del zapato que mencionó no era visible desde dentro. Cuando «vio» el zapato, su cuerpo yacía inconsciente en otra parte del hospital. Describió su resucitación con exactitud, incluso el puntapié que propinaban al papel, hecho que no podía ver en la posición horizontal en que se encontraba. Como muchos otros que han tenido estas experiencias, María no dudaba que hubiera abandonado realmente su cuerpo ni que en aquel estado incorpóreo hubiera viajado a los lugares que luego indicó.

Estos casos —y hay otros— no demuestran en modo alguno la supervivencia después de la muerte. Como ha dicho Mark B. Woodhouse, profesor emérito de filosofía de la Universidad Estatal de Georgia, «pasar, por ejemplo, de una EE de treinta minutos a la inmortalidad es dar un tremendo salto conceptual»[93]. Pero las EE auténticas son una señal segura de esa posibilidad que indica que

---

93. Mark B. Woodhouse, «Out-of-body experiences and the mind-body problem», *New Ideas in Pshychology* 12, n.º 1, marzo de 1994.

nuestra conciencia parece existir y funcionar independientemente del cerebro y del cuerpo físico. Estos casos guardan además una relación con los recuerdos de vidas anteriores que —si han ocurrido como los niños las perciben— suponen una conciencia personal incorpórea que subsiste por sí misma mucho tiempo después de sobrevivir a la irreversible muerte física del cuerpo.

Pero hay que tener en cuenta otras consideraciones. Es posible que la existencia de la conciencia separada de María dependiera de su cuerpo vivo, aunque pudiera viajar brevemente por el mundo exterior. Es posible que durante la muerte real sea diferente el efecto en la conciencia. «La conciencia asociada a un cuerpo que *todavía no ha perdido* el potencial para vivir podría ser o no ser lo mismo que la conciencia asociada a un cuerpo que ha perdido ese potencial», dice Janice Holden, de la University of North Texas, que ha estudiado muchos casos de EE auténticas[94].

La hipótesis psi ofrece otra explicación posible. Puede que la PES de María —sobre todo la clarividencia, que permite percibir objetos situados en puntos lejanos— se activara mientras yacía inconsciente, propiciando un estado onírico muy gráfico. En ese inusual estado, es posible que *creyera* viajar fuera del cuerpo, pero que en realidad percibiera por clarividencia el zapato y los demás detalles desde la cama del hospital. Esto significaría que en realidad no abandonó su cuerpo para viajar fuera de la ventana y volver con la información sobre el zapato. «Es razonable interpretar las EE como manifestaciones de PES abundantes en imágenes», señala Stephen Braude[95]. Michael Sudduth, el profesor de la Universidad Estatal de San Francisco del que hablé en la Introducción, está de acuerdo en que el conocimiento inusual podría adquirirse solo a través de una función psíquica, sin necesidad de que haya por medio una «versión extrasomática», es decir, una percepción extracorpórea[96]. Desde luego, la función psi estaba activa, o en la conciencia de María flo-

---

94. Janice Miner Holden, «Veridical perception in near-death experiences», *The handbook of near-death experiences*, Praeger Publishers, 2009, p. 187.

95. Braude, *Immortal remains*, p. 253.

96. Michael Sudduth. «In defense of Sam Harris on near-death experiences», *Cup of Nirvana*, 21 de diciembre de 2015.

tando fuera de una ventana o en alguna clase de estado onírico inusual de María.

Las EE tienen características únicas, y quienes las tienen no las asocian con estados oníricos. Si la clarividencia y la telepatía entraran en acción sin que hubiera abandono del cuerpo, ¿no podría ocurrir que algunas personas despertaran y reconocieran la experiencia como un sueño inusualmente vívido? Pero no sucede, y se describen situados en el techo, a veces aturdidos y desorientados al principio, y tardan un poco en reconocer y aceptar que realmente están allí y que quizás hayan muerto. Ven su cuerpo y el instrumental médico, desde el punto de vista del techo. En realidad les aturde la diferencia que hay entre esto y un sueño, y a menudo dicen que es más real que la conciencia en la vigilia. Los sueños suelen ser más caóticos y los olvidamos al cabo del tiempo, pero las EE permanecen vívidas en la memoria como algo que ha sucedido realmente. La vida de casi todos los que tienen estas experiencias se transforma para siempre y ya no temen la muerte. Este cambio profundo que se produce sugiere que ha ocurrido algo muy insólito, algo que causa un impacto mayor que un sueño.

La percepción detallada del zapato en estado de inconsciencia fue extraordinaria en sí misma, se produjera como se produjese. Pero el único aspecto de la experiencia de María que guarda relación con la cuestión de la supervivencia es si «ella» —o un aspecto de su conciencia— estaba realmente fuera de su cuerpo. Y aun si este fuera el caso, ello solo pone de manifiesto que es *compatible* con la hipótesis de la supervivencia. Pero cuando se suman a otros indicios, como los casos probados de recuerdos de vidas anteriores y de experiencias cercanas a la muerte, las EE auténticas refuerzan los argumentos generales en favor de la supervivencia y vuelven concebible la posibilidad de una conciencia independiente.

Los científicos no han podido explicar estos fenómenos. En un artículo de 2009, «Veridical perception in near-death experiences» «Percepción auténtica en experiencias cercanas a la muerte», Janice Holden afirma que la percepción auténtica aparentemente no física «sugiere que la conciencia tiene capacidad para funcionar con independencia del cuerpo físico»[97]. Estas percepciones, dice, no son resultado de «procesos sensoriales normales», y en consecuencia refutan la idea, básica en la ciencia occidental, de que nuestra percepción de la identidad y de toda experiencia procede del cerebro y no puede existir sin este. Y «si la conciencia puede funcionar al margen de un cuerpo reversiblemente muerto, es posible que siga funcionando después de una muerte irreversible», afirma[98]. Pero, como añade en son de broma, nunca podremos encontrar pruebas, a causa de la «sistemática imposibilidad de que los investigadores encuentren personas de confianza, irreversiblemente muertas, que participen en sus estudios»[99].

Hay algunos casos extraordinarios de percepción no física auténtica en que personas ciegas han afirmado haber «visto» por primera vez, al abandonar el cuerpo, con ojos físicos no funcionales. Vicki Noratuk nació prematura en 1950 en el Hospital St. Luke de Pasadena, California. Su nervio óptico resultó dañado, causándole ceguera permanente, por haber recibido demasiado oxígeno en una incubadora con esclusa de aire patentada hacía poco. Vicki no veía nada, ni luz, ni sombras, ni siquiera en negro[100]. «Es como si mis ojos estuvieran muertos, aunque son entidades vivas, por así decirlo, en mi cabeza, aunque no funcionan en absoluto», explica. En sus sueños no aparece nada visual, solo lo que siente cuando está despierta, tacto, sonidos, sabores y olores.

El 2 de febrero de 1973, cuando tenía veintidós años, estuvo a punto de morir al salir despedida de un coche y ser arrastrada por la calzada en un accidente de tráfico causado por un conductor borracho. Sufrió fractura de cráneo, conmoción cerebral y heridas en el cuello, la espalda, una pierna y el lado izquierdo de la cara.

En la sala de urgencias del Centro Médico Harborview (casualmente, el mismo donde María estuvo ingresada cuatro años des-

---

97. Holden, *Near-death experiences*, p. 186.

98. Ibid., p. 188.

99. Ibid., p. 188.

100. Todas las citas y gran parte de la información que sigue sobre Vicki Noratuk proceden de una entrevista que le hicieron los cineastas Daniel Drasin y Tim Coleman el 15 de noviembre de 2004 en Seattle. Ellos me proporcionaron una transcripción en exclusiva.

pués) se dio cuenta de que estaba cerca del techo[101]. Pero algo había cambiado: podía «ver», según sus propias palabras. «Era como una pesadilla. Era extraño, era inquietante, era muy aterrador y ni siquiera sabría explicar lo que percibí al principio, y no me gustaba —contó—. Sin embargo, al final empecé a entenderlo todo y a darme cuenta de lo que estaba viendo». Totalmente conmocionada, describe que vio debajo de ella un cuerpo que los médicos se esforzaban por resucitar. Reconoció su pelo, con sangre seca pegada al cráneo, parcialmente afeitado. Y entonces, desde arriba, distinguió el anillo de bodas que llevaba en el anular de la mano izquierda y el de su padre en la mano derecha. «Fue entonces cuando me quedé atónita, porque empecé a darme cuenta de que estaba realmente muerta o agonizando», dice.

Lo observaba todo desde arriba, desde el techo, y veía al médico que se esforzaba por revivirme, y decía: «No podemos recuperarla, no podemos recuperarla. Debe de haber algún problema, no podemos recuperarla», y luego dijo: «Es una lástima, ahora estaría sorda además de ciega, porque tiene sangre en el tímpano izquierdo». Y yo pensé: bueno, ¿está hablando de mí? Y la médica dijo: «Si sobrevive, podría quedar en estado vegetativo permanente«. Bajé flotando para hablar con la médica y, cuando quise tocarla, le atravesé el brazo con la mano derecha.

El corazón de Vicki se había parado. Le dijeron que había estado «muerta» cuatro minutos, y la percepción de las conversaciones que oyó constituye un punto de referencia de sus experiencias, que se confirmaron cuando volvió a la vida. Por desgracia, no se pudo comprobar nada concreto que Viki percibiera visualmente. «Veía cosas con diferentes cualidades de luz, supongo que eran colores», dijo. Otras personas ciegas han informado de diferentes aptitudes para «ver» cuando se han percibido fuera del cuerpo, según han documentado Kenneth Ring, profesor emérito de psicología de la

---

101. Para obtener más datos sobre el caso de Vicki Noratuk, recomiendo ver el documental emitido por la BBC en 2002, *The day I died*, disponible en YouTube. La sección sobre Vicki está en la Parte 6; vale la pena verlo todo.

Universidad de Connecticut, y la psicóloga Sharon Cooper, en su libro *Mindsight*[102].

Más recientemente, el doctor Sam Parnia, director de Investigaciones sobre la Resucitación de la Facultad de Medicina de la Universidad de Stony Brook (en el estado de Nueva York), dirigió el estudio clínico multihospitalario más amplio que se haya efectuado hasta la fecha sobre experiencias cercanas a la muerte y extracorpóreas, conocido como estudio AWARE (*AWAreness during REsuscitation*, «Conciencia durante la resucitación»)[103]. Científicos de la Universidad de Southampton, Reino Unido, donde Parnia es docente de investigación honorario y médico de cuidados críticos, investigaron durante cuatro años a 2.060 pacientes que sobrevivieron a un paro cardíaco, aplicando un sistema cualitativo y cuantitativo de entrevistas en tres etapas, en quince hospitales del Reino Unido, Estados Unidos y Austria. Ciento un pacientes completaron todas las etapas del proceso y, por lo tanto, contribuyeron a la investigación. Entre estos ciento uno, nueve informaron de experiencias cercanas a la muerte, dos con recuerdos detallados del entorno físico. No obstante, uno estaba demasiado enfermo para soportar una entrevista a fondo.

Tal como explican Parnia y otros treinta colegas en el artículo que publicaron, un asistente social de cincuenta y siete años, de Southampton, que quiso permanecer en el anonimato, informó de que abandonó su cuerpo y observó su resucitación desde un rincón de la habitación próximo al techo. Describió lo que percibió, por ejemplo ruidos de máquinas, entre otras cosas. La correlación de estos ruidos con acontecimientos en tiempo real permitió a los investigadores descartar las alucinaciones y las fantasías, y determinar al mismo tiempo si el paciente estaba en realidad clínicamente muerto en el momento de la experiencia. «En este caso, conciencia y percepción parecieron darse durante un período de tres minutos en que no había latidos cardíacos —afirma Parnia—. Esto es para-

102. Kenneth Ring, Sharon Cooper y Charles Tart, *Mindsight: near-death and out-of-body experiences in tne blind*, Institute of Transpersonal Psychology, 1999.

103. Sam Parnia y otros, «AWARE – AWAreness during REsuscitation – A prospective study», *Resuscitation* 85 (2014), pp. 1799-1805.

dójico, porque el cerebro deja de funcionar típicamente a los 20-30 segundos de pararse el corazón y no vuelve a revivir hasta que el corazón reanuda sus movimientos»[104]. El paciente oyó dos pitidos de una máquina que emite uno cada tres minutos, «así pudimos medir lo que duró la experiencia», dijo Parnia[105]. El asistente social informó asimismo de que desde su elevada posición veía a un enfermero calvo vestido de azul y oía una voz mecánica que repetía: «Aplicar descarga al paciente»[106]. Las dos cosas fueron comprobadas: las instrucciones salían de un desfibrilador externo automático.

La EE auténtica es lo que Holden llama «aspecto material» de la experiencia cercana a la muerte, y se refiere a fenómenos del mundo material. La experiencia que atrae tanto la imaginación del público, que nosotros llamamos «experiencia cercana a la muerte» o ECM, es el «aspecto transmaterial», en el que la persona que la experimenta «percibe fenómenos en dimensiones que trascienden el mundo físico»[107]. Durante la última fase, estas personas todavía se sienten como fuera del cuerpo, pero han viajado desde la habitación del hospital hasta otra realidad totalmente distinta.

Por lo general acaecidas después de una EE, las ECM se describen como viajes gráficos y vívidos a otra dimensión y casi todos los que las experimentan están seguros de que es el más allá. Así lo afirman entre el 10 y el 20 por ciento de personas que han estado cerca de la muerte, en diversas culturas de todo el mundo. El psiquiatra Bruce Greyson, director del Departamento de Psiquiatría y Ciencias Neuroconductuales de la Facultad de Medicina de la Universidad de Virginia, y uno de los más destacados investigadores de ECM del mundo, resumió las ideas occidentales sobre las ECM en un artículo publicado en 2015 en *Humanities*. Dice que la fenomenología básica es invariable en todas las culturas: «Esa invariancia podría reflejar defensas psicológicas universales, procesos neurofi-

---

104. «Is there life after death? Study suggests consciousness continues after heartbeat stops», *Huffington Post UK*, octubre de 2014.

105. Adam Withnall, «Life after death? Largest-ever study provides evidence that "out-of-body" and "near-death" experiences may be real», *Independent*, 7 de octubre de 2014.

106. Parnia y otros, «AWARE», p. 1804.

107. Holden, *Near-death experiences*, p. 185.

siológicos universales o experiencias reales universales en un reino trascendente o místico»[108]. Sea lo que fuere, «la inmensa mayoría de personas que han tenido experiencias cercanas a la muerte informa de que, durante el tiempo en que el cerebro está demostrablemente incapacitado, el pensamiento, por el contrario, es más claro y rápido que nunca, como si la mente se liberase de las distracciones y las limitaciones del cerebro físico»[109].

Las ECM comportan sensaciones intensas y vívidas que, a veces, empiezan por el recorrido de un túnel; entramos en un reino ultraterreno («celestial»); divisamos una luz brillante y vemos a parientes o amigos fallecidos; en ocasiones vemos una divinidad o figura espiritual; repasamos nuestra vida; recibimos revelaciones y lecciones de vida; sentimos euforia o sensaciones místicas; y volvemos al cuerpo, a menudo a regañadientes. Aunque las ECM son más abstractas y subjetivas que las EE, que son materiales, los que las tienen se encuentran a veces con personas fallecidas a las que no conocen, lo cual, cuando se confirma que esas personas existen efectivamente y han fallecido, da a las experiencia más valor demostrativo. Por ejemplo, según Greyson, un paciente con paro cardíaco vio a un hombre al que no conocía durante una ECM. Su madre le contó luego que había nacido de una relación extraconyugal. Cuando se le enseñó una foto de su padre biológico, el paciente lo identificó como el hombre que había visto durante la ECM[110]. En otro caso, una joven vio a un chico que le dijo que era su hermano, aunque ella era hija única. El padre le contó luego que había tenido un hermano que había fallecido antes de nacer ella[111].

«Aunque estos casos no son pruebas convincentes de supervivencia, no pueden desecharse pensando que son alucinaciones basadas en expectativas», escribe Greyson[112]. Los sujetos de la expe-

---

108. Bruce Greyson, «Western scientific approaches to near-death experiences», *Humanities* 4 (2015), p. 788.

109. Bruce Greyson, «Seeing dead people not known to have died: "peak in Darien" experiences», *Anthropology and Humanism* 35, número 2 (2010), p. 160.

110. Greyson, «Western scientific approaches», p. 783.

111. Ibid.

112. Ibid.

riencia pudieron haber obtenido inconscientemente, de su propia familia, la información sobre el padre y el hermano, o haberla conseguido por vía psíquica en el curso de su existencia. Puede que mientras crecían percibieran telepáticamente que aquellas dos personas habían existido, por los pensamientos de sus padres. Por desgracia, no podemos saber de qué pistas dispusieron. Sin embargo, son hechos que dan que pensar.

¿Podrían las ECM ser falsos recuerdos o simples fantasías? Siete científicos de la Universidad de Lieja han estudiado las características de los recuerdos de ECM y las han comparado con recuerdos de acontecimientos reales e imaginarios. En 2013 hallaron que los recuerdos de ECM tienen más rasgos distintivos que los otros, en el sentido de que parecen más «reales», según suelen contar los que tienen las experiencias. «Este estudio ha revelado que los recuerdos de ECM tenían más rasgos distintivos que los recuerdos de acontecimientos reales y los recuerdos del coma. Así pues, esto sugiere que no pueden considerarse recuerdos de acontecimientos imaginarios. Por el contrario, su origen fisiológico podría ser la causa de que se hayan percibido realmente, aunque no se hayan vivido en la realidad», informan los científicos[113].

Un largo artículo publicado en 2014 en *Frontiers in Human Neuroscience* por nueve científicos de la Universidad de Padua informa del empleo de la electroencefalografía (EEG) «para investigar las características de los recuerdos de ECM y sus marcadores neurales en comparación con los recuerdos de acontecimientos reales e imaginarios»[114]. El equipo italiano llegó a la misma conclusión que el belga. «Es de señalar que el patrón encefalográfico de correlaciones con la recuperación de recuerdos de ECM difería del patrón de recuerdos de acontecimientos imaginarios —afirman—. Nuestros hallazgos sugieren que a nivel fenomenológico los recuerdos de

113. Marie Thonnard, Vanessa Charland-Verville, Serge Brédart, Hedwige Dehon, Didier Ledoux y Steven Laureys, «Characteristics of near-death experiences memories as compared to real and imagined events memories», *PLoS ONE* 8 (3) (marzo de 2013), p. 1.

114. Arianna Palmieri, Vincenzo Calvo, Johann R. Kleinbub, Federica Meconi, Matteo Marangoni, Paolo Barilaro, Alice Broggio, Marco Sambin y Paola Sessa, «"Reality" of near-death experience memories: evidence from a psychodynamic and electrophysiological integrated study», *Human Neuroscience* 8:429 (2014), p. 1.

ECM no pueden considerarse equivalentes a recuerdos imaginarios y, a nivel neural, los recuerdos de ECM se almacenan como recuerdos episódicos de acontecimientos vividos en un estado especial de conciencia»[115]. Estos recuerdos son muy parecidos a los de acontecimientos reales, en el sentido de que contienen muchos elementos y emociones fuertes.

En una ECM ocurre realmente algo que aún tenemos que entender. Los que las experimentan no albergan la menor duda de que han pasado a un maravilloso reino ultraterreno al que volverán algún día, ni de que la muerte es meramente una puerta de acceso a otro mundo.

---

115. Ibid.

8

Experiencias de «muerte real»

Pam Reynolds era autora de canciones y arreglista con formación clásica; tenía tres hijos y vivía en Atlanta. En 1991, a los treinta y cinco años se le diagnosticó un aneurisma (dilatación patológica y localizada en un vaso sanguíneo que corre peligro de romperse) profundamente empotrado en el tronco del encéfalo y se le dijo que le quedaba poco tiempo de vida. Probó el único remedio que podía darle alguna esperanza, una intervención muy delicada. El doctor Robert Spetzler, director del Instituto Neurológico Barrow y jefe de neurocirugía de Phoenix, Arizona, llevó a cabo la arriesgada operación, en el curso de la cual Pam estuvo reversiblemente «muerta» hasta donde era posible estar.

Spetzler, neurocirujano mundialmente conocido que está especializado en enfermedades cerebrovasculares y tumores en la base del cráneo, ha publicado más de 300 artículos y 180 capítulos de libros de temas neurocientíficos. Spetzler explicó lo que le ocurrió a Pam en una entrevista de 2007:

> Pam Reynolds tenía lo que se llama aneurisma gigante en la arteria basilar, es decir, un aneurisma en la base del encéfalo. Para llegar allí hay que quitar parte del cráneo, incluida la placa superior de la órbita del ojo. Al apartar el hueso, se crea un espacio que permite

ir directamente a la base del cráneo y luego a la zona que necesitamos dejar al descubierto para tratar el aneurisma. Estamos debajo del encéfalo.

Nos servimos de la parada cardíaca hipotérmica para tratar los aneurismas muy difíciles. Con esta técnica bajamos la temperatura corporal a 16 grados centígrados. Lo hacemos conectando al paciente a una máquina de derivación cardiopulmonar, que enfría el cuerpo hasta que tenemos la temperatura deseada. El equipo cardíaco inserta un catéter en la ingle que sube por la arteria y otro catéter que sube por la vena. Tenemos un catéter en ambos lados del corazón que asumen las funciones cardíacas. Así, durante una hora como máximo podemos apagar la máquina y drenar la sangre del cuerpo. No obstante, el paciente es todavía resucitable. Una vez que se ha procedido al clipaje del aneurisma, se revierte el proceso. Se pone en marcha la bomba y se devuelve la sangre al cuerpo. La bomba, ahora, en vez de enfriar, calienta la sangre y poco a poco se recupera la temperatura corporal.

Todo el cuerpo de Pam estuvo monitorizado y su cerebro se monitorizó con un electroencefalógrafo, que registraba las ondas cerebrales, y con lo que llamamos «respuestas provocadas». Son mecanismos para que los nervios envíen señales mínimas al cerebro, que normalmente las promedia y recibe una señal intensa. Pueden emplearse con pacientes profundamente dormidos con anestesia. Ahora bien, en la parada cardíaca hipotérmica, esas ondas desaparecen por completo. Se han ido, tenemos un electroencefalograma plano. No hay ninguna actividad cerebral que podamos detectar[116].

La operación fue un éxito, y Pam sobrevivió. Pero no estuvo inconsciente, a pesar de que no tenía actividad cerebral. Para contar lo ocurrido tenemos a Pam Reynolds en persona. He extractado el relato informal que sigue de una larga entrevista realizada en 2005 por dos documentalistas, el antiguo locutor de la BBC Tim Cole-

---

116. Esta entrevista fue realizada por los cineastas Drasin y Coleman y no se ha publicado. He optado por utilizar esta y no otra más reciente porque se hizo en un momento más cercano a la operación de Pam.

man y el investigador Daniel Drasin[117]. (Los dos hicieron asimismo la entrevista con Spetzler de 2007.) Los dos colegas me facilitaron una transcripción, que nunca se ha hecho pública, exclusivamente para este libro. (La he retocado muy poco, solo cuando ha sido necesario por razones de claridad y para evitar redundancias.) Por desgracia, Pam murió de un fallo cardíaco en 2010, a los cincuenta y tres años, casi veinte después de la operación. He aquí su historia:

Los médicos dijeron que lo más que podían hacer por mí era operarme, aunque me aseguraron que, si no salía bien, fallecería en el acto. No tenía donde elegir. Tenía tres hijos pequeños, así que decidí aceptar.

El encargado de operarme fue el doctor Robert F. Spetzler, pero hubo más personas presentes que no habría imaginado que estuvieran en un quirófano. Durante el proceso de paralización de fluidos, que los médicos que lo realizan llaman «de detención», me enfriaron, el corazón se me paró y mis ondas cerebrales dejaron de funcionar. Inclinaron el extremo de la camilla y me drenaron la sangre, como si fuera el aceite de un coche, con una máquina cardiopulmonar, para reducir así el tamaño del aneurisma. Me dijeron que fue eso lo que ocurrió, pero entiéndanme, yo no estaba allí cuando me lo hicieron.

Me habían anestesiado. El doctor Spetzler me dijo después que estuve casi en estado de coma. Era imposible que oyera o viese nada. Tenía los ojos cerrados y vendados, y tenía unos altavoces en los oídos que emitían unos chasquidos con que monitorizaban la respuesta de mi cerebro. Sin embargo, empecé a oír un sonido. Era gutural, era desagradable, no me gustó. Tiraba de mi conciencia como agua que se saca de un pozo. Y entonces, por decirlo de algún modo, salí de mi cabeza para ver qué era aquel ruido tan repulsivo.

---

117. Para más información sobre el documental de Coleman, véase la nota 1 de este libro. Drasin es productor y director de *Calling Earth*, un documental de 95 minutos, con Coleman de productor asociado, sobre las investigaciones internacionales acerca de las transcomunicaciones instrumentales, es decir, voces e imágenes procedentes, al parecer, del «otro lado» que se manifiestan a través de modernos aparatos electrónicos, como magnetófonos, teléfonos, videograbadoras y cámaras digitales. Puede verse un breve tráiler en tinyurl.com/callearth-trailer. El documental completo puede verse gratis en tinyurl.com/callearth.

Al principio fue como si estuviera sentada en el hombro del cirujano, que me servía de atalaya, y en su mano vi el instrumento con que hacía aquel ruido tan molesto. Toda mi vida he oído la palabra «sierra»; mi padre cortaba con sierra, mi abuelo cortaba con sierra, los neurocirujanos cortan con sierra. Había dado por sentado que me abrirían el cráneo con una sierra. Pero aquello no era una sierra. El cirujano la empuñaba más bien como si fuera un lápiz, parecía un torno de dentista y la verdad es que me recordó un cepillo de dientes eléctrico. Al lado había una caja abierta con barrenas en el interior y parecía la caja en que mi padre guardaba las llaves de tubo cuando yo era pequeña. Y advertí que una barrena estaba encajada en aquella especie de cepillo de dientes. Era aquello lo que causaba el ruido que turbaba mi sopor, y era un sopor profundo, profundísimo.

La sensación de salir del cuerpo fue increíble. Nunca he pesado doscientos kilos, pero era como si los hubiera pesado y los hubiera perdido. Podía moverme a voluntad; el solo hecho de pensar me llevaba donde quería. Ya no había dolor, ni sufrimiento, ni miedo. Ya no sentía angustia, ni siquiera por el bienestar de mis hijos. Todas estas cosas desaparecieron cuando abandoné aquel cuerpo. Y yo era libre de moverme, a voluntad, sin obstáculos. Yo sabía lo que hacían ellos, pero ellos no sabían lo que hacía yo. Creían que yo era la cosa que yacía en la mesa.

Era indescriptible. Era hermoso saber que ya no formaba parte de aquel ser. Y, dicho sea de paso, miraba aquel cuerpo como lo que era. Aquella cosa. No a mí. No mi cuerpo. «Yo» estaba fuera. Estar fuera de mi cuerpo me ponía en una posición que me permitía observar muchas cosas que ocurrían en el quirófano, incluso mientras me operaban.

Oía una voz femenina y la voz decía que las venas y las arterias eran demasiado pequeñas. Yo estaba preocupada porque operaban en la zona de mis arterias femorales, y yo había pensado que aquello era una operación cerebral. Había oído historias de horror sobre operar donde no se debía y sobre eliminar miembros sanos. Así que me esforcé por decir a la señora que decía al médico que mis venas y arterias eran demasiado pequeñas que no tenía que poner las manos allí, y fue entonces cuando me di cuenta de que no podía oírme.

Empecé a sentir una presencia. La sensación era un poco como cuando alguien mira por encima de nuestro hombro, y sin embargo no había nadie en la habitación. Así que me volví para mirar y, en vez de ver a una persona, vi un diminuto punto de luz. Y mientras enfocaba aquella luz, se puso a tirar de mí y el tirón venía acompañado de una sensación física. Era como si me tirasen de la barriga, como si subiera una montaña muy aprisa y tirasen de mí, y cuanto más me acercaba a la luz, más figuras distinguía. Supe que la primera era mi abuela, y oí su voz que me llamaba. Pero no era una voz modulada con las cuerdas vocales, y no era la forma de oír habitual. Era algo distinto. Como es lógico, corrí inmediatamente hacia ella. Había muchísimas personas allí, muchas que conocía, muchas que no conocía, pero yo sabía, de algún modo, que estábamos conectados. No sabía cómo. Pero lo sabía.

Las personas iban vestidas de luz, parecían hecha de luz. Las que reconocí, era como si nunca hubiera habido una separación entre nosotros. Había amor, calidez, protección, y sentí con intensidad que me habían llevado allí para protegerme, para que mi cuerpo se preparase. Y era una sensación maravillosa.

Entonces vi a mi tío, que había pasado a mejor vida a la edad de treinta y nueve años. No utilizó la boca para comunicarse conmigo. Lo hacía de otro modo que yo recordaba de la infancia. Lo hacía mirando. Me miraba y yo lo entendía. Y no tardé en comprender que todos se comunicaban de este modo. Con la mirada. Miraban y el otro lo entendía. También lo describo como un saber, porque sabías y punto. Y todas aquellas personas tenían esta capacidad de saber con solo mirar.

La calidad de la comunicación era mucho mejor que aquí, porque allí se mueve a la velocidad de la luz. Es un poco como estar en el otro extremo de un láser palpitante. Lo único que hace falta es pensar, y el hecho de pensar se transmite. No hay malos entendidos en lo que se dice. Lo que se dice es la verdad.

Pregunté a mi abuela sobre la naturaleza de la luz. Mi mensaje fue: «¿Es Dios la luz?», oí una sonora carcajada y respondió:

«No, cariño, Dios no es la luz. La luz es lo que se produce cuando Dios respira». Ese fue el mensaje.

El paisaje, el paisaje físico, no existía. Era como si los cuerpos flotaran en el aire, había luz y sombra, pero no parecían proyectarse sobre nada. Y eso es lo que me convence de que no estaba en «el cielo». Había colores inimaginables, pero lo más seguro es que me encontrara en un lugar intermedio. Estaba en una especie de puente del camino, porque, no lo olvidemos, no me dejaban entrar en aquella luz.

El sonido, en cambio, es otra cuestión y algo que me interesa realmente. He estudiado música, y desde muy pequeña sé que si suenan dos notas demasiado contiguas solo obtienes discordancia. Pero donde yo estaba cada ser tenía su propia tonalidad, y cada una estaba muy cerca de la siguiente y, sin embargo, cuando se ponían juntas todas las tonalidades, cuando todos hablaban a la vez, era muy bello. Era armonioso. Estaba más allá de cualquier cosa que yo pudiera componer o dirigir aquí, o esperase componer y dirigir.

Acabé preocupándome por si yo estaba o no allí. Miraba mis manos, me las ponía delante de la cara. Veía algo, sabía que estaba allí, me sentía. Lo extraño era que no me sentía muy distinta de como me siento aquí. Y sin embargo, allí la carne no tenía densidad, y pese a todo me las ponía delante de la cara para saber con seguridad que me encontraba allí.

Llegó un momento en que supe que tenía que volver al cuerpo. Mi tío quiso llevarme y eso era estupendo, yo no tenía inconveniente, hasta que vi la cosa y ya no me hizo ninguna gracia. Me dijo: «Piensa en tu comida favorita [...] ¿No echas de menos tus platos favoritos? [...] ¿No echas de menos a tus hijos?» Yo suponía que mis hijos estarían bien. Y entonces me dijo: «Es como lanzarse a una piscina, pequeña. Saltas y ya está». Miré abajo y vi que el cuerpo brincaba con la primera desfibrilación. Decididamente, no quería entrar en la cosa entonces, porque, para seros sincera, parecía lo que parecía: muerta. Yo sabía que me dolería. Por eso le respondí..., sé que fue faltarle al respeto, y soy una mujer del sur..., por eso le respondí que no. Y entonces me empujó.

Llegué al cuerpo en la segunda desfibrilación del corazón, en el momento exacto en que conseguían el ritmo sinusal, y allí estaba yo, viva y, hasta cierto punto, cómoda. Tardé mucho tiempo en perdonar a mi tío por lo que había hecho. Volver al cuerpo fue como saltar a una piscina de agua helada. Fue una conmoción, literalmente. Sentí el impacto y fue muy desagradable. Emplearon las palas para reactivarme el corazón y la primera vez no resultó. Las emplearon por segunda vez, junto con presiones torácicas, y entonces sí resultó.

Abrí los ojos y, de súbito, empezaron a recoger instrumental y acabó todo. En teoría no hay que despertar hasta que estás en la sala de recuperación. Bien, yo desperté en el quirófano con anticipación suficiente para decirle a uno de los colegas neurocientíficos del doctor Spetzler, que actualmente es amigo mío, que había sido muy insensible, dadas las circunstancias, y para quejarme un poco de las descargas. Se rió de mí y me dijo que necesitaba dormir más.

Más tarde, el doctor Spetzler escuchó muy atentamente todo lo que le dije. Al día siguiente me explicó con mucha firmeza que, sin la menor sombra de duda, aquello no había sido una alucinación. Me dijo que lo que yo describía había ocurrido realmente. Por ejemplo, habían tenido que aplicarme el desfibrilador dos veces. El doctor Spetzler ni siquiera lo recordaba ya, y tuvo que ver mi historial y entonces vio que sí, que no bastó con una descarga, tuvieron que aplicarme dos, lo cual es inusual.

La voz que oí era de mujer, en efecto, y luego los médicos me la presentaron. Era la jefa del equipo cardiovascular y estaba haciendo una «canalización venosa». Era el procedimiento para retirar la sangre del cuerpo.

La primera foto que me enseñaron de lo que acabaría entendiendo que es la sierra ósea Midas Rex no se parecía, y llamé al médico que hacía la investigación sobre el asunto y le dije que no era la misma. Transcurrió otro año hasta que volví a tener la oportunidad de ver una sierra ósea Midas Rex y esta vez sí, esta vez era la que yo había visto. Desde mi punto de observación, parecía tener una acanaladura en la barrena o alrededor de ella, y era como un cepillo de dientes eléctrico.

Cuando la oí mientras estaba fuera de mi cuerpo, zumbaba con ruido bronco, emitiendo un perfecto Re natural en la mano del médico. No sé cómo sonaría si se hubiera dejado en la mesa, pero en su mano emitía un Re natural y perfecto. Oía esa nota con toda claridad. La CBS hizo una prueba con la sierra y al principio dijeron que no emitía un Re natural, sino un Do, la siguiente nota cuando se baja en la escala. Yo tengo un oído absoluto intrínseco. ¡Faltaría más! Así que llamé al productor y le pregunté en qué condiciones se había hecho la prueba, y me dijeron que la habían hecho con poliestireno. Les dije: no, ha de tenerla en la mano un hombre vivo, ha de tenerla el doctor Spetzler en la mano. Se hizo así, y emitió un Re natural perfecto.

Yo era creyente cuando dejé el hospital, y no era la única. Varios miembros del personal dijeron que el mío no había sido el único caso inusual en aquel aspecto.

Sé que la conciencia sobrevive a la muerte del cuerpo físico porque he tenido esa experiencia personalmente. Si he de decir la verdad, más allá de eso no sé nada. En mi opinión, lo que me ocurrió es indicio de que hay un más allá. Pero sopesemos mi opinión antes de considerarla un hecho. Lo que yo experimenté podría ser totalmente diferente para otra persona. Mi arrogancia es tan grande como mi saber musical, pero cuando se trata de ciencia y filosofía, me vuelvo muy humilde.

Tras haber tenido esta ECM, ya no temo la muerte. Temo la separación. Al principio pensaba que no tendría miedo de la separación, pero no hay experiencia que haga buena la separación cuando pierdes a alguien. Pero cuando me llegue la hora, aceptaré mi muerte. En realidad, conozco a personas que agonizan en este momento y envidio el viaje que les aguarda. El lugar al que se va es maravilloso, maravilloso. Lo que no me gusta es que me dejen. No creo que le guste a nadie.

Me parece muy interesante que los que han experimentado una ECM en todo el mundo, al margen de su cultura, orientación religiosa y tendencia política pongan en entredicho la mera casualidad informando de los mismos elementos básicos en la estructura de su experiencia. Creo que de esto podría hablar mejor un matemático que una simple compositora como yo. Así que, si tienen alguna pregunta, consulten a su matemático o físico. Creo que es a ellos a quienes habría que hacer las preguntas sobre este tema.

No es habitual que un médico que ha hecho una operación durante la que se ha producido una ECM se preste a comentar las circunstancias y la experiencia del paciente. Sin embargo, el cirujano en cuestión está en una posición privilegiada para correlacionar la cronología de las imágenes y sonidos percibidos por la persona que ha experimentado la ECM con el estado de su actividad cerebral. ¿En qué medida estaba «muerta» Pam Reynolds cuando oyó conversaciones, vio instrumentos concretos y presenció la desfibrilación de su corazón? Spetzler respondió a estas preguntas, también en la entrevista de 2007:

En todas las etapas del coma, en todas las etapas de la anestesia profunda, cuanto más abajo llegamos, menos funciones hay, y se necesita la función cerebral para estimular un pensamiento. Se necesita el riego sanguíneo para que los nutrientes aviven las neuronas. Así que, desde un punto de vista puramente científico, yo diría que durante un paro cardíaco hipotérmico es inconcebible que prosiga ninguna función cerebral que exija actividad metabólica. No hay la menor duda de que Pam Reynolds estuvo clínicamente muerta. Su electroencefalograma era completamente plano, y tampoco había respuestas provocadas.

Yo creo que Pam recordó cosas que eran notablemente precisas. Desde el punto de vista fisiológico, no entiendo cómo pudo ocurrir. Espero no parecer arrogante si digo que es imposible, pero desde el punto de vista científico no hay ninguna explicación aceptable. No tengo absolutamente ningún motivo para dudar de la sinceridad de Pam ni para no creer que fue eso lo que oyó.

Si alguien me pidiera que dijese a qué se parece el taladro Midas Rex, podría decir perfectamente que a «un cepillo de dientes eléctrico». Tiene la misma forma general. Obviamente, emite un ruido que se parece al de un taladro, así que creo que es una buena

descripción del instrumento. La descripción de Pam de las barrenas intercambiables del taladro y su comparación con las llaves de
tubo también podrían considerarse exactas.

No creo que sus observaciones se basaran en lo que vio cuando entró en el quirófano. El taladro y lo demás estaban tapados.
No eran visibles, estaban todavía dentro de los estuches. Estos no
se abren hasta que el paciente está completamente dormido y la
finalidad es mantener un medio aséptico. La alucinación no puede ser la explicación, porque para que haya alucinación tiene que
haber actividad metabólica y un cerebro funcionando. Podría no
funcionar normalmente, podría producir aberraciones que normalmente no se tienen, pero seguirían siendo fruto de un cerebro
con actividad funcional. Un cerebro hipotérmico no tiene ninguna actividad.

Cuando Pam me contó lo que había experimentado, pensé que
era algo nuevo. Pensé que era de interés. Como neurocirujano he
presenciado muchas cosas para las que no tengo explicación. Las
retienes en un rincón de la mente, y si en algún momento de la
vida das con otra explicación, las recuerdas y dices: «Ajá, de modo
que era eso». En el caso de Pam, estoy muy lejos de tener esa explicación.

Algunos escépticos han aducido que Pam despertó durante la
operación, y con «la conciencia de la anestesia» pudo oír lo que
pasaba en el quirófano y lo extrapoló hasta el punto de hacerse luego una imagen visual[118]. Atribuyen todos los detalles de la experiencia de Pam a procesos psicológicos. Sin embargo, para ayudar a
monitorizar su cerebro, tenía altavoces en ambos oídos que emitían
chasquidos a razón de 11-30 chasquidos por segundo a 90-100
decibelios[119]. Un ruido tan fuerte como el de un cortacésped o del

118. Gerry Woerlee, «An anesthesiologist examines the Pam Reynolds story. Part two: The experience», *SKEPTIC 18 (2) (verano de 2005)*; publicado por el CSICOP y el Skeptical Inquirer, con una agenda. Woerlee es un escéptico consumado. Para más información, véase Alex Tsakiris, «Near-death experience skeptics running out of excuses», 16 de abril de 2010: es una entrevistan con Woerlee.

119. Holden, *Near-death Experiences*, p. 198. Holden hace un excelente análisis del caso de Pam Reynolds, saliendo al paso de los argumentos escépticos, en pp. 191-199.

metro cuando pasa. «Nadie puede oír ni observar nada en esa situación —dijo Spetzler—. Me parece inconcebible que con sentidos normales como el oído, por no mencionar el hecho de que tenía módulos crepitantes en ambas orejas, pudiera ella oír nada por medios audibles normales»[120]. Además, Pam tenía los ojos vendados.

El cerebro de Pam no podía generar nada. Sin embargo, la mujer estaba consciente, y contó que su percepción consciente estaba situada *fuera* del cuerpo y no dependía en modo alguno del cerebro. Entonces emprendió un viaje a lo que, según ella, era un reino del más allá. Como muchas otras personas que han tenido ECM, no quería regresar. Y los detalles que dio se parecían a los de otros experimentadores de todo el mundo. ¿Cabe la posibilidad de que Pam y muchísimos otros hayan saboreado realmente un poco de la vida después de la muerte?

Como ya dije, a menudo se señala que estas personas «clínicamente muertas» no han muerto en realidad, así que sus experiencias podrían ser distintas de las que se tienen cuando se produce la muerte física irreversible. Sin embargo, estas personas están convencidas de que han viajado al mismo reino al que volverán cuando mueran, motivo por el que ya no temen la muerte. David Fontana, autor de *Is there an afterlife?*, que pasó decenios estudiando indicios de supervivencia, como ya dije en la Introducción, plantea una importantísima cuestión: «No sirve de mucho decir que si una persona revive después de la muerte clínica no estaba muerta realmente —escribió en 2005—. Podría suceder que la frontera entre la vida y la muerte fuese transitable, aunque brevemente, en ambas direcciones. ¿Por qué no? ¿Qué nos impide aceptarlo al menos como hipótesis de trabajo, y estudiar luego lo que las personas tengan que decir sobre sus ECM para discernir lo que tienen que decirnos sobre esta confusa frontera entre los dos estados?»[121]

El doctor Sam Parnia, que dirigió el estudio AWARE sobre ECM y está especializado en la ciencia de la resucitación, ha descu-

---

120. Kate Broome, productora y directora, documental de la BBC *The day I died*, 2002. Disponible en YouTube.

121. Fontana, *Is there an afterlife?*, p. 404.

bierto más cosas sobre esa frontera confusa en estos años. Ahora, con técnicas tan avanzadas como el enfriamiento del cuerpo, una persona que ha estado muerta durante horas puede volver a la vida porque sus células tardan muchas horas en morir. Y hablamos de cuerpos inertes, de cadáveres: cuerpos sin latido cardíaco, sin respiración, sin la menor actividad cerebral. «Los recientes adelantos científicos han dado un gigantesco paso adelante en nuestro conocimiento de la muerte, y ya se pone en duda la idea de que la muerte sea un estadio definitivo y final», escribió Parnia en 2013[122].

En junio de 2011, una mujer de treinta años falleció en el bosque por culpa de una sobredosis de medicamentos. Llevaba muerta varias horas cuando llegó la ambulancia y la temperatura de su cuerpo era de 20 grados centígrados. Los paramédicos no pudieron reanimarla. Los médicos de urgencias recurrieron a diversos métodos para resucitarla, y al cabo de seis horas de tratamiento, su corazón volvió a ponerse en marcha. «Aunque había estado físicamente muerta entre cinco y diez horas en el bosque, sin ningún tratamiento, y luego otras seis horas mientras recibía atención médica en el hospital, la mujer consiguió revivir al final y tres semanas más tarde salió del centro por su propio pie sin ninguna lesión en el cerebro ni en ningún órgano [...] la mujer estaba realmente muerta», informa Parnia[123].

Gardell Martin, de dos años, cayó en un torrente helado de Pensilvania en marzo de 2015. Cuando llegó un equipo de urgencias, el niño llevaba por lo menos treinta y cinco minutos muerto y con el corazón parado. Fue conducido a un hospital y luego trasladado en avión a un centro médico, sin que nadie hubiera conseguido reanimarlo. Dado que era muy joven y estaba muy frío, los médicos siguieron intentándolo con presiones en el pecho e inyecciones de fluidos calientes en las venas y en los órganos. Este tratamiento duró hora y media. Era «un cadáver fláccido y frío que no daba señales de vida», recordaba Richard Lambert, miembro del equipo de cuidados críticos. De pronto, se detecta-

122. Sam Parnia, «Erasing death», *Huffington Post*, 28 de abril de 2013.
123. Ibid.

ron unos latidos débiles pero uniformes. Gardell había estado muerto 101 minutos; fue dado de alta tres días y medio después[124]. Parnia ya no hace distinciones entre la «muerte clínica» de la persona cercana a la muerte que al final es resucitada —casos de María, Pam Reynolds, Gardell Martin y la mujer del bosque— y el paciente que muere y no regresa. Todas estas personas se encontraron en el mismo estado: estuvieron muertas. «La muerte ya no puede considerarse un momento absoluto, sino más bien un proceso que puede revertirse incluso horas después de que tenga lugar», dice Parnia[125]. La expresión «experiencia cercana a la muerte» le parece inaceptable porque, según él, es demasiado vaga: no hay definición para lo que realmente significa «cercano a la muerte». «Yo no estudio a personas que están cerca de la muerte. Estudio a personas que han muerto en términos médicos y objetivos»[126]. En consecuencia, ha rebautizado la ECM y la llama «experiencia de muerte real»[127].

«Hay un período significativo después de la muerte en el que la muerte es totalmente reversible», afirma[128], lo cual pone en duda la premisa de Janice Holden de que muerte reversible y muerte irreversible podrían ser dos estados distintos en que la conciencia se comporta de distinto modo. Por lo tanto, la ECM o «experiencia de muerte real» «nos da una idea de lo que probablemente experimentaremos todos cuando muramos»[129].

Y eso es lo importante para el tema de la supervivencia. Las investigaciones de Parnia sugieren que quienes experimentan la ECM llaman reino del más allá es lo que ven cuando mueren, no cuando están, simplemente, cerca de la muerte. Han cruzado realmente esa frontera de la muerte a la que se refiere Fontana... y han vuelto para

---

124. Robin Marantz Henig, «Crossing over», *National Geographic*, abril de 2016, pp. 41 y 48.

125. Pernia, «Erasing death».

126. Ibid.

127. Terry Gross para *Fresh Air*, «NPR interview with Dr. Sam Parnia», 20 de febrero de 2013 (en YouTube).

128. Parnia, «Erasing death».

129. «NPR interview with Dr. Sam Parnia.»

contárnoslo. Este punto de vista refuerza el argumento de que las experiencias que tienen las personas que mueren y regresan son las que nos esperan a todos cuando al final de la vida emprendamos el viaje sin retorno.

Pero en tal caso, ¿por qué solo entre el 10 y el 20 por ciento de las personas clínicamente muertas recuerda estas experiencias, si es lo que nos ocurrirá a todos cuando muramos? Cuando una persona vuelve de la muerte, su cerebro ha estado con electroencefalograma plano y sin reflejos. «Lo lógico es esperar que nadie tenga *ningún* recuerdo en absoluto —explica Parnia—, porque, aun habiendo tenido experiencias, se carece de los medios para revivir la experiencia y para contarla luego a otras personas, porque ese soporte está completamente fuera de servicio»[130]. Dice que la pregunta que pone realmente el dedo en la llaga es por qué entre el 10 y el 20 por ciento de personas recuerda, paradójicamente, esas experiencias tan increíblemente vívidas. Las investigaciones de Parnia sugieren que esto podría tener que ver con la gravedad de los daños y las inflamaciones que sufre el cerebro después y que podrían afectar a los circuitos de la memoria. Esto dura normalmente hasta tres días después de la resucitación de la persona, y la inflamación puede borrar recuerdos en ese tiempo. Las personas entrevistadas inmediatamente después de despertar tienen más recuerdos; pero si se las vuelve a entrevistar unos días más tarde, suelen haber olvidado sus experiencias. (Es difícil entrevistar a los pacientes inmediatamente.) «Creemos que es probable que tengan estas experiencias muchas más personas, pero que sus recuerdos se hayan borrado de un modo u otro», manifiesta Parnia[131].

Esto es estimulante, sin duda, pero sigue siendo difícil de entender para quienes no hemos tenido estas experiencias que cambian la vida. La dificultad para tasar el valor probatorio de estos casos tiene que ver con su carácter subjetivo y anecdótico. En cualquier caso,

---

130. Ibid.

131. Ibid. (Toda la información contenida en este párrafo se ha basado en la citada entrevista de la NPR —Radio Pública Nacional—.)

las historias que se cuentan son intrigantemente parecidas, como informan millones de personas de todo el mundo. Y, desde luego, estos casos indican con contundencia que la conciencia puede operar incluso cuando el cuerpo está muerto y sin función cerebral. Eso es lo más importante.

No olvidemos que no hay pruebas científicas de que los pensamientos y los sentimientos, el yo, la psique o el alma sean fruto del cerebro. Pim van Lommel abordará a continuación las cuestiones fundamentales de las ECM (por volver a la expresión habitual) y lo que nos enseñan sobre la naturaleza de la conciencia y su supervivencia después de la muerte. Es posible que cuando los lectores acaben de leer el capítulo sientan que su conciencia desborda los límites de su cerebro.

9

La ECM y la conciencia no-local

Por Pim van Lommel, doctor en medicina

Pim van Lommel es un cardiólogo holandés que trabajó durante muchos años en un hospital universitario de Arnhem, en los Países Bajos, y publicó varios artículos sobre cardiología. En 1986 empezó a investigar experiencias cercanas a la muerte con pacientes que habían sobrevivido a paros cardíacos. El doctor Van Lommel y algunos colegas publicaron los resultados en 2001 en un estudio pionero que apareció en la prestigiosa revista The Lancet. *Como autor del superventas internacional de 2007* Conciencia sin fin: enfoque científico de la experiencia cercana a la muerte *(que apareció en Estados Unidos con otro título:* Conciencia después de la vida: la ciencia de la experiencia cercana a la muerte*)*[132]*, hoy es reconocido como una autoridad mundial en experiencias cercanas a la muerte. Ha dado conferencias sobre el tema por todo el mundo.*

El doctor Van Lommel ha colaborado con nosotros con el siguiente capítulo, escrito en exclusiva para este libro, que sitúa los indicios de EE comprobadas y ECM en un contexto más amplio. Los casos de niños con vidas anteriores también pueden incluirse en las conclusiones que saca sobre la naturaleza de la conciencia y su continuidad antes y después de la muerte.

---

132. *Consciuosness beyond life: the science of the near-death experience,* HarperOne, 2010.

Después de investigar muchos años, tengo claro que, más allá de toda duda razonable, hay una continuidad de la conciencia después de la muerte de nuestro cuerpo físico. Pero al principio me planteé muchos interrogantes. ¿Cómo era posible que los pacientes, a veces, informaran de una conciencia potenciada cuando estaban inconscientes durante un paro cardíaco o un coma?

Mi interés empezó en 1969, durante mi primer año de prácticas en cardiología. En la unidad de cuidados coronarios se disparó una alarma de repente. Un paciente con ataque cardíaco había sufrido una parada (fibrilación ventricular) y ya no respondía. Una enfermera empezó la resucitación cardiopulmonar (RCP), mientras otra administraba oxígeno. Otra acercó corriendo el desfibrilador, con las palas cubiertas de gel, y desnudó el pecho del enfermo. Le administró una descarga. No surtió efecto. Se reanudaron el masaje cardíaco y la respiración artificial y se puso medicación extra en la sonda intravenosa. Se desfibriló al paciente por segunda vez. En esta ocasión se restableció el ritmo cardíaco y más de un minuto después recuperó la conciencia. Había estado inconsciente alrededor de cuatro minutos. En aquellos días, la desfibrilación era una técnica nueva y apasionante. Las técnicas de resucitación no estuvieron disponibles hasta 1967, y antes de esta fecha morían irremediablemente todos los pacientes con paro cardíaco. Los del equipo de resucitación nos pusimos muy contentos, como era lógico, cuando reanimamos a este paciente. Pero nos llevamos una sorpresa cuando vimos que estaba muy desilusionado. Nos contó, muy emocionado, que había cruzado un túnel, había visto una luz y bonitos colores, y oído música.

En aquella época no había oído hablar de la posibilidad de tener recuerdos del período de inconsciencia que acompaña al paro cardíaco. Y me costaba aceptarlo. Me formé en un medio académico en el que me enseñaron que había una explicación reduccionista y materialista para todo, y que era evidente que la conciencia era fruto de un cerebro activo. Mientras estudiaba había aprendido que aquellas cosas eran imposibles, porque estar inconsciente significaba no percatarse de nada, y durante un paro cardíaco los pacientes están clínicamente muertos. Aquel hombre, que afirmaba haber percibido cosas, estaba totalmente inconsciente. Nunca he olvidado el episodio, aunque entonces no hice nada al respecto.

Más tarde, en 1986, leí sobre estas experiencias en un libro del psiquiatra George Ritchie, *Return from tomorrow*[133], que cuenta la experiencia del propio Ritchie, que estuvo clínicamente muerto en 1943, cuando tenía veinte años. Mientras estaba en un campamento de reclutas del ejército de Estados Unidos, y a punto de ingresar en la facultad de medicina, contrajo una neumonía doble y, en pocas palabras, murió. Su médico lo declaró muerto dos veces. Un enfermero se negó a aceptarlo, dada la juventud de Ritchie, y exigió que le administraran una inyección de adrenalina en el corazón, a pesar del diagnóstico emitido. Estas inyecciones eran muy raras en aquellos años. El médico accedió, para tranquilizar al joven enfermero, y se llevó una sorpresa mayúscula cuando los signos vitales de Ritchie reaparecieron. Había estado «muerto» nueve minutos. En ese tiempo había tenido una intensísima experiencia cercana a la muerte, y recordaba haber visto su cuerpo cubierto por una sábana al volver del viaje. Esto ocurrió mucho antes de que apareciese en 1971 el famoso superventas de Raymond Moody *Life after life*[134], en el que empleó por primera vez la expresión «experiencia cercana a la muerte».

Yo quería saber más y me puse a entrevistar a aquellos pacientes míos que habían sobrevivido a un paro cardíaco. Todo empezó por curiosidad científica. Y me llevé una gran sorpresa cuando, en menos de dos años, doce pacientes entre cincuenta supervivientes me hablaron de sus experiencias cercanas a la muerte, y supe mucho más por ellos.

Como cuentan quienes regresan, es como si se entrara en el zaguán de la muerte y luego se diera marcha atrás. Se recuerda con viveza. A estas personas les parece evidente que la muerte será así cuando se produzca de manera efectiva, y pierden el miedo a morir. Como el primer paciente con ECM que conocí en 1969, casi nin-

---

133. George G. Ritchie, con la colaboración de Elizabeth Sherrill, *Return from tomorrow: a psychiatrist describes his own revealing experience on the other side of death*, Chosen Books, 1978. [Hay versión española: *Regreso del futuro*, Clie, Barcelona, 1986, trad. Xavier Vila.]

134. Raymond Moody, *Life after life*, Mockingbird, 1971. [Hay versión española: *Vida después de la vida*, Edaf, Madrid, 2009, trad. Rafael Lassaletta.]

guno quiere volver a causa de la alegría y la belleza inherentes a la experiencia. En realidad, estas personas cuentan que eran más conscientes que nunca durante su ECM.

Pero ¿cómo y por qué se produce esa ECM, y cómo ocurre su contenido? ¿Cómo es posible que los pacientes sean capaces de describir con detalles verdaderos la resucitación u operación a que los someten? Hasta el momento, no teníamos respuestas.

Ante todo, ¿qué es una experiencia cercana a la muerte? Yo la defino como el recuerdo de una serie de impresiones que se tiene durante un estado de conciencia especial, con una cantidad de elementos comunes a todos los casos, como encontrarse fuera del cuerpo, recorrer un túnel, ver una luz brillante, encontrarse con parientes fallecidos, repasar la propia vida y regresar conscientemente al cuerpo. Estos fenómenos se producen mayoritariamente durante una situación médica crítica, como un paro cardíaco u otras situaciones en que la vida está amenazada, pero también pueden darse en situaciones no peligrosas, a veces incluso sin una razón palpable, en que el cerebro funciona y la persona no está cerca de la muerte. Los casos que ocurren durante un paro cardíaco o en coma profundo son los más interesantes para la ciencia.

La ECM casi siempre transforma a la persona, aumenta su sensibilidad intuitiva, se vuelve propensa a la introspección y a revalorar la vida, y pierde el miedo a la muerte. Hay muchos casos fascinantes que se han publicado y son fácilmente accesibles para quienes quieran familiarizarse con las historias individuales. El contenido de la ECM y sus efectos en los pacientes son parecidos en todo el mundo, en todas las culturas y en todas las épocas. Sin embargo, el carácter subjetivo y la falta de un marco de referencia para esta experiencia cercana a lo inenarrable tiene por consecuencia que los factores culturales y religiosos del individuo determinen el vocabulario y la interpretación de la experiencia.

Mientras oía hablar a mis pacientes sobre sus ECM, surgieron varias teorías. Pero ninguna explicaba aquella intensificación de la conciencia, aquellos pensamientos, emociones y recuerdos lúcidos de la temprana infancia, aquellas visiones del futuro o aquella posibilidad de ver las cosas desde fuera del cuerpo y por encima de él.

No podíamos explicar el hecho de que la experiencia fuera mucho más vívida y «real» que la conciencia de la vigilia cotidiana, ni que se acompañara de pensamientos acelerados y de un fondo de sabiduría superior a lo conocido hasta entonces. Y algo más importante: que el conocimiento científico actual no podía explicar cómo podían experimentarse aquellas cosas con las funciones cerebrales radicalmente afectadas. En realidad, parecía haber una relación inversamente proporcional entre la claridad de la conciencia y la pérdida de las funciones cerebrales.

No se había encontrado ninguna teoría satisfactoria que explicara la ECM en toda su complejidad y que no se limitase a enfocar cada elemento por separado. Casi todas se basaban en indicios anecdóticos y estudios retrospectivos, con pacientes seleccionados previamente, y sin incluir datos médicos seguros. Para encontrar más respuestas, me uní a dos psicólogos de los Países Bajos y en 1988 iniciamos un estudio integral, científicamente sólido, de la frecuencia, la causa y el contenido de las experiencias cercanas a la muerte. Queríamos determinar si podía haber una explicación fisiológica, psicológica, farmacológica o demográfica de por qué algunas personas experimentan una ECM. En aquel momento no había en proyecto ni en curso ningún estudio a gran escala sobre ECM en ningún lugar del mundo.

En el estudio participaron 344 sobrevivientes de paro cardíaco de diez hospitales holandeses. A los pocos días de su resucitación se les preguntó si recordaban algo del período del paro cardíaco, del período en que habían estado inconscientes. Sus datos médicos y otros se habían registrado cuidadosamente antes, durante y después de la resucitación. El proyecto contaba igualmente con un grupo de control de supervivientes sin recuerdos durante la inconsciencia. Todos los casos consecutivos de paro cardíaco se incluyeron para disponer de datos seguros. Mediante entrevistas de seguimiento con ambos grupos pudimos averiguar si los aspectos transformadores de las ECM se debían a este fenómeno o, simplemente, al paro cardíaco en cuanto tal.

Todos los pacientes de nuestro estudio habían pasado por la muerte clínica. Esta se define como un período de inconsciencia causado por la anoxia (falta de oxigenación del cerebro) resultante de la interrupción de la circulación sanguínea y de la respiración. La persona no tiene pulso palpable ni presión sanguínea mensurable, ni reflejos corporales, ni reflejos en el tronco encefálico. Si la resucitación cardiopulmonar no empieza entre cinco y diez minutos, pueden producirse daños irreversibles en el cerebro y el paciente muere. Es el modelo más cercano al proceso de fallecimiento.

Nuestros resultados revelaron que 282 pacientes, verbigracia, el 82 por ciento, no recordaban nada en absoluto del período de inconsciencia, es decir, mientras estaban en paro cardíaco. Sin embargo, 62 pacientes, el 18 por ciento, tenía algunos recuerdos de una ECM. Entre estos, 41 (el 66 por ciento) habían tenido una experiencia profunda, mientras que 21 (el 34 por ciento) la habían tenido más superficial. Utilizamos un sistema de puntuación que nos permitió comparar la frecuencia de los diversos elementos con la profundidad de la ECM. Todos los elementos típicos estuvieron presentes: el 50 por ciento habló de tener conciencia de estar muertos, el 56 por ciento manifestó emociones positivas, el 25 por ciento habló de una experiencia extracorpórea (EE), el 31 por ciento se desplazó por un túnel y el 23 por ciento se comunicó con la luz.

Para estudiar la transformación resultante entrevistamos a todos los supervivientes de paro cardíaco con ECM dos y ocho años después del episodio, con un grupo complementario de control de pacientes que habían sobrevivido al paro cardíaco sin ECM. Encontramos una significativa diferencia entre los que habían tenido ECM y los que no. Los primeros ya no tenían miedo a morir y estaban convencidos de la realidad de un más allá. Tenían mayor sensibilidad intuitiva y daban a su vida más sentido, aunque también tenían largos períodos de nostalgia, sensación de soledad y depresión causada por el hecho de que no podían comentar su impresionante y transformadora experiencia con otros. Tardaron años en aceptar y asimilar plenamente este nuevo enfoque de la vida y de la muerte.

¿Qué diferenciaba a los que informaron de una ECM de los que no? Descubrimos, con gran sorpresa por nuestra parte, que ni la duración de la inconsciencia, ni la del paro cardíaco (la gravedad de la falta de oxigenación del cerebro), ni otros factores como la medicación o el miedo a la muerte habían influido. Nada parecía haber tenido un papel en la aparición, la frecuencia o la calidad de la ECM: tampoco el género, el conocimiento previo del fenómeno, la religión ni la educación.

Así pues, el primer y más amplio estudio sobre ECM que se había hecho hasta la fecha pudo desechar los factores fisiológico, psicológico y farmacológico como causas de la experiencia durante el paro cardíaco. Si la causa hubiera sido puramente fisiológica, como la falta de oxigenación del cerebro, casi todos los pacientes que habían estado clínicamente muertos deberían haber tenido la experiencia, pero solo el 18 por ciento manifestó haberla tenido. ¿Por qué? Sigue siendo un misterio impenetrable.

Pero de los datos brotó otra teoría. Esta sostiene que la ECM podría ser un estado de conciencia en transformación, de acuerdo con la teoría de la continuidad, según la cual los recuerdos, la identidad y el conocimiento, más las emociones, funcionan independientemente del cuerpo inconsciente, y sostiene la posibilidad de la llamada percepción extrasensorial.

Nuestro estudio holandés, publicado en diciembre de 2001 en *The Lancet*[135], una de las revistas médicas más prestigiosas del mundo, despertó inmediatamente un gran interés. Se mencionó en primera plana en los principales periódicos de Europa, Estados Unidos, Canadá, Australia, la India, China y Brasil. En ningún momento se me había ocurrido prever tanto interés. Durante un par de días tuve que cancelar todos mis compromisos para conceder entrevistas a periódicos, emisoras de radio y televisiones nacionales e internacionales. Recibimos centenares de correos electrónicos con expresiones entusiastas de personas que habían experimentado una ECM y que se sentían apoyadas y reconocidas por el estudio. Contactaron con nosotros incluso médicos que también la habían experimentado y nunca habían podido comentarlo con colegas.

Pero también fui objeto de comentarios muy críticos, aunque algo divertidos, por parte de ciertas personas. En los Países Bajos, el doctor C. Renckens, ginecólogo y presidente de la Asociación Ho-

---

135. Pim van Lommel, Ruud van Wees, Vincent Meyers e Ingrid Elfferich, «Near-death experience in survivors of cardiac arrest: A prospective study in the Netherlands», *Lancet* 358 (2001), pp. 2039-2045.

landesa Contra el Curanderismo, relacionó nuestro estudio con «el trastorno de personalidad múltiple, el síndrome de fatiga crónica, la fibromialgia y el síndrome de la abducción por alienígenas». De mí dijo que era «un profeta frustrado con la personalidad de un curandero prepatológico». Y en Bélgica, W. Betz, profesor de medicina familiar y miembro de SKEPP (un grupo que critica las seudociencias y lo paranormal), dijo a la prensa local que «cuando los científicos se ponen a barbotar incoherencias, el público debe estar alerta. Van Lommel pertenece a una secta». Asoció nuestra investigación con «cuerpos astrales, lo paranormal y la grafología»[136].

Pero el caso es que hubo otros tres estudios de evolución de grupo con el mismo formato que el holandés, y documentaron aproximadamente los mismos porcentajes de ECM durante el paro cardíaco que nosotros[137]. Ahora había cuatro estudios, en los que habían colaborado en total unos 562 supervivientes de paro cardíaco.

Bruce Greyson, doctor en medicina, de la Universidad de Virginia, firmó el estudio estadounidense de 2003, según el cual el 15,5 por ciento de 116 pacientes había experimentado ECM. El doctor Greyson escribió: «Ningún modelo fisiológico o psicológico explica por sí solo todos los rasgos comunes de las experiencias cercanas a la muerte [...] Un sensorio común evidente y procesos perceptuales complejos en funcionamiento durante un período de muerte clínica aparente ponen en entredicho la idea de que la conciencia está localizada exclusivamente en el cerebro»[138].

Los cuatro estudios sobre ECM realizados por grupos independientes llegaron a la misma conclusión: no había explicación fisiológica ni psicológica de las ECM que tenían lugar mientras el

---

136. Los comentarios de Betz aparecieron en la revista belga *De Tijd* el 29 de diciembre de 2001.

137. Son: S. Parnia, D. G. Waller, R. Yeates y P. Fenwick, «A qualitative and quantitative study of the incidence, features and etiology of near-death experiences in cardiac arrest survivors», *Resuscitation* 48 n.º 2 (2001), pp. 149-156; Penny Sartori, Paul Badham y Peter Fenwick, «A prospectively studied near-death experience with corroborated out-of body perception and unexplained healing», *Journal of Near-Death Studies* 25, n.º 2 (2006), pp. 69-84; y Bruce Greyson, «Incidence and correlates of near-death experiences in a cardiac care unit», *General Hospital Psychiatry* 25 (2003), pp. 269-276.

138. Greyson, «Cardiac care unit».

corazón y el cerebro del paciente habían dejado de funcionar. Durante el período de inconsciencia se puede tener una percatación más viva, con recuerdos y percepciones desde un lugar situado fuera y por encima del cuerpo exánime, independientemente de este y del cerebro. Se llegó a esta conclusión sobre la base de indicios convincentes de que la ECM se produce durante el período de muerte clínica y no inmediatamente antes o después del paro cardíaco. Fue el método de seguimiento-de-grupo de los estudios, que permitió tener datos médicos completos, lo que posibilitó esta conclusión. Si el paro cardíaco comportaba una ECM con percepción clara del entorno del paciente, como palabras de los médicos o manipulación de instrumentos, el contenido podía comprobarse inmediatamente después del informe.

En realidad, las experiencias extracorpóreas auténticas, como la del conocido caso de María en Seattle, aportan los indicios más sólidos de la existencia de la conciencia fuera del cuerpo y separada de él. Cuando tenemos los datos médicos coordinados con el informe del paciente estamos en condiciones de documentar con exactitud en qué momento del período de inconsciencia se produjo la EE/ECM. Incluso personas ciegas de nacimiento han descrito ECM auténticas durante las que han «visto» de un modo que era imposible desde su cuerpo. Personas ciegas al color han percibido colores. Algunas personas dicen que es parecido a desprenderse del cuerpo como si fuera un viejo caparazón, y con gran sorpresa de su parte conservan la identidad y las emociones. Su radio de visión puede abarcar 360 grados desde el aire.

La doctora Jan Holden, de la Universidad de North Texas, informa de un centenar de EE ocurridas durante una ECM, y aduce que el 90 por ciento se comprobó, que el 8 por ciento contenía pequeños errores y que el 2 por ciento restante no contenía nada auténtico[139]. Estos informes no pueden ser alucinaciones, porque estas percepciones exactas durante la EE se corresponden con la realidad al detalle, mientras que las alucinaciones, como las que se sufren en estados psicóticos, en crisis delirantes o durante el consu-

---

139. Holden, *Near-death experiences.*

mo de drogas no tienen ninguna base en la realidad. En esos casos, las percepciones inexactas son alucinaciones o fantasías en que las imágenes se malinterpretan o son engañosas. Además, para alucinar se necesita un cerebro en funcionamiento, y durante el paro cardíaco cesan las funciones del cerebro.

Durante la fase piloto de nuestro estudio en uno de los hospitales, una enfermera de la unidad de cuidados coronarios informó de una experiencia extracorpórea auténtica de un paciente de cuarenta y cuatro años que fue resucitado, encontrado en un prado por gente que pasaba por allí, caso que publiqué en *The Lancet*. Mientras el paciente estaba en coma y con cianosis, y todavía en paro cardíaco, la enfermera le quitó la dentadura postiza para intubarlo y la resucitación cardiopulmonar se prolongó durante más de noventa minutos. Aún en coma, pero ya con ritmo cardíaco, fue trasladado finalmente a la unidad de cuidados intensivos. La enfermera escribe:

Tras estar más de una semana en coma vuelvo a ver al paciente, que ha sido trasladado de nuevo al ala de cardíacos. Reparto la medicación. En cuanto me ve, dice: «Ah, esa enfermera sabe dónde está mi dentadura». Me quedo muy sorprendida. Entonces aclara: «Cuando me trajeron al hospital usted estaba presente, me quitó la dentadura de la boca y la puso en un carrito que tenía muchos frascos encima y un cajón deslizante debajo, y usted puso la dentadura allí». Aquello me asombró mucho porque recordaba haberle quitado la dentadura mientras el hombre estaba en coma profundo y en plena resucitación cardiopulmonar (RCP). Seguí preguntándole y, según parece, se había visto a sí mismo echado en la cama, había visto desde arriba a las enfermeras y los médicos ocupados con la RCP. Además, describió con exactitud y detalle la pequeña habitación en que había sido resucitado, y también el aspecto de los presentes, como yo misma. Mientras observaba la situación tenía mucho miedo de que interrumpiéramos la RCP, en cuyo caso moriría. Es verdad que nos habíamos mostrado pesimistas acerca del pronóstico del paciente, debido al mal estado que presentaba cuando fue ingresado. El paciente me cuenta que intentó infructuosamente por todos los medios hacernos saber que seguía vivo y que continuáramos con la RCP. La experiencia le afectó mucho, y dice que ya no tiene miedo de la muerte. Cuatro semanas después abandonó el hospital, completamente sano[140].

Basándome en estos casos de EE comprobadas, creo que hay buenas razones para suponer que nuestra conciencia no siempre se corresponde con el funcionamiento de nuestro cerebro. ¿Quién o qué es la entidad que ve? No es el ojo ni el cerebro. Si las personas están realmente fuera y encima de su cuerpo exánime y perciben cosas, esto demostraría que, en determinadas circunstancias, no necesitamos el cerebro ni los ojos para tener una percepción mejorada. Es nuestra conciencia la que percibe.

¿Cómo puede explicarse científicamente que las personas tengan recuerdos claros e incluso percepciones verificables durante un período de inconsciencia inequívoca? La idea actual de la relación entre el cerebro y la conciencia, que defienden casi todos los médicos, filósofos y psicólogos, es demasiado restringida para entender bien este fenómeno. Yo he llegado a la inevitable conclusión de que lo más probable es que el cerebro tenga una función facilitadora y receptora de la experiencia de la conciencia y no una función productora. Así, en circunstancias especiales, nuestra aguzada conciencia no se localizará en el cerebro ni se limitará a él.

Mis conclusiones no están siempre de acuerdo con el paradigma materialista de la ciencia occidental que actualmente se acepta mayoritariamente. Este es el motivo de que la investigación científica de las ECM todavía dé lugar a muchas objeciones escépticas y críticas, especialmente por parte de médicos y neurocientíficos. La ciencia materialista parte sobre todo de una realidad basada en exclusiva en datos físicos observables. Pero deberíamos tener presente que, además de las percepciones y las observaciones exteriores así llamadas objetivas, hay también aspectos subjetivos, no observables, como los pensamientos, los sentimientos, la inspiración y la intuición. Podemos medir únicamente las actividades eléctricas, magnéticas y químicas del cerebro con aparatos de electroencefalografía,

140. Van Lommel, *Consciousness beyond life.*

de magnetoencefalografía y de tomografía por emisión de positrones, y podemos medir las modificaciones del riego sanguíneo del cerebro mediante la resonancia magnética funcional, pero en todos estos casos hablamos únicamente de correlatos neurales de la conciencia. Estas mediciones no explican nada sobre la producción y el contenido de la conciencia. No tenemos pruebas directas de cómo las neuronas o las redes neuronales producen la esencia subjetiva de nuestros pensamientos y sentimientos. Solo medimos los cambios de activación. Y la activación neural es simplemente activación neural; solo refleja el uso de estructuras. La idea generalmente aceptada de que la conciencia y los recuerdos son generados por grandes grupos de neuronas y están localizados en el cerebro debería revisarse, porque no tenemos más remedio que reconocer que es imposible reducir toda la conciencia a procesos neurales, tal como creen actualmente las neurociencias.

Me doy cuenta asimismo de que muchos aspectos de la conciencia y la percepción siguen siendo un gran misterio, y la curiosidad científica me impulsa a seguir investigando. Para mí era un desafío científico comentar hipótesis nuevas que explicaran la posibilidad de tener una conciencia clara y mejorada durante un período transitorio de cerebro sin funciones, con recuerdos, con identidad, con capacidad de conocer y con emociones. Estas hipótesis deberían explicar la declarada conexión con la conciencia de otras personas y de parientes fallecidos, y explicar además la experiencia del regreso de la conciencia al cuerpo. William James dijo en cierta ocasión que «estudiar lo anormal es la mejor forma de comprender lo normal».

En 2005, la revista *Science* publicó 125 preguntas que los científicos no han sabido responder hasta ahora[141]. La más importante era: «¿De qué está hecho el universo?» A continuación venía «¿Cuál es la base biológica de la conciencia?» Me gustaría replantear esta segunda pregunta del siguiente modo: «¿Tiene la conciencia alguna base biológica, en definitiva?»

---

141. Número especial para conmemorar el 125 aniversario de la revista, 1 de julio de 2005: vol. 309, n.º 5735.

Basándonos en los declarados aspectos universales de la conciencia experimentada durante el paro cardíaco, podemos suponer que los campos de información de nuestra conciencia, que probablemente consisten en ondas, se encuentran en un reino invisible al margen del tiempo y el espacio (no-localidad), y están siempre presentes a nuestro alrededor y dentro de nosotros, impregnando nuestro cuerpo. Se vuelven accesibles y forman nuestra conciencia de la vigilia por mediación de nuestro cerebro activo, en forma de campos electromagnéticos mensurables y cambiantes. Nuestra conciencia normal despierta tiene una base biológica porque nuestro cuerpo es una interfaz para ella. Pero es una pequeña parte de nuestro campo de conciencia, que es mayor.

¿Podría compararse nuestro cerebro a un aparato de televisión que recibe ondas electromagnéticas y las transforma en imágenes y sonidos? Estas ondas sostienen la esencia de toda información, pero solo son perceptibles por los sentidos a través de instrumentos aptos como la cámara y el televisor. Y en cuanto cesa la función del cerebro, como cuando se apaga el televisor, los recuerdos y la conciencia siguen existiendo, pero ha desaparecido la capacidad receptora; la conexión, la interfaz, se ha interrumpido. Sin embargo, puede experimentarse la conciencia durante un período equivalente de un cerebro inactivo, y esto es lo que llamamos ECM. Así que, en mi opinión, la conciencia no tiene raíz física[142].

Llamo «conciencia no-local» a esta conciencia al margen del tiempo y el espacio, que no tiene base material o biológica. Se caracteriza por una interconexión que ofrece la posibilidad de comunicarse con los pensamientos y los sentimientos de otras personas, y con los de amigos y parientes fallecidos. Su raíz se encuentra en otro reino invisible e inmaterial que siempre está en nosotros y a nuestro alrededor.

Para entender esta idea de la interacción entre la conciencia no-local y el cuerpo material se puede recurrir a otra comparación tomada de la moderna comunicación global. En todo momento, de día y de noche, estamos rodeados por centenares de miles de llama-

---

142. Este párrafo se ha tomado algo modificado de *World Futures: The Journal of New Paradigm Research* 62, números 1-2 (2006).

das telefónicas, por centenares de programas de radio y televisión, por mil millones de páginas web, pero solo somos conscientes de esos campos electromagnéticos informativos en el momento en que usamos el teléfono móvil o encendemos la radio, el televisor o el ordenador portátil. Lo que recibimos no está ni dentro del aparato ni en sus componentes, sino que, gracias al receptor, la información de los campos electromagnéticos («la nube») se vuelve observable para nuestros sentidos y nuestra percepción. Internet, con más de mil millones de páginas web accesibles en todo el mundo, obviamente no está dentro de nuestro ordenador ni es un producto suyo. Más bien se encuentra almacenada en «la nube». Pero hace falta un instrumento activo para recibir información de «la nube», que puede compararse con la conciencia no-local.

La conciencia no-local se puede experimentar de muchas maneras, como explico en mi libro *Consciousness beyond life*, y no es una idea nueva. Científicos y filósofos de todas las épocas han apoyado esta idea. Aspectos de la mecánica cuántica como la no-localidad nos ayudan a comprender cómo funciona realmente la conciencia. Pero la diferencia es que ahora tenemos más datos que apoyan con firmeza su realidad, como las ECM, que pueden explicarse con todos sus elementos como experiencias de conciencia no-local.

La inevitable conclusión de que la conciencia puede sentirse independientemente de la función cerebral, y lo que esto implica, debería inducirnos a cambiar el paradigma científico de la medicina occidental. Podría tener consecuencias prácticas en problemas médicos y éticos reales, como el cuidado de pacientes en coma o moribundos, la eutanasia, el aborto y la extracción de órganos trasplantables a personas agonizantes con un corazón que late en un cuerpo aún caliente pero con diagnóstico de muerte cerebral. Saber y comprender esto cambia fundamentalmente la opinión que se tiene sobre la muerte, a causa de la casi ineludible conclusión de que en el momento de la muerte física la conciencia seguirá viva en otra dimensión, en un mundo invisible e inmaterial en el que está todo pasado, todo presente y todo futuro[143].

---

143. Ibid.

Después de estudiar durante años los aspectos y las manifestaciones de la conciencia no-local, de la que hay indicios científicos, he acabado por creer que la muerte, como el nacimiento, es un mero paso de un estado de conciencia a otro. Cuando el cerebro se apaga, como el televisor o la radio, las ondas de nuestra conciencia permanecen. La muerte es solo el final de nuestro cuerpo físico. En otras palabras: tenemos un cuerpo, pero somos conciencia. Cuesta eludir la conclusión de que nuestra conciencia esencial existía antes de nuestro nacimiento y existirá cuando hayamos muerto. No tiene principio ni final.

Estas ideas son antiquísimas e intemporales, pero las ECM han vuelto a ponerlas de actualidad y han hecho posible que la ciencia explore lo que hay detrás de las ECM. A menudo se necesita una de estas experiencias para que las personas se den cuenta de que la conciencia seguramente ha existido siempre, de que siempre existirá y de que la muerte como tal no existe. No tenemos pruebas científicas irrefutables que apoyen esta conclusión, porque las personas que tienen ECM no mueren del todo. Pero todas han estado muy cerca de la muerte. Sin el cuerpo podemos seguir teniendo experiencias conscientes; seguimos siendo seres conscientes.

La ciencia actual significa para mí la posibilidad de hacer preguntas con una mente abierta. La ciencia debería ser investigación para explicar misterios nuevos y no estancamiento con ideas antiguas. Debemos seguir haciendo preguntas abiertas y abandonar las ideas preconcebidas, y no tener miedo de poner en duda el paradigma materialista. La concepción materialista del mundo no ha tratado hasta ahora con responsabilidad las cuestiones derivadas de la investigación que sugiere la supervivencia de la conciencia después de la muerte física.

10

Recuerdos intermedios: vida entre dos vidas

¿Podría esta conciencia no-local, que existe en un amplio campo fuera del cerebro, como ha descrito Van Lommel, persistir después de la muerte física y volver a la vida en otro cuerpo? Cualquier indicio que sugiera esta existencia independiente, con un sentido del «yo» que conserva recuerdos cuando vuelve al ser físico, abre la puerta a las más complejas posibilidades de renacer. Cuesta mucho imaginar esto, pero también cuesta imaginar otras explicaciones para las experiencias referidas por James Leininger, Ryan Hammons y muchos otros niños de todo el mundo.

Es particularmente relevante para las conclusiones de Van Lommel que, a veces, niños con recuerdos de una vida anterior describan su existencia «entre una vida y otra», entre la muerte de la persona anterior y su nacimiento a la vida presente. En casos estudiados por Stevenson, Tucker y otros, niños pequeños hacen referencia de manera espontánea a su estado prenatal, como si fuera natural y simplemente parte de un continuo que está presente en su memoria. Sus informes podrían revelar qué existencia hay después de abandonar el cuerpo y antes de volver a otro, teniendo en cuenta que podrían establecerse comparaciones entre sus descripciones y las de los que tienen ECM y vuelven de lo que ellos dicen que es también un más allá.

Según la base de datos de la Universidad de Virginia, aproximadamente uno de cada cinco niños que recuerdan vidas anteriores tiene recuerdos de esos acontecimientos «entre dos vidas» que Jim Tucker y sus colegas llaman «recuerdos intermedios». Poquísimos pueden comprobarse, como es lógico, aunque algunos niños han hecho declaraciones auténticas sobre observaciones realizadas poco antes de nacer, que a veces tienen que ver con la elección de los nuevos padres. En varios casos pudieron comprobarse detalles concretos de su propio entierro, observados después de fallecer, pero es difícil conseguir estas corroboraciones.

Es interesante advertir que los recuerdos intermedios tienden a aparecer en los casos más patentes de reencarnación, en los que ha habido más declaraciones comprobadas sobre la vida anterior y se han recordado más nombres concretos que en los casos menos convincentes[144]. En otras palabras, si un niño tiene un claro recuerdo de su vida anterior, es más probable que recuerde la etapa intermedia. Además, cuando se informa de recuerdos intermedios, es más probable que pueda comprobarse el recuerdo del niño sobre su forma de morir. Esto apoya la posible exactitud de los recuerdos inusuales entre dos vidas, dado que estos niños tienen muchos otros recuerdos comprobados. «Solo una memoria inusualmente potente, y no otra característica del sujeto o la personalidad anterior», distingue los casos con recuerdos intermedios de los que carecen de ellos, informan Tucker y Poonam Sharma, estudiante de la Facultad de Medicina de la Universidad de Virginia, en un artículo de 2004. «Sus declaraciones sobre acontecimientos del período intermedio parecen corresponder a un modelo más potente de recordación de detalles anteriores a su vida actual»[145].

Tucker clasifica los recuerdos intermedios de acuerdo con tres fases principales: una «etapa de transición» inmediatamente después de la muerte, una «etapa estable» que abarca la mayor parte del tiempo que transcurre entre una vida y otra, y una «etapa de regre-

---

144. Poonam Sharma y Jim B. Tucker, «Cases of the reincarnation type with memories from the intermission between lives», *Journal of Near-Death Studies* 23(2) (invierno de 2004), p. 116.

145. Ibid., p. 116.

so» que abarca acontecimientos cercanos al momento de nacer[146]. La primera etapa a menudo abarca recuerdos del entierro y de los días inestables que siguen a la defunción, en que los sujetos siguen apegados a su vida y a sus apenados parientes. Muchos sujetos birmanos recordaban esta etapa cuando describían el abandono del cuerpo. Algunos recuerdos podían comprobarse, pero casi todos eran demasiado generales. Ratana Wongsombat, una niña nacida en Bangkok en 1964, dijo que después de su muerte sus cenizas, en contra de sus deseos, se esparcieron en vez de enterrarse[147]. Esto lo confirmó luego la hija de la personalidad anterior. Algunos niños se describen flotando durante días o tratando de contactar con miembros de su familia, sin darse cuenta de que están muertos[148].

Los niños han dado cuenta de una variedad de experiencias vistosas durante la etapa estable, que es más larga. Algunos hablan del cielo y de haber visto a Dios, pero no está claro en qué medida aprendieron estos conceptos de niños. Algunos informan de encuentros con familiares fallecidos u otras personalidades incorpóreas, como hacen muchas personas durante las ECM. Tucker y sus colegas publicaron un estudio especial sobre Patrick Christenson, nacido en Michigan en 1991, que de muy pequeño hizo afirmaciones relativas a un hermanastro que había muerto doce años antes de nacer él[149]. Cojeaba como su hermano, lo cual no pudo explicarse a nivel médico, y tenía tres marcas de nacimiento que se correspondían con las de su hermano, según se comprobó en fichas médicas consultadas por los investigadores[150]. Durante la investigación del caso de Patrick, Tucker informa de que el muchacho contó a su madre que había encontrado a un familiar en el cielo —antes de que

---

146. Ibid., p. 107.

147. Tucker, *Life before life*, p. 102, e Ian Stevenson, *Cases of reincarnation type, volume IV: Twelve cases in Thailand and Burma*, University of Virginia Press, Charlottesville, 1983, pp. 12-48.

148. Sharma y Tucker, «Intermission between lives», p. 107.

149. Satwant K. Pasricha, Jürgen Keil, Jim B. Tucker e Ian Stevenson, «Some bodily malformations attributed to previous lives», *Journal of Scientific Exploration* 19, n.º 3 (2005), pp. 359-383. Tucker habla de este caso en el primer capítulo de *Return to life*.

150. Pasricha y otros, «Bodily malformations», p. 367.

la madre lo trajera a este mundo— que era conocido con el nombre de Billy el Pirata. Dijo que Billy había sido asesinado por su padrastro en las montañas, que tenía los ojos y el pelo castaños, y que era alto y delgado. Patrick dijo asimismo que nadie habla de este pariente, y Billy se sentía mal por esto. La madre de Patrick no sabía nada de ningún pariente llamado Billy. Llamó a su madre y entonces se enteró de que la hermana de su madre (su tía y tía abuela de Patrick) había tenido un hijo llamado Billy.

Tucker explica lo que sucedió:

> Los detalles que dio Patrick eran exactos. Billy había sido asesinado por su padrastro tres años antes de que naciera Lisa [la madre de Patrick]. Nunca se hablaba del asesinato en la familia. Cuando Lisa preguntó por el apodo «Billy el Pirata», su madre se echó a reír. Era un chico montaraz y por eso lo llamaban así, y la madre de Lisa dijo que no oía el apodo desde la muerte de Billy. Al parecer, era imposible que Patrick hubiera oído nada anteriormente acerca de Billy y su apodo[151].

Tanto James Leininger como Ryan Hammons tuvieron recuerdos intermedios de la etapa de regreso que fueron confirmados por sus padres. Según los Leininger, en 2002, cuando James tenía tres años y medio, dijo a Bruce que lo había elegido por padre, añadiendo: «Cuando os encontré a ti y a mami, supe que ibais a ser buenos conmigo». Bruce le pidió más detalles y James dijo que los había encontrado en Hawái, en un gran hotel rosa. «Os encontré en la playa. Estabais cenando por la noche». Cinco semanas antes de que Andrea supiera que estaba embarazada, había estado con Bruce en el Royal Hawaiian, un hotel famoso que casualmente estaba pintado de rosa. La última noche que habían pasado allí, cenaron en la playa, a la luz de la luna. «James lo describió a la perfección», dice Bruce. Ni Bruce ni Andrea habían comentado jamás estos detalles con James. Y, como ya se detalló en su momento, James había contado que al ir al cielo había encontrado allí a sus compañeros aviadores

---

151. Tucker, *Return to life*, p. 12.

que habían sido abatidos antes que él. Eran los hombres cuyos nombres puso a sus soldados de juguete: recordaba con exactitud sus nombres y el color de su pelo.

Ryan describió igualmente un episodio relacionado con su concepción, que Cyndi Hammons anotó en las primeras páginas de su diario y comunicó al doctor Tucker. Una noche en que estaba acurrucada con Ryan delante del televisor, el niño le preguntó: «Mami, ¿por qué pensaste que yo iba a ser una niña?» Cyndi le preguntó a su vez que quién le había contado aquello; Ryan respondió que nadie. «Lo vi desde el cielo. El médico te hizo una prueba y te dijo que era un chico. Te enfadaste y dijiste que se equivocaba». Ryan añadió que había sido el día del cumpleaños de su padre y que comieron fuera, y Cyndi lloró mucho porque no iba a tener una niña. Todo esto era absolutamente exacto. Naturalmente, no había forma de saber si Ryan había adquirido esta información por medios psíquicos en algún momento, aunque dijo a su madre que lo «vio» antes de ser parte de su nueva vida. De todos modos, Ryan perdonó a su madre y ella le dijo que se alegraba mucho de tener un niño «en vez de una niña apestosa».

Más significativo es el hecho de que los recuerdos intermedios guardan a menudo semejanzas con las ECM, lo cual ha inducido a los investigadores a preguntarse si los que han tenido ECM no estarán describiendo la misma realidad *post mortem* que los niños entre dos vidas. En ambas situaciones, los sujetos informan de que reconocen la muerte; de que están en otro reino, un reino no terrenal; de que se encuentran con amigos y parientes incorpóreos; de que a veces ven un ser o presencia místicos; y de que vuelven a la vida terrena, bien ocupando otro cuerpo (renaciendo), bien regresando antes de morir al cuerpo que ya tenían (ECM)[152]. Los niños con recuerdos de vidas anteriores muy pocas veces hablan de la sensación de paz y alegría suprema que describen los que tienen ECM; tampoco, de la presencia de esa luz brillante y envolvente que es tan habitual en los últimos[153]. Puede que la experiencia de la luz

---

152. Sharma y Tucker, «Intermission between lives», p. 112.

153. Ibid.

se dé solo al principio de una «experiencia de muerte» y que en consecuencia sea difícil, si no imposible, que la recuerde un niño. O puede que esta sensación sea exclusiva de quienes vuelven de la muerte y no de quienes mueren realmente. Los niños solo mencionan aspectos fragmentarios del tiempo que pasan entre una vida y otra, de modo que no tenemos forma de saberlo.

«Aunque no deberían pasarse por alto las diferencias, las semejanzas sugieren que los informes intermedios de los niños que afirman recordar vidas anteriores deberían considerarse parte del mismo fenómeno general —informes del más allá— que abarca las ECM», concluyen Tucker y Sharma[154]. Los niños con recuerdos de vidas pasadas suelen ser tan pequeños que no es de esperar que entiendan la idea de la muerte; no es algo que los padres expliquen a los niños que todavía no andan o a los de cuatro años que sufren pesadillas. Sin embargo, de algún modo consiguen describir esta realidad y dicen que estuvieron allí. «Sus declaraciones guardan muchas semejanzas con los informes de ECM. Pero las explicaciones neurofisiológicas que se han ofrecido a este respecto no pueden explicar informes parecidos que se oyen en boca de niños pequeños y sanos», alegan los autores[155].

Es particularmente convincente cuando distintas áreas de investigación arrojan resultados parecidos que se apoyan mutuamente en este aspecto. Junto con las ECM, que guardan fascinantes similitudes con las descripciones de los recuerdos «entre dos vidas» que cuentan los niños pequeños, las EE auténticas aportan quizás el indicio concreto más persuasivo de la existencia de la conciencia independiente del cerebro. A este paquete de experiencias aparentemente interrelacionadas que apuntan a una realidad común *post mortem*, podemos añadir las experiencias fin-de-vida, que a menudo son paranormales y se tienen en el límite mismo de la muerte física irreversible.

---

154. Ibid., p. 116.
155. Ibid., p. 117.

11

Experiencias fin-de-vida

Por Peter Fenwick, doctor en medicina

Junto con los recuerdos intermedios, algunas frecuentes experiencias fin-de-vida tienen semejanzas con las ECM. ¿Podría la realidad trascendente que los moribundos suelen decir que experimentan esporádicamente representar el mismo reino que el visitado durante las ECM? ¿Y guarda también alguna relación con la morada de la conciencia entre dos vidas? Los informes fin-de-vida proceden en su totalidad de personas lúcidas que afrontan su muerte inminente o de familiares y cuidadores con experiencias propias en conexión con la persona agonizante. Las semejanzas entre descripciones de ECM, recuerdos intermedios y experiencias fin-de-vida refuerzan la posible realidad de otro reino o de una dimensión no física en que habita la conciencia después de la muerte. Creo que estas interconexiones dan solidez a la hipótesis de la supervivencia.

Peter Fenwick es un neuropsiquiatra y docente del Royal College of Psychiatrists del Reino Unido. Trabaja como neuropsiquiatra consultor en el Maudsley Hospital, el principal hospital psiquiátrico universitario del Reino Unido, y en el John Radcliffe Hospital de Oxford. Es también profesor emérito del Instituto de Psiquiatría de Londres. Con más de doscientos artículos sobre la función del cerebro, ha formado parte del equipo editorial de una serie de publicaciones, entre ellas el Journal of Neurology, Neurosurgery, and Psychiatry, *el* Journal of Consciousness Studies *y el* Journal of Epilepsy and Behavior. *El doctor Fenwick se interesa desde hace mucho por la interre-*

lación mente/cerebro y el problema de la conciencia, y ha realizado
amplias investigaciones sobre los fenómenos fin-de-vida.

Durante siglos la humanidad se ha preguntado qué ocurre después de la muerte. Prácticamente en todas las culturas de la historia escrita hay indicaciones de rituales relacionados con los muertos e indicios de que se han sepultado con alguna clase de fe en un más allá. Los cazadores-recolectores creían que los moribundos abandonaban el cuerpo y viajaban al lugar donde estaban sus antepasados. La idea de «viajar» en el momento de morir todavía es fundamental hoy para entender la muerte en casi todo el mundo.

La cultura científica reduccionista de Occidente es casi la única que cree firmemente en que la muerte representa el fin de todo. El lento avance de la concepción materialista en el dominio de la ciencia nos ha hecho abandonar la idea de la trascendencia. Se arguye que la conciencia se forma únicamente en el cerebro. La idea del viaje *post mortem* ha desaparecido casi por completo de la perspectiva científica y nos hemos quedado con un universo aleatorio en el que morir es, simplemente, un proceso mecánico.

Sin embargo, estudios recientes sobre los estados mentales de los moribundos sugieren que se trata de una concepción demasiado limitada. Soy neuropsiquiatra, lo que quiere decir que he estudiado el cerebro y sus funciones, así como la naturaleza de la mente. Me encuentro, pues, en la zona situada entre la mente y el cerebro. He estudiado los procesos de la muerte y he escrito artículos científicos, publicados en revistas que contrastan la información, que divulgan una nueva concepción de lo que realmente sucede cuando morimos, y que plantean interrogantes sobre qué experiencias de los moribundos podrían ampliar nuestro conocimiento de la conciencia.

Algunos estudios han sugerido que antes de morir muchas personas agonizantes reciben visitas de parientes fallecidos, lo cual les garantiza que morir no es tan aterrador como tal vez creían. El primer intento de hacer un estudio científico sistemático de estas apariciones se debió a sir William Barrett, médico cuyo interés por el tema se despertó cuando su esposa, que era obstetra, le habló de una paciente suya que tuvo visiones en su lecho de muerte. Mencionó haber visto no solo a su padre muerto, sino también a su hermana. Su hermana había fallecido tres semanas antes, pero a causa del delicado estado de la paciente no se le había comunicado. El hecho de que la paciente creyera que su hermana estaba viva y con buena salud, pero que al verla con su difunto padre supiera que había muerto, impresionó tanto a sir William que se puso a recopilar experiencias parecidas. El libro que publicó al respecto en 1926, *Deathbed visions*, llegaba a la conclusión de que estas experiencias no eran simplemente fruto de un cerebro moribundo, sino que podían darse cuando el paciente moribundo estaba lúcido y con perfecto uso de la razón. Además, informaba de una serie de casos en que personal médico o familiares presentes compartían las visiones del moribundo[156].

Empecé a estudiar estas visiones del lecho de muerte en 2003, cuando un repaso a la literatura científica me convenció de que este campo no se había tratado debidamente. Mi información no se ha limitado a las visiones en el lecho de muerte, sino que abarca muchas otras «experiencias fin-de-vida» (EFV), como el desplazamiento del moribundo por realidades alternativas o la luz que ven los cuidadores en el momento de la muerte.

Yo y mis colegas empezamos el proceso repasando declaraciones de lo que sucedía cuando fallecían las personas. Preparamos un cuestionario que preguntaba por estos fenómenos y lo entregamos a un equipo de cuidados paliativos del norte de Londres y al personal médico, enfermeras, asistentes sociales, voluntarios y religiosos de dos hospitales y una residencia de ancianos del sur de Londres[157]. Para no pasar por alto el medio cultural, realizamos el

---

156. William Barrett, *Deathbed visions*, Methuen & Co., 1987 (1ª ed., 1926). [Hay ed. española: *Visiones en el momento de la muerte*, Aguilar, Madrid, s.a., traducción de José Manuel Pumarega, reproducida modernamente por Ed. Alcántara, Madrid, 1999. Esta obra puede leerse en Internet en formato PDF.]

157. Sue Brayne, Hilary Lovelace y Peter Fenwick, «An understanding of the occurrence of deathbed phenomena and its effects on palliative care clinicians», *American Journal of Hospice and Palliative Medicine 23*, n.º 1 (enero/febrero de 2006), pp. 17-24.

estudio igualmente en tres residencias holandesas para enfermos desahuciados[158]. Además, recogimos más de mil quinientos informes, enviados por correo electrónico por el público en general, y entrevistamos a médicos, enfermeras, personal auxiliar y capellanes, que nos dieron una buena idea de los estados mentales concretos de los moribundos.

El análisis de estos datos nos ha proporcionado una imagen global que se aleja mucho del modelo mecánico de la muerte. Encontramos historias de personas con premoniciones de la muerte, la propia o la de otros, anécdotas de relojes que se detenían, animales con comportamiento extraño, luces en la habitación del moribundo y formas que abandonaban el cuerpo. ¿Ocurrían realmente estas cosas, o eran solo fantasías de los moribundos?

Los datos revelaron además de forma harto concluyente que estas EFV son mucho más comunes de lo que se ha venido admitiendo: un artículo reciente afirma que en realidad se producen en más del 60 por ciento de las personas que mueren mientras están conscientes[159]. La opinión que más se admite actualmente considera que más del 50 por ciento de los moribundos conscientes tiene una EFV y que probablemente es para tranquilizarse y ayudarse a morir.

Aquí nos concentraremos en las EFV que guarden alguna relación con las ECM o con la supervivencia de la conciencia después de la muerte. Todos los casos sugieren que la conciencia es no-local, como dice Pim van Lommel: que es más una estructura de campo que una entidad creada por el cerebro. Se pone de manifiesto en la proximidad de la muerte, cuando la conciencia empieza a separarse del cuerpo y accede a una conciencia dilatada.

---

158. Peter Fenwick, Hilary Lovelace y Sue Brayne, «Comfort for the dying: five year retrospective and one year prospective studies of end of life experiences», *Archives of Gerontology and Geriatrics*, 2009; DOI:10.1016/j.archger.2009.10.004.

159. A. Mazzarino-Willett, «Deathbed phenomena: its role in peaceful death and terminal restlessness», *American Journal of Hospice and Palliative Care* 27 (2010), p. 127 (originalmente publicado en Internet, 8 de octubre de 2009).

Visiones en el lecho de muerte

La profesión médica, en general, no ha hecho caso de estas visiones, aunque son bien conocidas y a menudo descritas por enfermeras y parientes que cuidan del moribundo[160]. No dependen de las creencias religiosas, aunque pueden recibir alguna influencia del medio cultural. En las sociedades firmemente cristianas, por ejemplo, se ven ángeles a menudo, pero estas entidades apenas se describen en sociedades más laicas. A menudo se tiene constancia de la visión porque los presentes lo deducen del comportamiento del moribundo, no porque este lo diga, ya que en muchísimas ocasiones no puede hablar cuando está a punto de morir. En estos casos puede haber un cambio de expresión —la iluminación de su cara por haber visto a alguien a quien reconoce y ama—, o quizás alargue los brazos hacia una presencia invisible. Parecen tan reales estas apariciones, que a menudo se ve que la persona moribunda interacciona con ellas, y espera que también lo hagan los demás. Una enfermera, entre muchas otras, que ha presenciado estos fenómenos nos contó la siguiente historia:

> Yo cuidaba de un paciente con otra enfermera: serían alrededor de las cuatro de la madrugada. El paciente nos dijo que nos pusiéramos una a cada lado porque quería darnos las gracias por cuidar de él. Entonces miró por encima de mi hombro, hacia la ventana, y dijo: «Espera, estaré contigo dentro de un minuto, antes quiero dar las gracias a estas enfermeras por cuidar de mí». El paciente lo repitió un par de veces y falleció.

Una enfermera nos contó esta historia, muy típica, sobre una señora de ochenta años a la que visitaba una vez a la semana, para ayudar y aconsejar a la familia que la cuidaba.

Al final se puso muy débil y cayó en un estado de semiinconsciencia en los que solo reaccionaba a los estímulos dolorosos. Falleció

---

160. Dewi Rees, «The hallucinations of widowhood», *British Medical Journal* 4 (1971), pp. 37-41.

y fui al día siguiente para prestar ayuda. La hija dijo que dormía pacíficamente, pero de pronto se incorporó de un salto, se quedó sentada y, sonriendo de oreja a oreja, dijo: «Joe, qué amable eres por venir a verme». (Joe era su difunto marido.) Cayó de espaldas en la cama y murió poco después. La hija era muy sensata y práctica y creyó realmente que el padre la había visitado».

Lo que prácticamente todas estas experiencias tenían en común era que no resultaban amedrentadoras. La persona moribunda siempre se alegraba de ver a los «visitantes» y se calmaba e incluso estaba contenta después de la visita. Las visitas también son tranquilizadoras para los familiares a quienes se les explican o que ven personalmente los buenos efectos que producen en el pariente[161]. En nuestros estudios, los visitantes más frecuentes eran familiares (24 por ciento), cónyuges (14 por ciento) y otros parientes cercanos (14 por ciento). Es parecido a las ECM, en que parientes y amigos fallecidos y entes espirituales aparecen el 41 por ciento de las veces. ¿Podrían ambas clases de experiencia estar representando la misma realidad de otra dimensión?

El hecho de que los visitantes sean vistos ocasionalmente por otras personas las elimina de manera automática de la categoría de las alucinaciones; tenemos que considerarlas más bien como apariciones (esto lo comentaremos en otro capítulo). Tampoco podemos suponer que se presenten debido a expectativas: hay confirmaciones de la sorpresa que se lleva el moribundo cuando el visitante resulta que es alguien que se creía vivo. Esto sugiere asimismo un mecanismo extracerebral y no una producción intracerebral[162].

---

161. Peter Fenwick, Hilary Lovelace y Sue Brayne, «End of life experiences and implications for palliative care», *International Journal of Environmental Studies* 64, número 3 (2007), pp. 315-323. C. W. Kerr, J. P. Donnelly, S. T. Wright, S. M. Kuszczak, A. Banas, P. C. Grant y D. L. Luczkiewicz, «End-of-life dreams and visions: a longitudinal study of hospice patients' experiences», *Journal of Palliative Medicine* 17 (3) (2014), pp. 296-303. DOI:10.1089/jpm.2013.0371.Epub, 11 de enero de 2014.

162. Sue Brayne, Hilary Lovelace y Peter Fenwick, «End-of-life experiences and the dying process in a Gloucestershire nursing home as reported by nurses and care assistants», *American Journal of Hospice and Palliative Care* 25 (3) (junio-julio de 2008), pp. 195-206.

Si recurrimos a la ciencia actual, cuesta encontrar un concreto mecanismo cerebral que explique estas asombrosas experiencias. Puede que lo único que podamos hacer en buena lógica sea reconocer su validez para la persona moribunda. También podemos admitir que estas visiones vienen a decirnos que una concepción mecanicista de las funciones cerebrales no sirve para explicar estos acontecimientos trascendentes, que sugieren que la vida y la muerte tienen un sentido mayor y más amplio.

Gracias al aumento del interés por las visiones en el lecho de muerte han aparecido otros dos estudios. Uno encontró una incidencia más elevada —alrededor del 80 por ciento— que nosotros en nuestro estudio[163]. El otro artículo es interesante, porque sus redactores hicieron un estudio de las notas que se tomaban en los casos y averiguaron que solo el 8 por ciento de estas notas informaba de visiones en el lecho de muerte, aunque cuando hablaron con los cuidadores más del 60 por ciento informó de la existencia de visiones[164].

Pasar a una nueva realidad

En los días anteriores al fallecimiento, algunos pacientes dicen que entran y salen de una realidad alternativa que describen como una zona llena de amor, luz y comprensión piadosa. Esta realidad alternativa parece tan real a los pacientes como estar en la residencia. En nuestro estudio retrospectivo informaron de nuevas realidades el 55 por ciento de los cuidadores holandeses y entre el 30 y el 32 por ciento de los cuidadores ingleses, pero en el estudio continuado informó el 48 por ciento de los cuidadores de cada grupo. En un estudio suizo fue experimentada por más del

---

163. Cheryl L. Nosek, Christopher W. Kerr, Julie Woodworth, Scott T. Wright, Pei C. Grant, Sarah M. Kuszczak, Anne Banas, Debra L. Luczkiewicz y Rachel M. Depner, «End-of-life dreams and visions: a qualitative perspective from hospice patients», *American Journal of Hospice and Palliative Care* 32 (3) (2014), pp. 269-274.

164. P. Grant, S. Wright, R. Depner y D. Luczkiewicz, «The significance of end-of-life dreams and visions», *Nursing Times* 110(28) (9-15 de julio de 2014), pp. 22-24.

50 por ciento, posiblemente por el 60 por ciento y más[165]. He aquí tres informes:

A veces las personas parecen oscilar entre los dos mundos durante un momento, otras durante horas. A veces parecen estar en este mundo y en otros no. Creo que para muchos la muerte no es solo cruzar una puerta. Es como poner un pie en el umbral y adelantar la cabeza para echar una ojeada […] He tenido pacientes que han abierto los ojos y dicho: «Vaya, entonces todavía estoy aquí». (Enfermera de residencia)

Dos o tres días antes de morir percibía un techo oscuro sobre su cabeza y una luz brillante. Entró en un lugar de espera donde había seres que le hablaron, entre ellos su abuelo. Estaban allí para ayudarla. Todo estaría bien, no era un sueño. Entró y salió de esta zona. (Madre de paciente)

De repente levantó los ojos para dirigirlos a la ventana y se la quedó mirando fijamente. Estuvo así solo unos minutos, pero pareció que transcurrían siglos. Se volvió a mí con brusquedad y dijo: «Por favor, Pauline, nunca tengas miedo de morir. He visto la luz más hermosa e iba hacia ella. Quería entrar en esa luz. Había mucha paz. Realmente, tuve que hacer un esfuerzo para volver». Al día siguiente, cuando llegó el momento de irme a casa, dije: «Adiós, mamá. Hasta mañana». Me miró fijamente y dijo: «Mañana no me preocupa, y a ti tampoco debería. Prométemelo.» Por desgracia, murió la mañana siguiente […] Yo sabía que aquel día había visto algo que le había dado consuelo y paz cuando solo le quedaban unas horas de vida. (Hija de paciente)

Es muy difícil encontrar una causa mecanicista unitaria para estas experiencias. Los cuidadores familiarizados tanto con las experiencias fin-de-vida como con las inducidas por drogas tienen claro

---

165. M. Renz, Schuett M. Mao, A. Omlin, D. Bueche, T. Cerny y F. Strasser, «Spiritual experiences of trascendence in patients with advanced cancer», *American Journal of Hospice and Palliative Care* 32(2) (marzo de 2015), pp. 178-188; Epub 20 de noviembre de 2013.

que son muy distintas, por la forma y por la calidad. Las EFV suelen producirse con clara conciencia de lo que se siente, así que no pueden adjudicarse a un estado de confusión orgánico. Se ha sugerido que podrían deberse a la expectación o a la necesidad de consuelo ante la muerte, pero esto parece improbable, porque se producen al margen de cualquier religión o actitud previa ante la muerte, aunque las creencias podrían ciertamente matizar los aspectos concretos de algunas[166].

Estas EFV contienen muchos de los elementos descritos por Pim van Lommel y otros en las ECM occidentales: un lugar muy bello donde se encuentran con parientes fallecidos y seres espirituales que los ayudan, una luz brillante y amplios sentimientos trascendentes. A veces el moribundo da cuenta de un «repaso a la vida», pues es la idea de una frontera que ha de cruzarse. Como en las ECM, entran en esta experiencia y vuelven. La diferencia es que las personas que realmente se están muriendo no dicen que los parientes difuntos que se encuentran los despidan diciéndoles: vuelve. Por el contrario, los parientes prometen volver para recogerlos, y los seres espirituales que ven están allí para ofrecer su ayuda en la travesía.

Las notables semejanzas sugieren que ambas podrían ser experiencia de una sola realidad *post mortem*. La experiencia incluye en las dos el reconocimiento de que la muerte no es el fin, sino un simple paso a una realidad alternativa, algo muy consolador para los muertos y sus seres queridos.

En el momento de la muerte

La luz es un rasgo predominante en las ECM, y tiene también un papel en el proceso de morir. Se ve no solo en el momento de la muerte, sino también días, incluso semanas antes. En ambas situa-

---

166. Bernard Lo, Delaney Ruston, Laura W. Kates, Robert M. Arnold, Cynthia B. Cohen, Kathy Faber-Langendoen, Steven Z. Pantilar, Christina M. Puchalski, Timothy R. Quill, Michael W. Rabow, Simeon Schreiber, Daniel P. Sulmasy y James A. Tulsky, «Discussing religious and spiritual issues at the end-of-life», *JAMA* 287, n.º 6 (2002), pp. 749-754.

ciones, sus cualidades se describen positivamente: es cálida, encantadora, apacible, caritativa, y las personas se sienten atraídas por ella. Después de una EFV en que se ha visto la luz, la persona moribunda la describe a otros como la persona resucitada la describe tras una ECM.

De vez en cuando, los cuidadores y los familiares que están junto al moribundo ven luz en el momento de la defunción, como si de algún modo vieran lo mismo que aquel. Generalmente dicen que la luz es brillante y blanca, y la asocian con intensos sentimientos de amor que a veces impregnan toda la habitación. Suele emanar del cuerpo o rodearlo, y normalmente dura más que el proceso de la defunción. Puede ser luz que brilla de un modo radiante o más como glóbulos de luz «espiritual». Damos a continuación tres versiones:

> De pronto hubo una luz brillantísima que salía del pecho de mi marido, y mientras esta luz se elevaba se oía una música hermosísima y voces que cantaban, y mi pecho parecía lleno de alegría infinita y sentía que mi corazón se elevaba para reunirse con esta luz y esta música. De pronto, sentí una mano en el hombro y una enfermera dijo: «Lo siento, querida. Acaba de morir». Dejé de ver la luz y de oír la música. Me habían abandonado, y me sentí muy desconsolada. (Versión de una esposa)

> A veces he visto una luz, en un rincón, como una vela encendida, una luz dorada. No es luz eléctrica, no es ninguna luz de la residencia. Aparece en ocasiones. Desaparece cuando mueren. Se llevan su último aliento y todo vuelve a la calma y la luz se va. (Capellán de residencia)

> Cuando la madre de ella agonizaba apareció en la habitación una luz asombrosa. Toda la habitación se llenó de aquella luz asombrosa, y su madre murió. (Cuidadora espiritual de una residencia)

Mientras su hermano se moría de cáncer, una mujer contó que alrededor de él vio «chispas extrañas de luz brillante» que emanaban del moribundo y lo rodeaban. «No muchas veces, solo dos tres breves momentos». No se lo mencionó a nadie, pero luego la esposa del hermano dijo haber visto lo mismo.

Además, los cuidadores profesionales y, lo que es más importante, los familiares cuentan a veces haber visto que algo sale del cuerpo o está cerca de él, aunque por lo general solo cuando se les pregunta directamente sobre el particular. La primera vez que oí hablar de este fenómeno fue cuando un médico generalista me contó que, un día que estaba jugando al golf, vio que otro jugador sufría un ataque cardíaco. Se acercó para ver si podía ayudarlo y al acercarse vio una forma blanca que parecía elevarse del cuerpo.

Lo que se ve abandonar el cuerpo se ha descrito de distintas maneras: como un «humo», una «neblina gris», una «neblina blanca», una «forma blanca muy tenue», y por lo general sale del pecho o de la cabeza. Algunos dicen que el aire se ondula, como la calima de un espejismo. También puede ser una forma blanca casi sólida.

> Cuando murió, le salió del cuerpo y de la cabeza algo muy difícil de describir, porque fue muy inesperado y porque yo no había visto nada igual. Parecía un humo de ondas/líneas muy finas y claras («humo» no es la palabra exacta, pero no se me ocurre nada con que compararlo) y luego desapareció. Fui la única persona que lo vio. Me quedó una gran sensación de paz y consuelo.

Una mujer describió del siguiente modo lo que vio inmediatamente después de la muerte de su mejor amiga:

> [...] Gayle vino a decirnos que Annick había muerto y nos sentamos en silencio alrededor de la cama [...] lo que vi entonces fue totalmente inesperado. Encima del cuerpo de Annick se movía el aire, como esa calima que vemos en la carretera, pero arremolinándose lentamente a su alrededor.

Varias personas nos han hablado de una «brisa» o una «ráfaga de aire» en el momento de la muerte, y por lo general se interpreta o como algo entra en la habitación o como la «esencia» de la persona que fallece que se marcha definitivamente.

Entonces sentí una corriente de aire a mi alrededor y sentí real y físicamente que el viento me azotaba la cara y los brazos. Fue como si de pronto hubieran puesto en marcha un ventilador, así que miré a mi alrededor y al techo, para comprobar si era aquello. No había ningún ventilador a la vista. Poco después de esta experiencia, mi madre falleció.

Coincidencias en el momento de la muerte

Uno de los resultados de nuestra investigación más interesantes e inesperados es la serie de fenómenos que a menudo refieren los amigos o parientes de la persona fallecida. Es asombrosamente frecuente que una persona sepa de súbito que ha muerto alguien con quien está relacionada o con quien tiene una conexión sentimental estrecha y que averigüe más tarde que tuvo la certeza en el momento exacto de la muerte. En el estudio que realizamos informaron de estas percepciones aproximadamente la mitad de los cuidadores y un elevado porcentaje de los correos electrónicos que nos remitió el público en general. Un reciente análisis de 45 episodios de estas características reveló que el 99 por ciento se produjo antes de transcurrida media hora de la defunción, y el 96 por ciento en el momento exacto de la misma. En el 48 por ciento de los casos la persona que tuvo la percepción no sabía en absoluto que la otra persona se estuviera muriendo. A menudo los receptores ni siquiera saben que la persona moribunda está enferma. Así que la expectación no puede tomarse por una explicación[167].

Un hallazgo interesante es que el tipo de contacto depende del estado mental del receptor. Si está dormido, adopta la forma de sueño narrativo con contenido visual. Si está despierto, entonces suele ser una impresión muy intensa; menos frecuente es la aparición de la persona fallecida. He aquí la descripción de lo que sucedió el día en que falleció el abuelo del marido de la narradora.

---

167. Michael Nahm, «Terminal lucidity in people with mental illness and other mental disability: an overview and implications for possible explanatory models», *Journal of Near-Death Studies* 28(2) (2009), pp. 87-106.

Había vivido con ellos tres años y se le había diagnosticado cáncer de esófago.

Mi marido, que es músico, estaba fuera de casa aquella noche, trabajando. Pregunté al abuelo si le apetecía un té y respondió: «Sí, por favor», así que fui a la cocina y puse el cazo en el fuego. Mientras esperaba a que hirviera el agua, sonó el teléfono y mi marido dijo: «¿Está bien el abuelo?» Le dije que sí, que estaba perfectamente y que le estaba preparando un té. Añadió que estaba tocando la guitarra en el trabajo y tuvo la sensación de que su abuelo estaba allí con él, y acababa de bajar del escenario para telefonearme. Lo tranquilicé, asegurándole que el abuelo estaba bien, y colgué. Preparé el té y, cuando estaba a punto de llevarlo a la habitación, mi cuñado salió de ella y dijo: «Ha muerto». Había cerrado los ojos y fallecido hacía un instante.

Una explicación razonable de muchas coincidencias como esta podría ser la telepatía. Otra posibilidad es que la conciencia del difunto subsista independientemente del cerebro. Esta idea se apoya en las experiencias cercanas a la muerte durante los paros cardíacos, descritas más arriba por Pim van Loomel, en que la función cerebral se interrumpe tan radicalmente que no es posible que haya conciencia de nada, y sin embargo quienes han tenido estas experiencias hablan de abandonar el cuerpo y presenciar desde el techo su resucitación. No es por lo tanto ilógico argüir que la mente, en este estado, tiene capacidad para viajar e interaccionar con otras mentes a las que esté estrechamente vinculada.

La siguiente descripción es un ejemplo de contacto producido durante el sueño, que por lo general es más manifiesto:

Volví a dormirme y tuve un sueño de lo más vívido. Vi a mi hijo, de veintidós años, que venía andando hacia mí, con la ropa chorreando. Me hablaba, me decía que estaba muerto, pero que no debiera preocuparme ni sufrir, porque estaba perfectamente […] Cuando desperté supe horas después que se había ahogado por la noche. Estoy convencido de que se comunicó conmigo

[...] Con los años me ha consolado mucho el recuerdo de aquella visita.

Causación de fenómenos físicos a distancia

No siempre adoptan la forma de visión los acontecimientos extraños que se producen en el momento de la muerte. A menudo son mucho más prosaicos. Nos han hablado de golpes en la puerta o de telefonazos en el momento de la defunción, sin que nadie los haya efectuado. Muchos cuidadores describen episodios inexplicables, como luces que se encienden y se apagan en la habitación de una persona que acaba de morir, o de cuadros que caen de las paredes, y se nos habla de un timbre en una habitación de un difunto que misteriosamente estuvo sonando todo el día del entierro aunque no había nadie en dicha habitación. El fenómeno que se cuenta con más frecuencia se refiere a relojes, tradicionalmente relojes de péndulo largo que se detienen en el momento de la muerte. Es interesante constatar que los relojes se han modificado con las épocas, y que incluso los digitales parecen ahora tener el mismo comportamiento.

Mi padre murió a las tres y cuarto de la madrugada. A eso de las 8:30 de la mañana, en vez de llamar por teléfono a mi tío Archie, que había sido muy amigo de papá, preferí ir a verlo, para contarle lo de su fallecimiento y traerlo a casa si le apetecía. Cuando abrió la puerta me di cuenta de su angustia, y cuando iba a contarle lo ocurrido, me interrumpió y dijo que ya lo sabía [...] no lo había llamado nadie, pero me dijo que mirase el reloj de la repisa de la chimenea: estaba detenido a las 3:15, lo mismo que su reloj de pulsera, el que tenía en la mesita de noche y todos los demás relojes de la casa. Había además una pantalla *led*, creo que de una radio, que parpadeaba marcando las 3:15. Yo estaba estupefacto, pero Archie parecía a sus anchas con el fenómeno, y solo estaba consternado por haber perdido a alguien íntimo.

No se sabe cuál es la causa de estos fenómenos. No obstante, siempre cabe especular. Si adoptamos un punto de vista más amplio que la simple teoría cerebral de la conciencia, podemos aducir que la conciencia no está confinada al cerebro, sino que tiene una extensión mayor. Su abandono del cuerpo podría entonces afectar a los objetos físicos de los alrededores. Esto no es más que una especulación, pero lo indiscutible es que concebir la conciencia como una función de raíz cerebral es incompatible con los fenómenos percibidos en el momento de la muerte.

Un nuevo modelo para concebir la conciencia

¿Son «reales» estas experiencias cercanas a la muerte? Se producen con la mente despejada y, en consecuencia, no se pueden atribuir a la fiebre, ni a una insuficiencia renal o hepática, ni a un proceso orgánico del cerebro, que causarían un estado de confusión. Tampoco parecen deberse a la expectación ni a la imaginación. No hay duda de que tienen un efecto tranquilizador. Pero por mucho que insistamos, es imposible reducir los fenómenos del proceso de la muerte a una dinámica generada por el cerebro. Lo mejor que podemos decir es que son experiencias trascendentales[168].

Sir John Eccles, neurofisiólogo, filósofo y premio Nobel, concluyó lo siguiente:

> El reduccionismo científico, con ese materialismo optimista que pretende explicar definitivamente todo el mundo espiritual apelando a pautas de actividad neuronal, ha degradado el misterio humano hasta extremos increíbles. Esta convicción debería considerarse una superstición. Es necesario reconocer que somos seres espirituales con alma que existe en un mundo espiritual, y

---

168. Franklin Santana Santos y Peter Fenwick, «Death, end of life experiences, and their theoretical and clinical implications for the mind-brain relationship», en Alexander Moreira-Almeida y Franklin Santana Santos (eds.), *Exploring frontiers of the mind brain relationship: mindfulness in behavioral health*, Springer Science and Business Media, 2012, DOI 10.1007/978-1-4614-0647-1_9.

también seres materiales con cuerpo y cerebro que existen en un mundo material[169].

Para explicar los fenómenos de la muerte tal vez necesitemos un modelo completamente distinto. Pero ¿qué clase de modelo? Debería abarcar previsiones futuras, contactos a distancia, efectos paranormales locales como la detención de relojes, acceso a otra realidad y la posibilidad de alguna forma de continuidad de la conciencia.

Si preguntamos por el lugar donde están los parientes fallecidos, los moribundos nos responderán que están en el reino de la trascendencia. La pregunta entonces es: ¿dónde está ese reino? Hay muchas teorías que defienden que este mundo newtoniano/einsteiniano en que vivimos, con sus cuatro dimensiones (tres espaciales y una temporal), no describe toda la realidad. El astrofísico Bernard Carr, profesor de matemáticas y astronomía de la Universidad Queen Mary de Londres, ha sugerido que el mundo es en realidad una matriz pentadimensional y que estas experiencias conscientes se almacenan en la quinta dimensión[170].

Lisa Randall, física teórica de la Universidad de Harvard, y Raman Sundrum, teórico de física de partículas del Maryland Center for Fundamental Physics, se sirven de un modelo pentadimensional para explicar los fenómenos que encontramos en la muerte[171]. En la muerte, el aspecto tetradimensional de la realidad se transforma en la quinta dimensión. Así, al acercarnos a la muerte, los fenómenos tipo EFV son perceptibles por el cerebro tetradimensional en «ocasiones especiales» en que la quinta dimensión queda abierta hasta cierto punto, conforme las estructuras del cerebro despiertan y lo permiten. Esto explicaría además las ECM durante el paro cardíaco. David Lawton, que ha hecho estudios de las ECM, ha defendido también que la muerte es simplemente la

---

169. John C. Eccles, *Evolution of the brain: creation of the self*, Routledge, 1991, p. 241.

170. B. Carr, «A proposed new paradigm of matter, mind and spirit», *Network Review: Journal of the Scientific and Medical Network*, n.os 102 y 103 (2012).

171. Randall y Sundrum, «Four dimensional brain in a five dimensional bulk», *Physical Review Letters* 83 (1999), p. 4690.

retirada de la parte tetradimensional (con el espacio-tiempo como cuarta dimensión), dejando intacta la parte pentadimensional[172]. (Si cuesta hacerse una idea de lo que son cinco dimensiones, recordemos que la teoría de cuerdas propone una realidad de once dimensiones.)

Hay otros rasgos en la muerte que se adaptan perfectamente a una explicación pentadimensional de la realidad; por ejemplo, la alteración del tiempo que vemos en las premoniciones y las apariciones de familiares fallecidos. La luz que rodea el cuerpo y las formas que se ven abandonarlo, y que no parecen ser físicas, sugerirían que momentáneamente, en el instante de la muerte, estas energías pueden ser percibidas por personas presentes en la habitación del difunto. La alteración del espacio y la conexión entre mentes se ven en las coincidencias en el momento de la muerte, en el que el difunto establece un vínculo con alguien a quien está emocionalmente muy unido. Sin embargo, falta mucho para que podamos explicar fenómenos físicos como los fallos mecánicos o la detención de relojes.

Robert Lanza es experto en medicina regenerativa y director científico del Astellas Institute for Regenerative Medicine (antes Advanced Cell Technology). Recientemente se ha interesado por la física, la mecánica cuántica y la astrofísica, y ha ideado la nueva teoría del biocentrismo, que sugiere que la vida y la conciencia son fundamentales para el universo. La conciencia crea el universo material, y no al revés. Esta teoría supone que la conciencia no muere[173].

La gente me pregunta a menudo si creo en la vida después de la muerte. Siempre respondo que eso ya no es una cuestión de fe. La pregunta debe borrarse del campo de la fe y formularse en el campo de los hechos. Los moribundos no tienen dudas al respecto. Cuando han visto a sus visitantes junto a su lecho de muerte y han estado en la realidad alternativa, saben que serán recogidos y ayudados a

---

172. David Lawton, https://www.scimednet.org/event-speaker/david-lawton.

173. Robert Lanza, *Biocentrism: how life and consciousness are the keys to understanding the true nature of the universe*, BenBella Books, 2010. [Hay edición Española: *Bioncentrismo*, Editorial Sirio, Málaga, 2012, trad. Elsa Gómez Berástegui.]

pasar a una zona de amor y de luz. L Stafford Betty ha descrito esto como «la fusión de dos mundos»[174]:

> Si las personas moribundas hablan de un atisbo del mundo que viene o charlan con personas que no podemos ver, deberíamos considerarnos inmensamente afortunados. Si no cometemos el error de suponer que desvarían, probablemente sentiremos parte de la emoción que transmiten. Porque somos testigos de la fusión momentánea de dos mundos que durante todo el tiempo restante permanecen rigurosamente separados e inaccesibles entre sí. Esa fusión es de lo que hablo cuando me refiero a la espiritualidad de la muerte.

Edison, el gran inventor, horas antes de morir, salió de un coma, abrió los ojos, miró al techo y dijo: «Es muy hermoso estar allí».

Y más recientemente, la hermana de Steve Jobs informó de que, poco antes de morir este, miró por encima del hombro de sus familiares, inmediatamente detrás de ellos, y exclamó: «Ostras. Ostras. ¡¡OSTRAS!!»[175]

---

174. L. Stafford Betty, «Are they hallucinations or are they real? The spirituality of deathbed and near-death visions», *Omega* 53 (1-2) (2006), pp. 37-49.

175. Mona Simpson, «A sister's eulogy for Steve Jobs», *New York Times*, 30 de octubre de 2011.

TERCERA PARTE

Mensajes de mentes no-locales

Instalémonos con calma ante los hechos, como los niños, dispongámonos a renunciar a toda idea preconcebida y vayamos con humildad a los abismos a los que nos conduzca la naturaleza, de lo contrario no aprenderemos nada.

THOMAS HENRY HUXLEY

12

Mi primer «experimento personal»

Los casos de recuerdos intermedios confirmados sobre vidas anteriores, las EE auténticas y las experiencias de muerte y agonía descritas en el capítulo anterior sugieren la posibilidad de que algunos aspectos de la conciencia personal sobrevivan a la muerte física. Estos hilos, cuando se tejen juntos, forman un tapiz convincente. Sin embargo, como dice el filósofo Michael Sudduth, los argumentos en favor de la supervivencia «no pueden despegarse de la tierra firme hasta que tengamos como mínimo una teoría provisional de la supervivencia basada en una teoría más avanzada de la conciencia, teoría que debe nutrirse en parte de futuros progresos de la neurociencia cognitiva»[176]. Pim van Lommel y otros han dado lo que podríamos considerar el primer paso en esa dirección, con la teoría de la conciencia no-local, que propone que nuestra conciencia más profunda no surge del cerebro. Lo importante es que los datos obtenidos hasta la fecha se apoyan entre sí.

Para dar el siguiente paso en busca de más indicios, trabajemos con la hipótesis de que la conciencia es, básicamente, independiente de un cerebro activo. Y que, en consecuencia, podría estar capa-

---

176. Michael Sudduth, «Awakening survivalists from dogmatic slumber», *Cup of Nirvana* (blog), 28 de septiembre de 2015.

citada para sobrevivir de algún modo a la muerte. ¿Hay algún modo de probarlo con más contundencia? Porque, si fuera verdad, las personalidades incorpóreas tendrían que «existir» en una dimensión desconocida, en algún lugar, como James y Ryan dijeron haber experimentado antes de nacer en el seno de su actual familia. Van Lommel afirmó que la conciencia no-local se caracterizaba por «una interconexión que ofrece la posibilidad de comunicarse con los pensamientos y los sentimientos de otros, y con los de los amigos y los parientes fallecidos. Su raíz está en otro reino, inmaterial e invisible, que siempre está en nosotros y a nuestro alrededor»[177]. De aquí se sigue una pregunta inevitable: ¿hay indicios de que una personalidad incorpórea pueda relacionarse de algún modo con nuestro mundo físico y comunicarse con nosotros desde ese reino inmaterial?

La mediumnidad mental es una práctica en la que esa comunicación se ha puesto a prueba (más adelante veremos otras formas «más avanzadas» de mediumnidad, como el trance o la mediumnidad física). En un estado normal de conciencia, un médium mental es capaz de recibir mensajes que, según él, le llegan telepáticamente de una persona fallecida. El médium ofrece sesiones o «lecturas» a un cliente o peticionario e intenta ponerse en contacto con un comunicante fallecido que tiene alguna relación con el peticionario y recibir mensajes de él. El médium es una especie de telefonista, como una antena que llega a las conciencias no-locales y llama a una personalidad difunta que es atraída por la presencia del peticionario. El médium descifra y devuelve mensajes. El peticionario está allí para recibir la información que le incumbe a él (o a ella) a título personal y el médium (o la médium) no necesita saber qué significa la información, mientras tenga sentido para el peticionario. Los médiums auténticos pueden hacer lecturas por teléfono, sin ninguna pista visual, sin saber nada en absoluto del peticionario ni de la persona fallecida cuya comunicación busca el peticionario durante la sesión.

Las lecturas eficaces suelen seguir una pauta. Primero, el médium dice al peticionario en términos generales con quién está con-

_____

177. Van Lommel, capítulo 9 de este libro.

tactando («Es un varón de la familia de su madre»), y luego, en el supuesto de que esto tenga sentido, da muchos detalles concretos y a veces enigmáticos que solo pueden referirse a una persona. Cuando la lectura va por buen camino, por lo general la información solo la conoce la familia inmediata. El peticionario no revela nada en absoluto al médium, y se limita a confirmar si lo que oye tiene sentido o no. A veces la entidad fallecida da a conocer rasgos de su personalidad, formas suyas de hablar o cierto sentido del humor, que son reconocidos por el peticionario. Una vez que se ha suministrado suficiente información para identificar al comunicador, lo normal es transmitir mensajes personales.

Muchos lectores tal vez reaccionen a la palabra «médium» recordando las sesiones, a menudo sentimentales, que orquestaron en la televisión comercial médiums célebres como John Edward (sus lecturas de grupo en *Crossing over with John Edward* eran puro cortar y pegar) o Theresa Caputo, la de *Long Island medium*. No quiero decir que estos dos médiums no tengan facultades ni sean insinceros; me limito a comentar el contexto, ya que es posible que mucha gente no sepa más sobre el tema.

Algunas personas creen que los médiums mentales utilizan lo que se llama «lectura en frío», y tienen razón: muchos médiums emplean esas técnicas, consciente o inconscientemente. Las lecturas en frío se sirven de estratagemas y manipulaciones psicológicas para sonsacar al peticionario una información que luego se le devuelve de modo que parezca obtenida mediante poderes psíquicos. Estas técnicas se emplean a menudo en sesiones de grupo. El médium, por ejemplo, da una lista de nombres corrientes, pregunta quién está relacionado con esos «espíritus» y así empieza a tirar del hilo. También puede utilizar conjeturas con muchas probabilidades de acierto y elucubrar basándose en ellas; hacer afirmaciones vagas o generales que podrían aplicarse a cualquiera; fijarse en pistas sutiles, como expresiones faciales, formas de hablar, indumentaria, anillos; hacer preguntas, como «¿qué significa esto para ustedes?», para obtener información; dar marcha atrás si se equivoca; dar mensajes generales de los muertos; incluso estudiar a los peticionarios por adelantado, si es posible.

Estas técnicas pueden emplearse también en sesiones personales y privadas. Ahora bien, estas lecturas no son lo que aquí nos interesa, ya que no tienen nada que ver con el tema de la supervivencia. Cuando se establecen controles estrictos —como hacer la lectura por teléfono para eliminar todas las posibles pistas visuales; asegurarse de que el médium no sepa nada sobre el peticionario, ni siquiera su nombre; y no revelar ninguna información en absoluto durante la lectura— estamos ante un fenómeno del todo diferente. En estos casos el médium debe dar información detallada, concreta, enigmática, que sea exacta, mientras el peticionario está en otro lugar sin revelar nada.

La investigación sobre la mediumnidad mental revela que un pequeño porcentaje de médiums tiene capacidad auténtica para acceder a la información exacta en condiciones controladas. Sus resultados no pueden explicarse diciendo que son engaños, casualidades, lecturas en frío o simples conjeturas, porque, habiendo controles adecuados, estas explicaciones se descartan. Estos «médiums indiciarios» aportan incluso hechos exactos que son desconocidos en aquel momento por el peticionario, que podría aducir que la información es falsa o que no tiene lógica. Luego se comprueba gracias a otras personas que sabían algo que el peticionario ignoraba.

Yo era escéptica en lo referente a la mediumnidad, como muchas otras personas. Pero reconocía que era algo que podía ponerse a prueba. Decidí llevar a cabo mis propios «experimentos» personales y me puse a buscar a los mejores médiums disponibles para hacer una sesión.

Para localizarlos consulté con dos organizaciones respetables que dirigen programas de titulación para médiums. Forever Family Foundation (FFF) es una organización sin ánimo de lucro con sede en Long Island, Nueva York, que fomenta el conocimiento de las investigaciones sobre la supervivencia de la conciencia después de la muerte a la vez que ofrece apoyo a personas en duelo y somete a determinadas pruebas a los médiums para determinar su competencia, pruebas que solo pasa un pequeño porcentaje[178]. En realidad, la

---

178. Para más información, consúltese www.foreverfamilyfoundation.org.

página web afirma que la puesta a prueba «está diseñada para que solo los médiums con dotes muy especiales puedan obtener el título [...] Cada médium se enfrenta a una variedad de «peticionarios» y se emplea un complejo sistema de puntuación para determinar la exactitud de la información ofrecida por ellos. Los «peticionarios» se seleccionan rigurosamente para garantizar que los médiums no contacten con ellos previamente ni sepan nada de ninguno. Estos «peticionarios» reciben instrucciones sobre los métodos de puntuación para garantizar la integridad del programa».

Me interesaba encontrar un médium que estuviera titulado por la FFF y también por la otra organización, el Instituto Windbridge de Tucson, Arizona, una organización independiente de investigaciones científicas, fundada en 2008 para estudiar «fenómenos actualmente inexplicados por las disciplinas científicas tradicionales»[179]. El médium que quiere titularse aquí ha de someterse a una supervisión intensiva de ocho etapas y a un aprendizaje que comprende entrevistas en profundidad, pruebas psicológicas y dos lecturas telefónicas a ciegas, es decir, dos lecturas en que el peticionario ni siquiera está en el otro extremo de la comunicación telefónica.

Robert Ginsberg, fundador de FFF junto con su mujer, Phran Ginsberg, me explicó el proceso de titulación y me sugirió que me pusiera en contacto con la médium Laura Lynne Jackson. Profesora de instituto que enseña lengua inglesa y madre de tres hijos, Laura había aprobado tanto el programa de la FFF como el del Instituto Windbridge. Los exámenes de este último consistían en efectuar lecturas a ciegas en tantos niveles que podía descartarse cualquier intento de engaño, triquiñuela, lectura en frío e incluso parcialidad en la puntuación. Laura consiguió un 90 por ciento de exactitud en la puntuación de estos exámenes y un 95 por ciento en los de la primera organización, notas inusualmente altas. Tuve la suerte de conseguir una cita dos meses después de enviarle un correo electrónico, sin revelarle mi apellido. La correspondencia me la tramitó un amigo que tenía una dirección electrónica sin ninguna vinculación conmigo.

---

179. Para más información, véase Windbridge.org.

Yo sabía que la única forma de averiguar si la mediumnidad mental era auténtica consistía en entrar en su propio terreno. Las «lecturas» se describen como procesos relacionados con «energías» y conexiones. Cuanto más armoniosa e intensa sea la energía de todos los implicados, mejor será la conexión con el «otro lado» (el nombre con que los médiums designan la dimensión donde moran las conciencias no-locales después de la muerte). Así que me puse a meditar y a ponerme en una disposición mental positiva y receptiva, para optimizar las posibilidades de éxito. Yo no era persona crédula y podía mantener una atención objetiva sobre lo que sucedía. Y cada palabra, emoción y matiz de la lectura quedarían registrados en mi grabadora, de modo que después podría retroceder y analizar los resultados con objetividad. Pero para que la lectura fuera como es debido, tenía que zambullirme en la experiencia.

Para no entorpecer la lectura no repetiré engorrosos términos relativizadores como «supuesto» difunto, «presunta» comunicación, «posible» familiar, «pretendida» conexión y expresiones afines. Reconozcamos que nada de esto está demostrado, pero empleo los términos que son válidos en este contexto; lo cual no significa que haya perdido la objetividad.

Al prepararme para la lectura de Laura, me concentré en dos personas cercanas a mí que habían fallecido recientemente: mi querido amigo Budd Hopkins, estupendo pintor expresionista abstracto e investigador de ovnis, y mi hermano, Lloyd Garrison Kean. Los tuve presentes en la memoria los días previos a la lectura.

Por mediación del amigo que me había permitido usar su dirección de correo electrónico envié a Laura mi número de teléfono para que pudiera llamarme en el momento oportuno. (La verdad es que no me lo pidió, y si la hubiera llamado yo se habría quedado igual de satisfecha.) Por desgracia, no tuve en cuenta el problema que podría derivarse de que le proporcionara mi número de teléfono. Un escéptico reacio a aceptar la validez de la lectura podría especular con que Laura me buscó en Internet con este número y localizó a mi amigo Budd Hopkins. Lo considero muy improbable, porque Laura había hecho lecturas probatorias durante más de veinte años, sobre todo a personas cuyos seres queridos no podían localizarse en Internet ni mediante ninguna otra clase de búsqueda. Laura había acumulado numerosos éxitos y una reputación sobresaliente por estas lecturas, así como por haber aprobado los exámenes de titulación, y en consecuencia no tenía necesidad de fisgonear datos sobre sus peticionarios en los casos en que hubiera información accesible sobre ellos. No conocía mi apellido ni sabía que estaba preparando un libro, de modo que ¿por qué iba a molestarse en hacer averiguaciones sobre mi teléfono en la Red? No había ningún motivo por el que no tuviera que enfocar esta lectura como cualquier otra. En mi opinión, se trataba de una posibilidad inconcebible, incluso ridícula. En cualquier caso, buena parte de la información que ella daba tampoco aparecía en Internet. Sin embargo, los escépticos podrían servirse del hecho de que tenía mi número como excusa oportuna para desautorizar la lectura, y eso yo no podría impedirlo. Presento esto únicamente por obligación profesional; desde entonces, tuve ocasión de conocer a Laura y no tengo la menor duda sobre su honradez.

El caso es que me hizo una lectura asombrosa. Primero estuvo unos minutos «sintonizándome» por teléfono y luego empezó a decirme que había «irrumpido» un varón impaciente y deseoso de hablar conmigo. Me dijo que era mayor que yo, quizá doce o quince años, que había «cruzado al otro lado» hacía dos o tres años y que no habíamos estado casados. Todo apuntaba a Budd Hopkins. Mi asombro no hizo más que aumentar cuando me dio más detalles de él, nuestra amistad, su familia, su fallecimiento e incluso su nombre. Dijo: «Veo una B mayúscula, un nombre que empieza por B. Es corto, Bub o Bubba. Es una especie de apodo; además, hay otro nombre propio»[180]. («Budd» era su segundo nombre y lo utilizaba de apodo. Laura pronunciaba la «d» de modo que parecía más bien una «b».)

Pero lo que había dicho al principio, en el momento de la «llegada» de Budd, me había impresionado tanto que me había dado escalofríos. «Lo primero que quiere decirle —prosiguió la mé-

---

180. Todas las citas de las lecturas de Laura y Sandra que aparecen en este capítulo están tomadas de las grabaciones que hice durante las sesiones.

dium—, es: "Tenías razón, ¡tenías razón!"» Supe inmediatamente a qué se refería, incluso antes de que añadiera: «Creo que es que tenía usted razón a propósito del otro lado; tenía razón sobre eso». Aquellas palabras tenían un significado concreto y particular que solo yo conocía.

Budd arrastraba dos tipos de cáncer, y hacia el final de su vida, cuando aún no había ingresado en la clínica para enfermos terminales, pensé que a lo mejor le interesaba saber que había indicios que sugerían que la muerte no era el final de todo. Seleccioné cuidadosamente unos cuantos libros pesando que quizá le atraían; uno era *Old souls*, de Tom Shroder, periodista del *Washington Post* que había viajado con Ian Stevenson y lo había visto trabajar. Al igual que Stevenson, Budd era un inconformista valiente que se había expuesto al ridículo investigando los ovnis desde un punto de vista heterodoxo. Yo suponía, a causa de mi propio interés por el tema, que al menos sentiría curiosidad por echar una ojeada a los libros.

Pero cuando volví a verlo, me dijo que no los quería leer porque no creía en ningún más allá. Ya tenía suficiente con el más acá. El recuerdo de estas conversaciones me persiguió, sobre todo porque no había esperado aquella respuesta; aquel desprecio no era propio de él. Budd era normalmente un devorador de libros que se interesaba por casi todo. Me confundió aquella reserva suya, pero opté por no hacer mucho caso.

Cuando Laura dijo que había irrumpido y que lo primero que dijo fue «Tenías razón», supe inmediatamente a qué se refería. Y Laura me lo confirmó acto seguido. Como era un asunto muy personal entre Budd y yo, aquella declaración me impactó más que la lista de detalles concretos que Laura me dio a continuación con notable exactitud: que Budd había muerto de cáncer y que yo estaba con él cuando murió; que Budd tenía una hija; que una de sus mayores desgracias había sido casarse por tercera vez; que había fallecido a fines de agosto (el veinticuatro, para ser exactos); que tenía los pulmones llenos de fluido (padecía una neumonía grave), y muchas más cosas. Laura dijo que estas afirmaciones procedían del propio Budd, para demostrarme que era él. Más tarde corrigió su primera impresión y dijo que el nombre era «Buddy», y que también percibía otro nombre que empezaba por «E». La observación me pareció extraordinaria: el nombre completo de mi amigo era Elliott Budd Hopkins. Dijo que Budd había hablado de mi hermana, que vivía en Nueva York y tenía un nombre que empezaba por «L». (También era verdad; Budd la conocía.) De repente, exclamó: «Su amigo dice "¡Feliz Cumpleaños!"» Y es que daba la casualidad de que aquel día era mi cumpleaños, y eso no lo sabía Laura.

Resultaba misteriosa la firmeza con que la personalidad de Budd parecía estar presente. Dominó la lectura y quiso que todo el tiempo fuera para él. Laura dijo que percibía allí mucha vanidad, hasta el extremo de que no respetaba los deseos de la médium de que no exagerara su protagonismo. No se estaba «portando bien». A mí no me sorprendió en absoluto, y sospecho que cualquier que conociera a Budd habría sabido por qué. Se comportaba como si «todo esto fuera por mí. ¡Es un espectáculo unipersonal!», dijo Laura, y nos echamos a reír. Desde que lo conocía, le gustaba hablar de sí mismo y ser el centro de la atención. Por lo general dominaba las reuniones a las que asistía, a menudo sin escuchar ni responder a nadie, ya que prefería ser el que llevaba la voz cantante. Tenía una personalidad fuerte, brillante y a veces abrumadora. Esta cualidad impregnó la lectura, y para mí fue tan convincente como los datos que oí, aunque también fue divertido. En general, la lectura fue muy espectacular. Fue como si Budd, la persona a la que había conocido, estuviera allí en carne y hueso.

Sin decírselo a Laura, pensaba también en mi hermano, y al final le pregunté si había alguien más allí. Tras convencer a Budd de que se retirase, dijo que también estaba presente un varón por parte de padre, y entonces comprendí que era mi hermano. Laura dijo que su nombre empezaba por «J» o «G» (mi hermano solo tenía un nombre de pila, y era Garry), y que su muerte había sido inesperada, cosa que era verdad. Me habló de su muerte (fue muy rápida, como un globo que explota); que no fue un accidente, sino que se debió a una función corporal; que estaba solo, en casa, y que lo encontró otra persona; y que no estaba casado. Había dudas sobre su sexualidad, tenía episodios depresivos y no siempre veía las cosas con claridad. Todo esto era cierto, aunque yo no sabía si su muerte había sido rápida o no (pero es posible que lo fuera, y esto era tranquilizador).

Aunque carece de importancia, puedo asegurar que todo lo que había en Internet sobre mi hermano era una necrológica de tres frases aparecida en el *New York Times*. Era tan breve que, si Laura la hubiera buscado, no habría dado con ella. Si se busca en Google «muerte Leslie Kean», «necrológica Kean» o «muerte hermano Leslie Kean», no aparece nada. Nunca he hablado de mi hermano en los medios sociales.

Laura me dio a continuación detalles más concretos, como que Garry había sido el tercero en nacer y que teníamos relación con California (habíamos vivido muy cerca el uno del otro). Luego dijo que mi hermano hablaba de una foto suya en pijama, y que sonreía. Era un detalle muy enigmático, y me costó un rato entenderlo. Tengo una foto en que estoy con mis tres hermanos, que se hizo durante unas vacaciones familiares cuando éramos muy pequeños, los cuatro en fila, pegados a una pared, posando para la cámara, con una fantástica vista del océano a nuestras espaldas. Garry llevaba la parte superior del pijama en vez de camisa. Recuerdo que a nuestra madre le hizo gracia aquello y que lo comentó, y yo tenía una copia de aquella foto en un sobre, junto con otras de la infancia de mi hermano.

Laura hizo a continuación la declaración más contundente de todas, procedente de mi hermano: «Ha dicho que le dé las gracias por guardar su secreto». Me quedé estupefacta. Aquello se refería a una circunstancia privada y a temas afines relacionados con mi hermano que no sabe nadie fuera del círculo familiar inmediato, exceptuando quizás a algunos amigos íntimos. Durante años yo había guardado el secreto ante el resto de la familia, a petición de Garry, hasta que comprendí que ya no tenía por qué. Fue siempre un aspecto significativo y turbador en nuestra relación de adultos, pero también muy privado. En aquel momento tuve que admitir que aquel mensaje solo podía proceder de él.

La personalidad reservada y sensible de mi hermano se reflejaba en la multitud de matices que introducía Laura en su descripción y en la forma en que él mismo se expresaba, que contrastaba con la energía y la actitud categórica de Budd, que había sido el primero en colarse. Las dos personalidades parecían estar presentes tal como yo las había conocido. Fue una experiencia realmente maravillosa y estimulante, porque entré en ella sin resistencias y fue asombrosamente exacta.

Más tarde hice una lista de los detalles descritos por Laura, y los datos exactos sobrepasaban con diferencia a los inexactos. Laura dice que las cosas que no tenían sentido se debían a su incapacidad para interpretar bien los mensajes. «Toda esta experiencia es para mí como un juego de charadas psíquicas —me explicó luego en un correo— El otro lado siempre sabe lo que quiere que yo diga, pero a veces no lo entiendo». Puede perderse con la traducción.

Como para confirmar mis propias percepciones, Laura me dijo espontáneamente que había notado una gran diferencia entre la personalidad de Budd y la de mi hermano. «Pienso en la diferencia que hay entre quien habla a gritos y con claridad, y quien habla entre susurros [...] podría decirse que esa es la diferencia. Por ejemplo, Budd gritaba. Su hermano, el del nombre que empezaba por "G", hablaba más bien bajito y tenía que esforzarme por oírlo. Además, se comunicaba más mediante impresiones sentimentales, a diferencia de Budd, que hacía "afirmaciones" más directas. ¡La verdad es que no sé cómo funciona todo esto! ¡Pero lo encuentro muy interesante!» Su descripción coincidía con las personalidades que yo había conocido. Lo más importante fue que los dos habían revelado al menos un detalle muy personal, entre muchos otros detalles factuales, que era prácticamente imposible que Laura conociera. Ni por asomo habría imaginado que una lectura con una médium pudiera ser así, y me sentía enriquecida y sobrecogida.

A continuación quise concertar otra lectura con otra médium. Esta vez no di ningún número de teléfono ni ninguna otra seña potencialmente identificadora. Quería encontrar a alguien tan eficaz como Laura, aunque no debían conocerse ni pertenecer a la misma organización. Esto significaba que la siguiente no podía estar titulada por ninguna sociedad de Estados Unidos, y de hecho prefería que viviera en otra parte del mundo.

13

Una lectura casi perfecta

Tuve noticia de una médium de Irlanda, Sandra O'Hara, gracias a un colega que me la recomendó encarecidamente. Vivía en las afueras de Dublín, trabajaba en su casa y hacía las lecturas mediante Skype, un programa informático que permite ver a la persona con quien se habla. A diferencia del teléfono, no tiene prefijos, de modo que no hay forma de saber en qué parte del planeta está la persona que nos llama.

Adopté un nombre falso, Lesley Lay, y un amigo con este apellido me tramitó toda la correspondencia con Sandra desde su dirección electrónica. En los correos le dije a Sandra que prefería llamarla a ella a que ella me llamara a mí, de ese modo no tuve que darle ninguna dirección y en cambio ella me mandó la suya. Abrí una cuenta en PayPal a mi nombre supuesto e hice las gestiones oportunas para que cuando PayPal le notificara mis pagos no revelase mi dirección. Concertamos una lectura para abril de 2014, dos meses después de la de Laura.

Al igual que Laura, Sandra llevaba más de veinte años haciendo lecturas. Le pregunté —todo esto bajo el nombre de Lesley Lay y utilizando el otro correo electrónico— si podía llamarla por teléfono para hacer la lectura o si era mejor desactivar la transmisión de imágenes de Skype, pensando que sería más «científico» evitar las pistas visuales. Dijo que por ella de acuerdo, pero que «es más agradable poner una cara a la voz». Su disposición a usar el teléfono me

IZQUIERDA: James Leininger, con dos años, y su padre Bruce, en la época más crítica de las pesadillas. *Gentileza de la familia Leininger.*

DEBAJO: James, fascinado por los aviones de la II Guerra Mundial, en el Museo aéreo de Dallas que visitó en mayo de 2000. *Gentileza de la familia Leininger.*

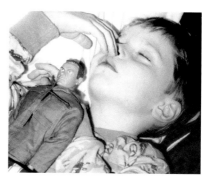

ARRIBA: Durmiendo con un soldado de juguete, uno de los tres que bautizó con los nombres de tres pilotos del *Natoma Bay* abatidos antes que James Huston. James dijo que los conoció «en el cielo». *Gentileza de la familia Leininger.*

IZQUIERDA: En la cabina que construyó en un armario, con el casco que le regaló Jack Larsen. *Gentileza de la familia Leininger.*

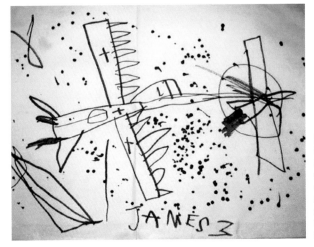

IZQUIERDA Y DEBAJO: James firmaba «James 3» sus dibujos del avión estrellado, alegando que era el tercer James. Luego, sus desconcertados padres supieron que su «personalidad anterior» era James Huston Jr., lo cual explicaba la referencia. *Gentileza de la familia Leininger.*

ABAJO: James Huston Jr. con sus hermanas Ruth y Anne en 1928. *Gentileza de la familia Leininger.*

ARRIBA: James conoció a la hermana de Huston, Anne Barron, en 2004. Ann dijo que James recordaba muchos detalles exactos sobre la infancia de ambos, incluso secretos de familia. *Gentileza de la familia Leininger.*

DERECHA: La foto de Huston con un Corsair que Anne mandó a Bruce. James había dicho siempre que Huston pilotaba un Corsair, pero esta fue la primera demostración. *Gentileza de la familia Leininger.*

IZQUIERDA: Los recuerdos de James Leininger coincidían con detalles de la vida y la muerte de Huston, que murió en 1945. *Gentileza de la familia Leininger.*

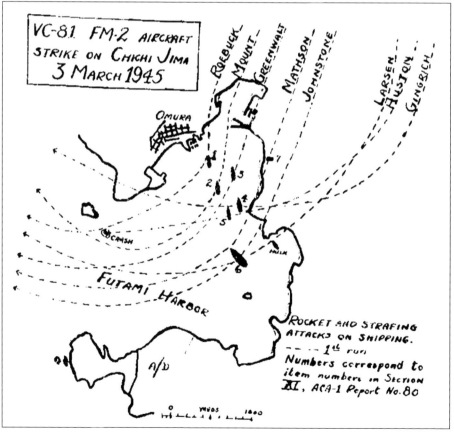

ARRIBA: Dibujo con la trayectoria de vuelo de Huston y Jack Larsen, y el lugar donde se estrelló Huston, según el Informe de las Misiones Aéreas del escuadrón VC-81. *Aircraft Action Report. Gentileza de la familia Leininger.*

ARRIBA: El doctor Ian Stevenson, psiquiatra de la Universidad de Virginia y pionero en la investigación de los casos de niños con recuerdos de vidas anteriores, analizando un caso en Birmania. *Gentileza de la Division of Perceptual Studies (DOPS), Universidad de Virginia.*

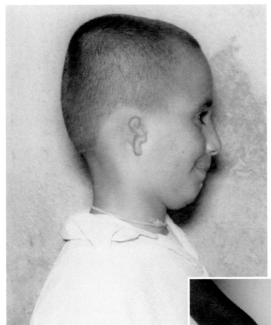

IZQUIERDA: El atrofiado lado derecho de la cabeza de Semih Tutuşmuş con la oreja defectuosa bien visible. Tenía recuerdos de una vida anterior, en la que fue asesinado de un escopetazo en la cabeza. *Gentileza de la DOPS.*

DERECHA: Lekh Pal Jatav contó que había sido un chico que había perdido los dedos de la mano derecha en una máquina trituradora. Nació con la izquierda totalmente normal, pero solo con muñones de dedos en la derecha. *Gentileza de la DOPS.*

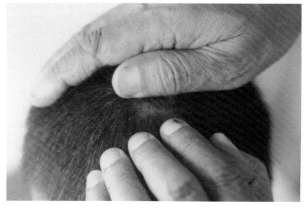

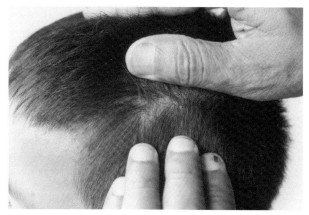

IZQUIERDA Dos marcas de nacimiento en la cabeza de Chanai Choomalaiwong, una redonda y pequeña en la parte posterior (ARRIBA) y otra irregular por encima de la sien (ABAJO). A los tres años dijo haber recibido disparos en una vida anterior. Junto con otros detalles, dio el nombre de la personalidad anterior, que Stevenson averiguó que había recibido un disparo que le dejó un agujero de entrada en la parte posterior, menor que el agujero irregular de salida que le quedó en la parte cercana a la frente. *Gentileza de la DOPS.*

ARRIBA: Ryan Hammons con su padre, Kevin, en el edificio de la antigua Agencia Marty Martyn de Los Ángeles. Ryan reconoció el edificio, además de la casa de Marty. *Gentileza de la familia Hammons.*

ARRIBA: Ryan Hammons. Según sus recuerdos, había salido en películas de Hollywood y llevaba gafas «de agente», papeles que solía interpretar cuando jugaba. *Gentileza de la familia Hammons.*

ARRIBA: Ryan, con cinco años, señaló al hombre del extremo de la derecha de esta foto y dijo: «¡Mamá, ese soy yo, ese es George [George Raft, segundo por la izquierda] e hicimos una película juntos!» *Gentileza de Universal Studios Licensing, LLC.*

IZQUIERDA: Cyndi Hammons con Ryan durante su visita a Hollywood, cuando el niño tenía cinco años. *Gentileza de la familia Hammons.*

DERECHA: Una investigadora localizó esta foto del oscuro actor Marty Martyn que solucionó el caso. *Gentileza de Universal Studios Licensing, LLC.*

IZQUIERDA: Ryan dijo que recordaba haber bailado en escena con su hermana durante su vida anterior. En la foto vemos a Marty Martyn actuando con su hermana, Florence Maslow, bailarina profesional de cabaret. *Gentileza de Marisa Martyn Rosemblatt.*

ABAJO: Como dijo Ryan, Marty tuvo muchas esposas y amantes. *Gentileza de Marisa Martyn Rosenblatt.*

IZQUIERDA: Marty con su hija, que tenía ocho años al morir él. La familia Hammons y el doctor Jim Tucker la conocieron en Los Ángeles y corroboró muchos recuerdos de Ryan sobre su padre. *Gentileza de Marisa Martyn Rosenblatt.*

ARRIBA: El Centro Médico Harborview de Seattle, Washington, en el que la asistenta social Kimberly Sharp localizó el zapato de tenis en el alféizar, a petición de su paciente María. Es tan grande e inaccesible que Kimberly no pudo verlo desde fuera. *Gentileza de Kimberly Clark Sharp.*

ABAJO: En 1991, Pam Reynolds dijo haber abandonado su cuerpo durante una peligrosa operación para extirparle un aneurisma encefálico. Sin actividad cerebral ni cardíaca, tuvo una experiencia extracorpórea y otra cercana a la muerte, ambas auténticas, que sugieren que la conciencia puede existir independientemente del cuerpo. *Copyright© Daniel Drasin.*

dio confianza en el sentido de que no necesitaba ver al peticionario, así que decidí no alterar el método a que estaba acostumbrada. Ninguna expresión facial podía transmitir el detallismo con que habló Laura, y esto era lo que yo quería.

Muchos médiums, sin excluir a Laura, dicen que «nuestros seres queridos del otro lado» oyen nuestros pensamientos; que están con nosotros y reciben mensajes mentales nuestros. La información que se transmite en las lecturas a menudo parece confirmarlo, porque responde a pensamientos que se tienen. Yo quería poner a prueba esas suposiciones no demostradas... o, al menos, jugar con la idea. Así que una semana antes de mi segunda lectura envié muy seriamente a Budd y a mi hermano los siguientes pensamientos:

> Por favor, ¿querríais venir otra vez con Sandra? ¿Diréis a Sandra exactamente lo mismo que le dijisteis a Laura? Si estuvisteis realmente con Laura, volved y demostradme que es verdad repitiendo algo que dijisteis antes. Así lo sabré.

Yo no pensaba en nada concreto. No sabía si aquellos dos se presentarían otra vez, y no digamos repetir algo que habían dicho con anterioridad. A mí me parecía muy improbable, pero me dije: ¿por qué no intentarlo?, así que me convencí lo suficiente para pedirlo con toda sinceridad.

Por reiterar lo que ya se ha dicho: lo único que Sandra sabía era que alguien llamado Lesley Lay la llamaría en cierto momento. No tenía número telefónico, no tenía dirección electrónica, ni dirección postal, ni un nombre o apellido verdaderos que pudieran relacionarse conmigo. El amigo que me tramitaba la correspondencia tenía un apellido español corriente. Sandra no tenía ninguna pista sobre mí. Imaginaos lo que es intuir o conjeturar información muy concreta basándose en un nombre inventado.

Cuando la llamé, charlamos un poco y me pareció persona práctica, cordial, simpática y con mucho sentido del humor. Puse en marcha la grabadora y empezó la lectura. Dijo que había dos varones. Bien, ¿ellos otra vez? Pero aguarda..., a continuación dijo que había una mujer que ella creía que era mi madre (ah, ah, mi madre estaba viva y coleando...), y luego alguien llamado William que me elogiaba por mi trabajo (ni idea de quién podía ser...), así que empecé a pensar que por allí no íbamos a ninguna parte. Pero entonces... empezó a resultarme conocido. Sandra dijo que había un varón mayor que yo, fallecido hacía tres o cuatro años, y que era un amigo, no un familiar. Entonces se precipitó todo.

El estilo de Sandra era diferente del de Laura, menos descriptivo, pero escueto, e iba al grano. Transmitía los mensajes como si aparecieran de pronto en su cabeza, por lo que la lectura parecía una lista de puntos a tratar. Al igual que Laura, me preguntaba si el dato tenía sentido, y yo me limitaba a responder sí o no, procurando no revelarle nada. (En ningún momento me pidió información.)

He aquí los mensajes que recibió de aquel hombre mayor que yo. El texto entre paréntesis explica en qué sentido se relacionaban con Budd, aunque Sandra no supo nada de esto durante la lectura.

1) Murió de cáncer.
   (*Murió de complicaciones derivadas de tener dos tipos de cáncer.*)
2) Había otra mujer importante en su vida.
   (*Tenía una hija a la que estaba muy unido.*)
3) Cuando murió, yo y otra mujer importante para él estuvimos a su lado.
   (*Su hija y yo.*)
4) La palabra «April» tenía importancia para él.
   (*La segunda esposa de Budd, madre de su hija, se llamaba April.*)
5) Era artista: «Veo cuadros y un pincel en su mano».
   (*Budd era un pintor reconocido con obras en museos importantes. Era su vocación principal: lo de los ovnis llegó después.*)
6) Nos había unido el trabajo: teníamos una pasión en común.
   (*Conocí a Budd en una conferencia sobre ovnis y luego coincidimos en Nueva York para comentar un caso suyo que me interesaba. Investigaba los ovnis desde hacía veinte años y yo llevaba cuatro informando sobre ellos.*)

7) Su conexión es «gente estelar».

    (Budd se interesaba por personas que afirmaban haber te-nido encuentros con extraterrestres —«gente estelar»— y el tra-bajo nos puso en contacto.)

8) En la película *E. T.* de Spielberg, la escena en que E. T. se-ñala al niño y dice: «Elliott... Elliott», con aquella voz tan graciosa.

    (Budd se relacionaba con personas que afirmaban haber contactado con extraterrestres (Extra-Terrestres, E. T.). Más significativo era lo de «Elliott», que era el verdadero nombre de pila de Budd y que también se escribía con dos tes. La cria-tura extraterrestre de la película señala y pronuncia el nom-bre. Fue un doble tanto.)

9) Murió poco después de un aniversario decimal.

    (Budd falleció dos meses después de cumplir ochenta años.)

10) Era neoyorquino.

    (Llevaba viviendo en Nueva York desde los años cincuenta.)

11) Cuando murió hubo un problema con la propiedad y está disgustado.

    (La hija quiso vender la casa urbana en que Budd había vivido durante cincuenta años y tenía serios problemas con el copropietario, que no quería venderla.)

12) Usted (Leslie) está detrás de la cámara y delante de ella, por asuntos de trabajo.

    (El mes que murió Budd se emitió en History Channel un documental de dos horas, basado en mi libro sobre los ovnis, *y en el que yo fui productora de campo: detrás de la cámara. También fui entrevistada ante las cámaras con vistas al mismo documental.)*

13) Un martillo y un cincel: él hace algo.

    (Budd también era escultor.)

14) Tenía más de una mujer y estaba muy solicitado: se trataba de algo más que coqueteos.

    (Budd estuvo casado tres veces y tuvo muchas aventuras.)

15) Yo era su mejor amiga.

    (Me lo dijo muchas veces.)

16) Tuvo un descendiente.

(Tuvo una hija; ningún hijastro. Habría sido una buena conjetura, puesto que Sandra había establecido ya que en su vida había otra mujer importante.)

17) El cántico «Amazing Grace» es significativo a propósito de un nombre.

(La hija de Budd se llama Grace.)

18) Oigo «Bubby».

(El nombre «Budd».)

19) El cuadro *Noche estrellada* de van Gogh.

(Van Gogh era mi pintor favorito. Íbamos a dos museos de Nueva York para ver esta pintura y otras.)

Apenas podía creérmelo. ¿De dónde salía toda aquella información tan exacta? Sandra no sabía de mí nada en absoluto, ni siquiera mi nombre. Pero allí estaba la apoteosis: Sandra me dijo que Budd había exclamado: «Tienes razón, ¡tienes razón!» Y luego añadió: «Pruebas..., se acerca algo tangible». ¡Era aquello! La repetición de lo que había dicho a Laura, ¡lo que yo le había pedido! En mi opinión, el «algo tangible» era mi libro. Me dejó completamente de una pieza.

En un momento posterior de la lectura pedí que se adelantara el otro varón que había estado presente al principio. («A Elliott le gusta ser el centro del escenario y no deja de intervenir», explicó Sandra riendo, lo mismo que Laura.) Momentos después, el otro varón se adelantó y Sandra dijo:

1) Era un hermano.

2) Su muerte fue inesperada; hubo una conmoción.

(Las dos cosas son ciertas.)

3) Fue muy rápido, cuestión de un minuto.

(Esto no lo sé, pero Laura había dicho lo mismo.)

4) Hubo dos entierros o servicios.

(Esparcimos dos veces sus cenizas en el océano en dos lugares muy distantes entre sí.)

5) Estaba angustiado, encerrado, en cierto modo.

(Esto es exacto; apenas veía a su familia.)

6) «Huelo a alcohol»: él u otra persona eran alcohólicos.
(*Diana: murió de alcoholismo.*)

Y entonces ocurrió. Otra vez, lo mismo que con Budd... Sandra dijo que la palabra «secretos» salía de mi hermano: una repetición de lo dicho a través de Laura, tal como yo había pedido. Me lo había dicho por mediación de Laura: «Gracias por guardar mi secreto».

Espero que se entienda que era imposible adivinar estos detalles concretos. La exactitud de esta lectura estaba por encima de la media. En todas las lecturas hay siempre equivocaciones o declaraciones poco claras; la pregunta es cuántas y cuánta concreción hay en las acertadas. Sandra sobresalió en ambas magnitudes. Dio más de treinta detalles exactos en nuestra lectura, relativamente breve, sin siquiera saber mi nombre. Algunos versaron sobre familiares o sobre mí; también estos fueron exactos. Por utilizar dos de los métodos de puntuación empleados por la FFF, su exactitud estuvo entre el 85 y el 90 por ciento.

Debo repetir que estaba estupefacta porque las dos «personalidades» hubieran repetido lo que ya habían dicho a través de Laura, tal como les había pedido mentalmente, como si hubieran recibido mis mensajes y me hubieran complacido. Con Laura, Budd dijo «Tenías razón» dos veces, con fuerza y énfasis. Y es notable que con Sandra dijera asimismo «Tenías razón» dos veces, con convicción y con la misma fuerza. Mi hermano me dio las gracias por guardar su secreto y la segunda vez, por mediación de Sandra, empleó la palabra «secretos». En los dos casos los mensajes fueron misteriosos, además de muy personales y significativos para mí, y entre los muchos detalles de la lectura de Laura, los que menos conocían los demás. Esto significa que si quisieron elegir algo probatorio, *no pudieron haber elegido un mensaje mejor*. En los dos casos, las médiums dijeron que Budd era contundente y claro, mientras que mi hermano hablaba como retraído y era de comprensión más difícil, como si las dos personalidades, con idénticas características, hubieran aparecido en las dos sesiones. Las dos veces Budd apareció el primero y quiso monopolizar el escenario. A semejanza de Laura, Sandra se rió de su conducta dominante y dijo que aquello era bastante insólito. «Hoy la función era suya —dijo— Venía a decir: ¡aquí estoy! ¡El micrófono es mío!» Laura describió su comportamiento casi con las mismas palabras. Mi hermano, en cambio, estaba más callado, hablaba más bajo, y se comunicaba con más dificultades, como en la vida real, y en ambas lecturas apareció hacia el final. Creo que todos convendrán conmigo en que estas semejanzas son significativas. Cualquiera que haya tenido sesiones con médiums mentales sabrá que tanta exactitud es muy infrecuente, sobre todo en dos ocasiones seguidas.

¿Significa esto que en ambas ocasiones estuvieron presentes las mismas entidades no-locales que antaño habían estado vivas? Se diría que sí. Las semejanzas fueron demasiado concretas para haber sido casuales. ¿O es que Sandra me leía la mente y se enteró de lo que se había dicho en la sesión anterior para satisfacer la repetición requerida? Es posible, como defiende la hipótesis psi de agente vivo, que ambas médiums se sirvieran de la telepatía para obtener la información de mi mente, y por eso ambas lecturas resultaron iguales, porque la fuente de información era yo y no las dos personalidades incorpóreas. Pero también tendría lógica que las dos excelentes médiums comunicaran la misma información porque las dos personalidades fallecidas estuvieron presentes las dos veces, al margen de que yo lo pidiera o no.

Me pregunté si la referencia al secreto sería normal en una lectura; al fin y al cabo, los hermanos suelen compartir y guardar secretos. Pregunté a Laura si se hacía a menudo la referencia en cuestión; ¿cuántas sesiones había hecho en las que se había dado las gracias al peticionario por haber guardado un secreto? «He hecho miles de sesiones y yo diría que lo he oído en otro par de ocasiones —respondió—. A lo sumo. No es algo que suela decir en una lectura».

En agosto de 2015 me encontraba en el norte de Inglaterra para llevar a cabo cierta investigación. Una médium británica llamada Sandy Ingham fue de visita a la casa de un amigo común en la que me hospedaba. No nos conocíamos de nada y mi anfitrión no le había dicho que había perdido un hermano. Sin planificar nada, Sandy, sentada en el sofá con otros amigos que escuchaban, se puso a hacerme una lectura informal. Pusieron en marcha una grabadora. Sandy dijo al principio que allí había alguien que no era un anciano y que había fallecido muy rápido; había «consumido drogas o estaba sedado»; tenía los ojos castaños y en su nombre figuraban las letras «O» y «D». Todo esto encajaba en la descripción de mi hermano Lloyd. Proseguimos, y Sandy afirmó que tenía el mismo nombre que su abuelo y otro familiar que también había fallecido. Yo estaba impresionada. (Mi hermano tenía los dos primeros nombres de su abuelo y de un tío que había muerto hacía poco.) Pero Sandy transmitió además unos mensajes largos que parecían muy generales y luego muchos otros sin el menor sentido, y el escepticismo empezó a vencerme. De repente, Sandy se me acercó, se puso la mano en la boca y me dijo casi al oído: «Has guardado mi secreto». Me quedé de piedra. Le pregunté: «¿Ha dicho que he guardado su secreto?» Respondió: «Sí, pero de un modo muy privado y para que no lo oyera nadie más»[181]. El secreto era algo de lo que se avergonzaba; no era para que lo oyeran los demás.

¿Tres veces? Por mediación de tres médiums que no habían hablado entre sí se me decía: «Gracias por guardar mi secreto»…, la palabra «secretos»…, «has guardado mi secreto», y todo al parecer llegaba de la misma fuente. Nadie podrá negar la claridad del mensaje. ¿Estaba allí mi hermano, cumpliendo un papel en cada ocasión, satisfaciendo por tercera vez mi deseo de que repitiera el mensaje?

Tras mucho meditar, entiendo que es igualmente probable que las médiums utilizaran sus facultades telepáticas para sacarme la información a mí y no a dos seres incorpóreos. Para aceptar la interpretación supervivencialista tenemos que hacer muchas suposiciones, como ya dije en la Introducción, si queremos que el edificio se sostenga. Como dice Stephen Braude, no hay que perder de vista las necesidades y los intereses que podrían mover a agentes vivos a rastrear psíquicamente una información que luego puede comprobarse normalmente […] ¿De quién serían las necesidades conscientes o inconscientes que se satisfarían con la aparición de indicios que

---

181. La sesión se grabó; reproduzco, pues, frases exactas.

sugiriesen supervivencia?»[182] En última instancia, no hay forma científicamente viable de resolver en la mediumnidad mental el debate LAP (hipótesis psi de agente vivo) contra supervivencia.

Así que volvemos al elemento de las impresiones y los significados, quizá demasiado sutiles para expresarse, que no son discutibles racionalmente. Me faltan palabras para describir con exactitud lo siniestro y a la vez estimulante que resultaba estar sentada con una completa desconocida, que no sabía absolutamente nada de una, y que transmitía de pronto un chorro de información misteriosa, rasgos de personalidad y mensajes significativos que parecían llegar de alguien que había estado vivo alguna vez. Entiendo ahora lo beneficioso que puede ser esta experiencia para las personas que están de duelo. No tuve dificultades en identificar la individualidad de aquellos dos hombres tan diferentes, y el carácter dominante de Budd en las dos sesiones tenía una lógica aplastante para mí. Una lista de detalles acertados no hace justicia a lo que se siente en ese momento; parece bordear lo milagroso..., siempre que no creamos en la hipótesis LAP. Las lecturas sugieren la posibilidad de la supervivencia *post mortem* con una inmediatez descarada y gozosa.

Tuve otras sesiones con otras dos médiums tituladas por dos organizaciones, pero no se acercaron a los resultados de Laura y Sandra. En comparación con estas hubo muchos datos equivocados o no comprobables, y gran parte de la información fue demasiado general para ser probatoria. Robert Ginsberg, de Forever Family Foundation, dice que la asombrosa puntuación que alcanzaron las lecturas de Laura y Sandra me «acostumbraron mal». No hay muchos médiums capaces de conseguir tanto. «Diez años de observación de los médiums me invita a creer que solo entre el 10 y el 15 por ciento de los médiums son probatorios —me dijo Ginsberg por correo electrónico—. Y eso ya es mucho»[183].

182. Stephen E. Braude, «The possibility of mediumship: philosophical considerations», en Rock, *The survival hypothesis*, p. 30.

183. Robert Ginsberg, comunicación personal, 6 de agosto de 2015.

14

Investigación sobre la mediumnidad mental

Por Julie Beischel, doctora en farmacología

El Instituto Windbridge, en el que se realizan investigaciones sobre fenómenos actualmente inexplicados por las disciplinas científicas tradicionales, somete a los médiums a controles rigurosos para ponerlos a prueba. Se interesa sobre todo por la investigación práctica, y su objetivo es crear y distribuir información, servicios y tecnologías que permitan a las personas llegar al máximo de su potencial. El Instituto Windbridge se dedica no solo a expedir certificados de idoneidad a los médiums, sino también a estudiar su capacidad con los programas de control más estrictos. Pedí a Julie Beischel, cofundadora y directora de investigaciones, que describiera los procedimientos que emplea y explicara lo que estos revelan sobre la mediumnidad mental y la supuesta comunicación con entes incorpóreos.

Julie se doctoró en farmacología y toxicología por la Universidad de Arizona en 2003. Tras una lectura probatoria que tuvo con un médium a raíz del suicidio de su madre, abandonó un lucrativo futuro en la industria farmacéutica para dedicarse a la investigación científica de los médiums. Es docente en la Facultad de Psicología e Investigación Interdisciplinar de la Universidad Saybrook y autora de Investigating mediums: A Windbridge Institute collection *(2015).*

Aunque desde los años veinte del siglo pasado ha habido pocas investigaciones sobre la mediumnidad, a principios del siglo actual un puñado de investigadores se puso a estudiar diversos aspectos de los fenómenos de la mediumnidad mental. Por ejemplo, se ha investigado (y se sigue investigando) la psicología de los médiums y se ha averiguado que gozan de buena salud mental, están socialmente adaptados y son productivos[184]. Entre los investigadores que han realizado experimentos y dan constancia estadística de la capacidad de los médiums para aportar información exacta y concreta sobre las personas fallecidas en condiciones controladas hay que citar a Tricia Robertson y Archie Roy, de Escocia; a Gary Schwartz y colegas de la Universidad de Arizona; a Emily Kelly y Dianne Arcangel de la Universidad de Virginia; y a mi propio equipo de investigación, del Instituto Windbridge. Que yo sepa, mi equipo es el único de los cuatro citados que sigue realizando investigaciones con médiums.

Dado que la ciencia es un instrumento para obtener conocimientos nuevos y no una serie de creencias o hechos grabados en piedra, puede emplearse para analizar cualquier fenómeno, y quienes tienen la formación idónea en diseño metodológico (como yo) pueden aplicarla para responder a un amplio espectro de preguntas.

Yo había visto médiums en televisión e incluso hice una sesión probatoria por mi cuenta, y oía opiniones contundentes en los dos bandos (desde «¡La mediumnidad es un don espiritual de Dios!» hasta «¡Los médiums son unos estafadores y unos impostores!»). Así pues, quise aplicar el método científico al fenómeno de la mediumnidad mental y llegar a alguna clase de conclusión objetiva. Para atacar de raíz el asunto de la investigación —¿pueden los médiums dar información exacta y concreta sobre los difuntos?— eran necesarios dos factores en el diseño experimental: un entorno de investigación óptimo y controles máximos.

Si cuando analizamos un fenómeno no nos atenemos a las circunstancias del mundo real, no habrá análisis de ninguna clase. De-

---

184. Alexander Moreira-Almeda y su equipo estudiaron a una serie de médiums espiritistas en Brasil; Elizabeth Roxburgh y Chris Roe han realizado estudios con médiums espiritistas en el Reino Unido.

bemos reproducir sus condiciones naturales en el laboratorio, de lo contrario no estaremos estudiando realmente la mediumnidad. Esto ha sucedido repetidas veces cuando los investigadores que creen que los médiums *deben* ser capaces de llevar a cabo un cometido han querido ponerlos a prueba. ¿Podrían dos médiums comunicarse con el mismo difunto al mismo tiempo? ¿Podría un médium obtener el número que saldrá premiado en la lotería? ¿Podrá decir un médium el momento exacto en que moriremos?

Estas preguntas no son pertinentes. Al margen de lo que crean ciertas personas sobre la capacidad de los médiums, ninguno de estos hechos refleja la mediumnidad tal como existe en la realidad ni se atiene a las afirmaciones de la mayoría de los médiums reales. El objeto de la mediumnidad mental es transmitir mensajes de los seres incorpóreos a los peticionarios; hasta aquí es hasta donde puede llegar la información de la mayoría de los médiums. Pedirles que hagan algo más deja de ser una indagación científicamente válida del fenómeno de la mediumnidad. El símil que me gusta utilizar es que el «estudio» de la mediumnidad en que el entorno no está optimizado para que se produzca mediumnidad viene a ser como poner una semilla encima de una mesa y protestar diciendo que la semilla es una engañifa porque no germina. Si puede germinar en tierra con agua y luz solar, debería germinar en la mesa. ¿Entendido?

Un entorno óptimo de investigación exige asimismo un personal idóneo. En las investigaciones del Instituto Windbridge, los participantes se preseleccionan para saber si son capaces de dar información exacta en condiciones normales, antes de pasar a los estudios reales de control.

En el entorno investigador no puede haber experimentadores o peticionarios que odien de manera manifiesta a los médiums y esperar encima que el entorno propicie el fenómeno. En una lectura del mundo real, la gente que participa quiere estar allí y está abierta a la posibilidad de que se produzca la comunicación. De modo que tendremos que conservar la imparcialidad de los peticionarios y experimentadores como parte del experimento mientras no demostremos que no es un factor necesario para que haya mediumnidad. Y aunque no podemos preguntar directamente a los incorpóreos por su disposición a participar, sí podemos preguntar a sus seres queridos vivos (los peticionarios) si creen que los incorpóreos estarían dispuestos. En términos generales, cuando diseñamos un experimento, seleccionamos cuidadosamente las cuatro clases de personas implicadas: experimentadores, médiums, peticionarios e incorpóreos.

Es asimismo una idea importante que no conviene olvidar en lo referente a las lecturas que se hagan fuera del laboratorio, en las que intervienen tres clases de personas: los médiums, los peticionarios y los incorpóreos. Así, si una lectura sale bien, eso quiere decir que el médium hizo bien su trabajo. Sin embargo, si una lectura falla, los responsables podrían ser factores relacionados con cualquiera de las personas implicadas. El médium podría no ser un buen médium o ser un buen médium que tiene un mal día. O bien el incorpóreo podría no estar en vena comunicativa; o estar ocupado aquel día; o sentir alguna clase de antipatía por el médium; o bien el peticionario podría no estar preparado para oír al incorpóreo; o tener miedo de todo el asunto, etc. Es importante recordar que por lo menos hay tres personas presentes y el médium es solo una de ellas. No es justo creer que el «éxito» depende solo de él. Esto es particularmente cierto si el peticionario tiene expectativas ilusorias sobre el funcionamiento de una mediumnidad que a lo mejor solo conoce por la televisión, donde los programas se trucan a conciencia.

El segundo factor decisivo en el diseño del estudio ideal de la mediumnidad es el empleo de controles máximos. Esto supone, por lo general, que los participantes y experimentadores no tengan acceso a ciertas informaciones. Es como la prueba clínica de doble ciego, en que el paciente que toma la medicación y el médico que comprueba su evolución tienen los ojos vendados y no saben si se ha ingerido el medicamento real o un placebo. En nuestro dispositivo experimental, tenemos que vigilar todas las fuentes normales y sensibles de las que el médium podría obtener información y otras explicaciones «habituales» de los resultados positivos, a fin de descartar engaños, indicaciones o señas encubiertas del experimentador, lecturas en frío y la tendenciosidad de los calificadores (veremos esto más abajo).

En realidad, utilizamos un protocolo «de quíntuple ciego»: el médium, el peticionario y tres investigadores tienen vedado el acceso a diferentes informaciones. Las lecturas tienen lugar por teléfono y solo están a la escucha un experimentador (yo) y un médium situado en otra ciudad. El peticionario de la prueba sabe que se está haciendo la lectura, pero ignora qué médium la realiza y no la oye en tiempo real. El médium y yo solo conocemos el nombre de pila de un incorpóreo, que me ha remitido por correo electrónico un ayudante y que yo comunico al médium al comienzo de la lectura. (Ya os oigo decir: «¿Y cómo encuentra el médium al Pepito o Juanito concretos?» Bueno, él ya sabe por experiencia que es Pepito o Juanito quien lo encontrará a él. El peticionario ha solicitado que Pepito o Juanito participen en la lectura y el médium confía en que la persona con quien contacta —a menudo antes incluso de que se inicie la lectura— sea la que se busca.)

Puesto que lo único que el médium y yo sabemos del incorpóreo es el nombre de pila, y lo ignoramos todo sobre el peticionario, su relación, etc., esto impide el engaño por parte del médium, que no puede buscar en Internet ningún nombre o teléfono para obtener información sobre el peticionario. El médium no conoce el sexo del peticionario, ni su edad, ni dónde se encuentra. Este ocultamiento impide además que el experimentador (yo) le pueda dar pistas intencionada o inadvertidamente. Y no puedo dar ninguna información al médium porque no sé nada del incorpóreo ni del peticionario.

Este protocolo impide asimismo presentar la lectura en frío como explicación de los resultados positivos. Durante una lectura en frío, el médium poco escrupuloso se sirve de pistas visuales (lágrimas, dilatación de pupila, movimientos de inquietud) o auditivas (jadeos, exclamaciones ahogadas, sollozos), así como de la información real que da el peticionario, para apañar lo que presentará a este como una lectura acertada, cuando en realidad solo será fruto de su excelente capacidad de observación y su habilidad para presentar vestida de otro modo la misma información que ha dado el propio peticionario. Por ejemplo, el médium podría preguntar: «¿El nombre empieza por "J" o por "L"?, y si la peticionaria dice: "¡Sí! Mi padre se llamaba Louis», el médium ya tiene tela que cortar sobre la relación padre-hija. Para evitar lecturas en frío en sesiones privadas normales, los peticionarios deben responder a las preguntas de los médiums con la mínima información imprescindible: sí, no, quizás, algo así, «No lo sé».

Otra forma de leer en frío consiste en dar información tan general que puede referirse a cualquiera o a lo que la mayoría de la gente quiere oír. Por ejemplo, el médium podría decir cosas como «Usted echa mucho de menos a su madre», «Ella dice que usted tiene mucho sentido del humor» o «En el fondo es usted una persona muy intuitiva».

Como el médium no tiene acceso al peticionario durante nuestras lecturas de investigación y en mi condición de *peticionaria delegada* o *por poderes* no sé absolutamente nada del incorpóreo, el médium no puede hacer ninguna lectura en frío. Además, pedimos información concreta sobre el incorpóreo. Tras haber proporcionado el nombre de pila del incorpóreo (y el género asociado, si no lo revela el nombre), el médium responde entonces a preguntas concretas sobre el incorpóreo: personalidad, físico, aficiones o intereses, causas de su muerte y si tiene mensajes para el peticionario ausente.

En las investigaciones que hacemos en el Instituto Windbridge, cada médium hace dos lecturas de dos incorpóreos del mismo sexo (dos mujeres o dos hombres) y luego cada peticionario puntúa cada una de las dos lecturas sin saber cuál es cuál. Pongamos por ejemplo que un médium hace una lectura de mi difunto padre y otra del difunto hermano de usted. A mí me darían las dos lecturas para que puntuara la relativa a mi padre y a usted le darían también las dos para que puntuase la relativa a su hermano. Como ni usted ni yo oímos las lecturas cuando se produjeron, no sabríamos cuál se refiere a mi padre y cuál a su hermano. Al ocultar a los peticionarios la referencia de las lecturas, el protocolo impide la *tendenciosidad del calificador*. Cuando un peticionario puntúa una lectura, si sabe que es para él, puede tener tendencia a calificar como exactos más detalles, porque quiere que los detalles reflejen la comunicación con el difunto que ha perdido. «Cegando» a los peticionarios para que no sepan quién es el destinatario de la lectura, esta se juzga con más ecuanimidad.

Los peticionarios puntúan según tres modalidades de calificación: dan un punto a cada detalle acertado en la lista de afirmaciones, dan a cada lectura una puntuación general y deciden cuál de las dos lecturas creen que se ajusta a su incorpóreo.

Los peticionarios son las únicas personas que saben lo necesario y suficiente para puntuar debidamente los detalles que describen a los incorpóreos y/o sus mensajes. Usted podría decirme todo lo que recuerda sobre su incorpóreo, pero cabe la posibilidad de que eso no me permita «reconocerlo» aunque un médium lo describa con exactitud. Por eso no ponemos a disposición del público las transcripciones de las lecturas (que vendría a ser como hacer públicos los análisis de sangre de las personas). Una lectura es una conversación privada entre dos personas y, aparte de la que hizo la petición, ninguna otra está cualificada para determinar si la información es «suficientemente válida» basándose en ideas preconcebidas sobre cómo *debería* funcionar la mediumnidad. Es como si alguien escuchara una conversación telefónica entre dos cónyuges y luego se arrogara el derecho de decir quién ama más a quién. El objetivo de una lectura es transmitir mensajes de un incorpóreo a un peticionario. ¿Cómo podría yo decidir si se ha consumado la comunicación con el incorpóreo leyendo una lista de afirmaciones que se refieren a alguien a quien no conozco?

Durante el análisis, comparamos las puntuaciones que los peticionarios «cegados» dieron a sus propias lecturas (lecturas *de objeto real*; cómo puntuó usted su lectura y cómo puntué yo la mía) con los puntos que dieron a las lecturas de otros peticionarios (lecturas *señuelo*; cómo puntuó usted mi lectura y cómo puntué yo la suya). No buscamos un umbral de éxito; simplemente, comparamos los puntos de las lecturas de objeto real con los puntos de las lecturas señuelo.

Analizando las tres modalidades de calificación, podemos comparar estadísticamente las puntuaciones de objeto real y las de señuelo. Por ejemplo, pueden estudiarse los datos sobre la elección de lectura; las probabilidades de que un peticionario elija su propia lectura por casualidad son cincuenta/cincuenta. Así, es fácil comprobar si los peticionarios eligen su propia lectura en más ocasiones de las que se esperaría por casualidad (esta comprobación estadística se llama test binomial de probabilidades). Comparar las puntuaciones de los detalles es un poco más complicado (estos análisis comportan comparaciones por pares de promedios), pero sigue el mismo principio.

Comparando las puntuaciones de objetivo real y de señuelo se resuelve mejor el tema de la generalidad de las afirmaciones. Si un médium da básicamente información que puede aplicarse a cualquiera, los peticionarios puntuarán más o menos del mismo modo las lecturas de objetivo real y las de señuelo, y no veremos ninguna diferencia estadística. Así pues, el protocolo que empleamos comprueba tanto la exactitud como la concreción de las afirmaciones que hacen los médiums. Sin embargo, como las personas son diferentes entre sí hasta cierto punto, hemos hallado que en una lectura dada puede ser generalmente aplicable alrededor del 25 por ciento de las afirmaciones.

En marzo de 2015 publicamos en *EXPLORE: Journal of Science and Healing* (una revista que encarga a expertos en un tema la evaluación de los artículos que publica) un artículo que detallaba los resultados de un estudio de cincuenta ocho lecturas realizadas entre 2009 y 2013 por veinte médiums titulados. (Alrededor del 25 por ciento de los médiums que pasaron por nuestro extensivo y especializado curso de titulación en ocho etapas no superó las pruebas.) Los peticionarios que participaron en el estudio fueron elegidos al azar entre una masa nacional de voluntarios.

Las cincuenta y ocho lecturas tuvieron lugar por teléfono, utilizando el protocolo «de quíntuple ciego» descrito más arriba. Los resultados, estadísticamente muy significativos, pusieron de manifiesto que los peticionarios puntuaron como exactos más detalles en sus propias lecturas (lecturas de objeto real) que en las lecturas destinadas a otros (lecturas señuelo), sirviéndose de dos métodos de análisis. Los peticionarios dieron también una puntuación global más alta a las lecturas de objeto real que a las de señuelo. Además, una proporción de peticionarios estadísticamente significativa señaló acertadamente la lectura de objeto real en vez de la de señuelo cuando hubo que elegir entre las dos que puntuaron.

Por añadidura, este estudio prolongaba y repetía el éxito de un estudio anterior, publicado en la misma revista en 2007. En el campo científico, nada ocurre realmente hasta que ocurre dos veces.

Pero dejémonos de palabras. ¿Qué significa todo esto?

Estos datos exactos y estadísticamente significativos (es decir, verdaderos y probatorios), obtenidos de un total de setenta y cuatro lecturas de médiums realizadas en condiciones de quíntuple ciego que eliminaban toda posibilidad de engaño, comunicación de pistas, tendenciosidad calificadora y lecturas en frío, revelan que los médiums dan información exacta y concreta sobre seres incorpóreos, sin saber previamente nada de ellos ni de los peticionarios, y sin ninguna clase de *feedback* sensorial. En otras palabras, hay médiums que tienen una capacidad inexplicada (por la ciencia materialista actual) para decir verdades acerca de los difuntos que no tendrían por qué saber.

Pero, como ya se ha dicho antes en este libro, aunque los datos estadísticamente significativos ejemplifican la comunicación de información exacta sobre los difuntos en condiciones controladas, no dicen *de dónde* llega la información. Al controlar las fuentes sensoriales y normales de las que los médiums podrían obtener la información, solo podemos decir de dónde *no* llega. No es lectura en frío ni otras explicaciones relacionadas con los cinco sentidos. Luego, tiene que ser una fuente no-local de base psi. Hay dos posibilidades: la capacidad psi que ha sobrevivido (el incorpóreo) y lo que en el Instituto Windbridge llamamos «psi somático» (la capacidad psi del médium, llamada también «psi de agente vivo»). Ninguno de los dos puede ser demostrado ni descalificado como explicación del origen de la información del médium, y el contenido de la lectura no ayuda a decidir cuál de las dos teorías es más convincente.

Los investigadores de la mediumnidad han tropezado una y otra vez con este exasperante obstáculo, y es una de las razones por las que la mayoría ha dejado de analizar el fenómeno. En el Instituto

Windbridge nos fijamos además en la fenomenología —el estudio de las experiencias—, dado que los médiums dicen que son capaces de diferenciar fácilmente si el factor responsable de la información que reciben es el psi superviviente o el psi somático. Cuando pedimos a los médiums del Instituto que describieran la diferencia entre las dos fuentes, dado que una «lectura de mediumnidad» es aquella en que dicen que interviene el psi superviviente, un médium afirmó: «Una lectura psíquica es como la lectura de un libro [...] una lectura de mediumnidad es como ver una obra de teatro. Otros médiums señalaron:

> En una lectura de mediumnidad, siento como si alguien hablara *conmigo*. Cuando hay lectura psíquica, es información *sobre* otra persona.

> Cuando hay información psíquica, tengo que «forzar la vista» interior, como para ver algo que está lejos. Cuando hago mediumnidad no fuerzo nada. Me limito a recibir.

> En la mediumnidad conozco gente distinta todo el tiempo. La información psíquica es aburrida.

> Es muy distinto. En uno es como si escuchara a otra persona, y en lo otro es como si me mirase en el espejo.

> Cuando empieza lo de la mediumnidad o cuando entran en la habitación siento un hormigueo o una presión en la cabeza. En una lectura psíquica no siento nada de eso.

En un reciente estudio cuantitativo (para adquirir datos numéricos), dimos a los médiums nombres de pila de personas vivas y otros de personas muertas. Ni ellos ni yo sabíamos nada de esto mientras se hacían las lecturas. *Los médiums, sin embargo, supieron decir con precisión quién estaba vivo y quién estaba muerto* en una cantidad de casos estadísticamente importante. Este conocimiento se obtuvo mediante una lectura por nombre.

Tras cada lectura, los médiums rellenaban un cuestionario que nos permitía determinar la intensidad de cada una de las veintiséis dimensiones de sus experiencias (por ejemplo, alegría, tristeza, viveza de la imaginería mental, alteraciones en la experiencia del tiempo). Las lecturas de los muertos y de los vivos proporcionaba a los médiums la misma experiencia en esos parámetros, con una excepción significativa: el amor.

Los médiums experimentaban más amor durante las lecturas en que el nombre pertenecía a una persona fallecida. La referencia al amor que comparten el incorpóreo y el peticionario es un elemento común en una lectura de mediumnidad, o sea que tenía sentido. El detalle realmente interesante, sin embargo, es que esta diferencia experiencial se daba incluso cuando el médium no sabía si una lectura dada era con un vivo o un difunto. *En la información que transmitía el médium había algo que creaba una experiencia afectiva.*

Parece que el amor es un componente fundamental de la experiencia del médium en la vida real. Una médium del Instituto Windbridge señaló que en las lecturas de mediumnidad, en comparación con las psíquicas:

> hay algo más que un sentimiento afectivo. Cuando conecto con alguien del otro lado, todo es grandioso y alegre. Es como si ya no supiera quién soy. Me pierdo. Mi identidad desaparece […] soy parte del universo; soy parte de la energía del amor […] Leer psíquicamente es muy distinto. Soy más consciente de mí misma. Es más realista. Hace que me sienta sola.

En un estudio en el que controlamos la actividad cerebral de seis médiums del Instituto con un electroencefalógrafo, encontramos diferencias en cuatro actividades que acometieron los médiums: recordación (pensar en una persona viva que se conoce), percepción (escuchar mientras leo información sobre una persona), inventiva (inventarse una persona y pensar en ella) y comunicación (comunicarse con una persona difunta a la que se conoce). Llegamos a la conclusión de que «la experiencia de comunicarse con los difuntos podría ser un estado mental muy claro que no es compatible con la actividad cerebral que se tiene mientras se ejercita el pensamiento corriente o la imaginación»[185].

En conjunto, los datos de los modernos experimentos en mediumnidad y las conclusiones que se sacan de la abultada masa de investigaciones de la capacidad psi en general apoyan un modelo de conciencia no-local (diferente de la concepción materialista) que sigue existiendo después de la muerte del cuerpo.

---

185. Arnaud Delorme, Julie Beischel, Leena Michel, Mark Boccuzzi, Dean Radin y Paul J. Mills, «Electrocortical activity associated with subjective communication with the deceased», *Frontiers in Psychology* (2013), 834:8.

15

¿Cómo lo hacen?

Como señala Julie Beischel, estudiar la fenomenología de la mediumnidad es una forma de aprender al menos unas claves que ayudan a diferenciar entre la capacidad psi de agente vivo y la capacidad psi superviviente, así que entrevisté a Sandra O'Hara alrededor de un año después de la sesión que tuve con ella. Me habló desde su casa de las afueras de Dublín, donde vive con su hija adolescente[186]. Sandra trabaja en casa con un horario que se articula bien con su papel de madre. Aunque sus clientes la localizan solo por el boca a boca, tiene una agenda repleta de compromisos para hacer lecturas a personas de todo el mundo. Una vez que la llamé, acababa de hacer una lectura a una persona de Rusia, con ayuda de un intérprete.

Sandra me contó que nunca sintió el deseo de ser médium ni tuvo que aprender nada, ya que todo le ocurrió de manera natural. «Estoy tan acostumbrada a lo que hago que para mí es como una segunda naturaleza. No sé cómo lo hago, yo lo hago y punto. Es un procedimiento que está conmigo desde que tenía cuatro años, y nunca lo he cuestionado realmente», dice. Cuando era pequeña creía que todo el mundo veía espíritus y tenía «clariaudiencia», como ella. Ninguno de sus tres hermanos tenía sus mismas dotes, y

---

186. Todas las citas de Sandra proceden de esta entrevista y de los correos electrónicos que intercambiamos en 2015.

poco a poco se dio cuenta de que era una capacidad exclusivamente suya. Cuenta que sus padres no lo comentaron mucho con ella ni le hicieron muchas preguntas; básicamente, estaba sola con este aspecto excepcional de su vida.

Durante la adolescencia ya estaba harta de ser diferente, y sabía controlar sus dotes, como quien cierra una puerta. «Les decía: "No quiero veros", y dejaban de aparecer», explica. Fue a la universidad y estudió empresariales y criminología. Se casó a los veintitrés años y se puso a trabajar en una fábrica de BMW, y la gente se ponía a hablar con ella y a hacerle preguntas sobre sus dotes. Se le acercaba gente que conocía y al final incluso la policía misma, para que la ayudara a resolver casos de personas desaparecidas. Poco a poco abrió otra vez la puerta y sus dotes de médium se perfeccionaron. Seis años después renunció a su empleo para dedicarse a hacer lecturas todo el tiempo, y las ha venido haciendo durante veintitrés años (escribo esto en 2016).

Son muchas las personas que le formulan la pregunta que le planteé a Sandra: si hay difuntos que hablan desde otra dimensión, ¿por qué se concentran en banalidades durante las lecturas en vez de hacernos revelaciones profundas sobre la naturaleza de la vida y la muerte? Ante todo, me dijo, la médium tiene que recibir suficientes detalles comprobables sobre el comunicante para convencer al peticionario de la identidad del ser querido que está en el otro lado. Los mensajes que se reciban carecerán de valor si el peticionario no está seguro de la identidad de la persona que los envía. La finalidad de las lecturas parece que es, simplemente, dar a entender que la persona ha sobrevivido y esto es lo que normalmente buscan los peticionarios. «La mayor parte de nuestra vida está hecha de banalidades —me dijo Sandra por correo electrónico—. No se entrometen. No tratan de cambiar nuestra vida. Lo único que quieren es que sepamos que la vida continúa». Dijo que se manifiestan con la personalidad que tenían en vida para que los peticionarios puedan reconocerlos.

La gente también pregunta a menudo por qué los comunicantes incorpóreos no se limitan a dar de buenas a primeras una serie de detalles concretos en vez de ponerse en plan indirecto o simbólico.

Como ya me había dicho Laura, Sandra me explicó que la conexión con el Espíritu es un poco como jugar a las charadas. «Creo que tiene que ver con la frecuencia, como las frecuencias de la radio, y para mí no siempre es posible sintonizar bien la emisora. Así que recibo una serie de palabras, de imágenes o de sonidos y luego lo traduzco en mensajes para el peticionario. Creo que el Espíritu sabe lo que quiere decir, y como intérprete acepto la responsabilidad de no captar siempre las cosas como es debido.» (Como recordarán los lectores, Laura también dijo, cuando se lo pregunté, que las comunicaciones defectuosas eran responsabilidad suya.)

Pero yo quería saber más sobre el asunto que tiene más importancia para la hipótesis supervivencialista, así que le hice la misma pregunta que le planteé a Julie Beischel: cómo distingue la información obtenida psíquicamente de fuentes terrenales de las que recibe de un incorpóreo. Si un psi de agente vivo engaña a sus usuarios y les hace creer que están hablando con personas muertas cuando en realidad no es así, un médium no tiene entonces ninguna forma de diferenciar las dos modalidades durante las lecturas. Sandra dijo que a veces sucede de ese modo, que todo se mezcla cuando se concentra en una lectura, y no tiene ningún motivo para preocuparse por diferenciarlas porque lo importante es la información destinada al peticionario. Pero añadió que en ocasiones hay una clara diferencia:

> Cuando llega la energía del Espíritu es como una brisa, una vibración que entra en la habitación y es exterior a mí. Mi energía psíquica siente una especie de calor en la frente o en otras partes del cuerpo. La vibración llega unas veces antes que la lectura y otras incluso se impacienta, esperando a que empiece la lectura. Entonces se queda todo el tiempo.

Pero ¿cómo sabe ella que esta «vibración» es un comunicante incorpóreo?

> Sé que procede del Espíritu por las energías que entran, la información que me transmiten, las sensaciones que percibo. Los detalles de una muerte entran de un modo muy concreto y me tocan

realmente, y no creo que pudiera sintonizarlos psíquicamente y tener las sensaciones al mismo tiempo. No podría captarlo de esta forma. Puedo decir definitivamente que es una fuente externa. Totalmente.

Me he reunido personalmente con Laura Lynne Jackson en varias ocasiones y en contextos diferentes, por ejemplo, para comer en mi casa y sostener una larga conversación. También he sido testigo de sus lecturas espectaculares en una sesión de grupo sobre cuyos componentes no sabía nada. Autora de un superventas, *The light between us*, de 2016[187], Laura es totalmente sincera, inteligente, brillante, y está innegablemente dotada. Tiene una radiante y marcada disposición, aunque también sabe ser cálida y encantadoramente humilde.

A semejanza de Sandra, Laura creció con una capacidad natural que se manifestaba sobre todo en su excepcional percepción de la energía de las personas y una PES seguramente innata. Sabía de antemano cuándo iban a producirse hechos perturbadores, como la muerte de un amigo en la catástrofe aérea del vuelo 800 de la TWA en 1996, que la afectó profundamente porque no pudo hacer nada para impedir aquel horror. Con el tiempo se dio cuenta de que podía ser útil a las personas haciéndoles lecturas, utilizando su capacidad psi para obtener información sin necesidad de recurrir a fuentes incorpóreas, una información sobre esas personas que recibía «como cuando te viene una idea a la cabeza»[188]. Era psíquica profesional, no médium.

Pero cuando tenía veintitrés años todo cambió de repente. Durante una de sus habituales lecturas sintió que la penetraba una energía nueva como «un portal totalmente distinto que se abriera» y dejara pasar una «fuerte e imperiosa presencia». No lo comprendía. «Oí un nombre. ¿Quién era? ¿Qué estaba ocurriendo? No lo sabía. Entonces dejé que irrumpiera lo que estaba oyendo

---

187. Laura Lynne Jackson, *The light between us: stories from heaven. Lessons for the living*, Spiegel & Grau, 2016.

188. Ibid., p. 65.

y viendo»[189]. Oyó un nombre, Chris, y dijo a su peticionario, Paul, que estaba presente alguien con ese nombre. Estaba asombrada de la concreción e intimidad con que le llegaban los detalles de Chris, eran mayoritariamente sobre la novia de Paul y no sobre Paul, lo que la confundió aún más. Al final, Paul le dijo que todos los detalles eran exactos y que Chris era el anterior novio de su novia. La novia de Paul había estado en el coche con el que Chris se había matado en un accidente. Chris felicitaba a Paul por la relación que tenía con su exnovia.

Laura no había experimentado hasta entonces nada parecido. Era muy distinto de las lecturas psíquicas que practicaba habitualmente utilizando la capacidad LAP, que no implicaba ningún contacto con «gente muerta» del otro lado. Así que cuando Paul le confirmó que todo era exacto, sufrió una conmoción:

Sentí un escalofrío en todo el cuerpo. ¿Qué me estaba diciendo Paul? ¿Que Chris me hablaba desde el más allá? ¿Que yo oía a un muerto con la misma claridad como si estuviera en mi casa? Me sentí apabullada. Empezaba a comprender mi capacidad como psíquica [...] pero nunca había pensado en la posibilidad de que también fuera médium, alguien capaz de comunicarse con el otro lado. Y sin embargo, en aquella lectura recibí detalles claros y concretos de alguien ya fallecido. No necesitaba andar hurgando por ahí ni sacar nada a la fuerza: simplemente, salía, como el agua por un grifo abierto[190].

Para Laura fue un momento decisivo. «Me preguntaba cómo iban a ser mis lecturas en lo sucesivo, ahora que podía conectarme con personas que habían muerto. Lo que aún no entendía del todo era que yo no era responsable solo de transmitir información del otro lado. También era responsable de *interpretarla*»[191].

Esto indica que Laura podía —y aún puede— conocer claramente la diferencia entre las lecturas psíquicas y aquellas otras en que se

---

189. Ibid.
190. Ibid., p. 66.
191. Ibid., p. 67.

comunicaba con entidades del más allá. El hecho de que su empleo de la capacidad psi superviviente viniera después sugiere que estas comunicaciones pueden ser más inusuales o más difíciles que la simple información psíquica. Al principio, cuenta Laura, era como aprender un idioma extranjero y tenía que precisar qué significaban determinados símbolos que empleaba continuamente en sus lecturas[192]. Parecería lógico afirmar que nadie podría saberlo mejor que los médiums que son capaces de diferenciar entre el empleo de uno y otro tipo de capacidad psi. ¿Tiene algún sentido argüir que Laura se engaña a sí misma, a pesar de que la capacidad apareció tarde y la diferencia está tan clara para ella como la noche del día?

Laura inventó un protocolo interior «que me permitía pasar de una capacidad a otra sin confundirme [...] Di con un método que me conectaba con los difuntos de un modo mucho más eficaz»[193]. En realidad, las dos capacidades psi no se mezclan en una lectura. Me lo describió de este modo en 2015:

> Cuando leo, tengo una pantalla interior, algo así como una super-pantalla de televisión, y la divido en dos partes, la izquierda y la derecha. Empiezo la lectura por la izquierda, que es por donde entra la información psíquica. La derecha es por donde entra la mediumnidad. Me siento atraída hacia ese lado cuando veo que entra en la pantalla un punto de luz. Ese lado lo tengo dividido en tres secciones: la superior es para la rama materna de la familia del peticionario, la inferior es para la rama paterna y la del centro para los amigos, los colegas, los parientes secundarios, etc. Cuando me conecto, los de la derecha de la pantalla me muestran imágenes, fragmentos de película, hacen que sienta cosas, que oiga cosas, etc., y todo para transmitirme información. No conozco a ningún otro médium que tenga una pantalla interior dividida en una parte izquierda para la información psíquica y una parte derecha para la información de mediumnidad[194].

---

192. Ibid., p. 85.

193. Ibid., pp. 85-86.

194. Laura Jackson, comunicación personal por correo electrónico, 17 de julio de 2015.

El psicólogo Jeff Tarrant es doctor en orientación psicológica y profesor adjunto en la Universidad de Misuri[195]. En 2013 empezó a mapear el cerebro de los psíquicos y los médiums titulados mientras hacían lecturas. Los médiums, de manera sistemática, presentaban una actividad inusual de ondas cerebrales que en ocasiones contenían «importantes aumentos de velocidad en la parte posterior de la cabeza; es decir, las zonas del cerebro asociadas a la función visual», según la página web de Tarrant. Naturalmente, estos datos no demuestran que haya comunicación con los muertos, pero «sugieren con mucha fuerza que los médiums entran en un estado de conciencia muy distinto cuando están absortos en su labor. No da la impresión de que finjan, sino de que está ocurriendo algo interesante», escribe[196].

Tarrant midió dos veces la actividad cerebral de Laura. Luego decidió ir más allá en el estudio de Laura, comparando sus encefalogramas durante una lectura psíquica —es decir, cuando empleaba su propia capacidad psi de agente vivo— con los obtenidos durante una lectura de mediumnidad, es decir, cuando empleaba la capacidad psi superviviente. En otras palabras, quería ver si lo que Laura consideraba dos tipos de capacidad psi se reflejaba de modo diferente en su cerebro. Esto daría una prueba concreta de que se activaban dos procesos distintos. Tarrant, en efecto, descubrió cambios importantes en la zona cerebral relacionada con la vista. Afirma:

> Un área del cerebro se activa cuando recibe información de mediumnidad: la otra área se activa cuando hace lecturas psíquicas. Casualmente —o no—, Laura asegura que ve información psíquica en su campo visual izquierdo y que ve información de mediumnidad en su campo visual derecho. En realidad, es eso exactamente lo que vemos en estas imágenes cerebrales. Así pues, parece que se confirma lo que Laura informa según su experiencia»[197].

---

195. Para más información sobre Jeff Tarrant, véase drjefftarrant.com. Las citas de su página web están en esta dirección.

196. Jeff Tarrant, «The mind of the médium: The art and science of pshychic mediumship» (artículo de su blog), 8 de noviembre de 2014.

197. Jeff Tarrant, de un vídeo en el que explica su estudio sobre el cerebro de Laura, disponible en la página web de Laura. Véase lauralynnejackson.com/dr-tarrant/.

El hecho de que Laura se sirva de dos procesos, según muestran los cambios producidos en su cerebro, que se corresponden con lo que desde siempre ha descrito como operaciones de sus dos pantallas interiores apoya con firmeza su afirmación de que los procesos son distintos. Esta confirmación revela que no solo es consciente de sus procesos interiores, sino también que dice la verdad. Si los dos tipos de lectura dependieran del uso de su capacidad psi de agente vivo, lo lógico sería que tanto las lecturas psíquicas como las de mediumnidad se registraran en el *mismo* lugar del cerebro.

De todos modos, esto no demuestra que la diferencia entre los dos estados cerebrales se deba a que en uno se establezcan comunicaciones con los muertos. Pero se puede argumentar que el estudio de Tarrant apoya por lo menos la hipótesis supervivencialista.

En conjunto, los datos señalan que es totalmente aceptable —incluso lógico— pensar que el trabajo de los médiums auténticos es un indicio de supervivencia. Aunque yo creo que solo puede hacerse una evaluación auténtica cuando se ha experimentado personalmente una lectura eficaz con un médium dotado; en esos casos, la perspectiva y las suposiciones de cada cual se convierten en componentes ineludibles y cada persona saca sus propias conclusiones. De lo contrario estamos haciendo ejercicios puramente intelectuales y mirando el fenómeno desde el exterior: como leer a qué sabe una manzana en vez de darle un mordisco.

16

Encontrar a George

A veces, los médiums consiguen información que no sabe nadie más en todo el planeta, lo que refuerza aún más la interpretación supervivencialista. El problema que plantea esta clase de información es que es difícil comprobarla. Yo he descubierto un caso así, que me pareció particularmente atractivo pero también asombrosamente complejo. Mientras estaba en el Reino Unido, en 2015, entrevisté a Mark Lewis, un director ejecutivo de Basilica Marketing, que ofrece soluciones de marketing a los centros comerciales de Inglaterra. Había tenido una experiencia extraordinaria con un médium que documentó tomando notas detalladas. La intención de Mark, que era muy escéptico, era averiguar lo que le había sucedido a una persona que había fallecido hacía muchos años, pero a la que no conocía. Tenía importantes motivos, así que no tuvo inconveniente en dar una oportunidad a la mediumnidad. Dado que lo tenía todo muy claro, que era inteligente y que su enfoque era objetivo, confié plenamente en él como fuente de información para lo que voy a contar.

«Durante muchos años —relató—, había tenido la sensación de que había cerca de mí alguien a quien no conocía»[198]. Por motivos

198. Toda la información y las citas de este capítulo proceden de comunicaciones personales (sobre todo por correo electrónico) de Mark Lewis entre agosto y diciembre de 2015, y de un informe escrito que me hizo llegar acerca de sus lecturas con Sandy Ingham. Toda la información sobre las lecturas me fue confirmada por la propia Sandy.

que no acababa de explicarse, sabía que esta sensación tenía que ver con George Draper, el hermano menor de su abuelo. Mark no llegó a conocer a George, pero su abuelo, Walter Draper, que falleció en 1980, le había contado anécdotas de cuando George era joven y decía que los dos se parecían. Mark nunca olvidó esta observación. «Sentía una profunda afinidad con esta persona —me confesó—, y andando el tiempo empecé a creer que había algo más que debía averiguarse y que sería importante para mí».

Mark descubrió muy poco sobre George. Había muerto muy joven durante la Primera Guerra Mundial. Según documentos oficiales, había caído en Francia el 16 de julio de 1916. Se le había dado por perdido y lo único que constaba de él era su nombre grabado en el Monumento a los Soldados Desaparecidos en Thiepval, lo que significaba que no se había recuperado su cadáver y que, en consecuencia, no había recibido sepultura. Unos años antes de su lectura, Mark había conseguido el diario del Royal Warwickshire Regiment, en el que había combatido George, correspondiente al mes de julio de 1916. Allí se hablaba de un combate entablado en las afueras de un pueblo llamado Pozières el 15 de julio, la víspera del día en que George fue dado por desaparecido o muerto. Pozières se encuentra a unos tres kilómetros de Thiepval.

Esto era todo lo que Mark y el resto del mundo sabían sobre George Draper.

Había muchos cementerios británicos en la zona, entre ellos el de Pozières, pero como George había sido considerado desaparecido, Mark y su familia no se habían interesado por ninguno. Las tumbas tenían nombres individuales o decían que el enterrado era desconocido, así que no podían aportar ninguna pista sobre George.

Mark hizo una lectura telefónica con la médium británica Sandy Ingham (la misma que después susurraría «Has guardado mi secreto» durante aquella lectura espontánea conmigo) durante la primavera de 2013, porque su esposa se la había recomendado encarecidamente. Sandy no sabía nada del abuelo ni del tío abuelo de Mark, y Mark no reveló el motivo de la lectura.

Sandy empezó hablando de la madre de Mark, y de pronto dijo que había alguien con ella cuyo nombre empezaba por «W», luego dijo que se llamaba «Wal» y, finalmente, «Walter». Mark se quedó helado, porque casi todo el mundo llamaba «Wal» a su abuelo, para abreviar. Sandy dijo a continuación que estaba con alguien llamado George, que se estaba introduciendo con mucha fuerza. ¡Cuánto debió de impresionar aquello a Mark! Sandy dijo que era un militar con uniforme, pero que en vez de gorro llevaba «un gracioso sombrerito en un lado de la cabeza». Efectivamente, en la única foto que tenía Mark, George aparecía con un gorro cilíndrico, más chato que el de los marineros, y caído sobre un lado de la cabeza.

Sandy dijo además que George era el hermano favorito del abuelo de Mark, que había sido una especie de padre espiritual de este y que estaban conectados de ese modo. Añadió que George había muerto en la guerra, que fue víctima de los gases y que el número 19 era importante. Contó que «veía» un campo con filas de cruces blancas. Sandy dijo entonces: «No entiendo lo que voy a decirle, pero George está cerca de mí y dice "G22, G22, G22" una y otra vez, y no puedo impedir que lo repita, pero me dice que es muy importante y que usted sabrá lo que significa». Según Mark, Sandy estaba nerviosa porque no sabía por qué le repetía aquello tan aprisa. Dijo además que G22 era «una de las cuatro», pero tampoco esta vez supo la médium qué significaba aquello.

Al final, Sandy dijo que George había fallecido el mismo día del aniversario de boda de Mark. Mark no lo confirmó ni lo negó. La fecha era el 19 de julio, que coincidía con el «19» pronunciado antes, y el mes era exacto. En realidad, aunque los documentos militares decían que había fallecido el 16, no había habido ningún combate aquel día, pero sí el día anterior. No era improbable que hubiera resultado herido el quince y muerto poco después. De ser así, cabía la posibilidad de que hubiera muerto el 19 de julio, como decía Sandy.

Mark comprendió lo que significaba «G22». Por investigaciones que había hecho años antes, sin ninguna relación con George, sabía que los archivos de los cementerios británicos designaban las filas con una letra y las tumbas con un número. Pero ¿en qué cementerio estaba? A fin de cuentas, si George había sido dado por desaparecido, no podía estar enterrado en ningún cementerio de guerra.

Hay centenares de cementerios británicos, franceses y alemanes en los campos donde se libró la batalla del Somme. Y hay millares de tumbas de soldados identificados y de restos sin identificar de los caídos en acción o muertos a consecuencia de las heridas. Después de las lecturas, Mark consultó la página web de la Commonwealth War Graves Commision y miró el cementerio británico de Pozières, porque fue allí donde combatió la unidad de George la víspera del día en que se le dio por desaparecido. Había enterrados allí 2.760 hombres, en 1.382 tumbas anónimas. Mark consiguió un plano del cementerio y vio que había cuatro grandes secciones, cada una de las cuales tenía una tumba señalada como G22. Aquello coincidía con las palabras de Sandy, que G22 era «una de las cuatro». Siguió indagando y averiguó que las tumbas G22 de las secciones una, dos y cuatro tenían nombre. La única posibilidad que quedaba era la tumba G22 de la sección tres. No dejó de asombrarlo el descubrir que en los alrededores estaban los caídos el 15 de julio de 1916.

Mark se enteró además de que el cementerio se había construido donde había estado el principal hospital de campaña durante la guerra, y los que murieron a consecuencia de las heridas fueron enterrados allí junto con las bajas del frente.

Aunque coincidían las referencias al 15 de julio y había cuatro secciones, como había dicho Sandy, Mark no tenía forma de saber quién estaba enterrado en la anónima tumba G22 de la sección tres. Así que en noviembre de 2014 volvió a ponerse en contacto con Sandy, esta vez en persona, para averiguar si podía enterarse de más cosas. No le contó nada sobre sus hallazgos a propósito de G22.

Estuvieron charlando, y Sandy exclamó de pronto: «¡Ah, Walter está aquí!» Miró a Mark y dijo: «Usted ha venido por la tumba». Mark le contó que necesitaba detalles más concretos. Sacó una copia del tosco plano del cementerio, que había impreso tras bajárselo de Internet, y le preguntó si podía señalar en él un área concreta que pudiera ser significativa. El plano no mostraba más que rectángulos en blanco que representaban grupos de tumbas y no consignaba ningún número perteneciente a ninguna. Sin mirarlo siquiera, Sandy le dijo que lo pusiera boca abajo en la mesa, de tal modo que no se viera el trazado del cementerio. Utilizó un colgante de cristal a modo de antena, tocó un punto concreto del papel y lo marcó. Cuando dieron la vuelta al plano, la marca correspondía a la tumba G22 de la sección tres.

Sandy había sido coherente, pero ¿cómo podía estar Mark seguro de que era allí donde se encontraba George? Al final de la lectura, Sandy dijo que George le decía algo más: que estaba cerca de «Albert». Pronunció este nombre en primer lugar, pero luego dijo que era... «Albertone», o «Alberone», o algo parecido. Aquello no significaba nada para Mark.

Cuando volvió a casa, Mark entró una vez más en la página web de la Comisión de las Tumbas de los Caídos y en la lista de las 1.378 tumbas anónimas del cementerio. Tras investigar en la amplia base de datos, encontró la tumba G21 a la izquierda de la anónima G22 de la sección tres. Allí yacía el soldado G. W. Albone, tal como había dicho Sandy.

Mark no recordaba haberse fijado en las lápidas que flanqueaban la tumba G22 al consultar la base de datos. «Este hecho no hacía sino confirmar que Sandy podía obtener información que yo desconocía hasta entonces», informa Mark. Ahora estaba convencido de que su tío abuelo George estaba enterrado en aquella fosa de Pozières. Él y su familia visitaron emocionados la tumba en agosto de 2014.

Mark hizo una tercera lectura con Sandy sin decirle nada de su viaje a Francia. Sandy mencionó a George, dijo que su abuelo Walter estaba allí y que dijo: «Fuiste y lo encontraste». Añadió que Mark había ido al lugar exacto y que George había estado presente cuando Mark estuvo junto a la tumba.

Mark estaba convencido de que su información se debía a Walter y a George. A través de Sandy habían transmitido muchos detalles que el médium no había podido conocer, por ejemplo, sus nombres. Más importantes habían sido la insistente repetición de «G22» en la primera lectura telefónica, que Sandy no había entendido, y la afirmación secundaria de que era «una de las cuatro». A Sandy le impresionó mucho la imperiosidad del mensaje relativo a G22. La velocidad de las repeticiones y la incapacidad de Sandy para entender el mensaje sugieren la existencia de una fuente exterior animada y con una fuerte motivación para entregar el mensaje.

A nadie se le había ocurrido que el cadáver de George pudiera estar en una sepultura anónima. El lugar y la fecha de la muerte coincidían, de modo que el último lugar de descanso de George podía ser perfectamente la tumba G22 del Cementerio Británico de Pozières. Sandy dio el nombre de la tumba contigua. Ningún ser humano sabía que George estuviera enterrado allí ni había en todo el mundo ningún documento escrito que lo consignara. En consecuencia, parece lógico suponer que la única fuente posible de información era el mismo George.

Mark había sentido una profunda conexión espiritual con George durante toda la vida y estaba decidido a averiguar qué había sido de él. Dado este intenso vínculo entre ellos, que George confirmó a través de Sandy, es posible que el difunto sintiera un fuerte tirón que lo obligara a manifestarse y a satisfacer los deseos de Mark.

Es evidente que podemos descartar la indagación telepática en los conocimientos de George o de otra persona como fuente de información sobre la tumba G22. ¿Habría podido Sandy haber obtenido la información mediante otras aptitudes psi —como la clarividencia— sin la ayuda de George o Walter? Sin ánimo de minimizar el significado o el impacto emocional de las lecturas, quisiera subrayar la dificultad de dar una respuesta definitiva a la pregunta.

Los detalles iniciales que aportó Sandy en la primera lectura habrían podido obtenerse, en teoría, por telepatía o clarividencia, puesto que la información estaba en la mente de Mark y la foto se encontraba en un lugar conocido. El detalle que más costaría atribuir a la PES de Sandy es «G22». Pero cuando se le ocurrió este dato, Sandy ya sabía ciertas cosas sobre George. Es posible que G22 apareciera de pronto en su campo psíquico, procedente de la llamada reserva psíquica, sin saber de qué se trataba, dado que ella estaba concentrada en George. Si George estaba enterrado en aquel lugar, es posible que Sandy lo captara psíquicamente sin darse cuenta.

Pero no tenemos forma de demostrar que George esté realmente enterrado en la tumba G22 de Pozières. Mark está convencido de que sí, y lo que remachó su convencimiento fue que George dijo a Sandy el nombre de la persona de la tumba contigua. Si no se abre la tumba ni se hace una prueba de ADN —aunque es probable que no haya ninguna muestra para hacer comparaciones, a menos que quede alguna de Walter—, nunca se podrá comprobar científicamente que la tumba G22 es la de George. Claro que si no hubiera habido ninguna conexión entre George y G22 no es probable que Sandy hubiera percibido aquel desconcertante mensaje que se repetía con tanta insistencia. Al margen de su origen, estaba lleno de significado, y no es probable que G22 se hubiera referido a otra cosa y no a la tumba.

Lo importante es esto: si George está enterrado allí, Sandy recibió una información que no estaba en la mente de nadie de este mundo, lo cual descarta la comunicación telepática con los vivos. Esto quiere decir que si Sandy captó la información por su capacidad psi de agente vivo, la otra opción que queda es el empleo de la clarividencia para localizar una tumba con características que encajaran en el caso de George.

Si fue este el método que se empleó, hizo falta una habilidad extraordinaria para articular toda la información disponible y llegar a un resultado satisfactorio. Ante todo, Sandy habría tenido que saber telepáticamente que Mark recurriría a ella para encontrar a George. Habría tenido que explotar la telepatía al máximo para leer en la mente de Mark que George había muerto en un lugar concreto (Pozières, Francia). Luego, habría recurrido a la clarividencia para localizar el cementerio más cercano y con más probabilidades (el Cementerio Británico de Pozières). Además, habría necesitado indagar telepáticamente cuándo murió George (Mark creía que había sido el 16 de julio de 1916), lo cual no coincidía con la información, dada por ella misma, de que la muerte se había producido el 19 de julio, aniversario de boda de Mark. Si la capacidad psi humana es realmente ilimitada, Sandy, en tal caso, pudo haber usado su clarividencia para acceder psíquicamente a la página web del cementerio, localizar la base de datos de las tumbas y buscar las 1.382 sepulturas anónimas, todo esto con la cabeza, con clarividencia inconsciente. Aunque también es posible que por medio de la clarividencia leyera la copia impresa de la base de datos del cementerio, si es que existe. De un modo u otro, a continuación habría tenido que encontrar una tumba anónima relacionada con muertes ocurridas entre el 15 y el 19 de julio de 1916. Y habría tenido que hacer todo esto casi instantáneamente, durante la lectura. Y luego habría tenido que servirse nuevamente de sus dotes para averiguar el nombre que figuraba en la lápida contigua.

El nivel de clarividencia que se necesitaría para llevar a cabo esta hazaña es tan colosal que esta posibilidad no se la cree nadie. No obstante, basándonos en la suposición de que la capacidad psi es ilimitada en la hipótesis LAP, si existe la información en algún lugar del planeta, en principio es accesible para la clarividencia de un médium, por muy complicado que sea el viaje psíquico para conseguirla y por muchas fuentes que se necesiten. En cambio, si Sandy recibió la información de George, es innegable que la comunicación fue mucho más directa: desde una dimensión no-local, George, la única «persona» que conocía su lugar de descanso, pudo haber utilizado su capacidad psi para transmitir el dato «G22» a Sandy. Como es lógico, esto exige que aceptemos que una conciencia incorpórea puede comunicarse con nosotros con aptitudes psi comparables a las nuestras.

Todo esto no es más que un ejemplo de nuestra incapacidad para demostrar que la información procede de personas fallecidas *incluso cuando podemos descartar la telepatía* totalmente. Y es que en el fondo no sabemos todo lo que hace falta saber sobre el funcionamiento de estos complicados procesos. Lo cual tampoco significa en modo alguno que descartemos la posibilidad de comunicarnos con quienes han sobrevivido a la muerte, posibilidad que muchos teóricos creen más sencillo y probable inferir en casos como este. Simplemente, ejemplifica nuestra incapacidad para probarlo de manera definitiva.

Desde el punto de vista de Mark, ¿por qué debería tener sentido otra cosa y por qué, en cualquier caso, tendría que interesarse por un análisis alternativo en abstracto? Su búsqueda de George ha concluido ya, y eso es lo que importa.

La interpretación supervivencialista tiene una base lógica. Pero, al margen de eso, como yo misma aprendí con Laura y Sandra, la experiencia personal de una lectura es el argumento más contundente para convencernos de su validez. Lo que percibimos es mucho más que una lista de datos concretos y escuetos, algo más que no puede comunicarse en un análisis, como pudo comprobar Mark. Y es innegable que el fuerte deseo de saber que sentía Mark y su conexión íntima con George influyeron en su relación con la lectura. De todos modos, para lo que son las lecturas de mediumnidad, esta fue extraordinaria. Y si una persona siente con certeza intuitiva que está presente un ser querido, ¿por qué no aceptarlo como algo real? Solo quien tiene una experiencia puede determinar su significado, incluso su realidad. Mark consiguió resolver de este modo su antiguo deseo de encontrar a su tío abuelo George. Otros encuentran gran consuelo gracias a una lectura durante la que acaban convenciéndose de que el ser querido que acaban de perder sigue vivo y, simplemente, ha entrado en otra dimensión. Este es, en última instancia, el valor de la mediumnidad mental.

No olvidemos tampoco que la mediumnidad es solo un aspecto de un cuadro mucho más amplio que apunta a la supervivencia, y en él están asimismo los niños con recuerdos de vidas anteriores y los convencidos de que han echado un vistazo al otro lado durante experiencias cercanas a la muerte o de muerte real. No hay duda de que podemos suponer ya, con muchas garantías, la posibilidad de comunicarnos con una conciencia no-local. Y eso es algo maravilloso de contemplar.

17

Médiums en trance y comunicantes intrusos

Por Alan Gauld, doctor en filosofía y doctor en literatura

Los indicios que obtuve en mis dos lecturas e incluso el dato G22 que dieron a Mark se quedan en pañales en comparación con lo que han sido capaces de aportar algunos de los mejores médiums que se conocen. Sirviéndose de una forma más profunda de mediumnidad, estos médiums entran en trance y permiten que un comunicante fallecido y consecuente hable directamente por su boca. Esta «personalidad que toma el control» da información de otros difuntos que están con ella en su mundo. Por establecer una comparación, esto sería como si Sandy hubiera quedado inconsciente para que George hablara directamente a Mark con las cuerdas vocales de la médium, en vez de estar ella despierta y haciendo de mediadora. Con George allí presente, Mark habría sostenido con él una conversación bilateral con muchos detalles, y habría observado su estilo característico, su lenguaje y su sentido del humor. El proceso no es solo receptivo, como las lecturas de mediumnidad mental descritas hasta aquí, sino que puede ser interactivo. Por desgracia, no conozco a ningún médium que entre en trance y esté disponible en la actualidad, y que tenga el nivel excepcional de los que fueron tan bien estudiados y documentados hace decenios, aunque sospecho que tiene que haber alguno todavía.

En este capítulo se presenta uno de los más desconcertantes indicios de supervivencia, de la mano de uno de los principales estu-

diosos y más distinguidos investigadores del ramo. Nacido en 1932, Alan Gauld está retirado y fue profesor adjunto en la Facultad de Psicología de la Universidad de Nottingham, en el Reino Unido. Hizo un curso para posgraduados en Harvard y luego enseñó sobre todo psicología biológica y neuropsicología en Nottingham. Es autor de Poltergeists *(1979), en colaboración con Tony Cornell,* Mediumship and survival: A century of investigations *(1823) y* A history of hypnotism *(1992), entre otras obras. Gauld ha sido presidente de la Sociedad de Investigaciones Psíquicas y ha recibido muchos honores por sus investigaciones en parapsicología. Este capítulo está tomado de* Mediumship and survival *—uno de los mejores libros que se han escrito sobre el tema y que recomiendo a todo el mundo—, con su permiso y revisión.*

No es raro que personas que han tenido sesiones provechosas con médiums mentales digan luego cosas como esta: «Aquí tengo una transcripción de la grabación que hice, con algunos comentarios. Hubo muchos "aciertos" excelentes. Pero leer la grabación no le permitirá hacerse una idea de lo convincente que fue el comunicante. Gran parte de la impresión que recibí no se debió a lo que dijo, sino a la forma en que lo dijo, a su tono de voz, a su humor característico, a sus peculiaridades y gestos. ¡Fueron totalmente exactos!»

Estas impresiones tan persuasivas son causadas por la mediumnidad con «trance», que yo considero la forma más «avanzada» de mediumnidad mental. La personalidad normal del médium ha sido aquí completamente desalojada, por así decirlo, por una inteligencia intrusa, que obtiene un control variable del habla, la escritura y todo el aparato neuromuscular del médium. El médium, por lo general, recuerda poco o nada de lo que se ha dicho o hecho en su «ausencia», mientras está en trance. Es posible que se sienta eclipsado, influido, «dominado» poco a poco por otra personalidad, mientras disminuye progresivamente la conciencia de lo que tiene alrededor. Con las repeticiones, la entrada total en el trance es más rápida y fácil.

Las manifestaciones más patentes de la personalidad de personas indiscutiblemente fallecidas se han conseguido a menudo con médiums en trance, y los investigadores psíquicos cualificados han mostrado el correspondiente interés por recoger informes detallados de esta clase de mediumnidad[199].

Normalmente hay solo unas cuantas personas fallecidas que al parecer pueden hablar directamente por el aparato vocal del médium, que está inconsciente durante el trance. Por lo general se les llama «espíritus guías» o «espíritus mediadores». Estos mediadores entregan a menudo mensajes de otros difuntos, llamados «comunicantes», con los que alegan estar en contacto. (El uso de estos términos no presupone el convencimiento de que los «mediadores» y los «comunicantes» sean solo aspectos de la personalidad del médium; se me disculpará, por lo tanto, si recurro con excesiva frecuencia a expresiones como «presunto comunicante», «supuesto mediador», etc.)

Si tuviéramos que identificar a una persona que no vemos hablando con ella por una sobrecargada línea telefónica, difícilmente lo conseguiríamos a menos, por ejemplo, que recordara determinadas cosas que obligatoriamente debe saber si es la persona que dice ser; y a menos que exhiba algunas razones e intenciones, habilidades y características personales que sabemos que son suyas; y así sucesivamente. Sin estos indicios, careceríamos de base para creer que algunos seres humanos pueden sobrevivir en cierto modo a la disolución de su cuerpo.

Pero la mediumnidad con trance puede, gracias a la manifestación directa del comunicante, aportar algo más que la simple entrega de un mensaje al peticionario, que es lo que hace el médium que se comporta como un operador telefónico. En los informes publicados vemos que algunos mediadores han alcanzado una notable verosimilitud en cuanto a peculiaridades, giros lingüísticos, etc. En ninguno de estos casos tenían los médiums conocimiento alguno de los comunicantes cuando vivían, cosa que habría explicado la preci-

---

199. He aquí algunas destacadas médiums que caen en trance y han sido analizadas extensiva y minuciosamente: Sra. L. E. Piper, Sra. «Smead» (Sra. W. L. Cleaveland), Sra. «Chenowet» (Sra. M. M. Soule), Sra. R. Thompson, Sra. E. J. Garrett y Sra. G. O. Leonard.

sión de las representaciones. Pero es muy difícil concretar estos detalles característicos para que queden convencidos quienes no están presentes. Si hemos de suponer que el médium adquiere su información únicamente de los vivos gracias a su poder de PES, tendremos que reconocer que es capaz de incorporar convincentemente todo el paquete de datos a la representación teatral del llamado comunicante. Y esto es atribuirle otro don poco habitual.

La señora Piper

La médium Leonora E. Piper (1857-1950), de Boston, Massachusetts, ha sido estudiada tan profusamente que los volúmenes de informes sobre sus sesiones no se han superado aún ni en cantidad ni en detalle. Es asimismo una de las pocas médiums cuya actividad verbal y escrita en estado de trance se ha sometido a serios y amplios análisis psicológicos[200].

La señora Piper fue «descubierta» para la investigación psíquica por William James, de la Universidad de Harvard, seguramente el mayor psicólogo de aquellos y quizá de todos los tiempos. James quedó tan impresionado por las sesiones que tuvo con ella que recomendó a unas veinticinco personas que acudieran a verla con nombre supuesto. En la primavera de 1886 escribió un informe sobre los resultados y afirmó: «Estoy convencido de la sinceridad de la médium y de la autenticidad de su trance [...] Creo que está en posesión de una facultad aún sin explicar»[201].

El procedimiento general en una sesión vendría a ser como sigue: la señora Piper entra en trance. Nunca hubo la menor duda de que el estado de trance era, en cierto modo, «auténtico». William James y G. Stanley Hall, otro conocido psicólogo estadou-

---

200. El informe más completo sobre su mediumnidad se encuentra en H. Holt, *On the cosmic relations*, Williamd and Norgate, Londres, 1915, dos vols. Véanse también M. Sage, *Mrs. Piper and the Society for Psychical Research*, Brimley Johnson, Londres, 1903, y A.L. Piper, *The life and work of Mrs Piper*, Kegan Paul, Londres, 1929.

201. F. W. H. Myers, O. Lodge, W. Leaf y W. James, «A record of observations of certain phenomena of trance», *Proceedings of the Society for Psychical Research*, 1889-1890, 6, p. 653.

nidense, pusieron de manifiesto que la señora Piper podía recibir cortes, quemaduras y pinchazos y no reaccionaba, ni siquiera cuando se le ponía un frasco de amoníaco bajo la nariz. (Las pruebas fueron tan exigentes que la señora P. se quejó amargamente de las dolorosas secuelas.)

Al cabo de unos minutos, la mujer se ponía a hablar con la voz de su mediador, que respondía al nombre de «Doctor Phinuit». Sedicente médico francés con escasos conocimiento del idioma galo, Phinuit hablaba con una áspera voz masculina y mezclaba galicismos, jerga inglesa y palabras malsonantes de un modo que era poco probable que hubiera usado la señora Piper cuando estaba despierta. Phinuit daba a los peticionarios noticias de las apariciones y actividades de amigos y parientes difuntos (y en ocasiones también vivos), y les transmitía mensajes de ellos, a menudo con gestos indicativos.

Cuando tenía un día malo, Phinuit divagaba, daba palos de ciego y andaba a la caza de información, y si la pillaba, la presentaba descaradamente como si fuera un descubrimiento suyo. Pero cuando estaba en forma daba abundante información, sin apenas titubear, sobre los amigos y, parientes fallecidos de los peticionarios, información que resultaba muy exacta incluso en los menores detalles, y demasiado precisa para pensar que pudiera ser casual o fruto de conjeturas basadas en el aspecto de los anónimos peticionarios.

A resultas de un informe firmado por William James, destacado miembro de la Sociedad Británica de Investigación Psíquica (SPR, en sus siglas en inglés) y experto en el desenmascaramiento de impostores, Richard Hodgson (1855-1905) fue a Boston en 1887 y se hizo cargo de la investigación de la señora Piper[202]. Dispuso el escrupuloso levantamiento de actas de todas las sesiones y adoptó las máximas precauciones para impedir engaños. Los peticionarios no daban su nombre o daban uno falso, y eran elegidos entre la gama de personas más amplia posible. La señora Piper fue seguida por detectives durante semanas para estar seguros de que no

---

202. R. Hodgson, «A record of observations of certain phenomena of trance», *Proceedings of the Society for Psychical Research*, 1892, 8, pp. 1-167.

hacía indagaciones sobre los asuntos de los posibles peticionarios ni empleaba agentes que indagaran en su lugar. Fue trasladada a Inglaterra, donde no conocía a nadie ni podía tener agentes contratados; las sesiones fueron preparadas y supervisadas por destacados miembros de la SPR. La mayoría de los peticionarios se presentó anónimamente, y se levantaron actas de todo[203]. Y sin embargo, la señora Piper siguió cosechando aciertos.

Los primeros investigadores de la señora Piper pensaban continuamente en la posibilidad de que todo fuera una impostura. La situación fue resumida en 1898 por Frank Podmore, un escéptico de marca mayor que señaló no obstante que a pesar de la cuidadosa vigilancia, que a veces llegaba a invadir su intimidad, la señora Piper nunca dio el menor indicio de ser insincera[204]. Los informadísimos comunicantes a menudo se dirigían a los peticionarios con la voz que debían tener y se referían sin confundirse a trivialidades de gran importancia privada. Según Podmore, solo quienes no habían investigado debidamente podían acusar de crédulos a los testigos y atribuirlo todo a un engaño.

En la primavera de 1892, el doctor Phinuit fue eclipsado poco a poco por otro mediador, que, fuera cual fuese su naturaleza última, al menos no era ficticio. Era George Pellew, un joven interesado por la literatura y la filosofía que había muerto en Nueva York unas semanas antes. Hodgson lo conocía. Cinco años antes había tenido una sesión con la señora Piper, presentándose con nombre falso.

Pellew se manifestó por primera vez en una sesión a la que Hodgson llevó a un amigo íntimo del difunto. Desde entonces, el mediador y comunicante George Pellew (GP) dio muestras de estar muy al tanto de los asuntos del Pellew vivo. Le fueron presentados ciento cincuenta peticionarios; Pellew había conocido en vida a treinta de ellos y GP reconoció a veintinueve (el trigésimo, al que reconoció tras un despiste inicial, era un amigo de la infancia que había «crecido» en el ínterin). Habló con cada uno de ellos según

---

203. Myers, Lodge, Leaf y James, «A record of observations».

204. F. Podmore, «Discussion of the trance phenomena of Mrs Piper», *Proceedings of the Society for Psychical Research*, 1898-1899, 14, pp. 50.70.

correspondía, y dio muestras de conocer bien sus preocupaciones y la supuesta relación que había tenido con ellos en el pasado. Solo en contadísimas ocasiones daba GP un patinazo serio, como cuando hablaba, por ejemplo, de las cuestiones filosóficas que tanto habían interesado a Pellew en vida. Durante el predominio de GP, Hodgson quedó convencido (hasta entonces no) de que los mediadores y los comunicantes de la señora Piper eran, al menos en muchos casos, lo que ellos decían ser, es decir, espíritus de seres humanos anteriormente corpóreos[205].

GP siguió siendo el principal comunicante hasta principios de 1897 (durante este período, Hodgson tomó nota exhaustiva de todo). Hodgson falleció en 1905 y, como podía esperarse, también él pasó a ser uno de los mediadores de la señora Piper. Sus supuestos comunicados fueron comentados en un interesante artículo de William James[206]. La mediumnidad con trance de la señora Piper tocó a su fin en 1911, quizás a consecuencia de la dureza con que la trataron dos psicólogos estadounidenses, G. Stanley Hall y Amy Tanner[207].

Cuando la crítica se lleva al límite, la contrahipótesis que se prefiere a la supervivencialista es la de que la información de los médiums podría explicarse de manera más sencilla y satisfactoria recurriendo a las PES de personas vivas. Puesto que no conocemos las limitaciones de la PES, nunca podríamos decir con seguridad que es realmente imposible la extraordinaria capacidad de la PES que tendría que ponerse en juego, algo así como una «super-PES». Este es el dilema central en la interpretación de las presuntas pruebas de la supervivencia.

A veces se diría que la hipótesis más evidente es la de la telepatía entre el médium y las personas presentes en la sesión. Por ejemplo, el famoso físico británico sir Oliver Lodge, pionero en la ciencia y la tecnología que condujeron a la invención de la radio, también

---

205. R. Hodgson, «A further record of observations of certain phenomena of trance», *Proceedings of the Society for Psychical Research*, 1897-1898, 13, pp. 284-582.

206. W. James, «Report on Mrs Piper's Hodgson control», *Proceedings of the Society for Psychical Research*, 1910, 23, pp. 2-121.

207. A. E. Tanner, *Studies in spiritism*, Appleton, Nueva York, 1910.

puso a prueba a la señora Piper. Enseñó al doctor Phinuit una cadena que le había confiado un caballero extranjero y que había pertenecido al padre del caballero. Phinuit contó una larga serie de hechos y supuestos hechos relacionados con el padre y que Lodge transmitió al hijo. El hijo respondió, según Lodge, que la lectura de la señora Piper «admite la exactitud de las cosas que yo sabía y afirma la inexactitud de cosas que yo desconocía. En lo relativo a esta serie de hechos, por lo tanto, se corrobora con diferencia la hipótesis de un medio directo de obtener información mediante la transmisión de pensamientos»[208]. La única información exacta que dio la señora Piper fue la que ya estaba en la mente del peticionario por poderes, es decir, el hijo.

La teoría de la telepatía entre médium y peticionarios resulta, pues, bastante convincente en determinados casos, pero ¿hasta dónde podemos aplicarla? El 8 de diciembre de 1893, el reverendo S. W. Sutton y señora, de Athol Center, Massachusetts, hicieron su primera lectura (en total hizo dos) con la señora Piper diciendo que se llamaban «Smith»[209]. Hacía poco habían perdido a una hija de pocos años llamada Katherine, a la que llamaban Kakie. También estaba presente una secretaria que tomó nota de todo. La señora Piper cayó en trance. Su mediador Phinuit habló y a veces gesticuló como si fuera una comunicante infantil. A continuación recojo pasajes de las actas de la sesión, con anotaciones entre corchetes añadidas luego por la señora Sutton, madre de la niña:

> Phinuit dijo: [...] Se acerca una criatura [...] Él alarga las manos como para recibir a una criatura y dice con voz convincente: Ven, querida. No tengas miedo. Ven, cariño, tu madre está aquí. Él describe a la niña y sus «rizos encantadores». ¿Dónde está papá? Quiero a papá. [Él (o sea, Phinuit) coge de la mesa una medalla de plata.] Lo quiero, quiero morderlo. [Acostumbraba a morderlo.] [Quiere coger una tira de botones.] ¡Aprisa! Quiero metérmelos en la boca. [También los botones. Morder los botones estaba pro-

---

208. Myers, Lodge, Leaf y James, «A record of observations», p. 461.

209. Hodgson, «A further record of observations», pp. 485-486.

hibido. Él ha imitado exactamente su actitud pícara.] [...] ¿Quién es Dodo? [Así llamaba ella a su hermano George.] [...] Quiero que llames a Dodo. Dile a Dodo que soy feliz. Que no llore más por mí. [Se lleva las manos al cuello.] Ya no me duele la garganta. [Tenía dolores y afecciones en la garganta y la lengua.] Háblame, papá. ¿No me ves? No estoy muerta, estoy viva. Soy feliz con la abuela. [Mi madre había muerto muchos años antes.] Phinuit dice: Hay aquí dos más. Una, dos, tres aquí, una mayor y otra menor que Kakie. [Exacto.] [...]

¿Tenía esta pequeña muy seca la lengua? No hace más que enseñarme la lengua. [Tenía la lengua inmovilizada y sufrió mucho por eso al final.] Se llama Katherine. [Exacto.] Ella dice que se llama Kakie. Falleció la última. [Exacto.] ¿Dónde está caballito? [Yo le regalé un caballito.] Uno grande, no el pequeño. [Seguramente se refiere a un caballo de juguete que le gustaba.] Papá, quiero montar caballito. [No dejó de pedirlo mientras estuvo enferma.] [...]

[Pregunté si recordaba algo de cuando la llevamos a la planta baja.] Tenía mucho calor, la cabeza me ardía. [Exacto.] [...] No lloréis por mí porque me pongo triste. Eleanor. Quiero a Eleanor. [Su hermana pequeña. La llamó mucho durante su última enfermedad.] Quiero mis botones. Rema, rema, mi canción, cantadla ahora. Yo canto con vosotros. [Cantamos y una suave voz infantil canta con nosotros.]

Rema despacio, rema despacio,
sobre las alegres olas vamos,
patina suave, patina suave,
antes que la marea se acabe.
[Phinuit nos indica que callemos, y Kakie termina sola]
El agua y el viento se anudan,
a ellos nuestra canción se junta,
canta y flota, flota y canta
en nuestra pequeña barca.

[...] Kakie canta: Adiós, adiós, adiós, Ay, pequeña, adiós. Canta esto conmigo, papá. [Papá y Kakie cantan. Ella solía cantar estas dos canciones.] ¿Dónde está Dinah? Quiero a Dinah. [Dinah era una vieja y negra muñeca de trapo, no estaba con nosotros.] Quiero a Bagie. [Así llamaba a su hermana Margaret.] Quiero que Bagie me traiga a Dinah [...] Cuando veáis a Dodo, decidle que le quiero. Querido Dodo. Paseaba mucho conmigo, me subía a hombros. [Exacto.]

Por notables que parezcan estos pasajes (no más notables, sin embargo, que la transcripción completa de las dos sesiones, que son, dicho sea de paso, documentos de interés social, además de psíquico), no se informó de nada que no supieran ya los peticionarios. ¿Significa esto entonces que aquí podemos atribuir tranquilamente los «aciertos» de la señora Piper a la telepatía establecida con los peticionarios?

No conozco ningún caso indiscutible de telepatía entre personas vivas, ni de ninguna otra variedad de PES, en que el flujo de información adquirida por medios paranormales haya sido tan rápido y tan abundante ni haya estado tan libre de errores. Y tenemos la cuestión del punto de vista desde el que se presentó la información. La señora Piper habría tenido que obtener de los peticionarios información sobre Kakie desde el punto de vista parental y luego, con un justo alarde de habilidad dramática, haber reconstruido aquella misma información desde el punto de vista de Kakie. Además, ciertos episodios ocurridos en ambas sesiones al parecer revelaron asociaciones que por lo visto estaban en la mente de la niña, pero no despertaron las correspondientes asociaciones en la mente de los peticionarios. Por ejemplo, cuando Kakie preguntó por el «caballito» y se le dio un caballito de juguete, la niña dijo: «El grande, no el pequeño». La señora Sutton supuso que se refería a otro caballo de juguete que le gustaba. En la segunda sesión Kakie volvió a pedir el caballo, pero cuando le dieron el pequeño, dijo: «No, este no es. El grande, muy grande. [Phinuit indica el tamaño]. El caballo de Eleanor. Eleanor se lo ponía a Kakie en el regazo. Le encantaba aquel caballo»[210]. Fueron

---

210. Ibid., p. 387.

estos pormenores adicionales los que aclararon a la señora Sutton qué caballo pedía: uno que se había guardado y olvidado en otra ciudad.

En un pasaje posterior de la primera sesión, Kakie pidió «el librito». Su madre supuso que se refería a un libro ilustrado de papel de tela. En la segunda sesión se aclaró que se refería a un pequeño libro de oraciones que le leían poco antes de su muerte y que se le puso en las manos al fallecer. Si somos capaces de afirmar que la señora Piper pudo elegir en la mente de los peticionarios asociaciones que estaban en conflicto con las conscientemente presentes y utilizarlas para crear la impresión de que los pensamientos del comunicante iban por caminos claramente distintos de los de los peticionarios, entonces no le estaremos atribuyendo solo una super-PES, sino también una capacidad artística de órdago.

La posibilidad de una lectura telepática de los peticionarios está aquí automáticamente descartada porque no se tiene noticia de que en aquella época se conociera el fenómeno. En los casos de la señora Piper abundan los episodios de esta clase (y en los casos de otros médiums)[211]. Un ejemplo es el caso del tío Jerry de sir Oliver Lodge, que tuvo lugar durante la visita que hizo la señora Piper a Inglaterra en el invierno de 1889-1890. Sir Oliver Lodge lo resume del siguiente modo:

> Dio la casualidad de que un tío mío de Londres [el tío Robert], hoy un señor ya muy anciano, tenía un hermano gemelo que murió hace veinte años o más. Desperté su interés general por el tema y le escribí preguntándole si me prestaría algún objeto que hubiera pertenecido a su hermano. Cierto día por la mañana recibí por correo un curioso reloj de oro que había sido de su hermano [...] Se lo entregué a la señora Piper mientras estaba en trance.
>
> Se me dijo, casi inmediatamente, que había sido de un tío mío [...] Tras algunas dificultades [...] el doctor Phinuit dio con el

211. A. Gauld, «Discarnate survival», en B. B. Wolman (ed.), *Handbook of parapsychology*, Van Nostrand Reinhold, Nueva York, 1977, p. 587.

nombre de Jerry [...] y dijo [...] «Es mi reloj y Robert es mi hermano, y yo estoy aquí. El tío Jerry, mi reloj» [...] Le señalé que para patentizar la presencia del tío Jerry estaría bien recordar detalles banales de su adolescencia [...]

«Tío Jerry» recordó episodios como ir a bañarse en el río cuando eran jóvenes y corrieron peligro de ahogarse; matar un gato en el campo de Smith; la posesión de un pequeño fusil y de un pellejo largo y muy raro, como el de una serpiente, que él creía estaba ahora en poder de tío Robert.

Estos hechos se comprobaron en mayor o menor medida. Pero lo interesante es que su hermano gemelo, gracias al cual tenía yo el reloj y con el que yo estaba por lo tanto en alguna clase de comunicación, no pudiera recordarlos todos.

Recordaba vagamente lo de bañarse en el río, aunque él se había limitado a mirar. Recordaba con mucha claridad haber tenido la piel de serpiente y la caja en que estaba guardada, aunque no sabe dónde está ahora. Pero negó rotundamente haber matado un gato, y no se acordaba del campo de Smith.

La memoria, sin embargo, le fallaba, y tuvo el buen juicio de escribir a otro hermano suyo, Frank, que vivía en Cornualles, un viejo lobo de mar, para preguntarle si recordaba ciertos hechos, aunque sin darle para ello, obviamente, ningún motivo que no pudiera explicar. El resultado de su pesquisa reivindicó triunfalmente la existencia del campo de Smith [...] también salió a relucir la muerte de un gato, a manos de otro hermano; y respecto del chapuzón en el río, cerca del caz de un molino, se dieron todos los detalles, ya que Frank y Jerry fueron los héroes de aquel imprudente episodio[212].

Adviértase que el tío Frank no se acordaba de la piel de serpiente, de modo que si la señora Piper consiguió toda su información por telepatía, debió de registrar a fondo el almacén memorístico de dos individuos y cotejar los resultados.

---

212. Myers, Lodge, Leaf y James, «A record of observations», pp. 458-459.

Las pruebas de adivinación de palabras de la señora Leonard

Dar información exacta sobre hechos no conocidos por las personas presentes en la sesión fue la especialidad de la notable médium británica Gladys Osborne Leonard (1882-1968). Su principal mediador era una joven llamada Feda. Feda alegaba ser el espíritu de una joven hindú con quien un antepasado de la señora Leonard se había casado a principios del siglo XIX. Hablaba con voz muy aguda, con ocasionales errores gramaticales y confundiendo de vez en cuando el significado de algunas palabras. Trataba a la señora Leonard con una actitud intermedia entre la tolerancia y un divertido desdén, y a veces la ponía en aprietos; por ejemplo, pidiendo pequeños regalos que luego decía con vehemencia que eran suyos y no de la señora Leonard.

A semejanza de la señora Piper, la señora Leonard estuvo totalmente dispuesta a someterse a la investigación crítica de los miembros de la SPR y también fue seguida por detectives. El primer parapsicólogo que la estudió con detalle fue sir Oliver Lodge, cuyo libro *Raymond*, que describía los contactos con un hijo caído en la guerra, la hizo famosa. Siguió siendo analizada regularmente por investigadores de la SPR desde entonces hasta unos años después de acabada la segunda contienda mundial.

Hay aspectos de la mediumnidad de la señora Leonard que no son fáciles de conciliar con una modalidad de hipotética super-PES que permite al potencial extrasensorial del médium acceder a cualquier detalle identificador que esté relacionado de un modo u otro con cualquier persona viva o fallecida recientemente en el mundo occidental. En este sentido, estaba especialmente dotada (o lo estaba Feda) para las pruebas de adivinación de palabras y para las sesiones «delegadas» o «por poderes».

Las pruebas de adivinación de palabras (*book tests* en inglés) consistían en lo siguiente: un presunto comunicante, que por lo general transmitía el mensaje por mediación de Feda, tenía que designar una casa que probablemente conocía bien, la situación de un libro concreto en un estante determinado de la biblioteca y una página de ese libro. El peticionario encontraba en esa página una frase que contenía un mensaje importante para algo que se hubiera dicho en otro tiempo o tuviera interés para la conexión que el peticionario y el comunicante habían tenido en el pasado. Puesto que el libro elegido no era conocido de antemano por el peticionario, *ni conocidos los detalles exigidos por ningún ser vivo*, salta a la vista, dice Lodge, que «no basta decir que ha habido una simple lectura de la mente para tener una explicación racional»[213]. Se hicieron y estudiaron muchas pruebas de este tenor cuyos resultados fueron acertados[214].

En un ejemplo aparece como comunicante Edward Wyndham Tennant («Bim»), un joven oficial caído en la batalla del Somme en 1916. La sesión tuvo lugar el 17 de diciembre de 1917[215].

Feda: «Bim quiere enviar un mensaje a su padre. Este libro es especialmente para su padre; subráyese eso, dice. Es el noveno libro por la izquierda del estante tercero de la librería que queda a la derecha de la puerta del salón, según se entra; cójase el volumen y ábrase por la página 37».

Encontramos el noveno libro en el estante indicado: *Trees* [de Janet Harvey Kelman].

Y entre el final de la página 36 y principio de la 37, leímos:

«A veces verás marcas curiosas en la madera; se deben a un escarabajo barrenador que es muy perjudicial para los árboles...»

---

213. P. Glenconner, *The earthen vessel*, John Lane, Londres, 1921, p. xvi.

214. E. M. Sidgwick, «An examination of book-tests obtained in sittings with Mrs Leonard», *Proceedings of the Society for Psychical Research*, 1921, 31, pp. 241-400; y C.D. Thomas, *Some new evidence for human survival*, Collins, Londres, 1922. En el mencionado artículo de Sidgwick, la autora analizaba los resultados de 532 pruebas de adivinación de palabras. Estimó que 92 (17 por ciento) eran acertadas, 100 (19 por ciento) más o menos acertadas, 96 dudosas, 40 un fracaso casi total y 204 un fracaso absoluto. En un experimento de control (H. de G. Salter, «On the element of chance in book tests», *Proceedings of the Society for Psychical Research*, 1923, 33, pp. 606-620; cf. T. Besterman, «Further inquiries into the element of chance in booktests», *Proceedings of the Society for Psychical Research*, 1931-1932, 40, pp. 59-98, se sometieron a un análisis parecido 1.800 pruebas de adivinación de palabras «falsas». Hubo 34 aciertos (menos del 2 por ciento) y 51 aciertos parciales (menos del 3 por ciento).

215. Ibid., p. 60.

(Firmas de dos testigos del hallazgo y comprobación de este Mensaje-de-Libro.)

GLEN CONNER

DAVID TENNANT

El padre de Bim estaba muy interesado por la silvicultura y su obsesión por «el escarabajo» era una broma de familia. De modo que el mensaje venía muy al pelo, y el supuesto comunicante conocía la biblioteca donde estaba el libro.

En otro caso[216], una peticionaria anónima (la señora Talbot) recibió a través de Feda un mensaje de su difunto marido, aconsejándole que buscara un mensaje importante en la página doce o trece de un libro que estaba en la librería de su casa. Feda dijo que el libro no estaba impreso, pero tenía cosas escritas; era de color oscuro; y contenía una tabla de lenguas indoeuropeas, arias, semíticas y arábigas, cuya relación se expresaba mediante un diagrama de líneas radiales. La señora Talbot no conocía ese libro y se burló del mensaje. Sin embargo, cuando por fin se decidió a mirar, encontró al fondo del estante superior un gastado cuaderno de tapas de piel negra que había sido de su marido. Pegado dentro del libro había un diagrama doblado de todas las lenguas mencionadas; y en la página trece había un pasaje de un libro titulado *Post mortem*. En este caso el mensaje se relacionaba con un libro desconocido por la médium y por la peticionaria (y, que se supiera, por cualquier persona viva), pero indiscutiblemente conocido por el comunicante.

Podría pensarse que estas dos pruebas constituyen indicios bastante convincentes de la supervivencia. La lectura de la mente no parece ser aquí una explicación plausible, pues era muy improbable que ninguna persona viva conociera con suficiente detalle la información necesaria. En cambio, el presunto comunicante sí pudo haber conocido la existencia de los libros y los pasajes pertinentes, y en el segundo caso es evidente que los conocía.

Por desgracia, los resultados de muchas otras búsquedas de libros solo sirven para sembrar confusión en nuestro tema; no

---

216. Sidgewick, «An examination of book-tests», pp. 253-260.

porque fueran búsquedas infructuosas, sino porque los hallazgos fueron demasiado brillantes. Para los comunicantes era igualmente posible transmitir información relacionada con libros expresamente situados en casas desconocidas por ellos; los libros, además, no tenían para ellos ningún significado especial. En principio, esto significaría que los comunicantes conseguían el conocimiento del contenido de los libros mediante clarividencia (todos los libros, como es lógico, estaban cerrados). Feda, efectivamente, habla como si los comunicantes fueran entidades independientes que viajaran a las estanterías de la prueba, inspeccionaran los libros en busca de pasajes apropiados y regresaran para transmitir los resultados a través de ella. Pero si estos comunicantes practicaban la clarividencia hasta ese extremo, ¿por qué no podía practicarla también Feda? ¿Por qué no la propia señora Leonard? En algún caso parece que se dio información exacta a propósito de libros escritos en griego clásico. Pero ni la señora Leonard, ni el peticionario, ni el supuesto comunicante sabían griego clásico, y la persona que prestó los libros (la señora Salter), que sí sabía griego, no había leído todos los volúmenes. Parece que la telepatía con los vivos, la comunicación con los muertos y la clarividencia no nos dan aquí una explicación satisfactoria.

Y aun en el caso de que los libros hubieran estado a disposición de un rastreo clarividente por parte de un agente que no fuera el comunicante, seguiría pendiente el problema de cómo se encontraron, entre la masa de material potencialmente disponible, precisamente esos pasajes por lo general tan oportunos como mensajes del comunicante para el receptor vivo concreto. ¿Quién eligió para el padre de Bim el pasaje sobre el escarabajo que dañaba los árboles? Para seleccionar un pasaje tan apropiado como este, la médium habría tenido, por ejemplo, que sondear la mente del padre de Bim y luego, con la información telepáticamente obtenida de este modo, elegir uno, entre los muchos pasajes librescos accesibles para ella por clarividencia, que tuviera muchas probabilidades de convencer a la familia de Bim de que se trataba de un mensaje dirigido a su padre.

Peticionarios por poderes

Para alejar más aún al peticionario del médium puede recurrirse a un peticionario «por poderes». Un peticionario acude al médium en nombre de una tercera persona, de la que el peticionario y el médium saben lo menos posible. Si entonces se reciben comunicados «probatorios», difícilmente podrá atribuirse la explicación a un sondeo telepático de las personas presentes. Normalmente, la tercera persona, o parte principal ausente, desea comunicarse con un difunto concreto con el que ha de establecerse contacto de un modo u otro. Para ello, el peticionario delegado puede dar al médium detalles muy concretos y limitados (por ejemplo, el nombre, alguna expresión identificadora) del comunicante deseado o enseñarle algún objeto suyo que haga las veces de «símbolo»; también podría invocarlo en silencio, o pensar en él, antes de la sesión; o pedir a sus «guías espirituales» que hagan de intermediarios. En muchos casos, los peticionarios por poderes hicieron varias sesiones.

Las sesiones más conocidas que se hicieron con estos delegados fueron sin duda las de la señora Leonard en que los delegados fueron la señorita Nea Walker y el reverendo C. Drayton Thomas[217]. Estas sesiones fueron normalmente, aunque no siempre, consecuencia de cartas de padres o cónyuges desconsolados, y a veces desesperados.

El notable caso de «Bobbie Newlove», de Drayton Thomas, se prolongó durante once sesiones[218]. Bobbie era un chico de diez años que había muerto de difteria. Resultó un comunicante

---

217. C. D. Thomas, «A consideration of a series of proxy sittings», *Proceedings of the Society for Psychical Research*, 1932-1933, 41, pp. 139-185; C. D. Thomas, «A proxy case extending over eleven sittings with Mrs Osborne Leonard», *Proceedings of the Society for Psychical Research*, 1935, 43, pp. 439-519; C. D. Thomas, «A proxy experiment of significant success», *Proceedings of the Society for Psychical Research*, 1938-1939, 45, pp. 257-306; N. Walker, *The bridge*, Cassell, Londres, 1927; N. Walker, *Through a stranger's hand*, Hutchinson, Londres, 1935; cf. también J. F. Thomas, *Beyond normal cognition*, Boston Society for Psychic Research, Boston, 1937.

218. C. D. Thomas, «A proxy case extending over eleven sittings with Mrs Osborne Leonard», *Proceedings of the Society for Psychical Research*, 1935, 43, pp. 439-519.

desenvuelto a través de Feda, que hizo referencias inequívocas a detalles como un salero en forma de perro que había sido suyo, un disfraz de valet de corazones que se había puesto en cierta ocasión, varias visitas con su abuelo a un laboratorio de química, un aparato gimnástico que había instalado en su habitación y los ejercicios que había hecho con él, una patinadora por la que sentía cariño, una herida que se había hecho en la nariz y la topografía de su pueblo (con nombres de lugares). Lo más curioso de todo, y Bobbie no hizo más que repetirlo a través de Feda, fue que semanas antes de morir su salud se vio seriamente afectada por culpa de unas «cañerías tóxicas», que redujeron sus defensas ante la difteria. En relación con las cañerías, habló de ganado, una especie de establo y agua corriente. Esto no significaba nada para la familia, pero cuando se emprendió una investigación se descubrieron unas cañerías de agua cerca de las cuales había estado jugando con un amigo. El lugar respondía a la descripción dada, y es posible que Bobbie hubiera bebido allí agua contaminada.

En otro caso, el profesor E. R. Dodds, crítico muy conocido de los indicios de la supervivencia, solicitó a Drayton Thomas que tratara de ponerse en contacto con un tal Frederic William Macaulay, de parte de la hija de Macaulay, la señora Lewis. Durante cinco sesiones en que Thomas hizo de delegado hubo claras referencias al trabajo de Macaulay, que había sido ingeniero hidráulico. Los pasajes que siguen se refieren a asuntos más personales[219]. La señora Lewis, hija de Macaulay, hizo luego anotaciones que aquí aparecen entre corchetes.

FEDA: Con él hay un tal John y un tal Harry. Y Race..., Rice..., Riss..., podría ser Reece, pero suena Riss, y Francis. Son nombres de personas que están relacionadas con él o han estado vinculadas con él en el pasado, en momentos felices. Percibo una casa activa y bulliciosa en que era bastante feliz.

---

219. C. D. Thomas, «A proxy experiment of significant success», *Proceedings of the Society for Psychical Research*, 1938-1939, 45, pp. 265-269.

[Es un pasaje muy curioso (…) La época más feliz de mi padre transcurrió seguramente cuatro o cinco años antes de la guerra, cuando sus cinco hijos íbamos a la escuela y los días de fiesta la casa se llenaba siempre de amigos nuestros. John, Harry y Francis podrían ser de aquel grupo (…) Pero el pasaje más interesantes es «podría ser Reece, pero suena Riss» (…) Mi hermano mayor iba a la escuela de Shrewsbury y allí concibió una especie de admiración heroica por un chico de sexto llamado Rees. Nos escribió sobre él varias veces y siempre me llamó la atención que el nombre se escribiera «Rees» y no «Reece». Los días de fiesta mi hermana y yo nos burlábamos de él canturreando «No Reece, sino Riss», hasta que nuestro padre nos hizo callar.]

FEDA: Percibo ahora una palabra curiosa…, ¿pudo estar interesado por… cuartos de baño? Ah, dice que he captado la palabra exacta, baños. La deletrea, BAÑOS. Su hija lo entenderá, dice. No es muy corriente, pero suena a algo especial.

[Para mí es lo más interesante que ha aparecido hasta ahora. Los baños siempre fueron motivo de bromas en nuestra familia; mi padre hacía mucho hincapié en que no había que malgastar el agua bañándonos demasiado o dejando que los grifos gotearan. Es difícil explicar hasta qué punto este me parece un detalle íntimo (…) La mención de los baños aquí me parece además una indicación del extraño humor de mi padre, una característica que no se veía hasta ahora.]

FEDA: … Godfrey; ¿quiere preguntar a la hija si recuerda a alguien llamado Godfrey? Ese nombre representa un fuerte vínculo con los viejos tiempos.

[El empleado en quien más confiaba mi padre, uno que le ayudaba especialmente en las investigaciones hidráulicas, se llamaba William Godfrey. Estuvo años con mi padre y lo recuerdo desde la más tierna infancia…]

FEDA: ¿Qué es esto?… Peggy… Peggy…, Peggy…, me da un diminutivo como Puggy o Peggy. Parece un nombre especial, un apodo especial, y creo que su hija sabe algo…

[A veces, mi padre me llamaba *pug-nose* («chata») o Puggy.]

En total se dieron 124 datos informativos: 51 se calificaron de exactos, 12 de buenos, 32 de suficientes, 2 de flojos, 22 de dudosos y 5 de erróneos. Dodds, el instigador del experimento, señala: «A mí me parece que los resultados obtenidos no pueden atribuirse al engaño, ni a la influencia racional de los hechos expuestos, ni a la telepatía con el peticionario presente ni a la casualidad, ni por sí solos ni en combinación».

Muchos detalles que se dieron en estos dos casos por poderes solo pudieron comprobarse consultando con los amigos y parientes de los difuntos; que sepamos, no había fotos, ni informes escritos a mano o impresos, ni ningún otro elemento físico que, percibido por clarividencia, pudiera haber aportado información. En muchas ocasiones la información no estaba ya en posesión de ninguna persona viva. En el caso de Bobbie Newlove, ningún miembro de la familia del comunicante sabía nada de ciertos datos fundamentales (lo de las cañerías y su situación). Nos vemos obligados a atribuir su aparición o a la comunicación telepática entre la señora Leonard y el amigo de Bobbie que jugaba con él cerca de las cañerías o a la inspección clarividente del lugar, con una serie de hábiles conjeturas sobre las probables costumbres de Bobbie. Si nos decantáramos por la hipótesis PES (o super-PES), tendríamos que presuponer que la señora Leonard localizó (telepáticamente o por clarividencia) dos fuentes de información, las aprovechó y ordenó y sintetizó los resultados.

Un innegable problema subyacente para la hipótesis PES que comportan las sesiones por poderes con resultados acertados es *cómo* se las arreglan los médiums para localizar (telepáticamente o por clarividencia) fuentes de información tan a propósito para el caso. Estas fuentes están muy alejadas de la sesión y del peticionario, cuya misma existencia es a veces poco probable que conozca. Podríamos imaginar que el médium conoce por la mente del peticionario la identidad de su «principal» (la persona a la que representa por poderes) y que esto, de algún modo, lo capacita para dirigirse a la mente del principal; de la mente del principal obtiene indicaciones sobre otras fuentes de las que puede conseguir información; y así sucesivamente. Basta con que nos preguntemos adónde iríamos a parar por este camino para comprender que proponer esta solución es grotesco e inverosímil.

Naturalmente, tenemos que añadir que la teoría supervivencialista también tiene que enfrentarse al problema de cómo se las apañó Feda para localizar a Bobbie Newlove, a F. W. Macaulay y a los demás en el «otro lado», con objeto de extraerles mensajes probatorios. ¿Lo hizo por PES? Desde luego, hablaba a menudo como si su percepción de los comunicantes fuera de carácter fluctuante e inseguro. Sin embargo, si hay «otro mundo» al que van nuestros espíritus al morir, quizás sea lógico suponer que contiene alguna forma de red permanente de comunicaciones o algún servicio de información celestial.

En algunos casos delegados los principales han llegado a la conclusión de que los mensajes recibidos contenían no solo información exacta, sino además asomos de características personales (humor, intereses, expresiones, etc.) de los supuestos comunicantes. Si su opinión es acertada, tenemos que atribuir también al médium el mérito de escoger los datos pertinentes y luego, en vez de ofrecerlos en píldoras afirmativas («Tenía un árido sentido del humor»), organizarlos como una obra de teatro, poniendo en escena el árido sentido del humor del comunicante (o cualquier otra cosa que lo caracterizase). La verdad es que, cuantos más dotes inusuales tenemos que atribuir a los médiums para apoyar la hipótesis de la super-PES, más engorrosa y difícil de manejar se vuelve la hipótesis.

Comunicantes intrusos

Incluso en las sesiones delegadas que consiguen buenos resultados sigue habiendo —según se arguye a menudo, por inverosímil que parezca— alguna clase de vínculo entre el médium y la persona o personas ausentes que tienen la información pertinente. Sin embargo, en casos de otra especie faltan incluso esos lazos tenues y demasiado indefinidos. La clase a que me refiero es la que Ian Stevenson llamó de comunicantes «intrusos», es decir, comunicantes que llegan de manera inesperada y sin ser invitados y al parecer son desconocidos para médiums y peticionarios[220]. Tenemos informes de una cantidad de casos en los que los comunicantes intrusos han hecho declaraciones sobre sí mismos y sus actividades profesionales que luego ha sido posible comprobar, revelando que en otro tiempo fueron personas reales que murieron, sin que supieran nada al respecto ni los médiums ni los peticionarios.

Estos casos son de interés evidente y sus potenciales consecuencias teóricas son, en general, contrarias a la hipótesis de la super-PES y favorables a la teoría de alguna forma de supervivencia. ¿Por qué, en los casos de intrusos verificados, debería la superPES del médium aclarar hechos sobre esos difuntos concretos que no tienen ninguna conexión con el médium ni con los peticionarios? Los hechos relativos a la gran mayoría de comunicantes intrusos no son particularmente llamativos; tampoco los médiums ni los peticionarios tienen ningún motivo especial para desear información sobre ellos. Casi todos proceden del país del médium y hablan su idioma. Pero, al margen de estas salvedades, parece que estamos obligados, a propósito de la hipótesis de la super-PES, a suponer que la selección del comunicante depende de la influencia aleatoria de factores totalmente desconocidos.

En casi todos los casos de intrusismo hay una posible fuente individual, por ejemplo un informe impreso o la memoria de una persona viva, de la que el médium, mediante sus presuntos poderes extrasensoriales, podría haber extraído toda su información. Pero ¿y si (y algunos casos podrían al menos acercarse a este grupo) la información necesaria se ha conseguido solo mediante el rastreo de una serie de fuentes individuales, por ejemplo, de recuerdos de diversas personas o de una serie de informes impresos? ¿Qué hace el médium, tras seleccionar al difunto que presentará a los peticionarios, para distinguir, entre los innumerables

---

220. I. Stevenson, «A Communicator unknown to medium and sitters», *Journal of the American Society for Psychical Research*, 1970, 64, pp. 53-65.

datos que están a su disposición telepáticamente o por clarividencia, los que son y solo los que son pertinentes para aquel difunto? Hasta donde sé, no tenemos, fuera del contexto de la mediumnidad, ni un solo caso debidamente comprobado de clarividencia capaz de leer un pasaje oculto de prosa con el detallismo que se pide.

Cabe pues idear un modelo ideal de intrusismo que lleve la hipótesis de la super-PES al límite de lo inteligible; incluso, más allá de ese límite. Un caso así tendría los rasgos siguientes:

(a) El comunicante intruso tendría un motivo poderoso y comprensible para desear la comunicación; un motivo claramente más poderoso del que podría tener el médium para desear el contacto con él.

(b) La información que trasmite sería tal que el médium no pudiera haberla obtenido en su totalidad por contacto extrasensorial con ninguna persona viva o documento.

(c) Podemos estar razonablemente seguros de que el médium no ha podido obtener esa información por medios corrientes.

La teoría supervivencialista tiene una ventaja evidente cuando se trata de explicar por qué el médium elige a un difunto y no a otro: el difunto se elige a sí mismo. Como señala Stevenson, «algunos comunicantes "intrusos" han explicado muy bien su presencia y sus motivos para querer comunicarse son una parte importante del caso total que ha de explicarse, al igual que la procedencia de toda información que se comunique»[221]. Ciertamente, es difícil decidir hasta qué punto han de tomarse en serio las explicaciones que dan los propios comunicantes para justificar su presencia; aunque a veces, al menos, las explicaciones alegadas coinciden con el «carácter del sujeto».

Los casos de comunicantes intrusos comprobados son muy escasos en la literatura «acreditada» sobre investigaciones psíqui-

---

221. Ibid., p. 63.

cas; y es difícil decir hasta qué punto esta escasez refleja una escasez general[222]. A menudo se presiona a los médiums investigados para que excluir a los comunicantes que no sean los deseados
por el peticionario. Además, la comprobación de casos de intrusismo requiere mucho tiempo y, muy a menudo, un conocimiento eficaz del sistema de registros públicos del país y acceso a una
biblioteca importante. Comunicantes intrusos de máxima autenticidad podrían entrar y salir de las típicas sesiones espiritistas de
amigos y familiares sin que a nadie se le ocurra la posibilidad de
hacer comprobaciones sobre ellos. Y cuando se han hecho estas
comprobaciones, por lo general no han cumplido con todos los
requisitos de rigor.

En la literatura hay al menos un caso cuidadosamente estudiado en que un comunicante intruso hizo una serie de afirmaciones
exactas que no pudieron haberse obtenido ni por localización clarividente de documentos, necrológicas, etc. ni por indagación telepática de la mente de ninguna persona viva. Me refiero al caso
de Runolfur Runolfsson («Runki»), de Islandia, en el que el médium fue Hafsteinn Bjornsson y los investigadores Erlendur Haraldsson e Ian Stevenson[223].

Un comunicante particularmente excéntrico empezó a manifestarse a través del médium, que estaba en trance. Ocurrió en Reikiavik, capital de Islandia, entre 1937 y 1938. Sentía un ardiente deseo
de rapé, café y alcohol, se negó a dar su nombre y repetía que buscaba su pierna. Preguntado por dónde estaba dicha pierna, respondió: «en el mar».

222. Véanse por ejemplo: E. B. Gibbes, «Have we indisputable evidence of survival?», *Journal of the American Society for Psychical Research*, 1939, 31, pp. 65-79; J. A. Hill, *Experiences
with mediums*, Rider, Londres, 1934, pp. 97-102; F. W. H. Myers, *Human personality and
its survival of bodily death*, Longmans, Green and Co., Londres, 1903, vol. 2, pp. 471-477;
Stevenson, ibid.,; I. Stevenson, «A communicator of the "drop-in" type in France: the case
of Robert Marie», *Journal of the American Society for Psychical Research*, 1973, 67, pp. 47-76;
G. N. M. Tyrrell, «A communicator introduced in automatic script», *Journal of the Society
for Psychical Research*, 1939, 31, pp. 91-95; G. Zorab, «A case for survival», *Journal of the
Society for Psychical Research*, 1940, 31, pp. 142-152.

223. E. Haraldsson e I. Stevenson, «A Communicator of the "drop in" type in Iceland: the
case of Runolfur Runolfsson», *Journal of the American Society for Psychical Research*, 1975,
69, pp. 33-59.

En enero de 1939, Ludvik Gudmundsson, propietario de una fábrica pesquera de Sandgerdi, pueblo situado a unos cincuenta kilómetros de Reikiavik, se unió al círculo de curiosos. El desconocido comunicante manifestó gran interés por aquel nuevo peticionario y al final dijo que la pierna perdida estaba en Sandgerdi, en la casa del industrial. Tras recibir muchas presiones por parte de los peticionarios, hizo la siguiente declaración:

> Me llamo Runolfur Runolfsson y cuando morí tenía cincuenta y dos años. Vivía con mi mujer en Kolga o Klappakot, cerca de Sandgerdi. Había salido de Keflavik [a unos diez kilómetros de Sandgerdi] al caer el día y estaba borracho. Me detuve en casa de Sveinbjorn Thordarson, en Sandgerdi, y tomé allí un refrigerio. Cuando iba a irme, el tiempo estaba tan malo que no querían que me marchara solo. Me enfadé y dije que si no me dejaban ir solo, no me iba. Mi casa estaba a unos quince minutos a pie. Así que me marché solo, pero me calé hasta los huesos y me sentí cansado. Anduve por los guijarros de la playa y llegué a una roca llamada Flankastadaklettur, que actualmente casi ha desaparecido. Allí me senté, saqué la botella y bebí otro poco. Entonces me quedé dormido. Subió la marea y me arrastró. Esto fue en octubre de 1879. Me encontraron en enero de 1880. La marea me había devuelto a tierra, pero entre los perros y los cuervos me despedazaron. Mis restos fueron encontrados y enterrados en el cementerio de Utskalar [a unos seis kilómetros de Sandgerdi]. Pero había perdido el fémur. El mar se lo había llevado otra vez, aunque la corriente lo arrastró hasta Sandgerdi. Fue de aquí para allá y ahora está en casa de Ludvik[224].

El comunicante reveló asimismo que había sido un hombre muy alto. La extraordinaria historia de Runki fue comprobada luego en todos sus detalles, aunque parece que no se había detenido en casa de Sveinbjorn Thordarsson. Ludvik no sabía nada de la presencia de ningún fémur en su casa, aunque después de inte-

---

224. Ibid., p. 39.

rrogar a los ancianos de la localidad se enteró de que un hueso así, que se creía arrojado a tierra por el mar, fue colocado en una pared interior allá en los años veinte. Se recuperó y resultó que era el fémur de un hombre muy alto. Nadie sabía de quién era y no existía ningún documento escrito que dijera si faltaba el fémur entre los restos de Runki. La pregunta que hay que hacerse es por qué el comunicante tenía un conocimiento tan detallado del asunto, aunque que se tratara del propio Runki y aunque el fémur fuera efectivamente suyo.

Las restantes afirmaciones que hizo pudieron comprobarse casi por entero en dos fuentes manuscritas: los libros parroquiales de Utskalar (hoy en los Archivos Nacionales de Reikiavik) y los *Anales de Sudurnes*, del reverendo Sigurdur Sivertsen, que se guardaban inéditos y apenas conocidos en la Biblioteca Nacional de Reikiavik. Que Runki había sido alto fue confirmado por su nieto, que, sin embargo, no lo había conocido e ignoraba lo del hueso y otros detalles importantes. Por lo tanto no pudo haber sido, ni por telepatía ni por conductos normales, una fuente válida para todos los datos que se comunicaron. Es posible que el editor que en 1953 preparó los *Anales de Sudurnes* para publicarlos conociera en 1939 los detalles fundamentales de la historia, pero desconocía lo del hueso. Tampoco conocía a Hafsteinn antes de 1940.

Haraldsson y Stevenson resumieron las posibilidades como sigue:

[...] no parece factible atribuir toda la información a una sola persona o una sola fuente escrita. Pensamos que podría hacerse si el médium hubiera obtenido la información normalmente o por percepción extrasensorial. Creemos, por lo tanto, que en la interpretación del caso hay que suponer la existencia de algún proceso de integración de detalles derivado de diferentes personas u otras fuentes. La forma más sencilla de explicar esta integración sería que Runki sobrevivió a su muerte física, que conservó muchos recuerdos y que se comunicó mediante la mediumnidad de Hafsteinn. No obstante, se sabe de personas con capacidad psíquica que han obtenido éxitos notables derivando e integrando información sin la participación de ninguna personalidad presuntamente incorpórea[225].

Si es posible la comunicación entre los vivos y los muertos y puede establecerse a través de los médiums, la aparición de comunicantes intrusos es de esperar, pues tiene que haber multitud de muertos recientes deseosos de enviar mensajes de consuelo y calma, y también consejos, a las personas a las que quieren. Si no hubiera habido ningún informe relativo a comunicantes intrusos comprobados, la postura supervivencialista se vería seriamente debilitada. Tal como están las cosas, corresponde a los supervivencialistas o dar explicaciones o presentar razones para desmentir la supuesta rareza de tales casos.

Conclusión

Para terminar, diré que, en mi opinión, en cada uno de los campos que he abordado hay una serie de casos que sugieren con convicción alguna forma de supervivencia. Pero lo que sabemos guarda con lo que *no* sabemos la misma relación proporcional que un cubo lleno de agua con un océano.

Y aun en el caso de que aceptáramos que en el estado actual de nuestros conocimientos los fenómenos observados se explican mejor con alguna clase de teoría supervivencialista, siguen quedando muchos temas en el aire. En la gran mayoría de casos propicios, la personalidad «superviviente» que alega continuidad respecto de un ser anteriormente vivo o corpóreo solo consigue darlo a entender en un número de aspectos muy limitado, y podría no saber hacerlo en lo referente a otros. Evidentemente, esto no significa que detrás de las manifestaciones observadas no exista una continuidad totalmente posible; pero sí significa que la hipótesis de la continuidad total está sin demostrar y que, en consecuencia, sigue abierta toda clase de posibilidades. ¿Hay supervivencia parcial o completa? ¿Su-

---

225. Ibid., p. 57.

pervivencia sensible o (lo que es mucho peor que la mera extinción) una supervivencia que no es más que una apagada conciencia que persiste? ¿Hay supervivencia a largo plazo, o solo durante un breve período de desintegración progresiva? ¿Hay una supervivencia gozosa, o de las que es preferible evitar? ¿Sobrevivimos como individuos, o con una individualidad en su mayor parte disuelta en algo más grande? ¿La supervivencia es la norma, o solo una anomalía? No veo que por el momento estas y otras muchas preguntas tengan una respuesta muy clara.

Solo puedo decir a modo de conclusión que, basándonos en los indicios más seguros que tenemos, es posible defender la creencia racional en alguna forma de supervivencia, pero también impugnarla. Una argumentación racional, sea cual sea su tendencia, basada en indicios, por difícil que sea interpretarlos, es preferible a creer o negar sin saber nada.

18

En busca del cuervo blanco

Alan Gauld, en el capítulo anterior, presentaba algunos de los casos más convincentes que se han estudiado sobre la mediumnidad con trance. La hipótesis de que en la mediumnidad mental y en la de trance puede haber comunicación con personalidades fallecidas es ciertamente plausible, aunque imposible de demostrar. Sin duda, hay otros casos igual de convincentes de médiums que se han sometido e estrictos controles y han manifestado aptitudes parecidas a las de las señoras Piper y Leonard.

Los comunicantes intrusos —«espíritus» completamente desconocidos por el médium y los peticionarios que aparecen sin ser invitados— son particularmente probatorios. Alan Gauld es un investigador minucioso y muy objetivo, con decenios de experiencia, que tiende a pecar de cauteloso a la hora de interpretar los acontecimientos que se producen en sesiones con médiums. (Tengo el honor de haber tenido con él largas conversaciones por correo electrónico a propósito de muchos temas, entre ellos su asistencia a varias sesiones.) Afirmaba en su capítulo que los casos de intrusismo que habían sido «resueltos» —lo que quiere decir que se ha demostrado que la personalidad que da información al infiltrarse ha vivido realmente en este mundo— son «contrarios a la hipótesis de la super-PES y favorables a la teoría de alguna forma de supervivencia». No hay muchos casos como estos que estén documentados —aunque seguramente hay otros que nos son desconocidos—, pero basta encontrar un cuervo blanco para demostrar que no todos los cuervos son negros.

Además de no tener relación con el médium ni con los peticionarios, estos comunicadores no invitados se presentan con una razón lógica para desear comunicarse que solo es útil para ellos mismos y no para las personas presentes en la habitación. Si el médium estuviera utilizando su «super-PES», como la llama Alan —capacidad psi de agente vivo ilimitada—, los hechos de la vida del comunicante tendrían que ser tomados, por lo general, de varias clases de fuentes oscuras, en múltiples lugares, y luego reunidos para crear la personalidad. El especializado nivel de telepatía y de clarividencia necesario para hacer esto sería casi inimaginable. ¿Y por qué motivo? Incluso Stephen Braude, experto en LAP [psi de agente vivo], está de acuerdo con Alan Gauld. «Los casos de intrusismo tienen mucha lógica desde el punto de vista de los motivos que da el presunto comunicante para comunicarse —dice—. En consecuencia, las interpretaciones supervivencialistas de esos casos parecen más mezquinas que sus alternativas de super-psi. Aunque los mejores casos no son obligatoriamente vinculantes, los indicios que arrojan las intrusiones en general parecen dar peso a la supervivencia»[226].

El caso de la pierna de Runki que presentó Alan, investigado por el psicólogo Erlendur Haraldsson de la Universidad de Islandia y el psiquiatra Ian Stevenson, es un buen ejemplo. Haraldsson describirá más abajo otro caso asombroso de comunicante intruso —un caso que creo incluso más impresionante que el de la pierna de Runki— en un capítulo dedicado al médium físico Indridi Indridason.

También me parece significativo que algunos médiums mentales tengan clara la diferencia entre el uso de su LAP (cuando reciben información de fuentes de este mundo) y el uso de la capacidad psi superviviente (cuando reciben información de incorpóreos). Los escaneos cerebrales muestran que por lo menos hay una diferencia entre las dos modalidades, poniendo de manifiesto que operan desde diferentes partes del cerebro. En el caso de la médium Laura

---

226. Braude, *Immortal remains*, p. 51.

Lynne Jackson, las partes cerebrales que se activaban para ejercer una y otra función se correspondían con el lado de la metafórica «pantalla interior» con que ella distinguía una lectura psíquica de otra en que la información le llegaba «del otro lado». Aunque el escáner no nos dice qué diferencia hay entre las dos funciones, estas indican que la mediumnidad mental altamente desarrollada —y Laura es una médium excepcionalmente exacta— implica algo más que la información adquirida psíquicamente, tal como dicen los médiums.

Los indicios que representan los recuerdos intermedios y de vidas anteriores que se han comprobado, y los procedentes de las distintas variedades de experiencias cercanas a la muerte, de muerte real y fin-de-vida, sugieren que la conciencia podría funcionar independientemente del cerebro y trasladarse de una vida a la siguiente. Cuando se considera en conjunto todo esto, con sus diferentes componentes interconentados y dándose mutuo apoyo, el peso de la hipótesis supervivencialista aumenta. Todos los datos parecen apuntar a la misma realidad. Incluso Braude, después de trescientas páginas de análisis en *Immortal remains*, concluye: «Creo que podemos afirmar, con pocas garantías pero con alguna justificación, que los indicios nos aportan una base razonable para creer en la supervivencia personal *post mortem*»[227]. Visto el rigor con que analizaba la hipótesis LAP, fue una conclusión muy esperanzadora.

He hecho aquí una pausa para reflexionar un instante a propósito de los contundentes indicios presentados hasta el momento. Pero ahora hemos de dar otro paso adelante. Plantearé la siguiente pregunta, que se sigue de modo natural de esta sección que concluye: si las entidades incorpóreas pueden comunicarse a través de médiums con quienes estamos en este mundo físico, ¿podrían también presentarse directamente, comunicándose con nosotros sin intermediarios? Si están realmente tan cerca, si son tan capaces y conscientes de que pueden encontrar un médium vinculado con un peticionario al que conocieron en tiempos, ¿por qué no han de poder manifestarse ante nosotros lo suficiente para que las veamos y oiga-

---

227. Ibid., p. 306.

mos por nosotros mismos o para influir en nuestro entorno de tal modo que percibamos su presencia? Ahora pasaremos a considerar diferentes tipos de comunicación que podemos recibir directamente. Para los situados en el extremo receptor de la transmisión, el impacto suele ser mayor incluso que la mejor lectura de un médium. En el siguiente capítulo contaré a los lectores mis propias experiencias, experiencias inesperadas que me sucedieron mientras investigaba el material de este libro.

19

Comunicaciones *post mortem*

Sospecho que muchos lectores habrán tenido experiencias durante las que habrán pensado que han establecido alguna clase de comunicación con amigos o familiares fallecidos, y si no es así, seguro que conocen a alguien que las ha tenido. Es posible que algunas personas se sientan incómodas hablando de estos acontecimientos por lo general extraños (yo soy una de ellas, pero hago de tripas corazón para describirlos aquí). Las «comunicaciones *post mortem*» (CPM) son espontáneas, señales personales que creemos procedentes de una persona querida que ha fallecido, que parecen inconfundiblemente claras y muy significativas para quien las recibe. Por lo general no son solicitadas y pueden llegar produciendo una conmoción en el mundo, por lo demás normal y corriente, de alguien que tal vez no crea posibles estas cosas. En otras ocasiones podrían llegar como respuesta directa a la petición de una señal o manifestación física de la conciencia fallecida.

Como vienen y se van rápidamente, y raras veces se documentan, las CPM no son probatorias en sentido estricto. Sin embargo, estas experiencias pueden cambiar el curso de toda una vida y propiciar la fe en la supervivencia entre los receptores, porque los mensajes pueden ser muy personales, íntimos y concretos. Muchos receptores están de duelo, añoran profundamente a la persona fallecida. Es lógico preguntar si las comunicaciones que se perciben son generadas por nosotros mismos inconscientemente, con el fin de satisfacer una necesidad psicológica: ¿qué podría consolarnos más que tener un indicio de que la persona amada no está realmente muerta? Es posible que todas las CPM sean manifestaciones inconscientes que llegan por una capacidad psi de agente vivo y que no tengan nada que ver con el mensajero declarado. Pero en algunas entran en juego múltiples receptores o fenómenos físicos muy inusuales. Y el receptor no alberga ninguna duda de la procedencia de las más contundentes. Los lectores tendrán que juzgar por sí mismos.

Las comunicaciones *post mortem* se manifiestan de muchas formas. Hay «visitas en sueños» que son muy vívidas y parecen «reales», y que nunca se olvidan; formas o apariciones que se mueven; efectos eléctricos en electrodomésticos, bombillas, radios u ordenadores (que se encienden y se apagan); objetos que se mueven o aparición inexplicable de algún objeto cargado de significado; luces que no sabemos de dónde proceden; voces exteriores u otros sonidos; olores relacionados con la persona fallecida; sensaciones táctiles; o, simplemente, la fuerte sensación de una presencia.

Lloyd Auerbach, parapsicólogo y autor del capítulo sobre apariciones que viene después de este, perdió a un amigo, un mentor y un espíritu afín cuando murió Martin Caidin el 24 de marzo de 1997[228]. Caidin, piloto y autoridad en temas de aviación, escribió más de cincuenta libros, entre ellos la novela *Cyborg*, que fue la base de la película y serie de televisión *Six million dollar man*. También tenía la capacidad de mover objetos con la mente (psicoquinesia) y estaba muy interesado por lo paranormal. Años después dio clases en talleres en los que habló sobre estos temas, y Lloyd empezó a trabajar con él entonces.

Nueve días después de morir Marty, Lloyd iba con el coche por una carretera de California, oyendo la radio. De pronto tuvo la sensación de que había alguien más en el coche. Era un coche nuevo en el que nunca nadie había fumado, pero Lloyd percibió un

---

228. La historia que sigue procede de Lloyd Auerbach, *A paranormal casebook: ghost haunting in the new millenium*, Atriad Press LLC, 2005, pp. 19-24.

fuerte olor a tabaco. No había forma de explicarlo, aunque Lloyd supo de qué se trataba. Reconoció el olor de los puros que Mary fumaba a menudo delante de él, y que quedó flotando en el coche durante unos cinco minutos. Lloyd comprendió que su amigo había vuelto para despedirse.

Aquella misma mañana llamó a un piloto que era amigo suyo y de Marty, y que vive en la costa atlántica, para contarle lo del olor a puro en el coche. Pero antes de tener tiempo de decirle nada, el piloto contó a Lloyd que su llamada era una pasmosa coincidencia. Dijo que a eso de las diez, hora de la costa este, sintió una presencia en la cabina de mando de su avión y un fuerte olor a puro. Al igual que Lloyd, el piloto reconoció que era Marty. La hora de los dos acontecimientos coincidía. Y para hacer el episodio más notable, otro piloto amigo de Marty tuvo la misma experiencia en su avión unos minutos más tarde.

Ninguna de estas personas, profesionales competentes y con la cabeza sobre los hombros, tuvo la menos duda de que Marty les había hecho una visita. Que hubiera ocurrido tres veces, ante tres personas casi al mismo tiempo, es lo que vuelve notable el acontecimiento. ¿Pudieron los tres haber creado inconscientemente la experiencia por sus propios medios porque esperaban que Marty se pusiera en contacto con ellos? De ser así, parece muy poco probable que la señal inventada tuviera que ser la misma en los tres casos y que se percibiera a la misma hora.

Jane Katra tiene un doctorado en salud pública, fue profesora en la Universidad de Oregón y ha escrito dos libros sobre conciencia no-local y salud en colaboración con el físico Russell Targ, pionero en la invención del láser[229]. En 2002 falleció Elisabeth Targ, hija de Russell y amiga íntima de Jane. Elisabeth había pasado diez años en la Universidad de Stanford, donde se había titulado como traductora de lengua rusa y luego se había licenciado en medicina. En enero de 2002 los Institutos Nacionales de la Salud le concedieron una beca de millón y medio de dólares para realizar dos estudios de

---

229. Jane escribió con Russell Targ *Miracles of mind: exploring nonlocal mind and spiritual healing*, New World Library, 1999, y *The heart of the mind: using our minds to transform our consciousness*, White Crow Books, 2011.

curación a distancia mediante plegarias, uno de pacientes con glioblastoma multiforme, un tumor cerebral muy agresivo y poco frecuente. Dos meses después, diagnosticaron a Elisabeth un tumor del mismo tipo que crecía con mucha rapidez. Murió a los cuarenta años en Palo Alto, California.

Procedente de una familia de orientación científica, Jane no aceptaba que pudieran recibirse mensajes de las personas muertas. Ella y otras personas cambiaron de opinión cuando Elisabeth, según parece, se puso a mandar tantos mensajes y señales a tantas personas que el origen de estos solo podía ser uno[230]. Jane explica:

He sido receptora o testigo de más de treinta sorprendentes y espontáneas comunicaciones de Elisabeth. Las más probatorias fueron las recibidas por más de una persona al mismo tiempo; un comunicado en lengua extranjera, desconocida por el receptor; luces que se encendían y apagaban o libros sobre salud que se caían solos de los estantes cuando la gente hablaba de ella; mensajes sobre serios problemas de salud dirigidos a dos personas que no sabían nada del tema; y una predicción enviada fragmentariamente a varias personas que solo se entendía cuando se juntaban los fragmentos[231].

Uno de los episodios más impresionantes ocurrió unos días después del servicio que se celebró por el fallecimiento de Elisabeth. El marido de esta recibió una carta de Kate, una amiga íntima de la difunta que vivía en el estado de Washington. Kate decía que había tenido un sueño en el que Elisabeth le pedía que enviara un mensaje a su marido. Dijo que Elisabeth se había puesto a canturrear incoherencias que repitió muchas veces, con tanta insistencia que Kate despertó. Incluso despierta siguió oyendo aquellos sonidos, así que se levantó y los apuntó como si escribiera al dictado. Kate no sabía qué significaban ni cómo se escribían, pero los había oído

---

230. Fueron muchas las CPM de Elisabeth Targ dirigidas a Jane y otras personas. Para saber más, consúltese janekatra.org.

231. Jane Katra, comunicación personal, 12 de enero de 2016.

tantas veces que fue capaz de transcribirlos fonéticamente. Para ella no eran más sílabas sueltas. He aquí lo que escribió:

IA TI BIA VI YU
IA TI BIA LU BLU
IA SDYES, IA SDYES

Puesto que se le dijo que el mensaje era para el marido de Elisabeth, Kate se lo envió. El marido lo recibió cuando estaba comiendo con Jane y con Russell Targ y propuso a Jane que lo leyera en voz alta para que lo oyeran todos. Jane leyó varias veces la serie de sílabas y entonces Russell exclamó: «¡Un momento! ¡No son incoherencias! ¡Es ruso!» En efecto, aquellas expresiones significaban:

IA TI BIA VI YU: Te veo
IA TI BIA LU BLU: Te quiero
IA SDYES, IA SDYES: Yo aquí, yo aquí (es decir, estoy aquí)

En ruso de verdad era:

я тебя вижу
я люблю тебя
я здесь

Kate averiguó que la remitente del texto no hablaba ruso, nunca había estado en Rusia y nunca había oído a nadie hablar en ruso. Un concreto mensaje *post mortem* se había enviado en un idioma extranjero a través de una tercera persona que no entendía ni palabra del mismo.

«Quería dejar mi huella en el mundo siendo inteligente —dice Jane—. Mi marco de trabajo era la ciencia y la investigación útil. No nos interesábamos por la religión. Yo no creía en la supervivencia de la conciencia después de la muerte ni en las CPM. Y, desde luego, no creía que esas cosas les pasaran a personas como yo. Pero poco a poco comprendimos yo y muchos otros que estas comunicaciones procedían realmente de Elisabeth Targ. Ya no me cabía ninguna duda»[232].

Las CPM son más frecuentes de lo que creemos. A mediados de los años setenta, Erlendur Haraldsson, profesor emérito de psicología de la Universidad de Islandia, realizó una encuesta en la que preguntó a 902 islandeses si habían sido alguna vez conscientes de la presencia de un difunto. El treinta y uno por ciento respondió que sí[233]. En otra encuesta realizada en 1980 en Europa Occidental, el 25 por ciento alegó haber estado en contacto con alguna persona fallecida[234], y en Estados Unidos el resultado afirmativo fue del 31 por ciento[235]. En los años que siguieron a esta encuesta, Haraldsson hizo entrevistas en profundidad a más de 450 personas que habían recibido CPM[236].

Las opiniones del público en general no dan estos resultados. Y es razonable suponer que algunos informes de Haraldsson sean cuestionables, fruto de la imaginación o de lo que las personas desearían, a pesar de los protocolos impuestos para que la investigación fuera imparcial y las entrevistas muy minuciosas. Pero cuando las personas se ponen a charlar no se toman el tiempo necesario para responder a preguntas detalladas. Y a veces hay muchos testigos en algunas CPM. Otras proceden de personas que el receptor no sabe que han fallecido. A veces puede llegar un mensaje que el receptor no entiende, porque va dirigido a un tercero, como sucedió en el caso de Jane Katra. «Cuando tenemos en cuenta todas las versiones que hemos recogido, es imposible rechazarlas todas alegando que se trata de fantasías y de percepciones falsas —concluye Haraldsson—. Ahí hay algo real, por lo menos en algunas versiones»[237].

---

232. Katra, ibid.

233. Erlendur Haraldsson, *The departed among the living: an investigative study of afterlife encounters*, White Crow Books, 2012, p. 1.

234. Erlendur Haraldsson y Joop Houtkooper, «Psychic experiences in the multinational human values study: who reports them?», *Journal of the American Society for Psychical Research* 85 (abril de 1991), p. 145.

235. Haraldsson, *Departed among the living*, p. 1.

236. Ibid., p. 2.

237. Ibid., p. 233.

Haraldsson se dio cuenta de que aproximadamente la mitad de las comunicaciones se recibieron antes de transcurrido un año del fallecimiento y tres cuartas partes antes del fin del cuarto año[238], lo cual a mí no me sorprende, puesto que la conexión entre los que se quedan y los que se van tiende a ser más intensa cuanto menor es el tiempo transcurrido desde el fallecimiento. Lo más interesante es que, en el 86 por ciento de las comunicaciones recibidas antes de transcurridas veinticuatro horas de la defunción, el receptor no sabe que la persona percibida ha muerto o está en trance de muerte. En las comunicaciones recibidas antes de transcurrida una hora, el 89 por ciento de los receptores adujo no saber que la persona encontrada hubiera muerto[239].

En los sondeos de Islandia, el 28 por ciento de las muertes tanto de hombres como de mujeres que al parecer emitieron CPM se debió a causas súbitas, inesperadas y violentas, por lo general a accidentes[240]. Esto quiere decir que en este país hubo, proporcionalmente, una cantidad de muertes violentas muy superior a la de la población en general (solo el 7,8 por ciento entre 1941 y 1970)[241]. Casi todos los comunicantes eran hombres, lo que tiene lógica, porque suele haber más muertes violentas entre los hombres que entre las mujeres[242].

Esto se corresponde de algún modo con los datos de los casos de niños con rescuerdos de vidas pasadas. El doctor Jim Tucker dice que el 70 por ciento de las vidas recordadas por los niños acabó de forma violenta, es decir, a consecuencia de accidentes, asesinatos y suicidios[243]. Y las tres cuartas partes de las personas que tuvieron una muerte violenta eran varones. Al repasar las estadísticas de las defunciones ocurridas en Estados Unidos durante cinco años, Tuc-

---

238. Ibid., p. 53.

239. Erlendur Haraldsson, «Alleged encounters with the dead: the importance of violent death in 337 new cases», *Journal of Parapsychology* 73 (2009), p. 107.

240. Haraldsson, *Departed among the living*, p. 62.

241. Ibid., p. 63.

242. Ibid., p. 61.

243. Tucker, *Return to life*, p. 136.

ker vio que el 72 por ciento de las personas fallecidas de muerte no natural eran varones[244]. Esta proporción era prácticamente la misma que la de los recuerdos de vidas anteriores que eran de hombres, lo que sugiere que los niños no fantaseaban. Además, después de muchos años de investigación, Haraldsson vio que en los casos de apariciones también había un porcentaje más elevado de difuntos que habían tenido una muerte violenta, en comparación con la población en general[245]. Haraldsson extiende este hallazgo a otras áreas:

> Las personas que han tenido una muerte violenta figuran predominantemente en casos de apariciones de difuntos y en los casos de reencarnación, así como los comunicantes directos y los intrusos en el campo de la mediumnidad. Los casos tienden a tener un carácter invasivo porque los difuntos, por lo general, son desconocidos para quienes los perciben, y en consecuencia parece que adoptan un papel activo en sus apariciones. Todos estos hechos tienden, en mi opinión, a apoyar la hipótesis supervivencialista[246].

Yo me tomo en serio las CPM, entre otras cosas porque he recibido algunas muy espectaculares en el curso de dos años (de 2013 a 2015), mientras investigaba indicios incluidos en este libro. Aunque son muy personales y siguen siendo desconcertantes, me causaron una gran impresión, y tras mucho cavilar he llegado a la conclusión de que sería insincero por mi parte excluirlas de estas páginas. Forman parte de mi investigación —los momentos fueron fortuitos—, y en todo el proceso he mantenido una actitud abierta y una mente receptiva, y a veces incluso quise que hubiera una CPM con solo desearlo. Algunas experiencias tuvieron una interesante relación con aspectos de las lecturas de mediumnidad a que asistí. Es posible que cueste creer en estos sucesos paranormales (a mí me costó), pero al dar cuenta de ellos aquí me fío de lo que digo porque soy la fuente de más confianza que conozco. Los lectores pueden

---

244. Ibid., p. 137.

245. Haraldsson, «Alleged encounters», p. 113.

246. Ibid., p. 114.

estar completamente seguros de que todo lo que describo es exactamente como ocurrió, hasta el detalle más nimio. Como en las lecturas que se me hicieron por mediumnidad, tomé notas inmediatamente después de cada episodio y las analicé más tarde. Entiendo por qué las CPM producen una impresión tan fuerte y lo muy misteriosas y estimulantes que son. Me suscitaron una compleja serie de emociones —conciencia dilatada, euforia, incomprensión, duda, incertidumbre y esperanza—, y en todo momento la sensación de que estaba conectada con algo no-local.

Como ya en dicho en otra página, mi hermano menor murió inesperadamente en enero de 2013. Era una persona atormentada y de adulto vivió casi siempre en Escocia. No obstante, siempre estuvimos unidos y su espíritu estuvo más cerca de mí que de nuestros otros dos hermanos. Por desgracia, creo que no me di cuenta de lo mucho que me preocupaba por él hasta que falleció. El golpe que representó su repentina desaparición y el carácter inacabado de nuestra relación se tradujeron en un sufrimiento distinto de todo lo que yo había experimentado hasta entonces; nunca se me habría ocurrido pensar hasta qué punto me afectaría.

La primera CPM aconteció de manera imprevista antes de las lecturas de las médiums, antes incluso de que haber dedicado un solo momento a la posibilidad de tales comunicaciones. Estaba acostada y sola, sumida en la terrible angustia que sentía por haber perdido a mi hermano para siempre. De súbito, oí su voz. Me sobresalté, porque la oí de tal modo que sabía que no era fruto de mi cerebro; venía de fuera. Oí su conocida voz que decía claramente: «Leslie..., estoy bien. No pasa nada». Su forma de pronunciar mi nombre era exclusivamente suya; era indudablemente su acento. Venía a decirme: «Oye, para ya. Todo está perfectamente, y me encuentro bien». Estaba atónita, porque fue como una intrusión repentina del exterior, sin nada que ver con una idea o un recuerdo.

Fue como un fenómeno telepático: como si oyera la voz con la mente y no con los oídos. No estaba *en* mi mente, sino que era percibida *por* mi mente, como si mi conciencia tuviera oídos propios que no eran físicos. Tenía sonido: era una voz fuerte, pero no exactamente como una persona que habla, porque no procedía de un sitio concreto. Estaba totalmente desconcertada.

Hubo otros fenómenos afines, como una visita en sueños y perturbaciones eléctricas (luces que se encendían y apagaban solas), que se me antojaron extraños, pero yo no sabía si significaban algo. Pero entonces hice la lectura con la médium mental Laura Lynne Jackson (descrita en un capítulo anterior). Me dijo que mi hermano había estado «proyectando su energía» y que «se esfuerza por comunicarse mediante objetos eléctricos. Ya ha conseguido algo…, ¿una luz que se enciente y se apaga?» Aquello era siniestro; había estado en el servicio celebrado después de su entierro en Escocia, y mientras dormía aquella noche, la luz que tenía junto a la cama se encendió sola. Recuerdo haber pensado que era él, pero ¿quién sabe? Fue un pensamiento bonito, pero no le dediqué mucho tiempo.

Laura prosiguió: «¡También con el frigorífico! ¡Y se ríe!» Durante la lectura no supe qué significado dar a aquello; para mí no tenía sentido…, ¿encontraba divertido querer comunicarse por medio de un frigorífico? Pero cuando oí después la grabación, caí en la cuenta de pronto. Un par de meses antes, en el fondo de mi frigorífico se había formado una sólida capa de hielo. La estuve derritiendo durante varios días, con cerillas y subiendo la temperatura del termostato, pero por alguna razón mis medidas no surtieron efecto. Al final llamé a una casa de reparaciones y vinieron dos técnicos. Echaron un vistazo y me enseñaron un botón que había por fuera, encima de la puerta, que controlaba el ventilador interior, que estaba apagado. No entendía cómo había podido ocurrir, porque estaba convencida de que no había tocado aquel botón y en mi casa no había entrado nadie más que yo. ¡Me sentí idiota! Los técnicos se disculparon por tener que cobrarme cien dólares por apretar un botón. Fue ridículo, ¡y Laura dijo que mi hermano se reía! ¿Habría sido capaz de gastarme aquel bromazo? ¿O es que quiso hacer otra cosa con el frigorífico y le salió mal?

Un punto de vista escéptico supondría que, evidentemente, había una explicación mecánica para todo esto. Puede que Laura detectara el incidente por medios psíquicos. Entiendo la validez de esta perspectiva, pero cuando estás en medio de esta historia y abierta a otras cosas, esa alternativa también parece real. ¿Quién sabe?

Unos meses después me encontraba en la costa de Massachusetts, en la casa de verano de mi familia. Una tarde que estaba en el bosque me senté en una piedra, cerca del mar, y sumida en una profunda, larga y sentida meditación pensé intensamente en mi hermano y le pedí una señal. Quería una «prueba» de que se encontraba allí: algo físico y tangible.

Cuando desperté al día siguiente, entré aturdida en la cocina, encendí la luz y me preparé un café. Eché leche a la taza, e iba a meter esta en el microondas cuando la luz del techo parpadeó dos veces —se apagó y se encendió; se apagó y se encendió— y, finalmente, se apagó. El microondas también se apagó, y lo mismo la luz que había en la pared contigua, encima del horno. Las demás luces de la cocina siguieron encendidas. Comprobé las luces de las habitaciones más cercanas y todas funcionaban. Bueno, yo solo quería una taza de café caliente, así que cogí el microondas y lo enchufé en otra toma de corriente. Y entonces me vino a la cabeza: ¿será Garry? Y en aquel punto, las luces se encendieron. Habían estado apagadas tres o cuatro minutos. ¡A lo mejor era la señal que había pedido! Que las luces parpadearan antes de apagarse y que el microondas se apagase, literalmente, en el momento en que introducía la taza podían interpretarse perfectamente como dos formas eficaces de llamar mi atención para que me fijara en lo que sucedía. Si se hubieran ido a la vez todas las luces, el acontecimiento no habría tenido el menor significado para mí. ¿Qué hizo que un par de bombillas de la cocina parpadearan dos veces y se apagaran? Nunca lo sabré. En aquel momento fue la señal que esperaba. En la actualidad, unas veces creó que fue eso, en efecto. Otras, no tengo la menor idea.

Sin embargo, aún estaban por ocurrir cosas más extrañas. Durante la lectura que tuve con Laura el día de mi cumpleaños, me había dicho que mi hermano me daba un globo rojo. Acordamos entonces (los «tres») que un globo rojo sería la señal concreta que daría mi hermano en lo sucesivo para que yo me enterase de su presencia: un globo rojo y efectos eléctricos largos. Laura me dijo que vería globos rojos al cabo de pocos días. Me costaba mucho creer aquello y tomé su predicción con mucho escepticismo. También dijo que podía pedir señales cuando las necesitara y que mi hermano se me manifestaría enviándomelas. En aquel entonces pensé, francamente, que aquello era pura milagrería: una médium que seguía la corriente a una persona deseosa de prodigios, pero que nada de aquello iba a suceder.

Pues el caso es que vi dos globos rojos a los pocos días: uno delante de una librería de Concord, Massachusetts, y otro en una estación de metro de Manhattan. Pero como el día de San Valentín caía aquel fin de semana, supuse que habría muchos globos rojos flotando por ahí, de modo que pudo haber sido una casualidad.

Dos semanas después estaba sola una noche en casa, pensando en mi hermano y sintiéndome en contacto con él. Encendí una vela y le pedí que moviera la llama o que hiciera algo físico que yo pudiese advertir... que me diera una señal de su presencia. (Fue la primera vez que lo pedía desde que Laura me lo había sugerido.) Me concentré en aquello toda la noche, pero no sucedió nada. Decidí olvidarlo y me fui a dormir. Cuando desperté a la mañana siguiente, no podía dar crédito a mis ojos. Vivo en Nueva York en un segundo piso y delante de la ventana tengo la copa de un árbol; pues bien, enganchado en las ramas había un manojo de globos, tres rojos y uno negro. Era la primera vez que veía globos en aquel árbol, y también fue la última. ¿Qué posibilidades había de que en las ramas del árbol que hay frente a mi ventana quedaran prendidos tres globos rojos y precisamente cuando había pedido una señal, algo físico? Mi hermano y yo habíamos acordado que la señal sería un globo rojo. Es difícil expresar el impacto que aquello me produjo. Estaba asustada y jubilosa. Esta vez no podía creer que todo fuera una casualidad. ¡Imposible! ¿Lo habría hecho yo sin pensarlo? Eso también era imposible. Pero ¿cómo era posible que una entidad fallecida encontrara globos en nuestro mundo y los pusiera en un lugar concreto? Me resultaba inconcebible, pero no tenía otra forma dc explicarlo.

Otras peticiones que hice en fecha posterior no recibieron respuesta. Pero el 15 de mayo de 2014 volví a caer en un estado meditabundo y una vez más pedí con vehemencia a mi hermano Garry que hiciera algo definido, algo manifiesto, para darme a conocer su presencia. ¡Necesitaba más pruebas! ¡No había suficientes manifestaciones físicas para convencerme! ¡Necesitaba despejar todas mis dudas! No fue una petición hecha por azar, y pasé mucho tiempo concentrada en ella.

Al día siguiente, mientras preparaba la comida, utilicé aceite de sésamo orgánico Spectrum. Quedaba un poco en una botella, pero tenía otra casi llena. Lo que hice fue vaciar el poco que quedaba en esta otra botella y dejé la vacía en la encimera, tapada con el tapón, pero sin enroscar. (La botella normal de medio litro tenía un gollete estrecho con una boca de plástico con rosca.) Alrededor de un minuto después, el tapón saltó en el aire, subió unos dos metros y cayó en la encimera. Por lo visto había alguna fuerza en el interior de la botella vacía, por lo menos la suficiente para disparar el tapón hacia arriba. Pero es que dentro de la botella no había nada. Confieso que salté de alegría. ¡Mi hermano se manifestaba a toda potencia!

Poco después se presentó el productor de cine Larry Landsman con un contrato por un documental que iba a hacer sobre el tema de mi libro. No olvidé enseñarle la normalísima botella vacía ni preguntarle si se le ocurría alguna explicación para lo sucedido. Fue como descorchar una botella de champaña para celebrar la puesta en marcha de la película. No sé qué pensó Larry, pero está claro que no pudo explicarlo.

Y la cosa no acabó aquí. Al día siguiente seguía pensando en aquello. Como impulsado por una fuerza, un tapón había saltado de una botella vacía en la encimera de mi cocina. ¿Cuál había sido la causa? Le di vueltas y más vueltas y, sintiendo una estrecha conexión con mi hermano, le supliqué que me respondiera: ¿quién lo había hecho? Yo pensaba que él. ¿Fuiste tú?, pregunté. ¿Eres capaz de hacer cosas como esa? Le dije que me encantaban las manifestaciones físicas, me ponían muy contenta, porque hacían que me sintiera en contacto con él, más que ninguna otra cosa.

Estuve trabajando un rato en el despacho y luego fui a la cocina para prepararme tofu con verduras. Abrí la botella de aceite de sésamo que todavía estaba por la mitad, eché un chorro en la cacero-

la y dejé la botella en la encimera con el tapón en la boca del gollete, pero sin enroscarlo. Unos minutos después, me quedé patidifusa.
¡Sucedió exactamente lo mismo! El tapón emitió un estampido,
como si hubiera salido a presión, y subió hacia el techo. ¡Cómo se
habría producido aquel ruido? El tapón no era de corcho, no estaba
incrustado a presión, dentro de la botella no había ningún gas...,
solo aire y aceite. La botella estaba a unos centímetros del borde de
la encimera, y esta vez el tapón aterrizó en el suelo. ¿Qué podía
pensar? Fue como si Garry respondiera diciendo: «Sí, he sido yo».
Me eché a reír, llena de asombro y de incredulidad. Era milagroso.
En aquel momento estaba convencida de que era él.

Había experimentado un fenómeno de psicoquinesia, de macropsicoquinesia —el movimiento de un objeto por medios no físicos—, dos veces, y en mi cocina. Fue una de las experiencias más
estrambóticas que he tenido en mi vida. Puede que la causa fuera yo:
mi vehemente deseo y mi intención de establecer comunicación con
mi hermano, puede que una intensa necesidad psicológica se hubiera manifestado mediante psicoquinesia, como un efecto *poltergeist*
positivo (veremos más *poltergeits* en otro capítulo). La verdad es que
no lo parecía, pero los sucesos inconscientes son precisamente eso,
sucesos ajenos a nuestra conciencia. ¿Podían la intensidad de mi
deseo de oír a mi hermano y mi petición de una manifestación física
haber creado aquel fenómeno de los tapones voladores? Desde luego, es una explicación posible. Pero también era posible que mi
sincera y vehemente petición de que se estableciera una comunicación hubiera abierto una especie de campo de energía, parecido al
que se crea en el caso de los médiums, facilitando la entrada de mi
difunto hermano en esta realidad.

De todos modos, me cuesta describir el estado de mis nervios.
Había pedido una señal el primer día y había saltado un tapón. Luego, había preguntado: «¿Fuiste realmente tú? ¡Dímelo!», y había
saltado otro tapón. Otro elemento a tener en cuenta era el estampido, que no podía proceder de la expulsión de los tapones. Las dos
peticiones me habían salido del alma, de un estado de meditación
inusualmente concentrada que había durado al menos media hora.
Pero si de un modo u otro se trataba de mi hermano, ¿por qué había

elegido una forma tan curiosa de darme a conocer su presencia? ¿Era aquella imitación del taponazo una referencia al hecho de que le gustaba tomar un buen trago en su día? Puede que simbolizara una gozosa celebración de un «¡Estoy aquí!» Fuera lo que fuese, allí había en juego una fuerza desconocida, y ningún marco racional podía abarcarla.

Mientras pensaba en lo sucedido, reflexioné sobre lo que Pim van Lommel había escrito en otro momento:

Llamo «conciencia no-local» a esta conciencia al margen del tiempo y el espacio, que no tiene base material o biológica. Se caracteriza por una interconexión que ofrece la posibilidad de comunicarse con los pensamientos y los sentimientos de otras personas, y con los de amigos y parientes fallecidos. Su raíz se encuentra en otro reino invisible e inmaterial que siempre está en nosotros y a nuestro alrededor[247].

Finalmente, más de un año después, en agosto de 2015, se produjo el acontecimiento más impresionante de todos. No había tenido más CPM desde hacía un año y ya no me concentraba en ellas. Me encontraba nuevamente en la casa costera de mi familia, en la que había pasado todos los veranos de pequeña. A mi hermano siempre le había gustado aquel lugar, como si fuera su casa permanente.

Aquella noche teníamos la casa llena —mi padre, mi madrastra, mi otro hermano con su mujer, mi hijo ya crecido— y mi hermana había cenado con nosotros. No era habitual que toda la familia se reuniera de aquel modo. La luna llena brillaba en el cielo despejado y formaba un sendero de luz en el agua del océano tan mágico como cuando éramos pequeños. Cuando nos fuimos a dormir, la noche estaba en calma, no había vecinos ni luces cerca, ni ruidos humanos. Yo dormía en la antigua habitación de Garry, con la cama a un metro de la pared. A los pies había una ventana y otra, abierta, en el otro extremo de la habitación. Cuando me acosté, a eso de la

---

247. Van Lommel, capítulo 9 de este libro.

medianoche (no había bebido ni fumado), la luz de la luna entraba por las ventanas, iluminando el interior y permitiendo verlo todo con relativa claridad.

Había cerrado ya los ojos y caído en el primer sopor cuando me alertó algo que había en la habitación. En una fracción de segundo me sentí completamente despierta. Aquello no era normal. Por lo general hay una transición entre estar dormidos y despertarnos, pero en aquel caso fue instantáneo. Vi una figura oscura junto a la ventana de los pies de la cama. Vi que se apartaba de esta y se acercaba hacia mí muy despacio. Llena de aprensión y sin pensarlo dos veces, barboté: «¡Eh, hay alguien aquí!» El corazón me latía muy aprisa y tenía miedo, como cuando nos quedamos sin aliento y la impresión nos paraliza. ¡La figura estaba ya junto a la cama! Durante un segundo pensé que a lo mejor era mi otro hermano, que había entrado a curiosear por algún motivo, pero el caso es que lo oía roncar al otro lado de la pared. La idea de que pudiera ser un merodeador no me pasó por la cabeza en ningún momento; nos sentíamos tan seguros allí que nunca cerrábamos las puertas por la noche.

Veía la forma de su cabeza, y el cuerpo era como capa negra: sin brazos ni piernas, solo una forma envuelta en una capa. Seguí mirando y advertí que la cabeza era un poco más clara que el resto del cuerpo. No alcanzaba a distinguirle los rasgos, pero tenía la impresión de que era un hombre. La cama me impedía ver su parte inferior, que era una mancha negra. Parecía tener una estatura normal y vi claramente, a la luz de la luna, que tapaba el cuadro de la pared que tenía detrás. Estaba ya tan cerca que habría podido tocarlo si me hubiese incorporado.

Pero me quedé acostada e inmóvil, con los ojos clavados en la figura. De algún modo sabía que no iba a hacerme daño. Entonces me di cuenta de que no era una persona normal. Mi miedo aumentó. Conforme me vencía el temor, la figura se fue disolviendo lentamente. Sentí intuitivamente que era una reacción a mi miedo, como si dijera: «Está bien, no te gusta esto, ya me voy…», y vi que se disolvía como una niebla desaparece cuando le da el sol. Era increíble: ver una figura presuntamente sólida que se desintegraba ante mis ojos en partículas temblorosas y luego la nada, un espacio vacío donde la figura había estado momentos antes. Fue entonces cuando caí en la cuenta; sin la menor duda era algo ultraterreno, espectral, inexplicable, una aparición que había visto junto a mí. Mientras se evaporaba, pensé: Válgame Dios, es de verdad. Sinceramente, no quería que lo fuera en aquel momento.

Llena de incredulidad, me quedé inmóvil mucho tiempo, con el corazón a cien por hora, mirando el espacio iluminado por la luna donde había estado la aparición. Pensé entonces que tenía que ser mi hermano. Hasta pasados cuarenta y cinco minutos no me moví para levantarme y encender la luz. La dejé encendida toda la noche y apenas dormí. Nerviosa y agotada, no dejé de pensar en lo sucedido durante todo el día siguiente, pero no se lo conté a nadie de mi familia: ¿qué habrían pensado? No habría hecho más que intranquilizarlos. Pero, desesperada por hablar con alguien, envié un correo electrónico a un amigo del Reino Unido que tenía experiencia con aquellas cosas, y me sirvió de ayuda.

Pensé en todas las ocasiones en que había pedido a Garry que se manifestara ante mí. Pero aquello rebasaba mis fuerzas; era algo para lo que no estaba totalmente preparada. Si se trataba de él, es posible que se sintiera llamado a aparecerse en aquel momento porque toda la familia estaba presente en el lugar que más quería, y yo dormía en su habitación. Puede que la luna llena creara el escenario perfecto, porque la habitación estaba a oscuras, pero la luz que entraba por la ventana situada cerca de la cama era suficiente para ver. Sin embargo, me sentía tan indefensa que no lo experimenté como algo positivo.

Naturalmente, no tengo forma de saber quién o qué era la aparición y no podía demostrar a nadie que aquello había sucedido. Estaba totalmente despierta, no alucinaba, de eso estoy completamente segura. La forma era ajena y exterior a mí, y me asustó de veras. La presencia me despertó, repentina e instantáneamente. ¿Mediante qué mecanismo? ¿Y cómo una forma lo suficientemente densa como para tapar el espacio que tenía detrás pudo desintegrarse a la luz de la luna, mientras la miraba? ¿Qué habría sucedido, cuánto tiempo se habría quedado si la hubiera recibido de buen grado y hubiese tratado de comunicarme con ella? ¿La habría captado si se me hubiera ocurrido fotografiarla con el teléfono móvil? Al pensar en ello desearía que se repitiera la experiencia, y lamento haber estado demasiado nerviosa para que no se me pasara por la imaginación.

Por entonces había estado dando vueltas a la cuestión de si mis anteriores CPM habían sido fruto de mi inconsciente, fruto de una «capacidad psi motivada», como decían Stephen Braude y otros. Me costaba creerlo; el conflicto interior que generó me acompañó todo el verano. Y de pronto era como si Garry me hubiera dicho: «Bueno, lo he intentado y sigues en tus trece. Te enseñaré algo en serio para que no vuelvas a dudar». Había sido tan increíble que en aquel momento me pareció claramente que era una manifestación de otra realidad, y más tangible que todas las anteriores. Esta vez me parecía inconcebible que fuera una creación de mi capacidad psi, aunque mi parte lógica y objetiva sabía que esto es lo que los expertos sugerirían. Era una forma de tamaño adulto que se movió y luego se disolvió en partículas brillantes, dejando un espacio vacío. Y si era realmente mi hermano, entonces algún aspecto suyo seguía vivo después de haber muerto.

Después de aquello quise hablar con otros receptores de CPM que fueran de confianza y hubieran tenido experiencias más probatorias que la mía. Así conocí a una persona excepcional que había recibido comunicaciones objetivamente más convincentes, a menudo con otros participantes. Jeffrey Kane es vicepresidente académico y tiene un doctorado en filosofía de la ciencia; ha escrito y preparado libros académicos sobre filosofía del conocimiento y política educativa[248].

Gabriel, hijo mayor de Jeff, murió en accidente de tráfico en junio de 2003, cuatro días antes de cumplir veintidós años. En 2005 Jeff escribió *Life as a novice*, un potente libro de poemas meditativos que describen el itinerario de su profundo sufrimiento, basado

---

248. Kane es autor de *Beyond empiricism: Michael Polanyi reconsidered* (Peter Lang Publishing, 1984) y preparó la edición y colaboró en *Education, information, and transfomation: essays on learning and thinking*, Prentice Hall, 1998.

en la continua presencia del hijo en su vida[249]. Poeta profundo y dotado, y un verdadero místico, Jeff cuenta haber despertado repetidas veces por la mañana y verse ante «un agujero abierto en el costado del mundo, donde una vez estuviste». La conexión de Jeff con su hijo tiene toda la fuerza que parece posible en un vínculo humano.

«Puede que la conmoción y lo incomprensible de la pérdida de un hijo haga a los padres de algún modo más receptivos ante los mensajes del reino del espíritu —me contó—. A menudo nos sentimos tan desorientados que las tranquilizadoras realidades de la vida diaria no conservan ya su solidez. Lo real se vuelve irreal; los sonidos y las vistas de un espacio conocido parecen de un país extraño. Ver que un hijo viene al mundo y ya no está en él trae mucho dolor y mucho más desconcierto»[250].

Poco después de la muerte de Gabriel, el día de su cumpleaños, Jeff y su mujer, Janet, oyeron un estrépito en algún lugar de la casa, pero no le hicieron mucho caso. Al disponerse a acostarse, Jeff entró en el vestidor y vio que todos los estantes de la pared derecha se habían venido abajo y todos los objetos se habían amontonado en el centro. No había habido ningún cambio en aquellos estantes en muchos años, ni en los objetos que contenían, de modo que no había ninguna razón que explicara por qué los estantes de aquel lado se habían desplomado. Además, encima del montón de ropa, zapatos y álbumes de fotos que había en el suelo, exactamente en el centro y con la cubierta de cara a Jeff, estaba el álbum del nacimiento de Gabriel. Ningún álbum de fotos se había tocado desde hacía siete años, pero hete aquí que, el día del cumpleaños de Gabriel, el álbum de sus primeras fotos yacía allí, mirando a Jeff a la cara. Fue el primer acontecimiento tangible que ocurrió, y Jeff lo interpretó como «un hado cruel o lleno de sentido». Por lo menos fue suficiente para que se planteara si fue algo más que una casualidad.

---

249. Jeffrey Kane, *Life as a novice*, Confrontation Press, 2006.

250. La presente información y las citas proceden de la entrevista telefónica que sostuve con Jeffrey Kane el 30 de octubre de 2015. El material añadido procede de correos electrónicos que cruzamos en noviembre del mismo año.

Poco después Janet tuvo una lectura con un médium, que le dijo que Gabriel les daría monedas de diez centavos para demostrar que estaba allí. Jeff dijo a su mujer que aquello era una «absoluta majadería»: el médium había metido en la cabeza de todos que buscaran monedas para que la profecía encontrara su propia justificación. Unos días más tarde, Janet y su hija Emily fueron a la playa y, mientras se bañaban, Emily notó que se le ponía en la mano una moneda de diez centavos de dólar. ¿Cuántas veces ocurren estas cosas en la vida? No obstante, Jeff lo atribuyó a una «asombrosa coincidencia».

Pese a todo, días después cuestionó aquella interpretación. Estaba durmiendo, despertó y a la escasa luz reinante vio en el suelo, a unos dos metros y medio, aproximadamente, algo que parecía una moneda de diez centavos o de un centavo. Desdeñando la idea con sarcasmo, murmuró para sí con incredulidad: «A ver si van a ser las monedas de Gabriel...». Se dio la vuelta y de pronto oyó la voz de Gabriel. «Lo oí con toda claridad; hablaba alto y en inglés, y era exacta e inconfundiblemente su voz», me explicó Jeff. La voz dijo: «¡Ajá! Mira la fecha. ¡Es de 1981!» Era el año en que Gabriel había nacido. Jeff recogió la moneda, que era de un centavo, pero no pudo descifrar la fecha y despertó a su mujer. Era 1981. «Quiso decirme algo y yo ni me habría dado cuenta», dice Jeff. Recordé que aquello era como cuando había oído la voz de mi hermano, clara como el agua. Pero el mensaje de Gabriel era más largo, más concreto, menos general que el de mi hermano.

Aquel verano, Jeff y Janet fueron de vacaciones a Bar Harbor, Maine, y cruzaron en coche el Parque Nacional Acadia. «Desearía que Gabriel nos diera alguna señal para que sepamos que está cerca», dijo Jeff. En aquel momento, el reloj del coche saltó una hora. Los dos lo vieron. ¿Fue una señal de Gabriel? Siguieron adelante para comprobar si era que habían pasado a otra zona horaria o si el reloj había sido afectado por algún repetidor, en fin, para encontrar una explicación racional: no encontraron ninguna. Tres días después, mientras iban otra vez en coche, Jeff mencionó a Janet que el cambio de hora podía haber sido a causa de alguna torre de repetición estropeada o algo parecido. Añadió que, si el salto del reloj hubiera sido de dos horas, esa explicación no tendría sentido y entonces habría que admitir que pasaba algo más. Antes de que hubieran transcurrido tres minutos, el reloj dio un salto de dos horas.

Huelga decir que la rapidez de la respuesta al comentario de Jeff sobre el reloj resulta asombrosa, y no menos su repetición. Me recordó las dos veces que saltó un tapón en mi cocina, pero en mi caso había transcurrido un día entre la petición y la respuesta, y yo no había pedido una señal concreta como Jeff la segunda vez. (Aunque es verdad que dije: «¡Dime que fuiste realmente tú!», ¿y qué mejor forma de indicarlo que repetir la señal?)

Entre las CPM más comunes se encuentran las alteraciones del funcionamiento de los electrodomésticos. En otra ocasión Jeff me contó que, estando enfermo y en la cama, sintió intensamente la presencia de Gabriel e incluso le pareció que el colchón se hundía a su lado. Jeff dijo: «Gabe, si están aquí realmente, necesito una señal de validez». La luz se fue en toda la casa —una vez más, el efecto fue inmediato— y volvió minutos después. No había nada inusual en el clima, no llovía, no hacía viento, y al tendido eléctrico de la casa no le ocurría nada raro que explicara el incidente. De un modo parecido, mi hermano hizo parpadear dos veces la luz de la cocina y luego la apagó al mismo tiempo que el microondas —al menos es una interpretación de lo que sucedió—, pero en mi caso, una vez más, hubo un intervalo entre la petición de la señal y la aparente recepción de la misma.

Las personas reflexivas y con criterio tienen siempre alguna duda. «Cuando no estoy de lleno en la experiencia, vuelvo al talante intelectual que en última instancia no acepta lo que literalmente no tiene sentido —me explicó Jeff—. La mayor parte del tiempo no estoy en estado intuitivo; estoy afrontando el mundo con el sentido práctico de la vida cotidiana. Cuando tengo la certeza es cuando estoy en el meollo de la experiencia. Nuestro intelecto piensa normalmente con un método reflexivo; mira las cosas. La realidad captada intuitivamente está acoplada, conectada. Más que mirar las cosas, vivimos en ellas». Entendí perfectamente lo que quería decir.

El periplo de Jeff continuó. En dos extraordinarias CPM hubo por medio personas ajenas a la familia. Jeff había estado percibiendo antes lo que tomaba por ideas que Gabriel le enviaba, y las estaba escribiendo en forma de cartas. «Tenían mucho sentido y eran sabias, confortantes y hermosas —me contó Jeff—. Pero también sentía el temor de estar desvariando. ¿Cómo podía saber que no era yo mismo tratando de consolarme, de ayudarme a seguir adelante? No tenía respuesta para esta pregunta». Así que dijo a Gabriel: «Gabe, si eres tú y no yo, dime algo que no sepa, algo que no tenga sentido para mí, que sea completamente irracional, pero que pueda comprobar». En respuesta, recibió una frase de Gabriel: «Soy rojo»[251]. Jeff se echó a reír. «Aquello no significaba nada para mí, y era claramente absurdo». Miró en todas partes para ver si encontraba algo significativo, pero sin resultado. Semanas después pensó que no había ninguna solución. Lleno de resignación, se lo contó a su esposa: «Resulta que estos pensamientos eran míos, era yo quien me hablaba. No he encontrado ninguna validación. Debía de ser yo mismo tratando de consolarme. Esto demuestra que me lo he inventado todo».

Alrededor de una hora después de hacer esta confesión, llegó un paquete a su casa. Contenía una pintura que representaba una figura angélica. Jeff dijo que inmediatamente le recordó a Gabriel, y se echó a llorar. Janet exclamó: «¡Es rojo!», y solo entonces se percató Jeff del color. El paquete llegó con una nota de la madre de una persona a quien Janet conocía por su actividad docente; había visto la pintura en el escaparate de una tienda y, sin saber por qué, la había comprado. Algo la había obligado a enviarla. La señora afirmaba claramente que no sabía por qué había obrado así. Dijo que podían tirarla, o colgarla en el cuarto de baño, o hacer lo que quisieran con ella, y esperaba que no les disgustase. Jeff descubrió que con la pintura venía una tarjeta del pintor. Decía que el color magenta de las ropas era el que más se aproximaba en nuestro espectro al de la luz emitida por *quienes han muerto jóvenes*; es el color de la comunicación, del amor, de los que los vivos llaman muertos. «Soy rojo» había sido por fin validado, y con más fuerza a causa de la extraña intromisión de otra persona.

---

251. Véase un breve vídeo de Jeff describiendo el episodio de «Soy rojo» buscando en YouTube «Jeff Kane stories from the other side».

«Yo no podía haber inventado una cosa así —dice Jeff—. Mi hijo intervino para que una mujer enviara la pintura y diera firmeza a algo que al principio me había parecido totalmente absurdo.»

En otra ocasión, la mujer de Jeff oyó decir a un médium que el mensaje que le enviaba Gabriel era que «tuviera cuidado», y aquello no le gustó. Como había tenido cáncer de mama en el pasado, Janet se preocupó, sin saber en qué sentido interpretar aquello. ¿Debía ir al médico? ¿Estaba enferma otra vez? Jeff se puso furioso. Dijo a Gabriel: «Quiero hablar contigo. No quiero más tonterías en clave. Tengo que saber cómo está mamá. Tengo que saberlo. Hablaré contigo en sueños». Y se acostó en el sofá. Eran las diez y media de la noche y se esforzó por dormir, pero no lo consiguió. Frustrado, iracundo, inquieto, oyó que sonaba el teléfono. Eran ya las once menos cuarto. Al habla estaba una amiga clarividente con quien Jeff no hablaba hacía unos seis meses. «Jeff —le dijo la clarividente—, hace un momento estaba hablando por teléfono con mi madre y oí que Gabriel me gritaba. Dijo: "¡Cuelga! ¡Mi padre necesita hablar conmigo! ¡Cuelga y llámalo ahora mismo!" Ha insistido tanto que he tenido que colgar para llamarte. ¿Qué pasa?» La mujer pudo conversar con Gabriel y comunicar a Jeff que Janet estaba perfectamente y que no tenía que preocuparse por nada.

«En psicología no hay nada que pueda explicar esto. ¿De dónde venía? —comentó Jeff—. La gente no hace caso de estas cosas cuando vive atada a ese fácil sentido del mundo que yo perdí cuando falleció Gabe. No sabe qué hacer con estas cosas cuando su concepción de la realidad depende de lo que tiene sentido, es decir, de lo que puede comprender». Jeff me dijo que si algo lo saca de sus casillas es que la gente le diga con aire condescendiente: «Bueno, si te ayuda a ir tirando…». Su respuesta es: «Prefiero vivir desesperado e infeliz mientras viva con la verdad a vivir con esperanza y comprensión en un mundo falso». Ha tomado todas las medidas posibles para comprobar todas y cada una de las CPM y es de esos intelectuales astutos que llegan hasta el final con tal de no engañarse a sí mismo.

Jeff experimentó también algo semejante a una aparición, pero quizá más hermoso. Tres o cuatro meses después de la muerte de Gabriel, se hallaba en la habitación de su hijo, totalmente desconsolado. Estaba sentado en la cama con todas las luces apagadas, totalmente a oscuras. A los pies de la cama, a su derecha, vio una bola de luz dorada, de forma oval, de unos treinta centímetros de anchura por cuarenta y cinco de altura, suspendida en el aire, a una distancia de unos dos metros. Su forma era clara, sus bordes, romos. Se puso a pensar qué podía ser. La luz de la luna reflejada en la ventanilla de un coche..., ¿tal vez una farola de la calle? No..., si fuera así, la luz se vería en la pared o en el techo, no suspendida en el aire. Se dijo: bueno, a lo mejor es materia compuesta de partículas; pero la luz traspasaba aquella supuesta materia. No, aquello era una bola de luz suspendida e independiente de cualquier otra cosa; no eran partículas de materia anómala. Jeff la estuvo mirando más de un minuto e intuitivamente sintió que podía estar viendo a Gabriel, así que se concentró con intensidad en la luz. Poco a poco, se desvaneció. Luego dijo a Janet: «Creo que acabo de ver a Gabriel...».

Meses después, Jeff fue a ver al conocido médium mental George Anderson. Anderson le dijo, en mitad de la sesión: «Usted lo ha visto. Lo vio como una luz en una habitación a oscuras. Usted no sabía si era él, pero me ha dicho que le diga que sí lo era». Jeff se quedó estupefacto. Adquirió confianza suficiente para concentrarse y preguntar a Gabriel por qué se manifestaba de aquel modo y no como una aparición, que sería reconocible. Gabe respondió que se había presentado así para enseñarle algo importante. «Gabriel me explicó que la luz que vi era la misma que existe en todas las almas humanas, —dijo Jeff—. Cada cual tiene, cada cual es esa misma luz dorada».

Aun así, sobre la cuestión de la supervivencia de la conciencia después de la muerte, Jeffrey Kane reconoce que lo más que podemos decir realmente es que no lo sabemos. No hay ninguna certeza al respecto, y nunca la habrá. «Nunca tendremos pruebas, porque el conocimiento de que es posible la vida después de la vida emana de un nivel intuitivo de experiencia. Por más que creamos que las pruebas con un alto grado de probabilidad llegarán a satisfacernos, nos equivocamos. De todos modos, hay aquí suficientes interrogantes para impedir que nos desentendamos del asunto. No digo que la vida después de la vida sea la única respuesta, aunque creo que es la verdadera, lo que digo es que no cabe en ningún planteamiento materialista».

En última instancia, experiencias como estas nos enseñan algo; que son trascendentes. Cuando se aceptan, su fuerza y la conexión íntima que se experimenta difícilmente pueden traducirse en palabras. Los que han tenido experiencias parecidas lo comprenden. El comentario final de Jeff a la cuestión de la supervivencia fue: «No veo ninguna razón para no creer».

Esta confesión me ayudó a encontrar una especie de lugar de descanso para mis propias experiencias inexplicables. Nadie puede demostrar estos sucesos, y nadie sabrá nunca con seguridad qué son realmente las CPM. Las experiencias descritas aquí se produjeron gracias a la energía de una conciencia superviviente con quien el receptor estaba profundamente vinculado, o bien fueron creadas por fuerzas inconscientes interiores que no comprendemos. De modo que tampoco yo veo razón alguna para no confiar en la certidumbre intuitiva que se siente durante la experiencia, cuando se sale involuntariamente del contexto materialista. En esos momentos no veo ninguna razón para no creer.

20

Apariciones interactivas

Por Loyd Auerbach, máster en ciencias

La aparición que yo presencié estuvo en silencio y desapareció en seguida, tal vez «reaccionando» a mi miedo. Pero las apariciones también se ven bajo una luz optimista, según decía el neuropsiquiatra Peter Fenwick en el capítulo que dedicamos más arriba a las experiencias fin-de-vida; las personas agonizantes pueden verlas como presencias receptivas que ayudan a emprender el viaje al mundo siguiente. ¿Cómo explicamos estas formas extrañas y ultraterrenas?

Las apariciones son más complejas e incluso más perfectas de lo que sugieren estos ejemplos. Muchas personas creen que son la materia prima de las películas de miedo y de los programas sobre búsqueda de fantasmas, pero en realidad se vienen estudiando y documentando con mucha seriedad desde hace más de un siglo. Las más convincentes son las «apariciones colectivas», es decir, las que son vistas por varias personas a la vez o en momentos diferentes. Las apariciones pueden afectar directamente al entorno y no ser únicamente de carácter visual; también pueden crear sonidos y olores, y en ocasiones son percibidas por animales domésticos y no tan domésticos. A semejanza de un comunicante intruso o una personalidad conocida que habla a través de un médium, las apariciones pueden manifestar intenciones y dar a los receptores información identificadora que luego puede comprobarse, pero directamente, sin intermediarios. ¿Cómo es posible?

*Loyd Auerbach, destacada autoridad sobre el tema, tiene un más-
ter en parapsicología y ha sido profesor en la Atlantic University, en la
JFK University y en el Instituto HCH de California Norte. Ha investigado casos de apariciones, encantamientos y poltergeist durante más
de treinta y cinco años y es autor de* ESP, hauntings and poltergeists:
a parapsychologist's handbook *(2016) y de* A paranormal casebook:
ghost hunting in the new millenium *(2005), entre otras obras*[252].

La idea de «espectro» evoca una serie de pensamientos e imágenes,
que pueden ser ciertos o no. La cultura popular tiene creencias
arraigadas sobre lo que pueden ser los espectros y cómo afectan a
los vivos y al mundo físico. Un espectro, para la mayoría de las personas, es el espíritu de alguien que ha fallecido. Para muchos es algo
que asusta.

Los encuentros con espectros han sido, con el fenómeno de la
mediumnidad, uno de los principales focos de atención desde que
empezó a investigarse en serio lo paranormal. Los investigadores
documentaban experiencias de personas solventes, en condiciones
científicamente aceptables, y registraban casos con más de un testigo capaz de acceder a información verificable. La británica Sociedad de Investigaciones Psíquicas (SPR) y la Sociedad America-
na de Investigaciones Psíquicas (ASPR) publicaron en su día varios
volúmenes y artículos de gran interés, entre ellos los clásicos
Phantasms of the living de Edmund Gurney, Frederic W. H. Myers
y Frank Podmore, y *Human personality and its survival of bodily
death*, de Myers[253]. (Pueden consultarse las investigaciones actuales sobre el fenómeno en el *Journal of the Society for Psychical Re-*

252. Auerbach, *ESP, hauntings and poltergeists: a parapsychologist's handbook*, Warner Books,
1987; *A paranormal casebook: ghost hunting in the new millennium*, Atriad Press, 2005. Otros
libros suyos son: *Hauntings and poltergeists: a ghost hunter's guide*, Ronin Publishing, 2004;
Ghost hunting: how to investigate the paranormal, Ronin Publishing, 2003; *Mind over matter*,
Kensington, 1996.

253. Pueden encontrarse con mucha facilidad (y gratis) los libros citados y otros igual de
importantes sobre el tema, así como informes sobre estas experiencias y casos investigados y
comentados de los primeros decenios de las dos sociedades mencionadas. Esos libros, al igual
que los volúmenes de las revistas y las actas, están libres de derechos de autor y pueden localizarse buscando en Internet Archive (archive.org) o en Google Books.

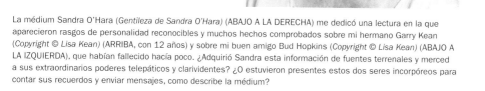

La médium Sandra O'Hara (*Gentileza de Sandra O'Hara*) (ABAJO A LA DERECHA) me dedicó una lectura en la que aparecieron rasgos de personalidad reconocibles y muchos hechos comprobados sobre mi hermano Garry Kean (*Copyright © Lisa Kean*) (ARRIBA, con 12 años) y sobre mi buen amigo Bud Hopkins (*Copyright © Lisa Kean*) (ABAJO A LA IZQUIERDA), que habían fallecido hacía poco. ¿Adquirió Sandra esta información de fuentes terrenales y merced a sus extraordinarios poderes telepáticos y clarividentes? ¿O estuvieron presentes estos dos seres incorpóreos para contar sus recuerdos y enviar mensajes, como describe la médium?

George Draper *Gentileza de Mark Lewis* (DERECHA), soldado que desapareció en combate en la I Guerra Mundial. Su sobrino nieto Mark Lewis se propuso encontrar sus restos con ayuda de una médium, que le dio muchos detalles concretos que según ella procedían del mismo George. Mark localizó la tumba anónima de George en Francia cuando la médium le dijo que George le había comunicado «G22» (situación de la tumba) y que en la tumba contigua figuraba el apellido «Albone» (ABAJO A LA IZQUIERDA) *Copyright © Mark Lewis* Mark consiguió un plano del cementerio y la médium le señaló el lugar de la tumba (en rojo) con el plano boca abajo (ABAJO A LA DERECHA) *Gentileza de la Commonwealth War Graves Commision.* El lugar señalado era, efectivamente, la tumba «G22».

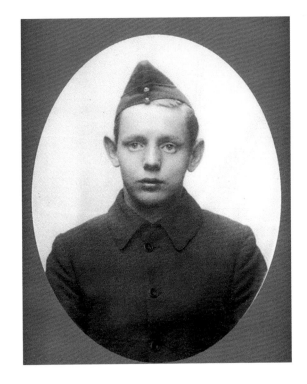

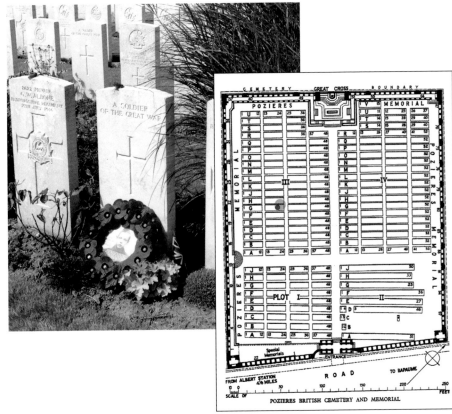

IZQUIERDA: La médium Leonora Piper fue estudiada exhaustivamente por William James y otros. Tal vez la médium de trance más importante y mejor documentada de todos los tiempos. *Gentileza de Mary Evans Picture Library.*

ABAJO: Con el investigador Stephen Braude (IZQUIERDA) y el médium físico alemán Kai Muegge (CENTRO) en el domicilio de Kai en Hanau, Alemania, en 2015. *Gentileza de Stephen Braude.*

La habitación donde celebramos la sesión y documentamos los anómalos movimientos de la mesa y otros fenómenos propiciados por Kai. El tambor que produjo «solo» el curioso estampido está a mi izquierda, apoyado en la silla. Kai se sentó donde yo estoy, con las manos y las piernas controladas por mí y por Stephen, que lo flanqueábamos. *Gentileza de Leslie Kean.*

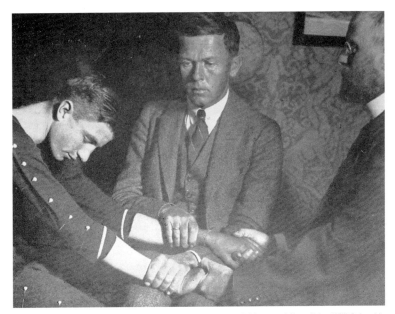

A Thomas Mann y a otros les impresionaron mucho las sesiones del joven médium físico Willi Schneider, a quien vemos aquí en trance y con alfileres de cabeza luminosa para ser visible en la penumbra. Lo controlan los zoólogos Karl Gruber (CENTRO) y Karl Zimmer (DERECHA), que estuvieron presentes en la sesión descrita por Mann. *Gentileza de Peter Mulacz.*

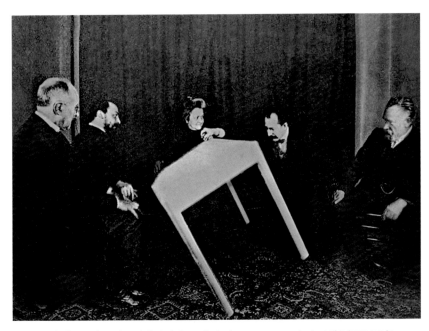

Eusapia Palladino produce el movimiento independiente de una mesa para los investigadores que le sujetan las manos y le vigilan los pies. La mesa se ha inclinado y se apoya en dos patas. *Gentileza de Stephen Braude.*

Eusapia Palladino, la médium física más investigada de la historia. Nacida en Italia, fue sometida a rigurosos controles por científicos de América y Europa, especialmente en Nápoles en 1908. *Gentileza de Peter Mulacz.*

El médium físico islandés Indridi Indridason fue vehículo de muchas voces independientes que hablaban en idiomas desconocidos por él, y algunas interpretaron dúos de ópera. Murió a los veintiocho años. *Gentileza de Erlendur Haraldsson / White Crow Books.*

El profesor Erlendur Haraldsson de la Universidad de Islandia investigó la actividad de Indridi Indridason. Desde hace más de cuarenta años escribe sobre comunicaciones *post mortem*, comunicadores intrusos y muchos otros temas en artículos publicados en revistas científicas y en libros. *Copyright © Jón Örn Gudbjartsson.*

ARRIBA: La casa gris del fondo es el n.º 63 de Store Kongesgade, en Copenhague, donde estalló el incendio observado por Emil Jensen, el comunicante intruso de Indridi. La casa más próxima es el n.º 67, en cuyo primer piso vivió Jensen. *Gentileza de Erlendur Haraldsson / White Crow Books.*

DERECHA: El médium físico galés Alec Harris, uno de los mayores materializadores que se conocen. Sus materializaciones completas y a media luz fueron presenciadas por centenares de observadores. *Gentileza de la familia Harris y Saturday Night Press.*

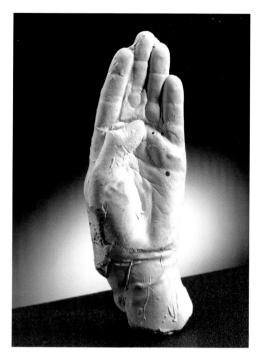

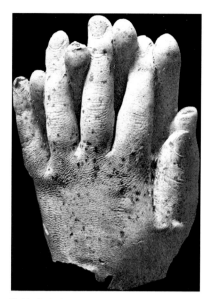

Moldes de escayola de la serie de manos materializadas que se sumergieron en parafina durante las sesiones del médium físico polaco Franek Kluski, que operó en condiciones estrictamente controladas. *Copyright © Yves Bosson / Agence Martienne / Institut Métapsychique International (IMI), París.*

Molde de dedos cruzados, muy detallista. Desprender el finísimo guante habría sido imposible sin causar daños. Todos los presentes tenían cogidas las manos, y Gustave Geley y otros vieron las manos materializadas que se hundían en la parafina caliente, salpicando a los peticionarios. *Gentileza del Institut Métapsychique International (IMI), París / Agence Martienne.*

IZQUIERDA: El guante de este molde quedó aplastado. El guante cayó sobre el dorso de la mano de Geley, que sujetaba la de Kluski, y no pudo moverse hasta que terminó la sesión. *Gentileza de IMI, París / Agence Martienne.*

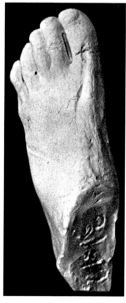

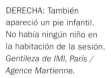

DERECHA: También apareció un pie infantil. No había ningún niño en la habitación de la sesión. *Gentileza de IMI, París / Agence Martienne.*

La página de la prueba de adivinación de palabras dirigida por Freda, el espíritu guía del médium físico Stewart Alexander, para un estadounidense cuya casa Stewart no conocía en absoluto. Freda indicó un lugar concreto del estante, la página 84 que vemos a la izquierda, dos animales cerca del principio (*Raven* = «cuervo», *buffalo* = «bisonte»), y más abajo los nombres «George» y «Smith». Todo se encontraba donde se había dicho. *Gentileza de Kevin Kussow.*

84 BURY MY HEART AT WOUNDED KNEE

After the Cheyenne delegation departed, Anthony ordered Left Hand and Little **Raven** to disband the Arapaho camp near Fort Lyon. "Go and hunt **buffalo** to feed yourselves," he told them. Alarmed by Anthony's brusqueness, the Arapahos packed up and began moving away. When they were well out of view of the fort, the two bands of Arapahos separated. Left Hand went with his people to Sand Creek to join the Cheyennes. Little Raven led his band across the Arkansas River and headed south; he did not trust the Red-Eyed Soldier Chief.

Anthony now informed his superiors that "there is a band of Indians within forty miles of the post. . . . I shall try to keep the Indians quiet until such time as I receive reinforcements." [17]

On November 26, when the post trader, Gray Blanket John **Smith** requested permission to go out to Sand Creek to trade for hides, Major Anthony was unusually cooperative. He provided Smith with an Army ambulance to haul his goods, and also a driver, Private David Louderback of the Colorado Cavalry. If nothing else would lull the Indians into a sense of security and keep them camped where they were, the presence of a post trader and a peaceful representative of the Army should do so.

Twenty-four hours later the reinforcements which Anthony said he needed to attack the Indians were approaching Fort Lyon. They were six hundred men of Colonel Chivington's Colorado regiments, including most of the Third, which had been formed by Governor John Evans for the sole purpose of fighting Indians. When the vanguard reached the fort, they surrounded it and forbade anyone to leave under penalty of death. About the same time a detachment of twenty cavalrymen reached William Bent's ranch a few miles to the east, surrounded Bent's house, and forbade anyone to enter or leave. Bent's two half-breed sons, George and Charlie, and his half-breed son-in-law Edmond Guerrier were camped with the Cheyennes on Sand Creek.

When Chivington rode up to the officers' quarters at Fort Lyon, Major Anthony greeted him warmly. Chivington began talking of "collecting scalps" and "wading in

Stewart Alexander en su jardín del norte de Inglaterra. *Copyright © Leslie Kean.*

Sala de sesiones de Stewart. Se ata a la silla de brazos; la mesita se ilumina por debajo durante la materialización de la mano. Las trompetillas, que vuelan por la habitación, están en la mesita junto a los palillos, que golpean la mesa ruidosamente empuñados por la fuerza que se manifiesta. *Copyright © Leslie Kean.*

search del Reino Unido y el *Journal of Scientific Exploration* de Estados Unidos.)

Algunos investigadores de los primeros tiempos preferían el término «fantasma» (*phantasm*), pero (por suerte) se decantaron por «aparición», que es el que utilizamos actualmente, dado que no tiene la carga cultural de «espectro» (*ghost*). Aunque la sola definición comporta algo visual, las apariciones se perciben a veces por otros medios, como oír voces o pasos, oler perfume o agua de colonia, intuir presencias o tener sensaciones táctiles. En algunos casos parecen ser capaces de mover objetos. Interaccionan con nosotros y con el entorno inmediato.

En parapsicología hay categorías para estos encuentros. En principio, las apariciones de muertos parecen ser un aspecto de la personalidad humana (mente, alma, espíritu, conciencia) que ha sobrevivido a la muerte del cuerpo y existe de algún modo en nuestro mundo físico. O son reconocibles como personas vivas en otro tiempo o dan información que permite identificarlas como tales. Para que la aparición constituya un indicio de supervivencia, debe ser capaz de comunicarse o de interaccionar de modo consciente con quienes la rodean.

Sir William Barrett (físico experimental y parapsicólogo, 1844-1925) informó sobre una experiencia investigada en 1892 por Henry Sidgwick (economista, filósofo y primer presidente de la SPR). En ocasiones «no solo se ve al fantasma, sino que al parecer también se le oye hablar; a veces puede anunciar su presencia con señales audibles», escribió Barrett. En este caso concreto hubo «golpeteos» por parte de una aparición percibida por el reverendo Matthew Frost de Bowers Gifford, Essex, que hizo la siguiente declaración:

El primer jueves de abril de 1881, mientras tomaba el té sentado de espaldas a la ventana y hablaba con mi esposa del modo más normal, oí claramente un golpeteo en la ventana y, volviéndome para mirar, dije a mi esposa: «Vaya, ahí está mi abuela», y fui a la puerta, pero no vi a nadie; convencido todavía de que era mi abuela, y sabiendo que era muy activa a pesar de sus ochenta y tres años

y que era aficionada a las bromas, di la vuelta a la casa, pero seguí
sin ver a nadie. Mi esposa no lo había oído. El sábado me enteré
de que mi abuela había fallecido en Yorkshire aproximadamente
media hora antes de que yo oyese el golpeteo. La última vez que
la había visto con vida le había prometido asistir a su entierro si me
encontraba bien; hacía unos dos años de eso. Yo gozaba de buena
salud y, a mis veintiséis años, no tenía ningún achaque. No sabía
que mi abuela hubiera caído enferma[254].

Sidgwick se enteró de que, cuando Frost vio a su abuela por
última vez, la anciana le prometió aparecérsele en el momento de
fallecer. El contexto no era precisamente propenso a los sustos:
la vio a la luz del día, y por un momento incluso pensó que su abuela estaba físicamente presente. «Si hubiera habido allí una persona
real, la señora Frost la habría visto y oído; una persona viva no podía
esfumarse tan rápidamente», cuenta Barrett. La casa estaba en el
centro de un jardín, algo alejada de la calle, y el señor Frost fue inmediatamente a ver si su abuela estaba realmente allí. Frost supo por
carta el momento de la defunción, dos días después.

Como ha descrito Peter Fenwick más arriba, las apariciones en
el lecho de muerte son las que ven los moribundos, y a veces se
trata de alguien que la persona agonizante no sabe que ha muerto.
Los moribundos no siempre dicen que las apariciones sean interactivas, pero sí dicen que llegan para saludarlos o ayudarlos a
moverse; incluso la percepción de esas intenciones ya indica cierto
nivel de conciencia.

Mucho más comunes que los encuentros con apariciones de una
u otra categoría son ciertas experiencias que en la superficie podrían
parecer apariciones, pero en realidad son algo muy diferente. Las
personas perciben figuras, sonidos, voces de gente o actividades,
olores, incluso sensaciones que creen causadas por un «espectro».
Sin embargo, estos espectros parecen comportarse siguiendo pautas
repetitivas y básicamente están fijos en un lugar, por ejemplo una

---

254. William Barrett, *On the threshold of the unseen*, Kegan Paul, 1917, pp. 147-148. Consultado en http://www.survivalafterdeath.info/articles/barrett/apparirions.htm y en www.
archive.org.

casa, un bar, un restaurante, un hotel, una parcela de tierra o, en casos más raros, un objeto. Aquí no hay interacción palpable, ni siquiera tras intentar una comunicación. Estos fenómenos se llaman encantamientos topológicos (*hauntings*) o, alternativamente, recuerdos de lugares.

Un encantamiento topológico es una especie de eco o de grabación de personas y acontecimientos reales. Un lugar (o un objeto) retiene/graba información sobre su historia. Nuestras aptitudes psíquicas —o quizá nuestro cerebro, que interacciona con algún elemento del entorno físico— nos permiten recoger algunas «grabaciones» de esta historia, por ejemplo la presencia de personas. Sin embargo, son más bien como hologramas, no seres conscientes. Se comportan como en un bucle de vídeo que se repite una y otra vez. Y parece que estas «grabaciones» fueron hechas por el entorno mientras los sujetos estaban vivos, no muertos.

El elemento clave que diferencia las apariciones de los encantamientos topológicos es la conciencia. Las grabaciones de vídeo o de audio no son conscientes, no pueden interaccionar ni adaptarse a nuevas personas o nuevas situaciones. Asimismo, los encantamientos tampoco pueden interaccionar, pero las apariciones, que al parecer representan la conciencia de una persona, sí pueden. Los encantamientos de lugares no son indicios de supervivencia *post mortem.*

Si la presencia de una aparición rompe objetos o estropea aparatos eléctricos, puede pensarse que es una actividad típicamente intencionada o dirigida. Cualquier movimiento de estas características, causado únicamente por la intencionalidad —consciente o inconsciente, viva o muerta— es por definición la «interacción mente-materia» que recibe el nombre de psicoquinesia (PK). La PK con apariciones podría considerarse más deliberada que la PK más frecuente, la PK caótica, procedente de personas vivas (y en la que intervienen «poltergeist», fenómeno que se verá en el siguiente capítulo).

Nuestra percepción personal de la «mente» de las apariciones y el proceso comunicativo o de recepción de información por parte de ellas entraña el uso de la telepatía, del mismo modo que el médium recibe de un difunto información destinada a un peticionario. ¿Y cómo una aparición *post mortem*, que prácticamente es una conciencia sin sentidos físicos, percibe el mundo y a las personas que la rodean? También aquí interviene la capacidad psi, y es el mismo mecanismo por el que un médium entiende los comunicados que recibe: la conciencia que habla a través de él utiliza su capacidad psi para enviarle mensajes que él recoge gracias a sus propias aptitudes.

En los mejores casos de aparición siempre ha habido varios testigos, presenciándola cada uno por su lado o experimentándola varios al mismo tiempo. En estos casos puede haber información comprobable que viene de la aparición y que los testigos no conocían previamente. En muchos ha habido por medio elementos personales, es decir, personas que han visto o experimentado de otro modo la aparición de un pariente, un amor o una amistad.

Durante mis primeros estudios y actividades profesionales en parapsicología no tenía claro si la mejor explicación de los casos de aparición más convincentes era la supervivencia de la conciencia, aunque tendía hacia ella. También tenía presentes las aptitudes de los niños que recordaban detalles de vidas anteriores, niños estudiados en profundidad por Ian Stevenson, según se vio en un capítulo anterior, y que me inducían a ir mucho más allá de lo que era normal en psi. En cuanto a si los médiums mentales empleaban PES con los muertos o con fuentes vivas, no acababa de decidirme. Mi conflicto no era pequeño, si tenemos en cuenta los méritos de las dos explicaciones.

Pero cuanto más tiempo pasaba examinando casos históricos y realizando investigaciones por mi cuenta, más me tentaba la teoría de la supervivencia como explicación más probable de muchas experiencias documentadas. A pesar de todo, había historias que solo eran explicables por la capacidad psi de agente vivo, y antes de llegar a una conclusión había que enfocar cada caso desde los dos puntos de vista. En los casos que siguen hay detalles concretos que tal vez expliquen por qué me inclino por la posición supervivencialista.

En 1985, Donna McCormick, una competente y muy escrupu-
losa investigadora con la que trabajé unos años, me proporcionó un
ejemplo de lo que era un interesante caso de apariciones en curso.
En la entrevista que sigue Donna menciona a tres psíquicos, «Alex,
Ingrid y Ann». Uno es Alex Tanous, un dotado y conocidísimo
psíquico con muchos títulos académicos, que enseñó teología en
Manhattan College y en la Universidad St. John de Nueva York.

Empezó poco después de que falleciera su abuelo [el de la mujer
de la pareja]. Estaba muy ligada a él. Vivían en el piso superior de
una casa para dos familias. Oían pasos que subían por la escalera,
el tirador de la puerta se movía, se abría la puerta, se cerraba la
puerta, los pasos avanzaban por el interior y terminaban ante la
habitación de los niños o seguían hasta el dormitorio del matrimonio. Salían y miraban. No veían a nadie, ya no oían más pasos. Era
una rutina que se repetía.

Veían apariciones de este individuo. Unas veces lo veían con
claridad, con un aspecto muy concreto, hasta el extremo de que las
visitas preguntaban: «¿Quién es ese que hay en la casa?» Otras
veces solo veían sombras vagas.

Llegaron a la conclusión de que era el abuelo de ella. Llevamos
a Alex, a Ingrid y a Ann y los tres describieron al abuelo. Ella tenía
una foto, la pusimos entre otras para que los psíquicos eligieran y
los tres eligieron la del abuelo. Dieron buenas descripciones del
aspecto que había tenido en vida, de las interacciones que se produjeron, de dónde se habían producido los fenómenos; realmente,
un excelente caso en el que todo quedó muy claro.

La familia se mudó hace poco y los fenómenos persisten en el
nuevo domicilio, lo que sugiere que están relacionados con personas y no con casas. Los psíquicos habían sugerido que el abuelo
velaba por ellos. No está «apegado a la tierra», como algunas personas gustan de caracterizar estas cosas. Sabe que está muerto y se
limita a no perder de vista a la familia.

A la familia no le importa en el fondo. No se trata de que se
aferren a esta historia con alguna finalidad extraña. Es que no les
da miedo. En cierto modo, resulta un poco tranquilizador. Ya han

tenido experiencias que sugieren que se cuida a los niños; se les arropa con las mantas. El niño, de pocos meses, dormía en la cuna sin manta, pero acabaron viendo que lo tapaban con una»

El abuelo no había vivido con la familia y su actividad, por lo visto, era independiente de la que desarrollaba cuando estaba vivo. Pero hubo un caso en concreto, cuando empecé a ejercer la profesión, que me atrajo con más fuerza al bando de la supervivencia.

A principios de los años ochenta, cuando estaba entre el personal docente del Programa de Parapsicología para Posgraduados (que concluyó al final de la década de 1980) de la Universidad John F. Kennedy, recibí una llamada de una mujer llamada Pat que vivía en Livermore, una ciudad situada al este de Oakland, en California. No era la típica llamada asustada que gritaba «ayúdenos»; Pat, simplemente, sentía una estimulante curiosidad.

Era abogada y vivía con su marido, Mark, y su hijo Chris, de doce años. Su madre vivía cerca. Poco antes de llamarme se había enterado de que su hijo había tenido conversaciones con un «fantasma» que él identificaba como la mujer que había sido anterior propietaria de la casa de la familia. También se enteró de que aquellas conversaciones, casi diarias, se venían produciendo desde hacía más de un año.

Habían comprado la casa en cuestión, un edificio de más de setenta años de antigüedad, un par de años después del fallecimiento (en 1980, por causas naturales) de la propietaria, que había vivido en ella desde que había nacido, en 1917. Junto con la casa, la familia compró parte de los muebles que contenía y una colección de muñecas de porcelana. El único pariente vivo de la difunta propietaria, un hombre ya mayor, había hecho la transacción por medio de su abogado particular. Ni Pat ni su marido tenían ningún contacto con este pariente.

Desde que se habían instalado en la casa, Pat, su marido, la madre de Pat (cuando estaba de visita) y sobre todo el pequeño Chris habían visto una presencia que aparecía y desaparecía. La habían visto por primera vez poco después de mudarse, cuando Chris tenía once años. Vieron aparecer una señora entrada en años que cruzaba la sala, normalmente hacia la escalera. En muchas ocasiones, saludaba con la mano a quienes la veían y desaparecía a los pocos segundos. Esta conducta parecía poner de manifiesto una percatación de la presencia de testigos y un intento de interaccionar con ellos, aunque también podía ser una variante menor de una huella que había dejado en su psique lo que hacía la mujer cuando vivía. Por todo lo que me contó Pat, era más probable lo primero que lo segundo.

Pat había crecido en un medio familiar que admitía e incluso comentaba las experiencias psíquicas y no tenía miedo de la aparición. Sin embargo, no se animó a decir al resto de su familia que veía a la anciana hasta que su hijo se sinceró con ella. Tampoco su madre ni su marido habían abierto la boca al respecto. Al parecer, cada uno temía asustar al resto de la casa. Para los fines de la investigación, era importante este ocultamiento de la información, porque gracias a él podíamos estar razonablemente seguros de que los miembros de la familia no se habían influido entre sí en lo referente a recuerdos y descripciones. Además, el hecho de que las apariciones se hubieran producido a horas muy distintas y hubieran sido vistas por testigos diferentes que estaban solos en aquel momento añadía credibilidad a la existencia de la aparición como algo externo y con coherencia duradera.

Las cosas llegaron a un punto crítico cuando Chris se puso a hablar de la procedencia de algunos muebles antiguos y, concretamente, de las muñecas de la colección que había sido de la antigua propietaria. Cuando Pat le preguntó si era que había encontrado un diario o cartas que contaban la historia de aquellos enseres —precisamente lo que ellos habían buscado al instalarse en la casa—, Chris se limitó a responder: «Me lo contó Lois».

«¿Quién es Lois?», preguntó Pat.

«Ya sabes, Lois, el fantasma que tú, papá y la abuela veis desde que estamos aquí.»

«¿Cómo sabes que hemos visto un fantasma?»

«Me lo contó Lois.»

Lois era la difunta propietaria. Había nacido allí y allí había vivido hasta su muerte, a la edad de sesenta y tres años. Como es lógico, Pat y Mark tenían que haber sabido el nombre de la anciana al tramitar la escritura de la casa, y Chris podía haberse enterado también por ese medio. En aquel momento, todos los miembros de la familia confesaron que habían visto la aparición varias veces. Pero Lois parecía sentirse más cómoda en compañía de Chris. El niño contó que se le aparecía todos los días, desde que la había visto por primera vez. Le había devuelto el saludo al verla y no desapareció, sino que se había acercado a él y había empezado a hablarle.

Pat no sentía ningún apremio por deshacerse del espíritu de Lois, pero temía un poco las consecuencias de que hubiera un fantasma en la casa donde había un inmaduro preadolescente. La verdad es que cuando Pat se puso en contacto conmigo ya había llevado a su hijo a un asesor psicológico local para comprobar que estaba «bien» y que no iba a afectar a su crecimiento el hecho de hablar con una aparición.

A mí me resultó muy emocionante entrevistar a la familia y observar su entorno, sobre todo porque Pat había dicho que Chris obtenía información comprobable de Lois. Se trata de una rareza en los casos de apariciones. No obstante, Pat me transmitió que Lois estaba preocupada por mi visita, cosa que supo por Chris. Al parecer, Lois no solo hablaba con Chris, sino que además veía mucho la televisión con él (incluso, según dijo el niño, lo ayudaba con los deberes escolares). Habían visto un anuncio de la película *Los cazafantasmas* (Chris había visto la película) y temían que lleváramos «fusiles energéticos» para acabar con ella. Aseguré a Pat que nuestro equipo consistiría únicamente en una cámara fotográfica y una grabadora. Concertamos la entrevista para unos días después.

Mientras tanto, Pat me citó para comer con el terapeuta que había visto a Chris. Este admitió que era agnóstico en el tema de los fantasmas, aunque dijo que, en su opinión, Chris era un chico equilibrado, muy maduro para su edad y poco dado a inventar cosas, ni conscientemente ni de ningún otro modo. En realidad vino a decir que si sus otros clientes estuvieran tan equilibrados como Chris, no necesitarían ninguna terapia. Aunque su juicio se basaba en una sola sesión, comentó que la relación del muchacho con sus padres y su abuela le parecía excelente. Esto es algo que también yo comprobé durante mi visita, aunque Mark estaba en el trabajo y no pude observar la interacción de Chris con su familia. Antes de efectuar la visita, hablé con Mark por teléfono y sus experiencias coincidían con las de los demás, aunque parecía menos contento con la idea de tener un fantasma en la casa.

El día en que teníamos que ir a Livermore, los estudiantes de parapsicología que me acompañaban habitualmente no estaban disponibles. Mi mujer de entonces, Joanna Rix, tenía mucho interés por conocer en directo el caso del «fantasma simpático». El tercer miembro del «equipo» fue un estudiante, Kip Leyser.

Mientras íbamos por la carretera hablamos de muchas cosas; por ejemplo, de los problemas que tenía con el coche en que viajábamos y del coche que podía comprar a corto plazo. Joanna pensaba muy en serio dejar el empleo de secretaria que tenía en un bufete de abogados, y comentó el asco que le daba aquel lugar. Kip habló de los diez años transcurridos entre su licenciatura y su matriculación en los cursos para posgraduados, durante los que había sido bailarín profesional. Nada de esto tenía la menor relación con nuestro asunto, pero lo menciono porque la tuvo después, cuando nos «acosó» en la casa.

Llegamos a la casa, una mansión de estilo victoriano, y Pat, la abuela y Chris salieron a recibirnos. Me dio la impresión de que Chris nos repasaba visualmente para comprobar que no llevábamos trampas para fantasmas ni aceleradores de partículas portátiles. Pusimos en marcha la grabadora nada más entrar, para que hubiera constancia de todo mientras recorríamos la casa y hablábamos de las veces que habían visto la aparición.

Pat y su madre dijeron que la habían visto durante breves momentos, y siempre con el aspecto de una anciana. Chris, en cambio, me contó que la veía casi todos los días desde hacía más de año y medio, desde el día en que le había devuelto el saludo. Nos dijo que no siempre se le aparecía como una anciana. A menudo cambiaba de aspecto y unas veces era una adolescente, otras tenía seis años, otras treinta y otras, cuarenta o cincuenta. Cuando le pregunté por la ropa que vestía, Chris dijo que era diferente en todas las ocasionés. Pat y su madre admitieron también haber visto a Lois con indumentaria variada, aunque siempre con aspecto de anciana. Aquello era importante para mí, como también el aspecto de Lois a diferentes edades. Cambiar de ropa e incluso de edad en la presentación visual, sobre todo cuando había interacción y comunicación, indica apercepción y conciencia de sí.

Finalizamos el recorrido con un poco de historia de Lois, de su familia y de la casa, que Chris había sabido por la propia Lois. Pese a tener doce años, Chris era un experto contando anécdotas. No me costó creer que su fuente de información era otra persona.

Según mi primera evaluación, Chris podía haber utilizado su capacidad psi, inconsciente pero muy desarrollada, para recoger la información concentrada en la propia casa. La psicometría es una forma de práctica psíquica que percibe información sobre el propietario y la historia de un objeto tocándolo o sosteniéndolo, ¿y qué es una casa sino un objeto grande? Sin embargo, Chris (en realidad Lois, a través de Chris) hablaba también de historias sobre la familia y actividades de Lois que habían tenido lugar fuera de la casa. Pat había pensado en la posibilidad de que Chris hubiera encontrado y memorizado algún diario en el que hubiera leído esas historias, pero no sabía dónde, cómo ni cuándo.

¿Se estaba comunicando Lois —una aparición de una señora fallecida años antes— de manera real e inteligente con Chris? ¿Y estuvo ella presente mientras estuvimos en la casa? Según Chris, había comunicación todos los días y estuvo a su lado todo el tiempo mientras recorríamos la casa. El niño señaló que era desconfiada y no nos quitaba ojo de encima (por lo de los *Cazafantasmas* otra vez).

Acabamos en la sala y nos sentamos en semicírculo de cara a Chris, para hacerle a Lois algunas preguntas. Chris estaba sentado junto a una butaca que creía el asiento favorito de Lois. Según él, estaba sentada allí en aquellos momentos. Ninguno de nosotros la veía.

Yo tenía la impresión de estar en una especie de telecomedia siniestra. Los tres hacíamos preguntas a una butaca vacía mientras un niño miraba y escuchaba a «alguien» sentado allí, repitiendo o traduciendo «sus» respuestas. Básicamente, hacía las funciones de

médium, aunque en la mayoría de las interacciones de mediumnidad mental con presuntos espíritus no había conversaciones en
dos direcciones, largas y claras, como aquella (y eso que Chris no
estaba en trance).

Joanna y Kip hicieron preguntas más relacionadas con la vida de
Lois; por ejemplo, pidieron información sobre el primo que había
hecho de albacea testamentario y cuyo abogado había impedido que
Pat hablara con él. Era una información cuya veracidad podíamos
comprobar más tarde. Yo, personalmente, estaba más interesado por
saber cosas sobre su presente papel de aparición.

Todas las respuestas fueron concretas y al grano. Obtuvimos
mucha información sobre Lois, y acabamos formándonos la imagen
de que había sido una casquivana local que durante toda su vida
había estado organizando fiestas en su casa. Casi todos sus parientes
habían muerto, pero creía que había un par todavía vivos, además
del primo que había sido responsable de la venta de la casa. No in-
sistimos en este aspecto, pero tuvimos la sensación de que no sentía
el menor interés por la posible existencia de otros familiares.

Dirigí otra vez el interrogatorio hacia el hecho de que Lois se
apareciese con una forma visible por los demás: ¿cómo era posible
esto? Respondió, a través de Chris, que ella no creía tener ninguna
«forma». Creía ser una especie de «bola de energía» capaz de comunicarse «proyectando pensamientos» hacia los demás. Estos pensamientos consistían en información visual y verbal que «proyectaba
en la mente de otros» para que pudieran «verla» y «oírla» como si
estuviera realmente presente.

El proceso por el que la información elude los sentidos físicos y
se funde con nuestro proceso perceptivo ha recibido el nombre de
«inserción perceptiva». Desde mi punto de vista, esta explicación
tenía mucho sentido. Significaba que Lois era consciente de que
decía a la mente de Chris qué percibir. No veían ni oían realmente
a Lois. La información que «transmitía» ampliaba las percepciones
de los otros. Cuando se comunicaba con Chris, sus «transmisiones»
eran más intencionadas, más directas, mientras que con los demás
se limitaba a emitir una «señal» que al final eran capaces de percibir.
Esto explica por qué solo algunas personas veían las apariciones:

porque su proceso perceptivo era sensible a la inserción mediante proyección telepática. Lo cual explica también por qué no esperamos ver fotos o vídeos auténticos de fantasmas. No tienen forma y no reflejan la luz.

«¿Por qué Lois se aparecía con aspectos y vestidos diferentes?», pregunté.

«Porque ese día le daba por ahí», respondió Chris. En otras palabras, la idea que la propia Lois tenía de sí misma, su concepción de sí misma aquel día (con una edad concreta y un vestido concreto), era lo que daba forma a su «proyección». ¿Y por qué llevan ropa los fantasmas? Porque así es como la mayoría de la gente se visualiza a sí misma, con ropa. Lois no quiso aparecérsenos (dijo que todavía no se fiaba de nosotros), y confesó que ni siquiera estaba segura de poder hacerlo, añadiendo que si la familia la veía tal vez fuera por su actual apego a la casa, y porque tenían dotes psíquicas.

Casi todo lo que dijo Lois sobre su aspecto de aparición me sonaba, pues había leído versiones parecidas con los años, aunque creo que en aquel momento me habría costado encontrar los libros o artículos pertinentes en las bibliotecas públicas o de institutos, ya que se trataba de publicaciones académicas. La descripción que oí no era de las que se espera oír en boca de un niño de doce años que, según su madre, nunca había leído nada sobre fantasmas.

Pregunté a Lois por qué seguía rondando por su antigua casa, por qué no había pasado al otro mundo. La respuesta fue que había tenido mucha vida social, había celebrado muchas fiestas en su vida y nunca había sido muy beata. Creía en el cielo y el infierno, y como en su vida había habido muchas fiestas y poca iglesia, podía ir a parar al infierno, así que pensaba: ¿por qué correr el riesgo? Cuando estaba en su lecho de muerte, en el hospital, deseaba volver a su casa. Sintió que se iba flotando, y cuando se dio cuenta, estaba otra vez en su domicilio. Por si alguien lo preguntaba, no vio «la luz» y no sabía qué podía ser en último término aquello del más allá. Cuando se instaló la familia, tuvo más motivos para quedarse: le gustaba aquella nueva familia y estaba muy contenta con ella, sobre todo con Chris.

Por último, pregunté si Lois quería saber algo de nosotros. Al parecer, decidió aprovechar aquello para lucirse. Chris miró la butaca vacía y nos hizo una pregunta a cada uno.

«A Loyd le pregunta si sabe ya de qué color va a ser su nuevo coche. A Joanna, si sabe qué clase de empleo buscará cuando deje el que tiene. Y a Kip, durante cuánto tiempo fue bailarín profesional.»

Nos quedamos con la boca tan abierta que creo que la barbilla de los tres tocó el suelo. Los tres respondimos por turno con voz hueca. Tras explicar a Pat y a los demás que aquellas preguntas tenían relación con cosas banales que habíamos comentado durante el viaje, pregunté a Lois cómo había conocido aquellos detalles. Chris miró la butaca y se volvió hacia nosotros un poco avergonzado.

«Seguramente no les va a gustar, pero Lois quería estar segura de que no venían con fusiles energéticos para eliminarla, así que hizo el viaje con ustedes y se enteró de todo.»

Al oír aquello, estallamos en carcajadas (un poco nerviosas), aunque Kip parecía un poco incómodo porque había viajado en el asiento de atrás, donde seguramente había estado Lois durante todo el trayecto.

Mientras volvíamos, oímos por encima las cintas por si había alguna pista que informara sobre lo que habíamos hablado durante la ida. Llegamos a la conclusión de que Chris (o Lois) nos había leído la mente mientras estábamos en la casa o de que la propia Lois, por el medio que fuera, había estado realmente en el coche con nosotros. Fuera lo que fuese, la telepatía de Chris o de Lois bastaba para explicar lo sucedido, y parece una interpretación razonable.

Poco después me enteré por Pat de algo importante. Basándose en la información aportada por Lois durante nuestra visita, habían localizado al anciano primo que había organizado la venta de la casa. Hablé con él y me confirmó la información que teníamos sobre la juventud y la vida que había llevado Lois, así como otros datos sobre la familia y la casa de Lois que esta, según Chris, había proporcionado al muchacho.

Teníamos una cinta con la información que Chris había obtenido de Lois y que se había grabado con nosotros delante, antes de

hacer nada por comprobar aquellos datos. Al igual que en los episodios de reencarnación en niños, en que un informe escrito previamente es capital para determinar el valor probatorio del caso, teníamos un testimonio equivalente antes de que nadie supiera si las
afirmaciones de Lois eran ciertas o no. El primo no tenía intereses
creados en la verdad o falsedad de los datos que le expusimos (aunque se le despertó mucho la curiosidad al saber que Lois seguía viva
después de fallecer, dado que también él tenía muchos años). En
algunas ocasiones, cuando yo empezaba a contar una anécdota relacionada con su familia, él la terminaban y de tal modo que coincidía con la información que me había proporcionado Chris. Pat
hizo más averiguaciones para saber si Chris había encontrado diarios
u otros documentos de Lois, pero todo fue en vano.

Chris siguió viendo diariamente a Lois durante un tiempo, hasta que creció, perdió interés y descubrió (y fue descubierto por) las
mujeres de carne y hueso. No obstante, se me informó de que Lois
siguió ayudándolo con los deberes escolares e incluso le dio consejos acerca de sus primeras novias. Cuando hablé con Pat por última
vez, a principios del siglo XXI, Lois seguía en la casa, la familia la veía
de vez en cuando y, al parecer, aún estaba contenta de permanecer
en la tierra y en la casa en que había nacido. Por extraño que parezca, a nadie de la familia le importaba.

Este caso fue una especie de punto de inflexión en mi creencia
en la supervivencia relacionada con las apariciones. Ante todo, la
información comprobada fue suficiente, dadas las circunstancias,
para convencerme de que podíamos descartar las fuentes de información normales. O Lois estaba allí interaccionando, o Chris era un
superpsíquico capaz de recoger información de la casa mediante
clarividencia o retrocognición. Pero como había otras personas que
habían visto a Lois manifestarse visualmente, la primera posibilidad
tenía mucho más peso que la segunda. Añádase a esto que Chris no
tenía ninguna otra percepción o experiencia psíquica, de modo que
creo que se trataba de un caso de probable aparición y no de un caso
de superpsíquico que lo controla todo.

Los miembros de la familia eran personas equilibradas, se llevaban bien y el trato cotidiano con la aparición, a pesar de ser un fe-

nómeno inusual, no les dejaba, al parecer, ninguna secuela psicológica. Casi todas las personas que me consultan porque han visto u oído un fantasma sienten deseos de dar media vuelta y echar a correr. Aquella familia no era propensa a dramatizar ni a exagerar; todos tenían la cabeza sobre los hombros, eran personas sinceras cuya principal motivación era la curiosidad.

En último lugar, la información que dio Lois sobre cómo se aparecía y se comunicaba superaba con creces lo que la mayoría de las personas podía saber en aquella época, no se leían aquellas cosas en la prensa ni se veían en la televisión, por no hablar de los detalles que un chico de doce años daba a propósito de los fantasmas. No todos los días se presenta la oportunidad de preguntar el «cómo» y el «porqué» de las apariciones. Lois resultó ser primero una persona, y una aparición en segundo lugar. Fue un brillante ejemplo de que la personalidad humana parece persistir después de la muerte.

En el curso de otra investigación llegué a ver personalmente una aparición, en directo y más cerca de lo que cabría suponer. Había informes de que en el restaurante Moss Beach Destilery, en el sur de San Francisco, se aparecía una mujer vestida de azul (que acabó conociéndose como «la Mujer de Azul») desde principios de los años treinta. La gente, con el tiempo, dijo haberla visto individualmente y a veces en pequeños grupos. La actividad en el lugar se volvió más física a finales de los años setenta (cosas que se movían solas), pero la gente seguía viéndola de vez en cuando, sobre todo psíquicos y médiums. Mi trabajo en este caso empezó en 1991, y en 1999 había llevado sensores ambientales, había trabajado con otros investigadores y había entrevistado a docenas de testigos (empleados, clientes, vecinos y psíquicos prácticos).

Una noche de aquel año me encontraba allí solo, tomando lecturas magnéticas detrás de la barra. Eran más de las dos de la madrugada y todas las luces estaban encendidas. De repente, el magnetómetro se aceleró. Al principio pensé que estaba registrando la máquina de hielo o algún otro utensilio eléctrico del bar, pero donde estaba no había ninguna fuente visible que justificara la subida de la lectura.

Un momento después, sentí un hormigueo en la espalda y a continuación una especie de escalofrío. El hormigueo me recorrió de arriba abajo, se detuvo y se repitió en dirección contraria. Hubo una pausa y nueva repetición. Empecé a cronometrar la experiencia. No suelo tener experiencias paranormales intensas y, en mi caso, la curiosidad siempre vence a la inquietud. Además, llevaba tanto tiempo indagando el comportamiento de aquella aparición concreta que sabía que no tenía nada que temer.

Mientras proseguía la experiencia, me di cuenta de que, de algún modo, la Mujer de Azul reclamaba mi atención moviéndose por mi cuerpo. Incluso me pareció percibir por el «ojo mental» que una mujer de veintitantos años entraba y salía de mí, riendo por lo bajo. Unos dos minutos después, y tras unos cuantos desplazamientos, tres médiums que trabajaban conmigo entraron en la sala, se detuvieron y se me quedaron mirando. Uno se echó a reír y otro dijo: «Oye, te está atravesando», y los tres rieron al unísono. Uno dijo luego: «Creo que la hemos asustado», y la verdad es que había cesado el hormigueo. Los tres observaron lo que ocurría sin que yo dijera nada.

Luego pregunté a cada uno por separado a quién habían visto, cómo iba vestida, qué peinado llevaba y qué hacía. Sus descripciones coincidían, no solo entre sí, sino también con la imagen mental que yo había recibido (incluso salió a relucir la risa disimulada).

¿Qué había sido? En términos generales, la «energía» de la experiencia me había mecido un poco, más o menos como cuando nos metemos andando en el mar y sentimos el vaivén de las olas. El hormigueo había sido muy ligero, incluso agradable, tal vez porque las intenciones de la Mujer de Azul eran benignas, o tal vez porque el motivo de mi actitud era la curiosidad. La verdad es que fue una grata experiencia.

Los casos de apariciones espectaculares como este son raros, pero me gustaría hablar brevemente de otro. El portaaviones USS *Hornet*, activo durante la Segunda Guerra Mundial, considerado hoy monumento histórico nacional y transformado en museo, está amarrado en la bahía de San Francisco, en la antigua Base Aeronaval Alameda. Desde 1999 vengo investigando las múltiples apariciones que se producen allí. Más de cien testigos han informado haber visto a docenas de marineros y oficiales, y en casi todos los casos las apariciones eran conscientes de ser observados y reaccionaban a la presencia de los testigos.

Se ha recibido información de ellos, sobre todo a través de médiums y otros psíquicos, y toda se ha comprobado y ha resultado coherente. En el curso de las primeras investigaciones, antes de que la prensa metiera baza, se ocultaron a los psíquicos muchos detalles. Bueno, podían habérmela sonsacado telepáticamente (a mí o a otros testigos). Pero en unas cuantas ocasiones, una aparición habló con el psíquico sobre un encuentro anterior del que yo no sabía nada. Además, a veces se manifestaba con toda claridad una personalidad diferente, como en las mejores lecturas de mediumnidad mental. Ha habido comunicaciones sólidas por lo menos con dos entidades concretas. Un mensaje muy claro que se recibió decía que las apariciones presentes en el portaaviones no representaban en su mayoría a quienes habían muerto en él, sino más bien a quienes habían servido a bordo de la nave durante su vida.

Casi todos los casos de apariciones son de carácter único y personal —se percibe a un pariente, un amigo o un amante que acaba de morir— y no continúan a lo largo del tiempo. El caso del USS *Hornet* es un ejemplo de la clase de indicios que se buscan en los casos que mejor se prestan al estudio científico: vistas con múltiples testigos, grupos de testigos que ven la misma aparición o apariciones al mismo tiempo, aparente interactividad, respuestas concretas a peticiones, algunos episodios de telequinesia intencionada, comunicación efectiva con diferentes personas a lo largo del tiempo y comunicación de datos verídicos. La mayoría de la gente no sabe que estos acontecimientos «ultraterrenos» se producen. Pero se producen.

La divisoria filosófica en parapsicología no es que esos fenómenos existan, sino que sean causados únicamente por una capacidad psi humana u otra capacidad de origen humano y no por una conciencia incorpórea. Los mejores casos exigirían una forma compleja de «superpsi» que va más allá de lo que normalmente se conoce o de lo que se ha visto en condiciones controladas de laboratorio.

Muchos han sugerido que estas experiencias podrían ser o alucinaciones psicológicas o alucinaciones resultantes de la telepatía o clarividencia que el receptor activa inconscientemente al enterarse de la muerte de alguien representado por la aparición.

Estas interpretaciones son más difíciles de aceptar cuanto la aparición no tiene ninguna relación con los testigos. Además, no parece posible que haya interactividad con un entorno sin conciencia y, desde luego, la interactividad de varios testigos con la misma aparición sugiere algo distinto y externo al entorno, al igual que la existencia de la misma aparición a lo largo del tiempo. Basándome en mis muchos años de investigaciones y experiencias, creo que, a la hora de explicar las apariciones, los indicios se inclinan a favor de la hipótesis supervivencialista.

Pero, de todos modos, la cuestión sigue abierta. Si no hay límites para el alcance y la potencia de la capacidad psi, que en cuanto tal es tan no-falsable como la hipótesis supervivencialista, siempre se puede recurrir a ella para explicar cualquier experiencia paranormal, por muy inusual o compleja que sea. A fin de cuentas, un muerto interactivo es igualmente difícil de categorizar como psi ilimitado por quienes no han experimentado nada como esto.

La presencia de muchos testigos de la misma aparición al mismo tiempo exigiría alguna clase de cooperación telepática inconsciente. Cada individuo experimentaría la misma animación mental del personaje y viviría de algún modo la misma escena de la historia en términos que no contradijeran incidencias anteriores, desconocidas para ellos.

En general, el contexto desde el que cada cual enfoca los casos de apariciones interactivas puede determinar qué conclusiones o explicaciones son posibles y aceptables. Si no se cree que la conciencia sea algo más que el cerebro y pueda existir al margen de este, es más probable que enfoque estos casos desde el punto de vista de la capacidad psi humana. Si se llega a la conclusión, como Pim van Lommel y Peter Fenwick en páginas anteriores, de que la conciencia puede funcionar independientemente del cerebro, la supervivencia es una explicación más sencilla y, desde luego, preferible (porque todos morimos, ¿no?). Cuando nos encontramos con lo que parece un aspecto de alguien que ha sobrevivido a la muerte del cuerpo, yo, personalmente, no me siento cómodo descartando la posibilidad de que sienta.

Naturalmente, cuando muramos sabremos si estamos en lo cierto o nos equivocamos, es decir, si tenemos conciencia entonces.

CUARTA PARTE

Lo imposible hecho realidad

No hay terreno más fascinante que este, la frontera de lo Desconocido; la oscura y borrosa región que hay entre la mente y la materia, entre fuerzas y energías físicas y espirituales, entre los mundos nouménico y fenoménico.

HEREWARD CARRINGTON

21

Fenómenos generados por humanos

Las comunicaciones *post mortem* y las apariciones nos han dado una idea de lo que habrá en esta sección. Imaginemos que varios grupos de personas de mentalidad abierta se reunieran y crearan un entorno en el que se produjera de forma segura la variedad de fenómenos descritos en los capítulos precedentes, incluso más espectaculares. Y que muchas personas pudieran verlos en sesiones controladas. Y, además, podríamos asegurarnos de que se produjeran estos presuntos milagros, porque habría muchos testigos presentes y los científicos podrían observarlos y documentarlos. ¿Verdad que sería un panorama ideal que ofrecería la posibilidad de encontrar pruebas? Bienvenidos entonces al mundo extraño pero científicamente revolucionario de la mediumnidad física, y de todos los demás fenómenos físicos en una serie de contextos que veremos en los capítulos que siguen.

En los capítulos precedentes hemos visto ejemplos de objetos que se movían sin que nadie los tocara: son manifestaciones de macropsicoquinesia (movimientos a gran escala y visibles por el observador), casos en que «la mente domina la materia». Los movimientos se producían espontáneamente: los relojes de una casa se detenían en el momento de una muerte, tal como explicó Peter Fenwick; el reloj del coche en que iban Jeffrey Kane y su mujer adelantó primero una hora y luego dos; los tapones de las botellas de aceite que tenía yo en la cocina saltaron hacia el techo. Estos movimientos pudieron haber sido causados por la conciencia de personas fallecidas recientemente, tal como creímos quienes los presenciamos, o por personas que se concentraron tanto que entraron en un estado de conciencia inusual. Desde el punto de vista de la cuestión de la supervivencia, la diferencia es muy importante. Pero antes de pasar a la mediumnidad física también es importante entender que ciertas macropsicoquinesias *podrían* ser fruto de agentes humanos en exclusiva, y es lo primero que se plantea cuando nos encontramos con casos de *poltergeist*.

Los *poltergeits* son «estallidos de fenómenos físicos paranormales espontáneos que se concentran en el organismo de una persona concreta»[255], según los expertos investigadores Alan Gauld y A. D. Cornell. Algunos científicos actuales se refieren a este fenómeno diciendo que es «psicoquinesia espontánea recurrente», que suele estar asociada a perturbaciones psicológicas inconscientes y a desequilibrios emocionales de alguien de la casa, por lo general un adolescente con problemas. Esta persona libera su angustia mediante «arranques temperamentales telequinésicos», como dice Loyd Auerbach[256], que influyen en el entorno físico. Los efectos más frecuentes son ruidos de percusión como los golpeteos que parecen hechos con los nudillos, patadas en el suelo y portazos, y objetos domésticos que vibran, se caen o salen disparados de una pared a otra. Gauld y Cornell, en su clásico libro *Poltergeists*, de 1979, resumen quinientos casos tomados de la literatura sobre el tema.

Lo que importa tener en cuenta es la naturaleza de la fuerza implicada. El fenómeno *poltergeist* parece, por lo general, que está dominado por una «inteligencia que a menudo organiza y dirige los acontecimientos», dicen Gauld y Cornell[257]. En algunos casos hay comunicación, como respuestas a preguntas con golpeteos en clave; el fenómeno parece tener un objetivo; y a veces se concentra en un

---

255. Alan Gauld y A. D. Cornell, *Poltergeists*, Routledge & Kegan Paul, 1979, p. 17.

256. Auerbach, *Paranormal casebook*, p. 6.

257. Gauld y Cornell, *Poltergeists*, p. 339.

objeto en particular. Para comprender la naturaleza de esta presunta inteligencia, los dos investigadores estudiaron la posibilidad de que en una minoría de casos procediera de una entidad incorpórea, como ya había propuesto Ian Stevenson en un artículo titulado «¿Los *poltergeits* están vivos o muertos?»[258]. Stevenson resalta momentos en que un objeto sale disparado y cambia bruscamente de dirección; dobla en ángulo cerrado y sigue en una dirección distinta; o pasa de ir lanzado a quedar suspendido o posarse suavemente. «Creo que estos casos sugieren que un agente incorpóreo transporta los objetos o controla su vuelo —dice Stevenson—. Yo no concibo que estos efectos puedan ser producidos únicamente por el inconsciente del agente vivo»[259]. Pero cuando los objetos se caen, cosa que suele ocurrir, sus movimientos parecen más bien causados por la caótica energía del agente adolescente.

Abundando en este razonamiento, la «hipótesis del agente incorpóreo»[260] de Gauld y Cornell proponía que los efectos físicos y las intenciones manifestadas debían diferenciarse si la fuente eran las entidades incorpóreas y no los seres humanos. Aunque es muy poco habitual, un caso puede considerarse candidato a la condición incorpórea si los incidentes paranormales no dependen de las idas y venidas de una persona concreta o la dependencia pasa de una persona a otra. Si varios testigos ven una misma «figura fantasmal» o «formas neblinosas» en relación con el fenómeno, esto también sugiere una posible conexión con una entidad incorpórea. Los fenómenos más extraordinarios de todos son aquellos que «hasta el día de hoy, y que sepamos, superan la capacidad de cualquier agente vivo», por ejemplo la materialización de objetos en el aire, oír voces que hablan con claridad sin que procedan de ningún sitio o la animación repentina de objetos. Al igual que Stevenson, los dos investigadores proponen que estos podrían ser causados por incorpóreos.

---

258. Ian Stevenson, «Are poltergeists living o are they dead», *Journal of the American Society for Psychical Research* 60 (1972), pp. 233-252.

259. Ibid., p. 247.

260. Gauld y Cornell, *Poltergeist*, p. 353 (para toda la información que sigue).

Los fenómenos de esta clase son producidos igualmente por la mediumnidad física en un contexto más propicio, como veremos en seguida. Y aunque sospecho que salta a la vista, no entendemos cómo funciona el proceso, sea cual sea la fuente generatriz. Lo que es importante entender es que los objetos, y de esto no cabe duda, se mueven «solos», impulsados por una fuerza desconocida. Ocurre en el cine, en las ferias y en la imaginación, pero también fuera de estos sitios. En efecto, hay pequeños grupos que han realizado experimentos en que se han levantado mesas y se han generado otros fenómenos con un esfuerzo de la voluntad y sin necesidad de médiums ni de agentes incorpóreos. Estos acontecimientos producidos por humanos se pueden repetir y documentar.

En un conocido artículo de 1966, K. J. Batcheldor describe una serie de ochenta sesiones en la que los peticionarios consiguieron que una mesa de veinte kilos levitara e hiciera movimientos bruscos[261]. Una mesa de tres kilos ascendió casi dos metros, fuera del alcance del pequeño grupo, y se anotaron otros acontecimientos paranormales. «Cuando se tienen las manos encima de la mesa, no se puede izar en el aire, ni consciente ni inconscientemente— escribe Batcheldor—. Fue realmente impresionante cuando sucedió.»[262] En 1968, Alan Gauld y otros consiguieron levantar mesas tan arriba que los extremos de las patas, tocados por los peticionarios, se encontraban a la altura de sus cabezas o por encima[263]. Años después, C. Brookes-Smith y D. W. Hunt describieron en un artículo los «magníficos alardes de psicoquinesia con levitación y fenómenos telequinésicos» que consiguieron con su grupo[264]. Los autores describen esta facultad como una «"habilidad"

---

261. K. J. Batcheldor, «Report on a case of table levitation and associated phenomena», *Journal of the American Society for Psychical Research* 43 n. 729 (septiembre de 1966), pp. 339-356.

262. Ibid., p. 340.

263. Alan Gauld, «Experiences in physical circles», *The Psi Researcher*, 14, otoño de 1994, p. 5.

264. C. Brookes-Smith y D. W. Hunt, «Some experiments in psychokinesis», *Journal of the American Society for Psychical Research* 45 n. 744 (junio de 1970), p. 266.

psicológica que prácticamente todo ser humano puede adquirir con talento y experiencia». El experto en psicoquinesia Stephen Braude se interesó por la parapsicología, y en concreto por la psicoquinesia, cuando consiguió que se moviera la mesa de su sala cierto día que estaba con unos amigos de los cursos de doctorado. «La mesa se elevó bajo nuestros dedos, todos los dedos eran visibles encima de la mesa, y yo veía claramente que no estaba en contacto con nuestras piernas ni nuestras rodillas», cuenta[265].

En los años setenta, un grupo de ocho investigadores canadienses decidió inventar un comunicante ficticio, una entelequia que llamaban «fantasma imaginario», y se concentraron en él durante un tiempo. Idearon una personalidad, la de un caballero británico del siglo XVII al que llamaron «Philip Aylesford», que había tenido una aventura con una gitana. Durante meses visualizaron y comentaron todos los detalles de su vida imaginaria, como si fuera una persona real.

Dirigido por George Owen, que había enseñado genética y matemáticas en el Trinity College de Cambridge, el grupo empezó a reunirse en 1972 y a entablar conversación con «Philip» mediante movimientos de mesa, a los que siguieron inexplicables golpeteos que salían del interior del mueble[266]. Philip se comunicaba dando un golpe para decir sí y dos para decir no. Daba respuestas exactas, pero solo si las preguntas tenían que ver con la historia ficticia inventada por los peticionarios. De lo contrario, no respondía. No obstante, fue creando *algo* que se parecía a una personalidad, con gustos y manías, reacciones y opiniones. Todos los efectos físicos eran causados por una fuerza creada por la imaginación y la concentración de los participantes humanos, que evolucionó y con el tiempo, inexplicablemente, dio muestras de inteligencia, preferencias e independencia. William G. Roll, parapsicólogo y psicólogo que estudió en Oxford y fue docente en la Universidad de West Georgia,

---

265. Braude, *Immortal remains*, p. x.

266. Las sesiones prosiguieron durante años y las levitaciones de la mesa se grabaron en vídeo; búsquese «the Philip experiment» en YouTube y aparecerán muchos informes grabados. También hubo otros fenómenos paranormales, y los hallazgos se publicaron en un libro titulado *Conjuring up Philip*, escrito por Iris Owen y Margaret Sparrow, Harper & Row, 1976.

comentó medio en broma que, «a juzgar por el caso de Philip, los *poltergeits* pueden domesticarse»[267].

Tal vez sea difícil aceptar esta clase de informes hasta que se hace la experiencia personalmente. Yo tuve la suerte de que me ofrecieran la oportunidad. En 2015, Stephen Baude mi invitó a formar parte de un pequeño equipo, supervisado por él, para documentar la levitación de mesas y otros eventuales fenómenos auspiciados por Kai Muegge, un médium físico alemán. Había conocido a Kai en una ocasión anterior y había sido testigo de sus sesiones en un medio más relajado, así que agradeció mi participación. Steve había dirigido un fructífero estudio sobre los fenómenos de Kai en 2013 y había publicado los resultados en una destacada revista[268]. Esta vez quería comprobar si podía mejorar alguno de aquellos resultados aumentando el rigor de los controles. Robert Narholz, autor de documentales, también participaría, y nuestro objetivo era filmar la levitación completa de la mesa con luz roja y utilizando las mejores cámaras de filmación nocturna[269].

Fuimos a Hanau, la ciudad alemana donde vive Kai, en octubre de 2015. Durante la primera sesión, nos sentamos cinco personas alrededor de una mesa de plástico para jardín de 85 centímetros de diámetro y 70 de altura. A sugerencia de Kai, Steve y yo tratamos de levantarla sin que perdiera la horizontalidad. Empujamos hacia arriba con las manos y las rodillas, pero no pudimos. «Hiciéramos lo que hiciéramos, la mesa se movía de un modo que no tenía el menor parecido con las levitaciones auténticas, cuyo movimiento ascendente es lento, grácil e ingrávido, lo contrario de cuando se empuja —explicó Steve en el artículo que escribió sobre las sesiones—. Las mesas que levitan parecen flotar»[270].

267. J. R. Colombo, *Conjuring up the Owens*, Colombo & Co., 1999, p. 39.

268. Stephen E. Braude, «Investigations of the Felix Experimental Group: 2010-2013», *Journal of Scientific Exploration* 28, n. 2 (2014), pp. 285-343.

269. Narholz es un cineasta norteamericano de origen austríaco que está terminando en la actualidad dos largometrajes documentales: *Finding PK* (título provisional) y *The one who comes after*. Investiga la mediumnidad física y mental, así como los fenómenos psíquicos en diferentes culturas, con el fin de comprender la naturaleza de la conciencia y su lugar en la realidad física y espiritual. Cf. www.robertnarholz.com.

270. Stephen E. Braude, «Follow-up investigation of the Felix Circle», *Journal of Scientific Exploration* 30, n. 1 (2016), pp. 34-35.

Durante las sesiones se apagaron las luces, se puso música y al alcance de la mano teníamos una luz roja de escasa potencia que podíamos activar cuando hiciera falta. Como muchos otros médiums, Kai cree que la oscuridad facilita los fenómenos y que cuesta más obtener resultados a plena luz (más abajo se hablará sobre esto). Durante las sesiones nos encargamos de que Kai estuviera perfectamente «controlado»: en todo momento estuvo flanqueado por dos personas que le tocaban las manos y las piernas para impedir que influyera físicamente en el movimiento de la mesa y en cualquier otro fenómeno. Yo estuve a su izquierda casi todo el tiempo. Inspeccionamos concienzudamente la redonda mesa de plástico para comprobar que no tuviera escondido ningún aparato que pudiera ser causa de movimientos.

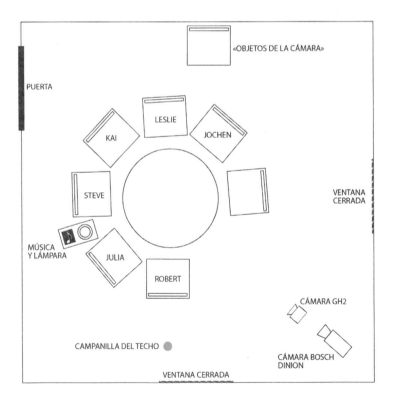

Nuestra distribución en Hanau. Julia, esposa de Kai, y Jochen (nombre supuesto) se unieron al grupo. *Copyright © Robert Narholz*

Cuando empezamos, con las manos o los dedos ligeramente apoyados en la superficie, sentimos muchas oscilaciones en la mesa y movimientos circulares aleatorios. A veces la mesa se ladeaba bruscamente y quedaba apoyada en dos patas, y luego volvía a la posición inicial con un fuerte impacto. Nuestras manos apenas la tocaban. Acabaron por imponerse las levitaciones, tranquilas y de mayor duración, con el tablero horizontal y no inclinado. Una duró unos quince segundos. La mesa se levantó verticalmente por lo menos setenta centímetros, y mientras estuvo suspendida en el aire osciló y luego descendió con suave vaivén, como meciéndose en las olas. Fue como si de repente se hubiera vuelto ligera y fluida y flotara sin esfuerzo, casi como si estuviera «viva».

Mientras esto sucedía, oímos varios golpes en la pared, como si dieran martillazos. Una campanilla que colgaba del techo sonó con fuerza en una ocasión. Todos los sonidos quedaron grabados. Estos fenómenos físicos se produjeron solos, mientras nosotros estábamos clavados a la mesa, controlando a Kai... y pasándolo bomba.

Antes de empezar la siguiente sesión con las cámaras, Steve, Robert y yo sacamos de la habitación todo lo que no fuera necesario e inspeccionamos palmo a palmo todo el espacio y su contenido. Steve cerró la puerta con llave y se guardó esta en el bolsillo. Así se descartaba la posibilidad de que un cómplice entrara en la habitación y de que hubiera algún aparato para levantar mesas.

Seguimos viendo levitaciones; a veces, la mesa llegó a levantarse del suelo entre treinta y sesenta centímetros, y en una ocasión repitiendo el llamativo «oleaje» de antes. En cierto momento, Robert hizo fuerza hacia abajo, para ver si la mesa descendía. Estaba sentado frente a Kai, y si Kai hubiera estado levantándola desde su sitio, la mesa habría cedido a la presión de Robert. «Estaba blanda, fue como si me apoyara en un muelle —me contó Robert—. No daba la sensación de que estuvieran levantándola por un sitio solamente, sino como si ascendiera impulsada por una fuerza aplicada desde abajo a toda la superficie por igual»[271]. Por desgracia, la cámara de

---

271. Robert Narholz, comunicación personal, 21 de enero de 2016.

Robert no captó las mejores levitaciones debido a problemas de iluminación. Pero todos vimos la mesa subir en vertical cuando la luz roja estaba encendida.

En un lado de la habitación habíamos dejado una especie de tambor plano, pegado a las patas de una silla, donde estaban los «objetos de la cámara» que se indican en el diagrama, fuera del alcance de todos[272]. Mientras yo controlaba a Kai, completamente a oscuras, oímos un fuerte golpe en el tambor. Luego vimos que no había cambiado de lugar. Me levanté y lo golpeé con moderación, y todos admitimos que el ruido producido por mí era mucho más suave que el oído durante la sesión. Aun así, bastó mi leve golpe para que el tambor se moviera. ¿Cómo es que el golpe anterior, mucho más fuerte, no lo había movido? ¿Qué había golpeado el tambor, y cómo se había producido aquel ruido?

Es posible que todos aquellos fenómenos periféricos se debieran a un «*poltergeist* domesticado», creado en exclusiva por Kai con la ayuda de los deseos y las intenciones concentrados de nuestro grupo. Es la impresión que tuve, y así lo entendió también Steve[273]. Sin embargo, Kai dijo que los causantes habían sido los «espíritus mediadores», les había pedido que se responsabilizaran de las sesiones, hablaba con ellos regularmente y a veces les echaba rapapolvos por no cumplir con su deber. Amenazó con finalizar la sesión y les aconsejó que no tuvieran miedo de la cámara. ¿Hablaba realmente consigo mismo mientras hacía de un modo u otro que ocurrieran aquellas cosas inexplicables?

En enero de 2016 pregunté a Steve Braude —que había estudiado en profundidad a Kai Muegge y es, sin lugar a dudas, el mayor experto mundial en macropsicoquinesia— qué pensaba al respecto:

Yo creo que sería precipitado decir que había solo un agente. Algunos participantes sentían tensión suficiente para que sus

---

272. El tambor medía cuarenta y cinco centímetros de diámetro.

273. Animo a quien quiera saber más detalles sobre estas sesiones con Kai a que lea el artículo de Braude «Follow-up investigation of the Felix Circle».

emociones causaran un efecto *poltergeist*. Es posible que Kai fuera el depositario de la mayor parte de la tensión y la probable causa (paranormal) del golpe en el tambor y otros fenómenos. Pero los movimientos de la mesa son curiosamente ambiguos. En la última sesión, la mesa estuvo más bien quieta hasta que sugerí que habláramos del tiempo y contáramos chistes. Pero ¿qué demuestra eso? ¿Que el grupo inhibía la «fuerza» PK de Kai hasta que dejamos de concentrarnos en la faena? ¿O que la relajación dejó a algunos de nosotros con libertad para influir colectivamente en la mesa? Nadie lo sabe. Yo creo que hay pocas razones para suponer que hayan intervenido incorpóreos en los fenómenos, ya que casi todos estuvieron estrechamente relacionados con la psicodinámica de la ocasión.

En cuanto a qué pudo causar aquellos efectos, no se me ocurre nada, salvo señalar que, si es PK, no sabemos qué es esto. No sentimos brisas frías como las que se sienten con otros médiums antes de que se muevan objetos. Así que no podemos recurrir moderada y conservadoramente a traspasos de energía de carácter más conocido. Solo podemos recurrir al misterio de la PK. Y aun así, no sabemos si los efectos diferentes tienen una causa parecida. No sabemos si hay alguna conexión de tipo normativo entre lo que es capaz de hacer sonar una campana, golpear un tambor, levantar una mesa o encender luces. No sabemos ni siquiera si existe alguna unidad nomotética subyacente entre los fenómenos clasificados PK[274].

Como viene a decir Steve, se aplicado muy poca ciencia al estudio de la psicoquinesia. Sin embargo, hay un estudio fascinante sobre la acústica de los golpeteos paranormales, como los que oímos en Hanau, que establece el carácter realmente inexplicable de estos ruidos «ultraterrenos». En un artículo de 2010, el científico Barrie G. Colvin informaba de los resultados de un análisis efectuado sobre diez grabaciones de auténticos golpeteos *poltergeist*, re-

---

274. Steve Braude, comunicación por *e-mail* escrita exclusivamente para este libro, 21 de enero de 2016.

cogidas entre 1960 y 2000[275]. Los comparó con la forma de las ondas de golpes producidos normalmente en los mismos materiales. Midiendo la amplitud de las ondas sonoras con un programa informático, que también indica la fuerza del sonido, obtuvo diagramas de la forma de las ondas. También determinó el tono de los sonidos.

En los golpeteos, como los que se producen dando con los nudillos en una pared, se alcanza la máxima amplitud y fuerza cuando los nudillos tocan la pared —en el instante en que empieza el sonido— y luego se reduce rápidamente. En los diez golpeteos *poltergeit* que estudió Colvin, el momento más ruidoso no fue el del comienzo. Por el contrario, el sonido crecía gradualmente hasta llegar a un punto máximo y luego se reducía, y más despacio de lo normal.

El famoso caso Endfield, ocurrido en 1977 en el norte de Londres[276], fue ampliamente documentado por investigadores experimentados. Utilizando el mismo instrumental (un magnetófono de dos bobinas a $^{15}/_{16}$ pulgadas por segundo), grabaron golpeteos misteriosos junto con golpeteos parecidos y normales en la puerta del dormitorio y pudieron compararlos. Los gráficos muestran la asombrosa diferencia entre los sonidos. Colvin demostró que esta diferencia entre golpeteos normales y *poltergeist* eran la misma en los diez casos, y que los inexplicables tenían las mismas características anómalas.

Colvin llegó a la conclusión de que los ruidos tipo golpeteo y de origen *poltergeist* no eran realmente golpes. Lejos de ello, «parecen implicar la construcción relativamente lenta de una tensión en el interior de un material, que culmina en un sonido audible cuando el nivel de tensión alcanza una magnitud concreta. Las razones y la física de este mecanismo son desconocidas...».[277] Y afirma que nadie

---

275. Barrie G. Colvin, «The acoustic properties of unexplained rapping sounds», *Journal of the Society for Psychical Research* 73.2, n. 899 (2010), pp. 65-93.

276. Para obtener más información sobre uno de los casos de *poltergeist* con más testigos y más documentados de todos los tiempos, consúltese Guy Lyon Playfair, *This house is haunted: the amazing inside story of the Enfield poltergeist*, White Crow Books, 2011. Playfair fue uno de los dos investigadores que siguieron el caso mientras duró. En YouTube pueden verse interesantes filmaciones.

277. Colvin, «Acoustic properties», p. 21.

ha podido producir sonidos con la misma forma de onda de aquellos golpeteos anómalos, que se originaban por la vibración de las moléculas interiores de un objeto, como una mesa, y no por el choque de dos superficies, que produce un sonido diferente. La forma de onda que más se le parece es la de los sismogramas de los terremotos, la única forma de onda de este tipo que se produce por medios naturales. El ruido que se produjo en el tambor de Kai pudo haberse generado de este modo, desde el interior, lo cual explicaría por qué no se movió. Aunque la vibración fue intensa, sin duda afectó al tambor de un modo que no comprendemos.

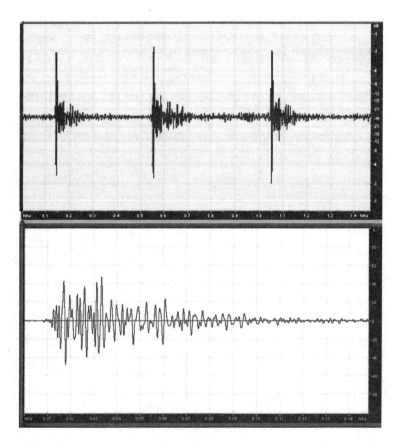

Los golpes normales en el lugar del caso Endfield *(arriba)* son muy diferentes de los golpes anómalos *(debajo)*, que crecen y decrecen progresivamente.

Copyright © Barrie Colvin

Cuesta expresar lo emocionante y mágico que es sentir flotar una mesa que levita, oír una campana que tintinea y un tambor que retumba sin que intervenga una causa humana. El misterio implicado despertó toda mi curiosidad. Estos acontecimientos no son importantes para nuestra investigación porque tengan que ver con la supervivencia de la conciencia después de la muerte, sino porque revelan a los lectores que estos fenómenos físicos se producen realmente. Han sido documentados de manera fidedigna una y otra vez por observadores escépticos y cualificados en situaciones en que podía descartarse la estafa o la investigación defectuosa. Los objetos son movidos y los sonidos son generados por fuerzas que no comprendemos, fuerzas que en ocasiones parecen obrar con inteligencia. Un primer paso para entender la mediumnidad física —que en cambio sí podría ofrecer indicios de que hay vida después de la muerte— es reconocer la realidad de la macropsicoquinesia. La mentalidad de los lectores debería ampliarse ahora para hacer frente a los elegantes, refinados e incluso hermosos fenómenos de auténtica mediumnidad física.

22

De los objetos que se mueven a las manos que se materializan

Los movimientos de objetos descritos en el capítulo anterior, aunque insólitos, representan la manifestación de PK más rudimentaria, e incluso tópica, de lo que puede llegar a hacerse. Durante una reunión de grupo con un médium físico, lo que normalmente se llama sesión (que, entre otras cosas, significa «sentarse»), el médium cae en un trance parecido a los de la estudiadísima médium Leonora E. Piper, ya descritos por Alan Gauld, solo que quizá más profundo. Un «espíritu mediador» ocupa entonces el cuerpo del médium y se comunica a través del lenguaje corporal o mediante el aparato vocal de la persona en trance. Esta, básicamente, se ha «hecho a un lado» para que la fuerza mencionada use su cuerpo.

Las manifestaciones más excepcionales que se producen con la mediumnidad física son la levitación de objetos que a veces vuelan por la habitación, aparición de luces móviles, sonidos de instrumentos sin que nadie los toque, paso de materia viva a través de materia inerte, voces que surgen de la nada y materialización de manos o de formas humanas completas. Puede que muchos lectores piensen que esto no es posible. Tampoco yo lo creía, hasta que estudié la literatura científica que documenta casos de médiums auténticos y estuve sentada con dos de ellos. No, a pesar de las discutibles sesiones que parecen acaparar toda la atención y son las más conocidas, estos temas no solo son pretexto para cometer engaños y entretenerse con juegos de salón.

Todos hemos oído hablar de los médiums tramposos que engañan durante mucho tiempo a personas crédulas e indefensas y que continúan haciéndolo. Hay médiums físicos auténticos que se han sometido voluntariamente a observaciones rigurosas y controles estrictos dirigidos por científicos capacitados para descartar las artimañas y las imposturas. Desde finales del siglo XIX circulan numerosos volúmenes de informes y libros detallados sobre estudios históricos, y uno de los últimos podría ser el de Braude, *The limits of influence*, de 1997. David Fontana, investigador británico y autor de *Is there an afterlife?*, también expone casos recientes, algunos basados en sus propias observaciones.

La mediumnidad física es excepcional porque «nos aporta indicios visuales objetivos de la interacción entre dimensiones distintas», según Fontana[278]. Los médiums físicos auténticos propician fenómenos físicos tan increíbles que es comprensible que los profanos los nieguen de entrada. Lo que ocurre en esas sesiones pone en entredicho nuestra concepción intelectual del orden natural de las cosas. Pero lo cierto es que esos fenómenos son parte de la naturaleza, dado que ocurren.

Desde el punto de vista de la supervivencia, la cuestión es si los «espíritus comunicantes» manipulan el mundo físico, como creen los médiums. En la época dorada de la mediumnidad física, entre 1850 y 1930, casi todos los médiums, si no todos, creían que los fenómenos físicos y los mensajes verbales de los seres queridos llegaban por mediación de seres espirituales del «otro» mundo. Parece que en la actualidad hay menos médiums físicos. Muchos tal vez se limiten a trabajar en la intimidad con un pequeño grupo de personas discretas que lo mantiene todo en privado. Dada la orientación tecnológica de la cultura occidental, materialista y acelerada, y

---

278. Stewart Alexander, *An extraordinary journey: The memoirs of a physical medium*, Saturday Night Press Publications, 2010, p. 14.

la actitud negativa de la ciencia oficial hacia la mediumnidad, es comprensible que sea así. Pero en los años veinte y treinta del siglo XX se publicaron muchos importantes estudios científicos sobre experimentos de mediumnidad física que estuvieron sometidos a los controles más estrictos, y son realmente asombrosos[279].

Los fenómenos de sala de sesiones son tan radicales que pueden resultar sobrecogedores, incluso turbadores, cuando se presencian por primera vez. Thomas Mann, premio Nobel de Literatura, describió la primera sesión a la que asistió en un ensayo de 1929, caprichoso, elegante y muy sincero[280]. Mann, uno de los escritores alemanes más influyentes del siglo XX, se confiesa escéptico, con la siguiente advertencia: «Declaro que un escepticismo no es auténtico si no descree de sí mismo; y un escéptico, en mi modesta opinión, no es precisamente aquel que cree en lo que se prescribe y aparta los ojos de todo lo que ponga en peligro su virtud. Antes bien, el verdadero escéptico, por decirlo llanamente, lo encontrará todo posible y no negará por convención lo que le dicen sus sanos sentidos»[281]. Esta actitud, aunada con su brillantez, lo convirtió en persona ideal para poner a prueba la validez de la mediumnidad física.

Mann fue invitado a participar en una sesión espiritista en la casa palaciega del barón Albert von Schrenck-Notzing[282], médico, psiquiatra y notable investigador psíquico que venía estudiando a un joven médium austriaco, tímido y todavía adolescente, llamado Willi Schneider (1903-1971)[283].

---

279. Son demasiados para consignarlos aquí, pero algunos irán apareciendo a lo largo de esta sección. También hay muchos a disposición del público en Internet.

280. Thomas Mann «An experience in the occult», en *Three essays*, Alfred A. Knopf, 1929, traducción del alemán por H. T. Lowe-Potter, pp. 219-261.

281. Ibid., p. 227.

282. Escribió un conocido clásico, *Phenomena of materialisation: a contribution to the investigation of mediumistic teleplastics*, K. Paul, Trench, Trubner, Londres, 1923; edición neoyorquina, E. P. Dutton, 1923. Este libro trae su estudio sobre la médium Eva Carrière (conocida como Eva C.) y es asequible en Internet Archive.

283. Su hermano menor Rudi Schneider (1908-1957) fue un médium físico famoso, objeto de muchos estudios científicos. Para más información, cf. Anita Gregory, *The strange case of Rudi Schneider*, Scarecrow Press, 1985.

A Mann le llamó la atención la categoría de los presentes: dos profesores de zoología, intelectuales, médicos profesionales y científicos. Inspeccionó la sala de la sesión y los objetos que había en ella para convencerse de que no había nada sospechoso, y el barón lo invitó a que estuviera presente mientras Willi se desnudaba y se ponía una prenda larga de algodón y encima una bata adornada con alfileres de cabeza luminosa, para que fuera visible en la penumbra. Willi se colocó además una cinta luminosa en la cabeza, y el equipo le inspeccionó el interior de la boca. Una vez en la sala de la sesión, Willi estuvo en todo momento controlado como mínimo por dos personas que le sujetaban los brazos y las piernas. Mann se encargó de este cometido durante buena parte de la sesión, aunque todos veían perfectamente al joven a causa de la luminiscencia de su indumentaria.

En el centro del círculo se puso una mesa, a metro y medio del médium. Encima pusieron una lámpara de pantalla roja, una campanilla, una bandeja con harina, una pequeña pizarra y una tiza. Junto a la mesa había una papelera boca abajo y encima una caja de música, las dos con cintas luminosas; en el suelo, al lado del barón, había una máquina de escribir; y por el suelo se esparcieron lazos de fieltro luminoso, algunos con cuerdas también luminosas. La luz consistía en una lámpara que colgaba del techo, cubierta con paño rojo, y la lámpara de la mesa. Mann cuenta que Willi apagó la luz, al igual que los lazos y los objetos, para que «el campo de operaciones fuera visible; y al cabo de un breve intervalo la superficie de la mesa pareció estar muy bien iluminada»[284].

Willi entró en trance profundo, como si durmiera. Permaneció con la cabeza caída sobre el pecho hasta que su «comunicador espiritual» de costumbre, Minna, dio a conocer que estaba allí con movimientos musculares del dormido y respondió a las preguntas apretando la mano de Mann mientras este controlaba a Willi. Al principio no sucedió nada, y se tomaron un descanso; después transcurrió casi otra hora sin que sucediera absolutamente nada. Entonces volvió Minna, con Willi todavía en trance. El barón y otro peticionario se animaron

---

284. Mann, «Experience in the occult», p. 236.

y la convencieron para que actuase. Minna pidió el pañuelo. El barón, que sabía lo que aquello significaba, dejó caer un pañuelo al suelo, junto a la mesa, donde quedó como «un reflejo blanco en la penumbra», mientras los participantes se inclinaban hacia él y charlaban a petición de Minna. Mann describe lo que ocurrió a continuación, mientras observaba el pañuelo:

> Ante nuestros ojos, con un movimiento rápido, preciso, vital y casi hermoso, emergió de las sombras en forma de rayos luminosos que lo colorearon de rojo; digo que emergió, pero emerger no es la palabra. No es que ascendiera flotando, vacío y revoloteante. Más bien fue tomado y levantado, porque había un agente activo en él, como una mano, incluso se podía ver el perfil de los nudillos, y de ella pendía formando pliegues; fue movido desde el interior por algo vivo, compacto, trémulo, que le hizo cambiar de forma en los dos o tres segundos en que se vio a la luz de la lámpara. A continuación, moviéndose con la misma escueta precisión, volvió al suelo.
>
> Era imposible, pero ocurrió. Que me fulmine un rayo si miento. Ocurrió delante de mis ojos inocentes, que estaban igualmente preparados para no ver nada si nada hubiera sucedido. Y la verdad es que entonces ocurrió otra vez. Apenas había tocado el suelo cuando el pañuelo volvió a subir a la luz, esta vez más aprisa; vimos clara e inconfundiblemente que algo lo asía por dentro, que los miembros de algo lo sostenían: más estrecho que una mano humana, una especie de garra. Abajo y arriba de nuevo, por tercera vez. El pañuelo era sacudido con violencia por algo que había dentro y que lo lanzó hacia la mesa, con mala puntería, porque quedó colgando del borde y cayó al suelo[285].

Mann estaba estupefacto. «Nunca había visto que sucediera algo imposible, a pesar de su imposibilidad». Sujetaba las muñecas de Willi mientras otro vigilaba sus rodillas. «Ni un asomo, ni un atisbo ni el menor indicio de posibilidad de que el muchacho allí

---

285. Ibid., p. 246.

dormido pudiera haber hecho lo que estaba ocurriendo. Pero ¿quién, entonces? Nadie. Y sin embargo, se había hecho. Me sentí inquieto»[286].

Acto seguido, el barón puso encima de la volcada papelera la campanilla de reluciente metal que llevaba atadas unas cintas brillantes. También aquel objeto se levantó —«imposible, naturalmente, pero la cogió una mano, pues ¿qué otra cosa podría asir una campanilla por el mango?»— y se agitó violentamente, surcó el aire, se agitó otra vez y fue a parar bajo la silla de un peticionario. «Ligero mareo. Asombro profundo con un dejo, no de horror, sino de repugnancia», escribe Mann[287].

La papelera se volcó, se alzó en el aire, iluminada por las cintas y la luz roja, y cayó al suelo. Una vez más, como reacción a la ofensa intelectual que representaban aquellos sucesos, Mann sintió «un poco de mareo y náuseas». Se apartó de Willi y fue a sentarse en el círculo, cerca de la mesa, mientras otra persona se encargaba de sujetar las muñecas del médium. Minna se esforzó por girar la manivela de la caja de música. «Dígale que pare», murmuró el barón a Mann. Este le ordenó varias veces que se detuviera y activase la caja y Minna obedeció todas las órdenes. «Estás allí sentado, doblado hacia delante, ordenas lo imposible y te obedece un espectro, un pequeño monstruo asustado que viene de los orígenes del mundo...»[288]

Minna, entonces, revolvió los lazos iluminados del suelo, llevó a la mesa uno con una cuerda y lo dejó allí. Dio golpes audibles en el tablero. «Vamos, vamos, pececillo que has salido furtivamente del agua, ¿por qué llamas así con esos nudillos monstruosos en nuestra buena mesa, en nuestra cara, ante nuestros ojos?», pensó Mann. Y en aquel instante, Minna le arrojó a la cara un lazo de fieltro.

El barón sugirió a Minna que «hiciera algo útil» y se acercara a la máquina de escribir que estaba en el suelo y con papel preparado en el carro. Mann escribe:

---

286. Ibid., p. 247.
287. Ibid., p. 248.
288. Ibid., p. 250.

El ser parece capaz de escuchar a la razón, desiste de sus esfuerzos con la caja. Esperamos. Y, lo juro por mi honor, la máquina de escribir se pone a teclear, allí en el suelo. Es una locura. Incluso después de todo lo que hemos visto ya, es asombroso en su más alto grado, desconcertante, ridículo; la naturaleza fantástica de este ser es incluso fascinante. ¿Quién escribe a máquina? Nadie. Nadie está tendido en la alfombra, en la oscuridad, tecleando con la máquina, pero la máquina teclea. Willi tiene sujetos los brazos y las piernas. Aunque pudiera soltarse un brazo, no llegaría a la máquina con él; y en cuanto a sus pies, aunque llegaran tan lejos no podrían pulsar las teclas exactas, estas se trabarían. No, no es Willi. Pero no hay nadie más. ¿Qué podemos hacer sino cabecear y echarnos a reír? El tecleo se hace con precisión, es innegable que una mano toca las teclas, ¿pero realmente es solo una mano? No, por si alguien quiere saberlo, tiene que haber dos manos; los chasquidos son demasiado rápidos para tratarse de una sola, se oyen como producidos por los dedos de un mecanógrafo experto; llegamos al final de un renglón, suena la campanilla, oímos el retroceso del carro, empieza otro renglón: el tecleo se interrumpe, sigue una pausa[289].

Entonces se presentó una pequeña aparición delante de una cortina negra. Era «vaga, blanquecina, imprecisa», estaba iluminada por una especie de dardo de luz blanca que salía de su interior. Entonces, desapareció. El barón dijo a Minna que pusiera la mano en la bandeja de la harina y dejara una huella, pero no quiso. La sesión terminó. En el papel que había estado en la máquina de escribir vieron «un caos absurdo de mayúsculas y minúsculas». Mann escribe:

Me encuentro en ese desconcertante y confuso estado de espíritu en que la razón nos ordena admitir lo que la razón por otro lado rechazaría por imposible. La naturaleza de los fenómenos que he descrito hace inevitable que la idea de engaño persiga incluso a

---

289. Ibid., p. 252.

aquellos que lo han visto por sus propios ojos, pero la idea sucumbe una y otra vez ante lo que han percibido los sentidos y ante la conclusión de que el engaño, definitivamente, ha sido imposible[290].

A pesar de las náuseas, Mann escribe que arde en deseos de asistir a otra sesión, para poder ver elevarse el pañuelo, bajo la luz roja, delante de sus ojos. «Pues la imagen se me ha metido en la sangre de algún modo y no puedo olvidarla. Quisiera estirar el cuello una vez más, y con los nervios del aparato digestivo de punta a causa de la inverosimilitud de todo aquello, ver una vez más, solo una vez más, que lo imposible acaba ocurriendo.»[291] Entiendo perfectamente su reacción: es inolvidable y absolutamente irresistible ver unos sucesos desconcertantes e «imposibles», y aunque habían pasado varios años desde mi primera sesión, también yo sentía la fuerte necesidad de revivirlos. Por suerte, mi intestino no resultó afectado; tampoco me sentí mareada ni con náuseas, todo lo contrario, como explicaré más adelante.

Debo preguntarme si Mann hubiera salido corriendo hacia el hospital más próximo si hubiera visto algo más imposible aún: la creación de una mano visible que se movía. Aunque cueste creerlo, algunos médiums pueden propiciar la materialización de manos con nudillos y uñas, manos cálidas, manos carnosas que tocan a la gente, que golpean objetos sólidos y transportan objetos por la habitación. En algunos casos excepcionales, se disuelven mientras otra persona las estrecha.

En 1908, estando en Nápoles, la conocidísima médium italiana Eusapia Palladino (1854-1918) fue objeto de estudios rigurosamente controlados por tres investigadores que se contaban entre los más escépticos y experimentados del mundo, y que conocían todos los trucos que utilizaban los médiums tramposos. Eusapia era excepcional: ningún otro médium físico ha sido analizado nunca tan escrupulosamente, durante tanto tiempo, con tantas precauciones

---

290. Ibid., p. 254.
291. Ibid., p. 261.

ni por tantos científicos. La propia Eusapia había reconocido que si no se la controlaba bien, podía engañar a cualquiera mientras estaba en trance, es decir, cuando estaba totalmente fuera de control y no era consciente de sus actos. Lo había hecho anteriormente, aunque sus burdos trucos eran de fácil detección y solo posibles cuando se relajaba la vigilancia. (Aceptó de buen grado todas las imposiciones necesarias para impedirlo, y se las aplicaron allí.)

La británica Sociedad para la Investigación Psíquica (SPR), la organización investigadora más importante de su tiempo, envió representantes con intención de denunciar a Eusapia por impostora. El investigador estadounidense Hereward Carrington había publicado hacía poco un voluminoso libro, *Physical phenomena of spiritualism* («Los fenómenos físicos del espiritismo»), que detallaba las artimañas y los aparatos que empleaban los médiums tramposos, tras haberlos observado y denunciado durante muchos años. Con fama de ser uno de los investigadores más agudos de Estados Unidos, era además un aficionado a la magia de salón y sabía reproducir muchos efectos de sesión espiritista que los falsos médiums ponían en escena. El investigador británico W. W. Baggally había pasado más de treinta y cinco años asistiendo a sesiones de médiums físicos[292], era también mago de salón y no había visto nada que no tuviera su truco[293]. El ilustrísimo Everard Feilding también se las sabía todas en lo tocante a los médiums tramposos. Aunque de mentalidad abierta y dotado de gran sentido del humor, nada superaba su escepticismo[294].

Carrington, Baggally y Fielding, conocidos como el «Pelotón de la Trampa», organizaron once sesiones con Eusapia en una habitación controlada estrictamente por ellos[295]. Construyeron el gabinete, es decir, el espacio rinconero cerrado con cortinas que al decir de muchos médiums ayuda a concentrar la energía necesaria para las materializaciones. Eusapia y el equipo se sentaron a una pequeña mesa,

---

292. Hereward Carrington, *Eusapia Palladino and her phenomena*, B. W. Dodge & Company, 1909, p. 153.

293. Braude, *Limits of influence*, p. 112.

294. Ibid.

295. Ibid., p. 111.

delante del gabinete. La puerta estaba cerrada; se eliminó toda posibilidad de que interviniera un cómplice. Eusapia, generalmente en trance, estuvo vigilada físicamente en todas las ocasiones. En la habitación hubo en todo momento luz suficiente para ver lo que ocurría. Los hombres iban señalando en voz alta todo lo que sucedía, describían igualmente los medios con que vigilaban a Eusapia y todo era anotado por un taquígrafo presente en la habitación.

El «Informe sobre una serie de sesiones con Eusapia Palladino» documentó, explicó y analizó oficialmente en 295 páginas todo lo que sucedió[296]. Aquellos grandes escépticos no se limitaron a describir los asombrosos fenómenos que presenciaron, sino que también documentaron la progresiva transformación de su actitud cuando se vieron obligados a admitir la insoslayable realidad de unos hechos auténticos.

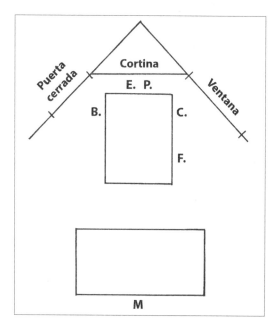

Esquema de la habitación que se incluyó en el informe. «M» es el taquígrafo.

---

296. Everard Feilding, W. W. Baggally y Hereward Carrington, «Report on a series of sittings with Eusapia Palladino», *Proceedings of the Society for Psychical Research* 23 (noviembre de 1909), pp. 306-569.

«Aún no habíamos entrado en calor, aún estábamos alerta y sospechábamos de todos los movimientos de Eusapia; en cierto modo irritados, todo hay que decirlo, por no haber podido detectar ninguna impostura en la primera sesión y decididos a desquitarnos», escribió Feilding tras la segunda sesión, que se celebró el 23 de noviembre de 1908. En el mismo comentario aducía que «mi espíritu no estaba preparado para aceptar los fenómenos que tuvieron lugar, a pesar de lo cual no he sabido detectar ningún indicio de engaño en la aparición de ninguno»[297]. En aquella sesión concreta el equipo documentó una serie de movimientos de objetos, sonidos y el punteo de una cuerda de guitarra[298]. «Había luz suficiente no solo para ver todos los objetos de la habitación, sino también para leer letra menuda donde estábamos sentados», dicen las notas[299].

Las primeras manos materializadas aparecieron en la sesión V. «En todo momento hubo luz suficiente para ver dónde tenía la cara la médium, así como las manos, incluso desde el otro lado de la mesa», escribió Feilding[300]. Las notas afirman:

> A las 11:10 se produjo un fenómeno completamente distinto, a saber, la aparición de una mano blanquísima entre las dos cortinas y por encima de la cabeza de la médium. Salió muy despacio, con la palma hacia abajo, luego cerró los dedos y se retiró entre las cortinas, mientras las dos manos de la médium estaban claramente sujetas por B y F[301].

Además, cuando Carrington se echó hacia atrás, contra las cortinas, poco después, sintió que «algo sólido que había al otro lado, como una mano», le empujaba la cabeza con fuerza: «un agente material que respondía»[302]. Naturalmente, Eusapia estaba a este lado de las cortinas, vigilada.

---

297. Ibid., p. 374.

298. Ibid., p. 358.

299. Ibid., p. 359.

300. Ibid., p. 437.

301. Ibid., p. 420.

302. Ibid., p. 438.

Eusapia creía estar bajo el influjo de su espíritu mediador John King, que al parecer era su padre en una encarnación anterior. Por lo visto, dice Carrington, «regulaba las sesiones y originaba casi todos los fenómenos»[303]. A veces daba respuestas inclinando la mesa o produciendo golpeteos en ella. Tocaba a una persona inmediatamente después de que le hicieran una pregunta, cuando las manos de Eusapia estaban vigiladas. En cierta ocasión Eusapia se cansó y quiso dar por finalizada la sesión, pero John dijo «No, no» con la mesa. Un poco después dijo que sí. «Aquí tenemos pues un indicio de que hay una inteligencia exterior, diferente de la de Eusapia, y que expresa deseos contrarios a los de ella», escribe Carrington[304].

En la Sesión VI, celebrada el 4 de diciembre, las apariciones de manos progresaron hasta el punto de asir a personas que estaban fuera del gabinete, pero a través de la cortina y de tal modo que se sentían el pulgar, los otros dedos y las uñas. ¡Qué cosas! Puede que esto dé escalofríos, como me pasó a mí la primera vez que lo leí. Imaginaos que os tocan unas manos así. El informe asegura:

1. Me ha tocado algo que me ha ido directamente a la punta de los dedos.

12:11 noche. F. Me han tocado otra vez; me han asido unos dedos, y he sentido claramente las uñas.

[Me apretaron con fuerza el índice con tres dedos por encima y un pulgar por debajo, a través de la cortina. Sentí claramente las uñas. F., 6 dic./08.]

C. La cabeza de ella está pegada a mi cabeza. Sujeto su mano izquierda contra la mesa, sus piernas aprietan mi pierna derecha bajo la silla.

B. Estoy completamente seguro de que sujeto con la izquierda su mano derecha, encima de su rodilla derecha.

2. Han vuelto a tocarme. Esta vez han asido con la parte inferior de los dedos. [Lo que me asían era la palma de la mano. F., 11 marzo/09.]

303. Carrington, *Eusapia Palladino*, p. 24.
304. Ibid., p. 273.

Y un poco más tarde:

12:17 noche. F. He preguntado a John si había fuerza suficiente para que se manifestara. A continuación...

C. Vi claramente algo blanco encima de la cabeza de ella.

[Yo también; fue como si algo se presentara amablemente en respuesta a mi petición. F., 2 dic./08.]

[La médium me apretó la mano y a continuación vi la cosa blanca. C., 5 dic./08.]

B. Vi la cosa blanca encima de la cabeza de ella e inmediatamente después una mano que salía de detrás de la cortina y tiraba de mí hacia el gabinete, de la manga, con mucha firmeza.

[El tirón fue tan violento que casi me caí de la silla. B., 5 dic./08.][305]

Carrington comenta que los contactos con manos humanas fueron «los fenómenos más extraordinarios e increíbles que se han producido por la mediumnidad de Eusapia». Y añade:

Que unas manos humanas que tenían todas las características de las manos, incluso uñas, se hicieran visibles y tangibles durante una sesión, manos que no eran las de Eusapia ni de ninguno de los peticionarios..., es tan contrario al sentido común que es casi imposible creerlo. Y sin embargo aquellas manos eran reales, y por ningún medio pudieron ser las de Eusapia[306].

Luego, en la Sesión VII, además de presenciarse otros fenómenos, una mano *visible* atenazó a alguien. El informe declara:

Fue la primera vez, y ciertamente la única, que una mano salía de la cortina y se palpaba y veía claramente. Ocurrió a las 12:09 de la madrugada, cuando B. sintió que le apretaba el hombro una mano visible para él y para C. (véase la nota de B.) Además, a las 11:20 de la noche había aparecido una mano por encima

---

305. Feilding y otros, «Report on a series of sittings», p. 451.

306. Ibid., p. 456.

de la cabeza de la médium, visible para F. y C., y para M. desde la mesa del taquígrafo, haciendo sonar una campanilla de llamar al servicio que se había puesto en la mesa de detrás de la cortina. La enredó con extraordinaria rapidez en el pelo de la médium, dejándola allí, y desapareció, y volvió al cabo de unos quince segundos, la desenredó, la agitó por encima de la cabeza de la médium y la arrojó sobre la mesa de la sesión. Las dos manos de la médium estaban separadas y bien sujetas en aquel momento[307].

Baggally añade:

Yo había sentido el tacto y el apretón de una mano en sesiones anteriores. En esta la vi con claridad por primera vez. Apareció de detrás de la cortina derecha a unos setenta y cinco centímetros del suelo, avanzó hacia mi hombro derecho y me dio un apretón fuerte, hecho lo cual desapareció tras la cortina. La mano parecía de hombre, tenía un color natural, era mayor que las de Eusapia, cosa que comprobé después[308].

Baggally llega a la conclusión de que una «fuerza supranormal» podría «producir los efectos de la materia tangible y adoptar la forma de una mano»[309]. ¿Cuál era la naturaleza de aquella «fuerza supranormal»? Las catorce páginas de conclusiones del informe terminan cediendo la palabra a Feilding, que alega que no quiere hacer especulaciones sobre dicha naturaleza, aunque admite que «el interés de todo el asunto radica precisamente en especular». Como posibles explicaciones señala las dos mismas posibilidades que siguen debatiéndose hoy, la llamada hipótesis LAP («una ampliación de la capacidad humana») y la hipótesis supervivencialista («algo al pare-

---

307. Ibid., p. 464.

308. Ibid., pp. 482-483.

309. Baggally pone aquí una nota a pie de página que dice: «Las condiciones en que sentí apretones y contactos en ocasiones distintas de las referidas arriba me dieron a entender que los contactos y los apretones eran independientes del organismo físico de Eusapia». Ibid., p. 565.

cer inteligente y exterior a ella»)[310]. Los fenómenos, añade, son «juguetes que ponen de manifiesto al agente»[311].

Eusapia Palladino no fue la única médium que posibilitó la materialización de manos «vivas» y visibles delante de destacados científicos de la época. Daniel Dunglas Home (1833-1886), considerado con Eusapia el médium más impresionante de todos los tiempos, hizo exhibiciones durante veinticinco años y nunca fue acusado de estafa[312]. Nacido en Escocia pero educado en Estados Unidos, Home (pronúnciese «hium», aspirando la hache) estuvo durante muchos años bajo la atenta observación de sir William Crookes, destacado físico y químico, famoso por su descubrimiento del talio y sus estudios sobre los rayos catódicos. Según Stephen Braude, que estudió en profundidad a Home, este generó reiteradas veces quince clases de fenómenos «inconcebibles», entre los cuales había[313]:

> Manos suaves, sólidas, móviles y cálidas, de diferentes tamaños, formas y colores. Aunque estaban animadas y eran de tacto sólido, solían terminar en la muñeca o cerca de ella y al final se disolvían o derretían. En ocasiones se dijo que las manos estaban desfiguradas exactamente como las del difunto y presunto comunicante suyo (que Home no conocía)[314].

Crookes hizo algunas observaciones en notas que publicó:

---

310. Tal como dice él textualmente, la fuerza, «o reside en la médium y su naturaleza es una ampliación de la capacidad humana más allá de lo comúnmente admitido; o es una fuerza que tiene su origen en algo al parecer inteligente y exterior a ella, que opera bien directamente desde sí misma, bien indirectamente a través o en colaboración con alguna cualidad especial de su organismo». Ibid., p. 568.

311. Ibid., p. 569.

312. Para tener una idea general de la mediumnidad de Home, recomiendo el capítulo que le dedica Braude en *Limits of influence*. Quien quiera más detalles puede recurrir al libro del propio Home, *Incidents on my life* (1ª ed. 1864), o a cualquiera de los artículos escritos por William Crookes en *Quarterly Journal of Science* (1870-1874) y en *Proceedings of the Society for Psychical Research* (1889 y 1897).

313. Braude, *Immortal remains*, pp. 65-66.

314. Ibid., p. 66.

En otra ocasión aparecieron una mano y un brazo pequeños, como de un niño, jugueteando con una señora sentada junto a mí. Luego pasó por mi lado, me dio unos golpecitos en el brazo y me tiró varias veces de la levita[315].

Yo y otros hemos visto repetidas veces una mano que tocaba las teclas de un acordeón, mientras las manos del médium eran visibles, y a veces estaban sujetas por quienes lo flanqueaban[316].

Unas veces las manos parecen heladas y muertas al tacto, otras están vivas y cálidas y estrechan la mía con el apretón firme de un viejo amigo[317].

Nadie puede explicar con seguridad lo que había detrás de la aparición de aquellas manos, que por lo general respondían con inteligencia a las palabras de los experimentadores, aunque otros médiums también las manifestaban. La obra de estos concienzudos investigadores fue impecable e informaban en largos artículos que actualmente están a disposición del público. Más abajo describiré las materializaciones de manos que presencié personalmente con el médium actual Stewart Alexander.

En la mediumnidad física se da también toda una serie de fenómenos extraordinarios que quizá sugieren la realidad de la supervivencia; por ejemplo, los comunicantes intrusos que luego se comprueba que han vivido realmente en este mundo. Otro fenómeno es la voz independiente. En estos casos, presuntos comunicantes incorpóreos hablan en el aire o a través de un sencillo cono conocido como «trompetilla», que sirve para amplificar el sonido y que se pone a la distancia del médium que deciden los peticionarios. Algunos médiums, como el conocido Leslie Flint, se sellaban la boca con esparadrapo o se acoplaban un laringófono, o se llenaban la boca de

---

315. William Crookes, «Researches in the phenomena of spiritualism», *The Quarterly Journal of Science*, 1874, p. 92.

316. Ibid.

317. Ibid., p. 93.

agua, o eran enmudecidos por los investigadores de cualquier otro modo mientras las voces sonaban en la habitación[318]. Creo que estas voces coloquiales y sin embargo ultraterrenas son uno de los aspectos más fabulosos de la mediumnidad física, como veremos en el siguiente capítulo.

---

318. William Bennet, profesor de ingeniería eléctrica en la Universidad de Columbia, descartó la posible presencia de cómplices durante una sesión que se improvisó en su casa, estando Leslie Flint presente, y durante la que las voces charlaron con los invitados. Véase la conferencia que dio Flint en 1970 en la Universidad de Columbia, en www.leslieflint.com. El reverendo C. Drayton Thomas, de la Society for Psychical Research, puso a prueba a Flint amordazándolo y atándolo a una silla. Las voces de los comunicantes siguieron oyéndose. Flint tenía además una moldura de plástico pegada a la boca, se le vendó y se le ató a la silla; las voces hablaron con la claridad de siempre y algunas incluso a gritos. Véase «Medium gagged: but guide spoke in direct-voice», *Psychic News*, 14 de febrero de 1948, pp. 1-2. El periodista Alexander Walker, del *London Evening Standard*, afirmó: «En una prueba, Flint se llenó la boca con agua coloreada y estuvo así durante una sesión particularmente gárrula. En otra, el micrófono de garganta no registró ninguna vibración en su laringe mientras las voces estaban de palique». 10 de mayo de 1994, leslieflint.com.

23

Posible indicio
de supervivencia

Por Erlendur Haraldsson, doctor en psicología

Erlendur Haraldsson es profesor emérito de psicología de la Universidad de Islandia, donde dio clases entre 1973 y 1999. Había estudiado filosofía en las universidades de Copenhague, Edimburgo y Friburgo y se doctoró en psicología por la Universidad de Friburgo en 1972. Haraldsson viene investigando fenómenos psíquicos, apariciones, casos de reencarnación en niños y mediumnidad desde los años setenta. En un capítulo anterior describí sus estudios sobre las comunicaciones post mortem. *Ha publicado multitud de trabajos sobre estos temas y otros afines en revistas de psicología, parapsicología y psiquiatría, y varios libros, el más reciente de los cuales es* Indridi Indridason: the icelandic physical medium *(2015). Aunque no tan famoso como muchos otros, Indridi Indridason es sin duda uno de los más grandes médiums físicos de todos los tiempos*[319].

Presentaré dos casos relacionados con la mediumnidad de Indridi Indridason de Islandia, a quien he investigado personalmente de

---

319. Los islandeses utilizan nombres patronímicos y pocos tienen apellidos de familia. Entre sí se llaman por el nombre de pila, por ejemplo, Indridi. Indridason significa «hijo de Indridi». (Su hermana se llamaría Indridadottir, «hija de Indridi».)

manera muy detallada[320]. Uno trata sobre la aparición excepcional
de un comunicante intruso, de identidad comprobada, y otro sobre
la audición de voces independientes que cantaban en idioma desconocido por el médium; los dos son indicios que señalan la posibilidad de que los humanos sobrevivan a la muerte física. En realidad,
los dos acontecimientos están entre los mejores indicios que tenemos acerca de esa posibilidad.

Indridi Indridason creció en una granja del noroeste de Islandia
y a los veintidós años se trasladó a Reikiavick, la capital de Islandia,
donde entró de aprendiz en una imprenta. Sus dotes extraordinarias
se descubrieron en 1905, cuando fue invitado por un grupo de intelectuales y otros miembros destacados de la sociedad islandesa
que estaba interesado por la mediumnidad del joven. Einar Kvaran,
escritor y editor conocido, fundó un grupo de investigación, la Sociedad Experimental, para estudiar a Indridi. La actividad de Indridi duró hasta el verano de 1909, momento en que él y su novia
contrajeron el tifus; la muchacha murió y él no se recuperó. Falleció
en una clínica en 1912, a los veintiocho años.

La mediumnidad de Indridi Indridason fue investigada y puesta
a prueba en profundidad por miembros de la Sociedad Experimental. Con Einar Kvaran de presidente, sus principales miembros eran
Haraldur Nielsson, profesor de teología de la Universidad de Islandia, y Björn Jonsson, director de un periódico y luego primer ministro cuando Islandia obtuvo la soberanía. Los notables fenómenos
psicoquinésicos y de mediumnidad protagonizados por Indridi se
describieron en muchos informes de la época. Sus sesiones fueron
documentadas inmediatamente después o al día siguiente en «libros
de actas», que por lo general firmaba un segundo testigo para garantizar la veracidad de lo escrito. En conferencias profesionales
celebradas en Copenhague y en Varsovia en 1921 y 1923 se presentaron ponencias sobre su mediumnidad.

Sus fenómenos, algunos de los cuales se produjeron a la luz del
día, consistían en movimientos y levitaciones de objetos varios, a

320. Erlendur Haraldsson, *Indridi Indridason: the icelandic physical medium*, White Crow
Books, 2015.

veces del propio médium; golpes en paredes y chasquidos en el aire; efectos lumínicos y materialización de manos y formas; activación «invisible» de instrumentos musicales; voces independientes que cantaban en ocasiones; desmaterializaciones y aportes. (Los aportes son objetos físicos que llegan paranormalmente de otros sitios al lugar de la sesión.) Aunque no es tan conocido, la eficacia y variedad de los fenómenos protagonizados por Indridi se parecen a los protagonizados por Daniel Dunglas Home, uno de los médiums físicos más notables que se han estudiado.

La mediumnidad de Indridi fue analizada además, entre 1908 y 1909, por Gudmundur Hannesson, destacado científico que obtuvo muchos reconocimientos en Islandia y en el extranjero, y que dos años después fue profesor de medicina en la Universidad de Islandia. Miembro del ayuntamiento de Reikiavick, era famoso por su escepticismo, su integridad y su imparcialidad. «Estoy firmemente convencido de que los fenómenos son realidades incuestionables», concluyó Gudmundur tras aplicar los controles más exigentes y minuciosos.

Indridi era un médium que caía en trance y a través de él hablaban varios comunicantes. El 24 de noviembre de 1905 apareció un nuevo comunicante, desconocido para los peticionarios. En consecuencia fue etiquetado como comunicante intruso, parecido al del caso de «la pierna de Runki», que investigué yo mismo y que ha sido descrito más arriba por Alan Gauld[321]. La hipótesis de que pueda haber telepatía entre personas vivas y/o clarividencia no explica satisfactoriamente los casos más contundentes de intrusismo, lo que significa que son de valor especial para la cuestión de la supervivencia de la personalidad humana después de la muerte.

El inesperado visitante hablaba danés y se presentó diciendo que era el «señor Jensen», apellido danés muy corriente, y que era «fabricante». Según Kvaran, «apareció a eso de las nueve. Luego des-

___
321. Erlendur Haraldsson e Ian Stevenson, «A Communicator of the "drop-in" type in Iceland: the case of Runolfur Runolfsson», *Journal of the American Society for Psychical Research* 69 (enero de 1975), pp. 33-59. (Véase el capítulo 17 de este libro.)

apareció y regresó una hora más tarde». Indridi descansó durante esa hora, y cuando reapareció Jensen, dijo que durante el descanso se había declarado un incendio en una calle de Copenhague y que había destruido una fábrica. En menos de una hora se sofocó el incendio.

Los testigos tomaron nota de aquellas afirmaciones y al día siguiente se depositó un informe escrito en el obispado de Islandia[322]. Fue un detalle importante dejar constancia del escrito antes de proceder a la comprobación del hecho.

Copenhague está a más de dos mil kilómetros de Reikiavick. En aquella época no había conexión telefónica ni telegráfica entre Islandia y la Europa continental. Los islandeses tenían que esperar la llegada de los periódicos por vía marítima. Los periódicos se distribuyeron casi un mes después[323]. Estos confirmaron que, en efecto, el 24 de noviembre había estallado un incendio en el número 63 de Store Kongensgade, una importante calle de Copenhague, y que el incendio se sofocó en cosa de una hora. Teniendo en cuenta los husos horarios, Jensen se enteró del incendio hacia las 11:15, hora danesa; el informe de los bomberos dice que recibieron el aviso a las 11:52 y que el incendio era ya devastador. La hora a la que, según Kvaran, contó Jensen lo del incendio debió de ser una estimación, y nuestros informes indican que el incendio empezó probablemente después de las nueve (las once, hora danesa).

---

322. El obispo era el Ilustrísimo Hallgrimur Sveinsson.

323. En el *Berlingske Tidende*, segundo periódico más importante de Dinamarca, aparecía la siguiente noticia:

«Anoche, a eso de las doce, el cuerpo de bomberos recibió un aviso para que acudiera a Store Kongensgade n.º 63, donde se había declarado un incendio en una casa situada en el patio trasero del almacén de la Fábrica de Lámparas Copenhague. Cuando llegaron los bomberos del cuartelillo principal y del cuartelillo de Adelsgade, el fuego se había propagado considerablemente. A pesar de todo, los bomberos consiguieron dominarlo en una hora. Los daños fueron elevados».

Politiken, el principal periódico danés, afirmaba que cuando el portero avisó a los bomberos alrededor de las doce, «la planta baja ya era pasto de grandes llamas que salían por las ventanas y rompían los cristales de las del primer piso, donde hay una fábrica de cajas de cartón».

El incendio se sofocó en media hora, según *Politiken*, y en una hora según *Berlingske Tidende*. Así pues, las noticias coinciden en términos generales.

En resumen, Jensen hizo cuatro afirmaciones concretas que se confirmaron más tarde:

1. Se declaró un incendio en una calle de Copenhague.
2. El incendio fue en una fábrica.
3. El incendio empezó poco antes de la media noche del 24 de noviembre de 1905.
4. El incendio se sofocó en menos de una hora.

No hay explicación normal imaginable que dé cuenta del hecho de que Jensen —o, para el caso, Indridi— describiera en tiempo real un incendio que se había declarado a dos mil kilómetros de distancia.

Pero ocurrieron más cosas años después. En 1991, dos libros de actas de la Sociedad Experimental, perdidos durante más de medio siglo, aparecieron en la propiedad de la viuda de un antiguo presidente de la Sociedad Islandesa de Investigaciones Psíquicas, el reverendo Jon Auduns. Abarcaban un período de unos siete meses entre 1905 y 1908 y describían más de sesenta sesiones. En 2008 tuve ocasión de estudiarlos a fondo. Y entonces hice un descubrimiento inesperado, quizás el hallazgo más memorable de mi vida.

¿Quién era aquel misterioso Jensen? ¿Era solo una ficción de la mente de Indridi, o había sido una persona que había vivido realmente? Jensen apareció por primera vez un 24 de noviembre y siguió presentándose con frecuencia; sin embargo, en los libros de actas que teníamos no se decía ni una palabra sobre su identidad corpórea.

Los libros recién aparecidos revelaban más detalles sobre él. En una sesión celebrada el 11 de diciembre de 1905, al parecer en respuesta a una pregunta, hizo las siguientes y muy concretas declaraciones sobre su vida:

[Mi nombre de pila] es Emil. Mi nombre completo: Emil Jensen, ¡sí! No tengo hijos. Sí [era soltero]. No [no morí joven]. Tengo hermanas y hermanos, pero no aquí en el cielo.

Al parecer no se hizo nada por comprobar estos datos. En 2009 fui a la Real Biblioteca de Copenhague y encontré una serie de anuarios con la lista de los empresarios que había allí en el siglo XIX. Busqué «Jensen» en el volumen de 1890. Había centenares, pero solo un fabricante llamado Emil Jensen. ¿Y la dirección? Store Kongensgade n.º 67, es decir, a dos casas del número 63, donde se había declarado el incendio. Parecía algo más que una simple coincidencia.

Aquel mismo año investigué en la oficina del censo de Copenhague[324]. En 1885, Thomas Emil Jensen, soltero, de treinta y siete años, natural de Copenhague, figuraba como fabricante y comerciante en café. El censo de 1860 revelaba que sus padres vivían entonces en Store Kongensgade, 40 con siete hijos: cuatro mujeres y tres hombres. En realidad, los registros revelaban que durante toda su vida, al menos desde los ocho años, Emil Jensen había vivido en Store Kongensgade o en travesías de esta arteria.

Emil Jensen había fallecido en 1898, a unos trescientos metros del edificio incendiado. El permiso de inhumación que figuraba en los Archivos Municipales declara que era soltero y tenía cincuenta años en el momento de la muerte. Sus cuatro hermanas fallecieron en fecha posterior, la primera en 1908, y dos hermanos, el mayor y el menor, murieron en los años veinte. Entonces encontré un documento del tribunal testamentario, redactado cuando se repartieron los bienes de Emil Jensen, que declaraba que no tenía hijos y confirmaba que todos sus hermanos y hermanas vivían en el momento de su defunción.

Las afirmaciones de Jensen que figuraban en el libro de actas del 11 de diciembre de 1905 fueron comprobadas:

1. Mi nombre de pila es Emil. (Documentos varios)
2. Era soltero. (Permiso de inhumación)
3. No tengo hijos. (Tribunal testamentario)
4. No morí joven (Permiso de inhumación)

---

324. También me enteré de que en aquella época vivía con cuatro hermanas solteras en la mentada dirección Store Kongensgade 67. En 1880, Emil Jensen había estado viviendo con tres hermanas solteras y un hermano.

5. Tengo hermanos y hermanas (Oficina del censo, tribunal testamentario)
6. Pero no están en el cielo (viven) (Tribunal testamentario)
7. Era fabricante. (Documentos varios)

El «porcentaje de aciertos» respecto de la identidad de Emil Jensen es del ciento por ciento, al igual que la descripción del incendio de Copenhague, que se detalló más arriba.

¿Podría darse una explicación normal a este caso? Una gran ventaja en los casos históricos como este es la imposibilidad de mentir y/o de recabar información con equipos de comunicación modernos. Puesto que aún no había teléfonos, la única explicación posible que podríamos barajar es que Indridi tuviera un cómplice que provocase el incendio en un momento determinado para impresionar a los presentes. Pero esta posibilidad es tan absurda que puede descartarse sin reparos. ¿Y si Indridi leyó una necrológica de Emil Jensen en un periódico danés? Comprobé esta posibilidad. No se publicó ninguna necrológica sobre Emil Jensen ni en *Politiken* ni en *Berlingske Tidende*, los dos periódicos de entonces.

¿El médium recurrió a la clarividencia? ¿Tuvo una experiencia extracorporal y se enteró del incendio declarado en la lejana Copenhague? ¿O se sirvió de la telepatía? Indridi no había estado nunca en Copenhague. Que sepamos, aquel incendio habría despertado su interés tanto como cualquier otro declarado en el mundo. ¿Y cómo habría podido adquirir, por medios clarividentes y unas semanas después, una información concreta sobre la vida de Emil Jensen —exacta, según mis averiguaciones— que luego se supo que relacionaba al difunto con el lugar del incendio? Esto roza la imposibilidad. E Indridi afirmó que no conocía en Copenhague a nadie que pudiera haber pensado en él en el momento del incendio.

Supongamos por un momento que Jensen existiera como entidad incorpórea y se comunicara a través de Indridi. Entonces estaríamos ante un caso de comunicación espiritista. Preguntémonos qué razones podía tener Jensen para fijarse en el incendio. Puede que durante el descanso de la sesión con Indridi sintiera la necesidad de volver a Copenhague para observar un siniestro que debía de ser importante para él porque tenía lugar en la calle donde había vivido de adulto. En consecuencia, podría decirse que tenía buenos motivos para observar la evolución del incendio. En cambio, parece que Indridi no tenía ninguno.

También tiene su importancia que Jensen hablara danés en las sesiones, «con el típico acento de Copenhague», según señaló Kvaran. La formación que recibió Indridi en la zona rural donde creció fue mínima. No hablaba danés, y menos aún con acento de Copenhague.

El caso de Emil Jensen revela la importancia de los factores motivacionales a la hora de juzgar el valor probatorio de las intrusiones. En nuestro episodio, el suceso tenía mucho interés para el comunicante intruso, pero ninguno para el médium. El siniestro ocurría en un lugar donde Indridi no había estado nunca, y la comunicación se hizo en el idioma hablado en aquel lejano lugar. Además, la identidad del comunicante Emil Jensen se estableció más de un siglo después. Fue una persona que vivió realmente, que murió antes de aparecer en la habitación de las sesiones de Indridi y que nunca fue conocido por Indridi.

El caso plantea una importante pregunta: ¿quién fue el perceptor, el vivo Jensen o el difunto Jensen? El peso del factor motivacional inclina la balanza con fuerza hacia el difunto Emil Jensen. Ofrece un fascinante argumento en favor de la posibilidad de que Emil Jensen fuera una entidad independiente, totalmente distinta de la persona llamada Indridi Indridason.

Para seguir avanzando, los fenómenos de voces directas fueron un rasgo muy destacado en la mediumnidad de Indridi; quiero decir voces que se oían en la habitación, lejos del médium, y que no salían de su boca. Se las oía hablar o cantar en sesiones rigurosamente controladas y en las que los peticionarios eran suficientemente conocidos por los investigadores para que estos estuvieran seguros de que no había ningún cómplice entre ellos[325].

---

325. Dieron fe de estas voces independientes los dos libros de actas y los informes de Gudmundur Hannesson, Haraldur Nielsson y Einar Kvaran; y las declaraciones de Sigurdur Haralz Nielsson, hijo mayor de Haraldur Nielsson, que observó el fenómeno a plena luz y sin que Indridi estuviera en trance.

Es muy inusual que la voz directa sea el fenómeno más frecuente en un caso dado de mediumnidad física. Sin embargo, en el caso de Indridi estas voces fantasmales aparecen en el 77 por ciento de las sesiones habituales que se documentaron en los libros de actas. Cada voz tenía sus características y su propio estilo de dicción. Unas eran agudas, otras graves, otras susurraban al oído de un peticionario, otras cantaban; unas se expresaban suavemente, otras gritaban. Y unas eran masculinas y otras femeninas. En la mayoría de los casos eran identificadas por los peticionarios como voces de personas fallecidas a las que habían conocido, aunque el médium no había conocido a casi ninguna. Unas veces se dirigían a peticionarios concretos y otras respondían a preguntas. Algunas hablaban en francés, noruego u holandés, y Emil Jensen en danés. Indridi no conocía ninguno de estos idiomas.

Lo más extraordinario es que dos voces diferentes llegaban a cantar la misma canción al mismo tiempo. Haraldur escribe que las voces independientes cantaban muy bien a menudo, y «a veces oíamos dos voces que cantaban al mismo tiempo: la voz de soprano de una mujer y la voz de bajo de un hombre»[326]. Einar Kvaran confirmó esta observación[327].

El superescéptico Gudmundur Hannesson informó el 11 de junio: «Mientras sonaba música para que el médium cayera en trance, se oyó cantar (fuera) una espléndida voz femenina [...] y luego una potente voz masculina». En cierta ocasión Gudmundur las oyó «cantar al mismo tiempo» durante un rato. «Las dos voces sonaban muy cerca de mí.»[328]

Una voz que se oía con frecuencia era de una cantante francesa. A veces hablaba en francés, y también se esforzaba por expresarse en inglés y en alemán. Pocos islandeses hablaban francés por enton-

---

326. H. Nielsson, «Some of my experiences with a physical medium in Reykjavik», en Carl Vett (ed.), *Le compte rendu official du Premier Congrès International des Recherches Psychiques à Copenhague*, Copenhague, pp. 450-465.

327. Einar Kvaran, «Metapsykiske faenomener paa Island», *Sandhedssögeren* 6 (1910), pp. 42-51.

328. Gudmundur Hannesson, «Tveir fundir hja Tilraunafelaginu», *Morgunn* 5 (1924), pp. 217-226.

ces, pero se presentaron algunas personas que pusieron a prueba el francés de la entidad. Dicen las actas que en septiembre de 1907 el francófono G. T. Zoega se dirigió a la cantante en francés y «tiene la impresión de que ella lo entiende. Oye claramente palabras y expresiones francesas entre las cosas que dice, aunque no oye frases completas». Más tarde, Thor Gudmundsson y Kvaran hablaron con ella en francés y en inglés y comprobaron que entendía ambos idiomas. Esta descripción, que consta en los libros de actas, indica que se trata de xenoglosia receptiva[329].

En una ocasión, algunos peticionarios pusieron a prueba ingeniosamente la exactitud de las afirmaciones de Indridi sobre los movimientos de los difuntos que decía ver, lo cual dio por resultado más indicios de xenoglosia[330]. Dos peticionarios que flanqueaban a Indridi le sujetaban las manos y el brazo derecho, y le inmovilizaban las piernas con las suyas. Indridi dijo que veía a la cantante francesa de pie entre el gabinete y una chimenea cercana. Un peticionario hablaba francés y se dirigió a la cantante, pidiéndole en francés que hiciera algo; Indridi y los demás testigos no entendieron lo que decía el peticionario. Indridi dijo: «Ahora ella inclina la cabeza». Y eso era exactamente lo que le habían dicho, en francés, que hiciera. Puesto que Indridi no conocía este idioma, los movimientos de respuesta que vio demostraron que la cantante —o lo que él veía y creía que era ella— estaba allí y entendía un idioma desconocido para él.

Brynjolfur Thorlaksson, organista de la catedral de Reikiavick, describe un incidente que en su opinión revelaba que la cantante francesa era una persona que había vivido realmente:

En una reunión del círculo íntimo oímos a cierta distancia del médium una voz masculina que hablaba en francés y que no habíamos oído hasta entonces. Daba la sensación de que no se dirigía a nosotros, sino a alguien del otro lado. Al mismo tiempo oímos

---

329. Ian Stevenson, *Unlearned language: new studies in xenoglossy*, University Press of Virginia, Charlottesville, 1984.

330. Que pudo ser un caso auténtico de xenoglosia lo sugiere también el hecho de que otros comunicantes de Indridi hablaban idiomas extranjeros que el médium no conocía.

otras voces alrededor del médium, pero algo confusas. No obstante, distinguimos la voz de la cantante francesa y oímos que de pronto daba un grito de aflicción. Era como si se hubiera producido un alboroto o una disputa. No distinguíamos ninguna palabra concreta, salvo en una ocasión en que una voz masculina dijo: «Madame Malibran».

Preguntamos al mediador qué había sucedido. La respuesta fue que el hombre, el que se había dirigido a la mujer llamándola por su nombre, se llamaba Malibran y había estado casado con la cantante francesa, que también había estado allí. No se habían visto desde su muerte. Él se había enterado del paradero de ella y había acudido a la reunión para llevársela consigo, pero ella se había negado. Tal había sido la causa del alboroto. No se nos dijo más.

Ninguno de los presentes sabía nada de «Madame Malibran» ni de su marido. Al día siguiente algunos consultamos el nombre en enciclopedias. Fue una sorpresa averiguar que en Estados Unidos había existido un rico hacendado francés apellidado Malibran. Se había casado con la cantante María Felicia, de padres españoles, nacida en París en 1808 y fallecida en Manchester en 1836. Tres meses después de la boda, él se arruinó; ella se divorció y volvió a Europa[331].

Ulteriores investigaciones revelaron que la famosa *mezzosoprano* María Felicia Malibran había interpretado primeros papeles en teatros de París, Nápoles, Londres y Nueva York. Se la consideraba una de las más grandes cantantes de ópera del siglo XIX. Nacida en París, su padre fue uno de los tenores favoritos de Rossini, y ella empezó a ensayar a edad muy temprana. Estando en Nueva York, se casó aprisa y corriendo con François Eugène Malibran, que tenía edad suficiente para ser su padre, y al que abandonó al año siguiente. Falleció a los veintiocho años, de las heridas sufridas al caer de un caballo. François Malibran murió el mismo año que ella.

---

331. Thorbergur Thordarson, *Indridi Midill*, Vikingsutgafan, Reikiavic, 1942, pp. 70-81.

Puede que haber muerto tan joven de manera inesperada explicase su deseo de regresar para seguir cantando. Su sobresaliente trayectoria se interrumpió bruscamente cuando aún tenía muchos años de triunfo por delante.

El organista Thorlaksson contó otro asombroso incidente que tuvo lugar a plena luz, fuera de la habitación de las sesiones:

> A eso de mediodía, según tenía por costumbre, Indridi se encontraba en mi casa. Mientras estaba allí toqué en el armonio una pieza de Chopin. Indridi se sentó a la izquierda del armonio. Esperaba que la señora Malibran conociera la melodía que tocaba, pues la oí tararear alrededor de Indridi. Entonces vi que el médium caía en trance [...] Oí muchas voces, de hombres y mujeres que cantaban detrás de mí, pero especialmente a mi derecha, con Indridi a mi izquierda. No distinguí palabras, pero oía claramente las voces, las agudas y las graves, y todas cantaban la melodía que yo interpretaba.
>
> Aquel canto no era como el canto normal, pues sonaba más como un dulce eco. Parecía venir de lejos, aunque al mismo tiempo estaba cerca de mí. No distinguía ninguna voz individual, solo la de Malibran. Siempre la oía claramente[332].

Es posible que Indridi haya sido el médium más capacitado para manifestar voces que cantaban al mismo tiempo. La voz femenina francesa que cantaba bellos dúos acompañada por una voz masculina, al parecer, salía del aire y sonaba sin cuerdas vocales. Y las canciones se interpretaban en un idioma que Indridi no conocía. Ella no solo lo hablaba, sino que respondía en este idioma en las conversaciones que se entablaban con los peticionarios. Esta xenoglosia receptiva indica claramente que la voz era independiente del médium. La cantante francesa tenía por añadidura una facultad de la que carecían el médium y los demás testigos presentes: su extraordinaria voz de cantante profesional. En realidad, nadie en todo el país poseía esa facultad, pues en la época de las sesiones no había cantantes de ópera en Islandia.

---

332. Ibid., p. 88.

Creo que esta excepcional variedad de fenómenos podría interpretarse en sentido afirmativo para la supervivencia humana a la
muerte corporal. La manifestación de estos fenómenos podría indicar que existe otro plano de realidad del que muy pocas veces tenemos un vislumbre. Desde este punto de vista, Indridi era un intermediario (ese es el significado básico de la palabra «médium» en
todos los idiomas), una interfaz de rara calidad entre los dos planos.

24

El enigma de las materializaciones completas

El incorpóreo Emil Jensen no solo se presentaba como un guía intruso que hablaba a través de Indridi, según describía Haraldsson. Además, se materializaba adoptando una forma física distinta de la del médium y tocaba a los peticionarios o dejaba que lo tocaran. Jensen apareció por vez primera entre las cortinas en casa de Kvaran, en el curso de una sesión celebrada allí, dio su nombre y gritó, con su conocido acento de Copenhague: «¿Pueden verme?» Kavaran y Nielsson, cada cual por su lado, informaron de esta aparición en 1906. Nielsson escribe:

> El nuevo visitante [Jensen] llevaba unas vestiduras blancas muy delicadas, con muchos pliegues que colgaban hasta el suelo, y todo él emitía luz. Lo vimos en diferentes puntos de la habitación. Una vez estaba en un sofá y detrás de él había una luz roja, semejante a un pequeño sol, que irradiaba una luz blanquecina. Nunca olvidaré esta imagen. Por lo general se las arreglaba para aparecer siete u ocho veces en la misma sesión, en diferentes sitios de la estancia. Vi muchas veces al mismo tiempo al médium y a este ser materializado[333].

---

333. Haraldsson, *Indridi Indridason*, p. 72.

En 1907, el obispo de Islandia, el presidente de la Audiencia Territorial de Reikiavik (luego uno de los cinco jueces del Tribunal Supremo de Islandia) y el cónsul británico asistieron a una sesión con Indridi. Junto con cuarenta testigos vieron materializarse a Jensen once veces, rodeado de una luz brillante[334]. El obispo declaró que estaba totalmente convencido de que aquellas y otras apariciones de Jensen eran auténticas. Puesto que Haraldsson documentó que Emil Jensen era una persona real que había vivido en Copenhague y fallecido en 1889, ¿demostraba esto que Jensen había sobrevivido a la muerte? Eso parecía…, aunque, para algunos estudiosos e investigadores, la cuestión no es tan sencilla. Hay más ejemplos a mano.

Pero antes que nada, yo supongo que muchos lectores estarán ya abrumados y estupefactos a estas alturas. ¿Cómo podemos concebir y entender la idea de una forma humana física que se materializa, se desmaterializa, anda, habla y toca? Puede que muchos se hayan llevado las manos a la cabeza y se estén preguntando si vale la pena seguir leyendo. Pero el problema es que estas materializaciones se han producido en la realidad: se han documentado. Y si nos detenemos a pensarlo, la cosa también resulta fascinante, ¿no? Sin duda es uno de los aspectos más extraños y desconcertantes de la naturaleza, o de la biología, o de la espiritualidad, o de lo que sea, con que nos hemos tropezado.

¿Aceptarían los lectores más fácilmente la aparición de una mano? Para ver las cosas desde la perspectiva adecuada, Stephen Braude, experto en psicoquinesia (PK), cree que las materializaciones completas no son menos plausibles que las materializaciones parciales u otras formas de PK. Dadas todas las materializaciones de manos que conocemos, «los indicios que afirman las materializaciones completas no parece que representen ningún obstáculo conceptual añadido», escribe[335].

El fisiólogo francés Charles Richet (1850-1935) recibió el premio Nobel de Medicina en 1913. Durante decenios dirigió importantes revistas y publicó artículos sobre fisiología, química fisiológica, patología experimental y psicología normal y patológica. En

---

334. Ibid., p. 74.

335. Braude, *Limits of influence*, p. 135.

pocas palabras, era muy respetado y sabía dirigir experimentos rigurosos. Tenemos la suerte de que también se sintiera atraído por los
pocos médiums físicos que ocasionaban materializaciones, y escribió
centenares de páginas sobre sus esfuerzos por entenderlos.

Richet opinaba lo mismo que Braude. Después de presenciar muchas materializaciones parciales y completas, comentó que era tan difícil
entender la materialización de una mano e incluso un dedo vivo y móvil
como entender «la materialización de una personalidad entera, que
viene y va, habla y mueve el velo que la cubre»[336]. En 1934, escribió:

> No perderé el tiempo describiendo lo absurdo, lo casi imposible
> que resulta este fenómeno desde el punto de vista psicofisiológico.
> Un ser vivo, o una materia viva, que se forma delante de nuestros
> ojos, que tiene calor propio, que al parecer posee aparato circula-
> torio y respiración fisiológica, que además tiene una personalidad
> psíquica totalmente diferente de la voluntad del médium, en una
> palabra, ¡otro ser humano! Seguramente es el no va más de las
> maravillas. Pero es un hecho[337].

El médium polaco Franek Kluski (1873-1943) fue además
banquero en Varsovia, prosista, dramaturgo y poeta, un hombre
inteligente y con excelente formación[338]. En interés de la ciencia,
quiso voluntariamente ser estudiado por Richet y el físico Gustave
Geley (1860-1924), otro destacado investigador del Institut Métapsychique International francés, muy conocido por sus estudios
sobre mediumnidad física. Alan Gauld escribió que Kluski debió
de ser «el médium más notable de su tiempo, y sin duda de todos
los tiempos»[339].

La mediumnidad de Kluski fue presenciada por más de trescientas personas, entre las que figuraban intelectuales polacos,

336. Charles Richet, *Thirty years of psychical research: being a treatise on metapsychics*, The
Macmillan Company, 1923, p. 491.

337. Ibid., p. 467.

338. La obra definitiva sobre Kluski es Zofia Weaver, *Other realities? The enigma of Franek
Kluski's mediumship*, White Crow Books, 2015.

339. Ibid., p. x.

expertos de la Sociedad Polaca de Investigaciones Psíquicas y, además de Geley y Richet, Everard Feilding, miembro del «Pelotón de la Trampa» de Eusapia Palladino. Lo más importante fue que Geley, Richet y otros que trabajaban con ellos llevaron a Kluski a un laboratorio sin ventanas del instituto de París, donde llevaron a cabo once fructíferas sesiones en 1920[340]. Los controles fueron de lo más estricto: una habitación sencilla, inaccesible excepto durante la experimentación, imposibilitaba las conspiraciones; había una luz roja encendida; y las manos del médium estaban sujetas continuamente por los investigadores que lo flanqueaban. El médium, mientras tanto, permanecía completamente inmóvil y en trance durante toda la sesión. En tales condiciones, el engaño era físicamente imposible. Y sin embargo se observaron formas materiales con cara «humana», en estas sesiones y muchas otras que se realizaron con Kluski.

Estas formas eran parecidas a las manos en el sentido de que eran sólidas y estaban «vivas». Cuando no había luz roja, las formas se volvían visibles cuando recogían unas placas luminosas que se encontraban en la habitación de las sesiones; otras veces se iluminaban ellas solas. En las sesiones en que aparecían otros visitantes, estas entidades solían ser identificadas como amistades o familiares de los testigos presentes: ochenta y cuatro personas confirmaron estas identificaciones[341]. Tocaban a los presentes y a veces respondían a pensamientos silenciosos de los peticionarios.

F. W. Pawlowski, profesor de ingeniería aeronáutica de la Universidad de Michigan, asistió a varias sesiones con Kluski en 1924. En un artículo que publicó decía:

Es imposible que nadie rechace o niegue estos fenómenos, y es imposible explicarlos diciendo que son trucos y artimañas. Comprendo perfectamente que sea difícil aceptarlos. Que en unos minutos puedan crearse seres humanos vivos e inteligen-

---

340. Gustave Geley, *Clairvoyance and materialization: a record of experiments*, T. Fisher Unwin Limited, Bouverie House Fleet Street, E. C., 1927, p. 207.

341. Weaver, *Other realities?*, p. 58.

tes, con huesos que se notan a través de la carne, y cuyos latidos cardíacos pueden oírse y palparse, está más allá de nuestra comprensión»[342].

Pawlowski hacía una escalofriante descripción (*no* eran «apariciones», según la terminología actual, ya que eran entes sólidos):

La luz de la placa era tan potente que podía ver los poros y bajo la piel de sus caras y manos. En la nariz de una aparición con aspecto de anciano distinguí claramente la compleja red de retorcidos y diminutos vasos sanguíneos; y vi muy de cerca la textura del tejido de sus ropas. Vi a unos cuantos a tan escasa distancia que oía su respiración y sentía su aliento en mi cara[343].

Gracias a ingeniosos experimentos capaces de proporcionar los más convincentes indicios de la realidad de aquellas formas materializadas, Geley y Richet dieron testimonio imperecedero de su existencia. En las sesiones de París y luego en las de Varsovia de 1921, los investigadores colocaron en el centro del círculo de los peticionarios un contenedor circular con una capa caliente de parafina líquida flotando sobre agua calentada eléctricamente. Decían a las entidades que sumergieran las manos materializadas en la parafina para que se formaran unos guantes. Los peticionaros oían que algunas chapoteaban en la parafina, que salpicaba el suelo y a las personas más cercanas. Los peticionarios sentían a veces que los tocaba una mano cubierta de parafina. Las entidades disolvían después las manos dentro de los guantes ya secos, que quedaban en las rodillas de los peticionarios o encima de la mesa. Estos guantes eran frágiles, más finos que el papel. Geley escribe:

Tuvimos el gran placer de *ver* las manos hundiéndose en la parafina. Eran luminosas, tenían puntos de luz en la punta de los

---

342. F. W. Pawlowski, «The mediumship of Franek Kluski», *Journal of the American Society for Psychical Research* 19, n.º 9 (septiembre de 1925), p. 503.

343. Ibid., p. 486.

dedos. Pasaban despacio ante nuestros ojos, se hundían en la parafina, la removían unos segundos y salían, todavía luminosas, y dejaban el guante en la mano de alguno de nosotros[344].

Fue imposible que Kluski o cualquier otro presente en la habitación confeccionara aquellos guantes sin costuras. Una mano humana no habría podido salir por la estrecha abertura de la muñeca, porque el movimiento necesario para ello habría roto la finísima capa de parafina. En los experimentos de Varsovia, los guantes se formaron con los dedos cruzados, con las dos manos juntas y los dedos entrelazados, y con los cinco dedos abiertos. Huelga decir que habría sido imposible sacar una mano humana de aquellos guantes. El único medio para dejar los moldes intactos era la desmaterialización. Los investigadores también estuvieron atentos para que no se colara ningún guante antes de las sesiones. En un caso, y sin que nadie más lo supiera, Geley y Richet, poco antes de empezar la sesión, echaron un colorante azul en la parafina[345]; en otro experimento echaron colesterol[346]. Estos añadidos garantizaban que la parafina que se usaba era únicamente la de la habitación de las sesiones.

Cuando se secaban los guantes, los investigadores vertían dentro escayola y, cuando esta se endurecía, utilizaban agua hirviendo para quitarle la capa de parafina. Los experimentos de París aportaron nueve moldes: siete de manos, uno de un pie y otro de una barbilla con la boca. Las manos y el pie eran del tamaño de un niño de entre cinco y siete años, y no guardaban el menor parecido con los del médium. Aunque en miniatura, los perfectos detalles anatómicos de las manos eran propios de persona adulta, no eran suaves y redondas como las de un niño[347]. Los moldes se fotografiaron profusamente

---

344. Geley, *Clairvoyance and materialization*, p. 234.

345. Ibid., 223.

346. Ibid., p. 224.

347. Idib., p. 232. Cuando Kluski daba muestras de tener bajo el nivel de energía, las materializaciones tendían a ser de tamaño inferior. Véase Mary Rose Barrington, «The Kluski hands», *Journal of the Society for Psychical Research* 59, n.º 834 (1994), pp. 348-349.

para que Geley los publicara en 1927[348], y en la actualidad siguen estando en el Institut Métapsychique International de París.

«Obtuvimos pruebas objetivas y formales, totalmente irrefutables, de la realidad de las materializaciones», afirma Geley, y «tenemos la certeza absoluta del origen supranormal de los moldes»[349]. Esos moldes me parecen tan convincentes —reproducciones físicas de entidades materializadas cuya naturaleza es un profundo misterio— que pasé mucho tiempo mirando las fotografías y leyendo la descripción de Geley sobre su formación. Si estudiamos la literatura que hay al respecto, es imposible refutar la autenticidad de los moldes. ¿No es maravilloso? Incluso Geley bajó la guardia científica en cierto momento: «En estas toscas formas se revela con todo el esplendor de su belleza el enigma de la vida del universo, la relación de la Idea con la Materia», escribió en 1927[350].

Pero ¿nos dice algo sobre la supervivencia *post mortem* toda esta documentación sobre las materializaciones completas? Zofia Weaver, experta actual que ha investigado a Kluski en el idioma materno de este, vincula sus manifestaciones con los casos complejos de *poltergeist*, que simplemente consisten en fenómenos más avanzados, más especializados y más espectaculares. Como en los fenómenos físicos resultantes de invocar al ficticio Philip, cabe la posibilidad de que las manifestaciones fueran fruto de los pensamientos, los estados de ánimo, los intereses y las intenciones de los peticionarios, «una mente colectiva en funcionamiento [...] cohesionada por el entusiasmo, las relaciones mutuas, la ausencia de inhibiciones y un objetivo común», como dice Weaver[351]. Pero además, estas mentes «interaccionan con el mundo de un modo muy físico que exige energías físicas»[352]. Es imposible explicarlas o interpretarlas con certeza.

---

348. Cf. Geley, *Clairvoyance and materialization*, en que aparecen más de dos docenas de fotos de los moldes.

349. Ibid., p. 220.

350. Ibid., p. 240.

351. Weaver, *Other realities?*, p. 132.

352. Ibid., p. 136.

En relación con la cuestión de la supervivencia, sería útil saber algo sobre cómo se crean estos seres sólidos en la habitación de las sesiones. Los médiums físicos, inconscientes y en trance profundo, segregan casi todo el tiempo una sustancia extraña que Richet llamaba «ectoplasma». La fuerza creativa utiliza el ectoplasma para construir formas físicas, que parecen empapadas de «vida» que interacciona con el mundo físico. También se vio que se formaban con ectoplasma las manos aisladas e independientes, como las descritas más arriba. Además de Richet, Schrenck-Notzing y Geley, muchos otros investigadores competentes observaron la formación de figuras móviles con esta sustancia, a plena luz y en condiciones que descartaban las posibles trampas. A veces llegaron al extremo de inspeccionar todos los orificios del médium y de ponerles tintes de origen natural para que coloreasen cualquier cosa que le saliera del estómago, dado que el ectoplasma salía normalmente de la boca del médium. En su detallado estudio sobre la médium francesa Eva Carrière (conocida como Eva C.), Richet hablaba de

[…] un vapor blancuzco, algo luminoso, que adopta la forma de la gasa o la muselina, y del que nace una mano o un brazo que poco a poco adquieren solidez. El ectoplasma ejecuta movimientos personales. Se arrastra, se levanta del suelo, adelanta tentáculos como una ameba. No siempre está conectado con el cuerpo de la médium, pero suele emanar de ella y está conectado con ella[353].

Viéndolo bajo una suave luz blanca, Schrenck-Notzing escribe:

Sin ayuda de las manos o las rodillas, salió de la boca de la médium, que estaba inclinada hacia la izquierda, una sustancia blanca y fluida. Tenía unos cincuenta centímetros de longitud y veinte de anchura. Resbalaba por la pechera del vestido, se extendía y formaba

---

353. Richet, *Thirty years of psychical reserach*, p. 523.

un disco blanco parecido a una cabeza, con el perfil de una cara vuelta a la derecha y de tamaño natural[354].

Se ha demostrado que el ectoplasma es tan sensible que, si le da la luz inesperadamente o alguien toca una forma ectoplasmática sin permiso, la sustancia retrocede con rapidez y vuelve al cuerpo del médium, causando serios daños e incluso la muerte[355]. (Este es el motivo por el que los que asisten a una sesión deben respetar siempre las «reglas», que al parecer deciden los espíritus guías.)

El médium británico Alec Harris (1897-1974), uno de los materializadores más exquisitos del siglo XX, daba a los peticionarios la oportunidad de presenciar formaciones de ectoplasma, iluminados por luz roja. El investigador británico David Fontana, que pasó más de treinta años estudiando fenómenos psíquicos y de mediumnidad, decía que Harris pertenecía «a la categoría de médiums físicos de primera clase especial»[356].

Al igual que Minnie Harrison (1895-1958), otra conocida médium física de la misma época, Alec Harris no trabajaba sometido a los rigurosos controles científicos de los médiums de tiempos anteriores. Sin embargo, algunos testigos perspicaces tomaban nota minuciosa de lo que veían; y personas de confianza han venido informando durante decenios de que había controles suficientes para convencer de que los fenómenos que se producían eran auténticos. Tanto Harrison como Harris se reunieron durante años con sus pequeños grupos de amigos y familiares —lo que solía llamarse «círculo íntimo»—, sin aceptar dinero ni buscar publicidad, aunque permitiendo la presencia de invitados. Harris estuvo alrededor de cuarenta años «dando ejemplos de la realidad de la supervivencia», como dice Fontana[357].

---

354. Barón von Schrenck-Notzing, *Phenomena of materialization*, Kegan Paul, Trench & Co. Ltd., Londres, y E. P. Dutton & Co., Nueva York, 1923, p. 289.

355. Los médiums más famosos que resultaron lesionados en estas circunstancias fueron Helen Duncan y Alec Harris.

356. Louie Harris, *Alec Harris: the full story of his remarkable mediumship*, Saturday Night Press Publications, 2009, p. 9.

357. Ibid., p. 13.

Theodore Johannes Haarhoff, que estudió en Oxford, tenía dos doctorados en filología clásica y era profesor en la Universidad del Witwatersrand de Johhanesburgo, asistió en 1952 a una sesión con Alex Harris. Primero inspeccionó la habitación y advirtió que Harris no llevaba nada encima. «Los poderes de materialización del señor Harris son asombrosos y excepcionales y están totalmente por encima de toda sospecha —escribió en un artículo. —Hago estas declaraciones después de pasar muchos años investigando, de haber sufrido desengaños y haber conocido a médiums tramposos». Haarhoff describió la materialización de un filósofo griego al que había estudiado, que se le acercó y le habló pronunciando correctamente el griego antiguo, que es diferente del griego moderno, como explicaba en el artículo. «El ectoplasma que sale en abundancia de su cuerpo [el de Harris] y del que se sirven las entidades etéreas para hacerse visibles, brota como una neblina y adopta toda clase de formas, aunque puede condensarse en algo totalmente sólido mientras dura el poder, ¡y qué poder tan asombroso!», decía[358].

Maurice Barbanell, director de la revista *Psychic News*, escribió que en el curso de casi tres horas vio materializarse treinta formas, bajo una excelente luz roja y en presencia de veintisiete peticionarios. «Yo estaba tan cerca del gabinete que algunas formas no tuvieron más remedio que pisarme —escribió—. Varias veces toqué los fluidos ropajes ectoplasmáticos, que eran suaves y sedosos al tacto. Estreché la mano de dos formas. Eran manos firmes y normales». Los peticionarios reconocieron algunas formas. Lo que más impresionó a Barbanell fue la materialización de una muchacha que «eliminó toda posibilidad de que aquellos efectos pudieran explicarse diciendo que eran trucos, ya que revelaba parte de su forma femenina e iba desnuda de cintura para arriba. En aquel punto, una materialización apartó la cortina para que pudiéramos ver a la figura y al médium al mismo tiempo»[359].

Y un ilusionista profesional muy escéptico, Albert Fletcher-Desborough, que no creía nada de cuanto había oído decir sobre aque-

---

358. Theophilus Haarhoff, *Psychic News*, 13 de diciembre de 1952; e ibid., pp. 177-178.

359. Harris, *Alec Harris*, pp. 138-139.

llas sesiones, inspeccionó tan a fondo la habitación y el gabinete, en busca de mecanismos como trampillas en el suelo y paredes deslizantes, que acabó convencido de que nadie podía entrar ni salir de allí. Tal como escribió en el *Liverpool Evening Express* y en *Psychic News* en 1974, «no había la menor posibilidad de engaño». Primero reconoció a su padre, que salió del gabinete y se dirigió a Fletcher-Desborough llamándolo «Bertie», el sobrenombre que solo conocía su familia. Luego salió su hermano cojeando, ya que había recibido un tiro en un tobillo; dijo su nombre y le cogió la mano. «¿Por qué salieron todas aquellas manifestaciones para que yo las viera? Porque era un escéptico», concluía[360].

Muchas otras personas presenciaron en las sesiones de Alec Harris la materialización de entidades sólidas que se disolvían y se hundían en el suelo. Algunos peticionarios interaccionaron con seres queridos, fácilmente reconocibles, y tras aquella experiencia ya no les cupo ninguna duda sobre la realidad de la supervivencia.

En 1961, dos periodistas que ocultaron su identidad asistieron a una sesión con Alec Harris en calidad de invitados[361]. Apostaron equipos de filmación por fuera de la ventana, con intención de pillar a Alec haciendo trampa. Según Louie, esposa de Alec, el «espíritu guía» de su marido se materializó durante la sesión y habló con los peticionarios y se paseó entre ellos mientras les cogía la mano. Luego les enseñó al médium en trance, para demostrar que eran entidades diferentes, pero esto no bastó para convencer a los periodistas. Cuando la forma materializada se acercó a uno, este la rodeó con los brazos, comprobando que era una figura sólida, y la sujetó con fuerza. Según cuenta Louie, el periodista exclamó: «¡Ya te tengo!» El hombre, «evidentemente, estaba convencido de que había capturado en plena mascarada al médium disfrazado de espíritu». La figura se desmaterializó en seguida y Alec dio un grito de dolor mientras el ectoplasma volvía a su cuerpo «con el impacto de un martillazo». Alec se puso muy enfermo a consecuencia de aquello y

---

360. Albert Fletcher-Desborough, «No chance for deception-conjurer», *Psychic News*, 2 de marzo de 1974, p. 1.

361. Louis Harris describe este episodio y todas las citas proceden de su libro *Alec Harris*, pp. 237-241.

estuvo en tratamiento médico durante meses. Tardó dos años en recuperarse, y ya no volvió a relajarse totalmente como médium tal como ocurría antes.

¿Podrían estas materializaciones completas ser el indicio más destacado de que se sobrevive a la muerte, sobre todo porque se identifican como personas que estuvieron vivas? Puede que constituyan una clase por sí solas. Pregunté al investigador Stephen Braude qué pensaba al respecto. «Así como es prácticamente imposible, en una sesión con un médium mental, distinguir la actividad psi del agente vivo de la actividad psi del superviviente, en el caso de las materializaciones la situación podría ser la misma», me escribió en un correo. Aduce que no sabemos si todos los fenómenos psicoquinésicos forman un continuo; que todo, desde la mesa que levita hasta el objeto que se materializa, desde la mano que saluda al salir del ectoplasma hasta la protomano de Eusapia sacando objetos del gabinete, pasando por las materializaciones completas, podría ser una serie de variaciones de la misma clase de proceso psicoquinésico único.

«Si un incorpóreo puede manifestarse en forma materializada, es PK. Los agentes vivos también tienen capacidad PK incluso para materializar cosas, y en esos casos no hace falta proponer la existencia de entidades de las que no tenemos ningún otro indicio directo», alega Braude. La facción PK, que cree que todo está generado por humanos, estaba detrás de los experimentos con Philip; las formas de Kluski parecían presentarse en respuesta a los cambiantes deseos de los peticionarios. Braude señala asimismo el hecho de que en la habitación de sesiones de Kluski se materializó un pájaro. «¿Vamos a creer que un pájaro incorpóreo se sirvió de Kluski como médium para manifestarse "en carne y hueso"? ¿Por qué habríamos de considerar de otro modo las formas humanas sólidas?»[362]

Tuve que forcejear con aquellas preguntas, porque entendía la lógica de Braude. Pero por razones quizás ajenas a la lógica, admito que me resulta difícil aceptar la idea de que la capacidad psi de agen-

---

362. Braude, comunicación privada, 8 de febrero de 2016.

te humano es la única responsable de los casos en que hay formas materializadas que andan, hablan y tocan a sus familiares mientras dan información personal que nadie más conoce. La hipótesis propone que la combinación del médium y un miembro concreto de la familia —que pudo haber sido huésped ocasional y desconocido para los restantes componentes del grupo—, reforzada por la intensa concentración y las expectativas de los demás peticionarios, es lo que crea el ser inteligente y «vivo» que aparece a modo de respuesta. A pesar de todo, la lógica de Braude es irreprochable. «Algo típico en la mediumnidad mental es que las manifestaciones de un buen trance se parezcan a personas desconocidas por el médium pero sean reconocidas por los peticionarios, que forman parte de todo el nexo psíquico y en consecuencia de los posibles agentes causales —explica—. Una materialización me parece diferente solo en la medida en que añade un elemento PK a la combinación. El caso Philip fue al parecer un ejemplo de PK en equipo, y la situación de que hablamos probablemente podría serlo también.»[363] Puesto que la hipótesis psi de agente vivo presupone que la capacidad psi humana no tiene límites, un defensor de la misma podría aducir que en teoría puede conseguirlo prácticamente todo.

Sería justo señalar que Steve Braude nunca ha visto personalmente ninguna materialización, ni parcial ni completa. La experiencia y su contexto causan indudablemente un profundo impacto en las percepciones, como vimos en el caso de Thomas Mann, aunque también hay que decir que Steve no niega la realidad de fenómenos que no ha presenciado. Ni tampoco Mann, que se interesó por el trabajo de Geley y otros que presenciaron materializaciones ectoplasmáticas. Mann rechazaba la hipótesis «espiritista», a pesar de su mayor sencillez, y escribió que lo más probable era que aquellos fenómenos fueran creados por el médium, que se exteriorizaba hasta cierto punto. Creía que «los sueños del médium, mágicamente objetivados»[364], se combinaban con las ideas inconscientes de los peticionarios y se proyectaban energéticamen-

---

363. Ibid.

364. Mann, «An experience in the occult», p. 259.

te a otro lugar, lo cual condice con los comentarios de Weaver
sobre la dinámica de Kluski.

El veterano investigador británico David Fontana se planteaba
también esta interpretación. Afirmaba que los mejores casos de mediumnidad física impedían sostener que los fenómenos físicos «eran
causados exclusivamente por la intervención de agentes vivos»[365].
En realidad, Fontana, que *ha* presenciado materializaciones parciales y completas con muchos médiums, alegaba que la auténtica mediumnidad física «aporta un argumento extra muy poderoso contra
la teoría de la super-PES»[366]. Dice que las pruebas y los experimentos de laboratorio que estudian la PK nunca han llegado a tener
macroefectos, lo cual sugiere que hay por medio algún agente desconocido[367]. Los extraordinarios poderes humanos a que nos refe-
rimos —la capacidad para materializar otros seres vivos o producir
voces aisladas que hablan en idiomas desconocidos por el médium—
no se han patentizado en ningún otro contexto. «Las experiencias
que he tenido me han convencido de que es muy difícil dilucidar
ninguna de estas cosas con otra explicación que no sea la supervivencia», dijo en una entrevista en 2004[368].

Además, Fontana no desechaba el hecho de que los buenos médiums (que sabía que eran muy difíciles de encontrar) admitían sin
tapujos que la energía implicada procede de espíritus incorpóreos.
Por lo que a él respectaba, ellos sabían mucho más sobre lo que
sucedía «que los investigadores como yo, que nos limitamos a estar
allí, observando lo que sucede». Y explicaba más adelante:

> Podría presentarme con grandiosas teorías personales y decir a los
> médiums que las experiencias que tienen no son lo que piensan
> que son. Pero hay un grave peligro en eso, como lo hay en el resto
> de la psicología, cuando se quiere decir a los demás que conoce-

---

365. Fontana, *Is there an afterlife?*, p. 353.

366. Ibid., p. 247.

367. Ibid.

368. Entrevista en vídeo con Tim Coleman y Daniel Drasin, abril de 2004. Recomiendo el
vídeo de 13 minutos que hay en YouTube y que se titula «Afterlife Investigations Bonus
Interview».

mos sus experiencias mejor que ellos. Así pues, desde el punto de vista de los médiums, la respuesta a la pregunta está clara: la supervivencia es un hecho, y la gente se comunica[369].

Debemos reflexionar sobre si los mejores médiums físicos, los más puestos a prueba, se han estado engañando a sí mismos y nos han estado engañando a nosotros sistemáticamente durante más de un siglo. El filósofo Michael Sudduth dice que es posible. «No creo que por principio sea improbable que todos los individuos implicados hayan malinterpretado su experiencia, como tampoco creo que lo sea suponer que se hayan sentido inconscientemente motivados a ello», me dijo en 2016[370].

La polémica podría continuar hasta el infinito. ¿Podría haber algo como el experimento Philip, establecido con la intención de conseguir materializaciones, algo capaz de generar formas materializadas que andan y hablan únicamente por la fuerza del deseo y el pensamiento? Dada la pequeña cantidad de médiums capaces de conseguir algo así tras tantos años de prácticas, sería muy difícil, por no decir imposible. Los médiums están en trance profundo, han quedado inconscientes por mediación, según ellos, de entidades incorpóreas que hablan a través de ellos. Por lo general se necesita el ectoplasma, y sabemos muy poco sobre cómo se genera o manipula esta sustancia. Y si los fenómenos más avanzados han sido creaciones humanas, porque forman parte de un continuo, ¿por qué los fenómenos *poltergeist* no habrían de incluir normalmente manos incorpóreas o formas físicas? Son preguntas complicadas y sin solución, pero todas tienen que ver con la cuestión de la supervivencia.

Steve Braude me preguntó por qué supongo que es más fácil para los difuntos que para los vivos crear una materialización. Es una buena pregunta. Tengo mis propias ideas al respecto, aunque nunca saldrían triunfantes en una discusión filosófica académica. Aunque esto es permitirnos ciertas suposiciones sobre la naturaleza del más allá, podríamos sostener que un espíritu difunto se materia-

---

369. Ibid.
370. Sudduth, comunicación privada, 9 de febrero de 2016.

liza *a sí mismo* gracias a ciertos aspectos de la memoria que conserva de su vida en la tierra y con los cuales puede reconstituir su forma anterior con ectoplasma, como quien se pone un abrigo viejo. Para que un médium lo haga por su cuenta, tendría que tener el poder de crear una forma totalmente *separada* de él, capaz de andar y hablar independientemente: un «otro» operativo. Además, tendría que servirse de información telepática para que la forma coincida con una persona antaño viva a la que no conoce en absoluto, y luego dotar a la forma de la información verbal y el aspecto físico concretos que probarían su identidad ante un miembro de la familia. Tendría que dar *vida* a esta forma mediante el ectoplasma. ¿Qué sería más factible? ¿Que una entidad espiritual como Emil Jensen volviera a crear su propia forma física, o que un ser humano inconsciente tuviera capacidad para crear otro ser humano «vivo», independiente de él?

Lógicamente, no podemos proponer estos problemas. Los debates acabarían reducidos al contexto y la experiencia de los observadores individuales. Pero detengámonos a reflexionar un momento. Lo extraordinario es que estos fenómenos ocurran. No puede negarse la existencia de las materializaciones completas; los estudios científicos han demostrado que son reales. ¿Qué podemos pensar al respecto? Nos dejan tan pasmados que casi no sabemos qué decir.

Tras haber presenciado estos fenómenos personalmente, como expondré más abajo, la intuición me decía que tenía sentido separar los «fenómenos más avanzados» —manos y formas completas materializadas que se movían y manifestaban inteligencia y cierta condición de estar «vivas»— de otros más mecánicos, como los movimientos de objetos tipo *poltergeist* o las mesas que se inclinan. A pesar de la brillante lógica de Braude y Sudduth, que me tenía despierta toda la noche, me cuesta mucho mezclar estas dos clases de manifestaciones. Puede que esta resistencia tenga que ver con las experiencias directas que he tenido con fenómenos propios de habitación de sesiones, pero respiré de alivio cuando averigüé que el científico y premio Nobel Charles Richet también señalaba esta distinción:

Que una energía mecánica de especie desconocida emane de un

cuerpo humano y mueva una mesa, y sacuda una tabla con golpes, no es del todo inaceptable. Pero que esta fuerza produzca sonidos en forma de palabras, luces y formas humanas vivas va más allá de nuestra idea de lo posible. Una mano cálida y viva, una boca que habla, ojos que ven y pensamiento que emociona a semejanza de las manos, la boca, los ojos y los pensamientos de los seres humanos son fenómenos que nos dejan absolutamente desconcertados[371].

¡Exactamente lo que yo pienso! Hereward Carrington —el superescéptico que investigó a Eusapia Palladino— también opinaba que los fenómenos que manifestaban inteligencia y los movimientos de objetos eran de categorías diferentes. En fenómenos como las materializaciones, «puesto que la causa no es el médium, ¿cuál puede ser sino una inteligencia exterior, una entidad con mente y pensamientos propios? —escribió—. ¿Y qué puede ser esto sino un espíritu?»[372]

Carrington reconocía la capacidad psi de agente vivo como «una fuerza que opera gobernada por el cerebro y la mente del médium, no por ningún espíritu»[373]. Y a semejanza de lo que decía Michael Sudduth sobre la necesidad de admitir ciertas suposiciones complementarias cuando se interpretaba el indicio a favor de la supervivencia, Carrington enumera las suposiciones que hace en conjunción con la idea de que los espíritus existen. Son: nuestra conciencia persiste después de la muerte física; conserva memoria e identidad personales; primero habita en una especie de cuerpo astral que tiene «la misma forma que nuestro cuerpo físico»; está a nuestro alrededor y posee poderes psíquicos supranormales; es normalmente invisible pero puede hacerse visible y comunicarse con los que están presentes; solo puede intervenir en el mundo físico a través de un intermediario[374].

Y ese intermediario es «la fuerza vital y nerviosa del médium,

---

371. Richet, *Thity years of psychical research*, p. 617.

372. Carrington, *Eusapia Palladino*, p. 292.

373. Ibid.

374. Ibid., p. 293.

exteriorizada y utilizada por el espíritu para manifestarse». Al revestirse con esta energía vital (ectoplasma) como con una vaina o una capa, la inteligencia no física» puede entrar en contacto con el mundo material, mover objetos materiales, ser visto, tocado e incluso fotografiado», dice Carrington[375]. El vínculo que aporta el médium permite al «espíritu» hacerse material. «Si aceptamos esta mediación, esta conexión vital entre los mundos material y espiritual, nos explicamos todos los hechos que se producen en estas sesiones, pero de otro modo no», afirma Carrington[376]. Pese a todo, admite que a veces los fenómenos se manifiestan espontáneamente[377]; lo hemos visto en relación, por ejemplo, con las comunicaciones *post mortem* y las apariciones. Después de investigar durante diez años la mediumnidad física y el espiritismo, Carrington llegó a la siguiente conclusión:

> Cuando aparecen manos, caras y formas, cuando se sostienen conversaciones con estas formas, en idioma desconocido por el médium, sobre temas privados que también desconoce, se diría que es absurdo explicar estos hechos de otro modo que admitiendo que está presente y activa una entidad espiritual. La hipótesis espiritista es, se mire como se mire, la única que explica los hechos, y en consecuencia la haré mía hasta que se proponga otra explicación mejor[378].

Carrington pasó del escepticismo extremo a aceptar la supervivencia, y ello solo a causa de sus experiencias personales con mediumnidad física en condiciones controladas, que no pudo explicar a su entera satisfacción de otro modo. Han transcurrido muchos años desde entonces, y en ese tiempo se han formulado argumentos quizá más convincentes en favor de otras explicaciones. Siguen siendo únicamente propuestas teóricas, pues parece

---

375. Ibid., p. 300.
376. Ibid.
377. Ibid., p. 301.
378. Ibid., p. 299.

que el conocimiento que tenemos sobre los fenómenos de las sesiones no es más científico hoy que el que se tenía en los tiempos de las primeras investigaciones.

Stephen Braude reconoce que el problema de la supervivencia no se resolverá con argumentos científicos. «Por eso elegimos las suposiciones más aceptables para nosotros, las determinadas por la experiencia personal y por lo que más nos ha impresionado»[379]. Es precisamente lo que hizo Carrington tras sus concienzudas investigaciones. La cuestión es que estos fenómenos representan la manifestación de lo imposible, como magia que se hace realidad. Y también yo tuve la buena suerte de experimentarlos por mí misma. Lo cambió todo en mi vida: trasladó mi problema, que había sido de perplejidad teórica, a una cadena de sucesos de la vida real que transformó mi concepción de las cosas.

---

379. Braude, conversación privada, 14 de noviembre de 2015.

25

Mi segundo y asombroso
«experimento personal»

Hemos vuelto al presente. La mediumnidad física no es un arte
perdida del pasado. Las tradiciones continúan, aunque muchos médiums trabajan hoy en la sombra.

Conocí a Stewart Alexander, médium físico británico, en el otoño de 2014, gracias a su libro autobiográfico *An extraordinary
journey* (2010), que trae declaraciones de muchos testigos de fenómenos que se vienen manifestando en sesiones con médiums desde
hace decenios[380]. Al leer la historia de su vida me impresionaron
profundamente la integridad y la modestia de Stewart, y no me
cupo la menor duda de que era un tipo excepcional. Su sinceridad,
su sencillez y su franqueza me atrajeron, y quedé convencida de que
era un individuo de carácter puro, con una espiritualidad natural e
intrínseca que no tenía nada que ver con los dogmas ni con las afec-
taciones. Cree firmemente que la finalidad de su mediumnidad es
permitir que los «espíritus» entren en nuestro mundo y pongan de
manifiesto que sobrevivimos a la muerte. Ha dedicado su vida a esta
misión desde hace casi cincuenta años. Por añadidura, es un erudito

---

380. Además de este libro autobiográfico, recomiendo un vídeo que contiene una charla
informal que dio Stewart en el Reino Unido sobre su evolución como médium. No solo es
fascinante la información que da, sino que oyéndolo hablar se simpatiza con él como persona.
Hay que ir a YouTube y buscar su nombre.

en historia de la mediumnidad física, tiene una biblioteca llena de artículos y libros de historia y ha entrevistado a multitud de personas que han hecho sesiones con Alec Harris, Minnie Harrison, Helen Duncan, Hunter Selkirk y otros grandes médiums[381].

Todo empezó en 1968, cuando tenía veintidós años y dio por casualidad con el clásico de Arthur Findlay *On the edge of the etheric* (1931), que describe la investigación personal que llevó a cabo el autor sobre el médium vocal John C. Sloan (1869-1951). Stewart se entusiasmó tanto con su lectura que pasó años leyendo todo lo que encontraba sobre la mediumnidad física. Al final formó un círculo íntimo con amigos, familiares y vecinos; durante meses se sentaron semanalmente en la oscuridad alrededor de una mesa sin que sucediera nada. Stewart no pretendía ser médium; simplemente, quería crear las condiciones idóneas para que se produjeran fenómenos.

Una noche, sin previo aviso, cayó en trance por obra de una entidad o presencia llamada «Pluma Blanca», que acabó siendo su principal «espíritu guía» y que, en el curso de muchos meses, hablaba a través de Stewart cuando este entraba en trance. Tardó diez años, pero finalmente Pluma Blanca fue capaz de hablar por sí solo a través de una trompetilla —un sencillo cono de cuarenta y cinco centímetros, de material ligero, parecido a un megáfono pero en pequeño— mientras levitaba en el aire. Stewart dice que este punto de inflexión fue como «la ruptura de una presa»: para llegar allí hizo falta mucha paciencia y mucha dedicación.

Con el tiempo aparecieron otros fenómenos, entre ellos la aparición y el transporte inexplicable de objetos, los llamados «aportes». Se presentó otro guía, que también hablaba a través de Stewart y que dijo llamarse Christopher y haber muerto en la infancia, así que se presentaba como un niño muy vivaz. Alegre, pícaro y divertido, Christopher organizó algunas pruebas de adivinación de palabras —dar información concreta que había de encontrarse en una página de un libro concreto en un lejano lugar desconocido, como los des-

---

381. Además del libro sobre Alec Harris mencionado más arriba, en las librerías y las bibliotecas públicas se encuentran libros sobre estos médiums.

critos por la señora Leonard, según contó más arriba Alan Gauld—, y además aportó información probatoria de seres queridos.

En 1988 estaba ya formado el actual círculo íntimo de Stewart. Sus trances eran tan profundos por entonces que cuando se le clavaban instrumentos en la carne no reaccionaba. Hizo su primera sesión pública en 1992, a pesar de que entonces, según dice modestamente, «mi mediumnidad física estaba todavía en estado embrionario». Durante estas largas sesiones fue cuando se invitó a los peticionarios a que pusieran a prueba a Stewart a plena luz para demostrar que estaba realmente en trance profundo. En cierta ocasión, un avezado peticionario realizó sus operaciones «con la habilidad de un carnicero», según comentó un observador. Los testigos vieron horrorizados cómo «pinzaba, cortaba y perforaba la carne del médium con los instrumentos sin oír la menor queja. Cuando Stewart salió del trance, no tenía ninguna marca en el brazo ni sabía lo que había ocurrido hasta que se lo contaron más tarde en el bar»[382]. Hablé con testigos de confianza que me confirmaron esta versión.

Walter Stinson, un canadiense que había vivido en Boston y murió veinteañero en un accidente de tren ocurrido en 1911, apareció en 1992 para formar parte del «equipo de espíritus» de Stewart y quedó a cargo de los fenómenos físicos. Walter dijo que era hermano de la famosa médium bostoniana Margery Crandon (1888-1941), a la que los investigadores sometieron a pruebas muy rigurosas durante muchos años. Walter, al morir, trabajó con su hermana en la habitación de sesiones y quiso proseguir esta labor por mediación de Stewart. El equipo se completó en 1996 con la aparición de Freda Johnson, una cuidadora fuerte y como Dios manda que aporta datos de seres queridos. El pequeño e ingenioso Christopher tiene actualmente la misión de relajar a los presentes y hacerlos reír. Unos años después apareció otro «espíritu», el doctor Barnett, que ha sido sanador físico de muchos peticionarios; este consiguió hablar independien-

---

382. Hylton Thompson, «Mischievous spirit boy destroys Noah's trumpet», *Noah's Ark Society Newsletter*, n.º 20, p. 18.

temente del médium y materializarse por completo durante las sesiones.

Tiene que parecer muy extraña, e incluso difícil de imaginar, la idea de que a través de Stewart hablen varias personalidades. En las sesiones a las que asistí estaban todas presentes, y procuraré contar cómo se desarrollaron. En lo sucesivo omitiré las comillas calificadoras en expresiones y palabras como «espíritus», ya que llega a ser pesado. Entraremos en este mundo, como ya hicimos antes con la mediumnidad mental, siguiendo sus reglas, y es necesario que respetemos el lenguaje que le es propio.

Stewart ha sido siempre un médium por horas. Durante sus largos años de aprendizaje dirigía un comercio con su mujer los siete días de la semana, mientras educaba a sus dos hijos, y ahora pasa mucho tiempo con los dos nietos pequeños que tiene. Desde siempre mantuvo su casa y su trabajo comercial totalmente separados de su actividad como médium; de hecho, sus dos hijos no supieron nada de su relación con el mundo de los espíritus hasta que él mismo les regaló sendos ejemplares del libro que publicó en 2000. «No podía permitir que se mezclaran los dos mundos —me contó—. Cuando entro en la habitación de las sesiones soy Stewart el médium, siempre dispuesto a dar todo lo posible al equipo de espíritus. Cuando salgo, soy Stewart el hogareño». Tras pasar algún tiempo con él y su familia en casa, he visto personalmente que, en efecto, es así.

Hace casi treinta años que Stewart trabaja con el mismo grupo, su actual círculo íntimo. En este sentido es un médium de la «vieja escuela», más como Alec Harris y Minnie Harrison que los jóvenes que o están enredados en polémicas o cobran tarifas elevadas por hacer sesiones mientras viajan de aquí para allá. Muchos individuos de esta nueva generación han desarrollado su mediumnidad hace poco tiempo, pero están deseosos de integrarse en el circuito «profesional» y tener admiradores. Stewart, por el contrario, se limita a sentarse con el mismo grupo semana tras semana, año tras año, decenio tras decenio, con el único objetivo de mejorar dentro de su círculo íntimo y compartir su mediumnidad con personas sinceras y serias que lo buscan y solicitan sus servicios. Esto explica en parte por qué es excepcional, y por qué me sentí atraída por él.

En noviembre de 2014 empezamos una correspondencia por correo electrónico que duró meses. Siempre ha sido una persona muy privada y, a pesar de haber publicado su autobiografía, evita la publicidad. Sin saber todavía qué pensar del presente libro, me invitó a asistir a una conferencia/período de estudio que organiza dos veces al año y dar una charla sobre ovnis. Luego, en abril de 2015, me sugirió que volviera a su casa del norte de Inglaterra y asistiera a dos sesiones con su círculo íntimo[383]. Huelga decir que la invitación me llenó de alegría.

Sabía que las sesiones de Stewart se desarrollaban básicamente a oscuras. Lo había establecido así desde el principio porque la historia ha demostrado que es más fácil que los fenómenos físicos se produzcan sin luz. Aunque algunos de los médiums más conocidos consiguieron trabajar a plena luz, como hemos visto más arriba, otros no lo consiguieron. Stewart siempre lleva unas lengüetas luminosas en las rodillas, visibles en todo momento; cada cortina del gabinete tiene los mismos marcadores visibles, como las trompetillas, que tienen un aro luminoso alrededor del extremo más ancho. Cuando el espíritu comunicante lo autoriza, se enciende una luz roja, y durante sus sesiones se han visto muchas cosas de este modo, así que no siempre se está totalmente a oscuras.

Puede que los lectores hayan levantado ya la mano para protestar, pues es comprensible que cueste aceptar que la mayoría de los médiums exija la oscuridad por razones legítimas. El investigador David Fontana, tras haber asistido a sesiones con muchos médiums, entre ellos Stewart Alexander, explicaba que «muchos fenómenos naturales, como la germinación de semillas, la gestación en el útero y el positivado de negativos fotográficos, necesitan la oscuridad o al menos una débil luz roja»[384]. Incluso los médiums que trabajaban a plena luz hace años se desenvolvían mejor en la oscuridad. Según

---

383. Stewart quiso que supiera que no había la menor garantía de que sucediera nada en las sesiones, porque a veces resultan tiempo perdido o bien pasan muy pocas cosas, según me dijo, y no es posible prever nada. Temía que hiciera un viaje tan largo para quedar defraudada, y me lo dijo en varias ocasiones, como cada vez que voy al Reino Unido para unirme al grupo.

384. Alexander, *An extraordinary journey*, pp. 14-15.

Hereward Carrington, la sensibilidad a la luz de Eusapia Palladino aumentaba con la intensificación de su trance, y el investigador señalaba la circunstancia de que los fenómenos se originaban dentro del gabinete cerrado, que estaba a oscuras[385]. «Raras veces tienen lugar los fenómenos con buena luz, a este lado de las cortinas; y cuando se producen, son casi invariablemente de carácter telequinésico y de naturaleza simple», escribió Carrington[386]. Los rayos de luz «son muy energéticos, y pueden desintegrar y deteriorar los cuerpos demasiado delicados y sutiles»[387].

Gustave Geley estaba de acuerdo en que el efecto perjudicial de la luz en las formas ectoplasmáticas era «natural y lógico». Hizo una observación importante:

> Si la luz obstaculiza el desarrollo biológico en las primeras etapas del crecimiento orgánico, teniendo en cuenta que este proceso es muy lento, es fácil imaginar que paraliza realmente los mismos procesos durante la materialización, cuando la acción vital está muy acelerada. El embrión humano, por ejemplo, necesita semanas para formarse en el útero, protegido de la luz; en una sesión, un ser semihumano o un órgano humano se forma totalmente en pocos segundos. Hay que tener en cuenta la rapidez del proceso para entender el efecto perjudicial de la luz en las sesiones con materialización[388].

Según Fontana, si queremos experimentar fenómenos físicos tenemos que aceptar la oscuridad, sencillamente porque es el estado en que mejor se producen. «Lo extraordinario no es que se produzcan en la oscuridad, sino que se produzcan, en definitiva», escribió en el prefacio a la autobiografía de Stewart[389]. Sin embargo, es probable que Stewart quisiera, más que ningún otro, intro-

385. Carrington, *Eusapia Palladino and her phenomena*, p. 334.

386. Ibid., p. 329.

387. Ibid., p. 330.

388. Geley, *Clairvoyance and materialization*, p. 14.

389. Alexander, *An extraordinary journey*, p. 15.

ducir más luz en la habitación de las sesiones (y que los espíritus guías trabajaran con él en este sentido). De hecho, se esfuerzan para conseguir este fin.

A pesar de que no le gusta viajar, Stewart ha celebrado sesiones en Escocia y Gales, así como en Suecia, Suiza, Alemania y España. Ha practicado para escépticos, investigadores y organizaciones parapsicológicas. Para realizar estas sesiones públicas solía cacheársele previamente, y se inspeccionaba a conciencia su silla y todos los detalles de las diversas habitaciones. «Descontando las escasísimas y poco convincentes acusaciones que han lanzado contra él individuos mal informados —escribió David Fontana en 2010—, la larga trayectoria de Stewart no se ha visto empañada por ninguna duda tocante a la naturaleza auténtica de los fenómenos relacionados con su mediumnidad»[390].

Yo asistí a dos sesiones aquella semana de abril de 2015, y volví en agosto para asistir a otras dos. Ray Lister, cabecilla del círculo, y su mujer, June, habían reservado una habitación de su casa para que fuera la de las sesiones, y fue allí donde tuve la suerte de unirme al círculo veintisiete años después de que empezara a congregarse en aquel espacio. He llegado a conocer bien a Stewart y a los miembros de su círculo, y Stewart accedió a colaborar en este libro después de sostener largas conversaciones conmigo.

En la primera sesión a que asistí solo había otros cuatro peticionarios, miembros del círculo desde hacía años. Era ideal que fuéramos pocos. Stewart me indicó que no descuidara mi vertiente periodística y analítica en la habitación de las sesiones, asegurándome que «la lógica y la razón no han de sacrificarse nunca, sean cuales fueren las circunstancias». Antes de empezar, inspeccioné la habitación, que medía 2,80 metros por 3,20, y todo lo que había en ella. La única ventana se había cerrado y tapado para que no entrara la luz. En un rincón, en lo alto de la pared, vi un estante con una grabadora accionada con mando a distancia, y en el rincón de enfrente estaba el gabinete, con dos cortinas suspendidas de una barra y abiertas en todo momento. En el centro había una mesa baja con

---

390. Ibid., p. 16.

abrazaderas o esposas de cable, anillas de madera, baquetas, una campanilla y dos trompetillas. Debajo de la mesa, cuyo tablero era de cristal, había una bombilla roja que podía encenderse y amortiguarse poniendo un paño rojo encima. También había una lámpara de pie, con bombilla led roja, y otra luz en el techo. Las sillas casi se tocaban, pues en la habitación no cabían más de doce peticionarios, y se notaba si alguien se ponía en pie. Saltaba a la vista que no había nadie escondido y que no podía entrar ni salir ningún cómplice. La habitación estuvo vacía mientras la inspeccioné.

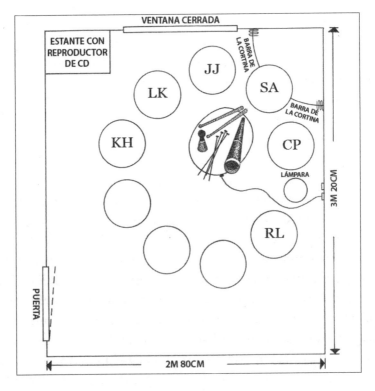

Típica disposición de la habitación de sesiones de Stewart Alexander.

Copyright © Katie Halliwell

Entramos los seis, a las ocho de la noche, y Stewart fue atado a los brazos de su silla con las abrazaderas de cable, que encajaban en una ranura y solo podían cortarse con unos ruidosos alicates. (Ray me enseñó el paquete de abrazaderas de la ferretería local; yo llevé unas por mi cuenta para las sesiones de agosto.) Comprobé que los lazos de las abrazaderas estuvieran bien apretados, para que las manos no pudieran soltarse deslizándose. Stewart tenía las palmas pegadas a los brazos de la silla cuando se las ataron y el cable se le hundió en la piel por encima de las muñecas, pero no se quejó. En las rodillas llevaba las lengüetas luminosas. La puerta estaba cerrada y las luces se apagaron.

Se puso música —la misma todas las semanas— para ayudar a Stewart a caer en trance. La transición es muy rápida: un par de minutos. Más tarde le pregunté cómo se encontraba en tal estado. Me dijo que «los» siente acercarse; los músculos de su cara se tensan y siente energía en lo alto de la cabeza y un tirón en el plexo solar. Abandona toda resistencia y, de súbito, se va. Confía por completo en los espíritus, y pone su vida en las manos de ellos.

Los comunicantes Walter y Freda han tratado de explicar cómo sucede esto, diciendo que desconectan la mente de Stewart del cerebro de Stewart y de ese modo se adueñan de su aparato vocal. Freda explicó que la mente, que es lo único que somos, es eterna e indestructible. Como Pim van Lommel y Peter Fenwick han detallado más arriba, dijo que el cerebro físico es solo un instrumento de la mente para darle expresión física y no el origen de la mente, de modo que la conciencia puede separarse de él[391]. En este caso, una conciencia se aleja y otra hace uso del cuerpo. En una sesión a la que asistí, Walter me dijo que idealmente quieren el 80 por ciento del control sobre el médium, para no sentirse influidos por la mente de este. (Es inevitable que haya alguna influencia. Pero si se apoderasen del ciento por ciento, el médium moriría.)

---

391. Katie Halliwell, *Experiences of trance, physical mediumship and associated phenomena with the Stewart Alexander circle, Part One: Evidential survival after death*, Saturday Press Publications, 2008, p. 84. A quien quiera saber más sobre lo que ocurre en las sesiones de Stewart Alexander, recomiendo tres breves libros de Halliwell. (Los beneficios de las ventas van a parar a obras de caridad.) Los escribió durante los once años de observación que pasó en el círculo, e incluyen transcripciones de fragmentos de sesiones realizadas entre 1999 y 2010. Hay cedés con esos fragmentos que pueden pedirse con los libros, que están disponibles en Amazon.

Una vez que Stewart cayó en trance, se apagó la música y llegó Pluma Blanca, el digno portero piel roja que siempre inaugura las sesiones con una breve salutación, a través de Stewart. A continuación entró en escena el juguetón y brillante Christopher con su bonita voz aguda, haciendo que el cuerpo de Stewart se convulsionara y saltara a causa de su energía, poniéndonos a todos histéricos. Luego llegó Walter, con una voz fascinante y profunda, y una seria pero también muy particular afición por las señoras. Advertí que las voces y las personalidades eran muy diferentes. Eran viejos amigos de los miembros del círculo. Entre una aparición y otra, Stewart se desplomaba en la silla y abatía la cabeza, como si durmiera profundamente; cuando llegaban, se reanimaba.

Walter me pidió que me pusiera al lado de Stewart, y me senté a su derecha. Obedeciendo las instrucciones que me daban, puse la mano izquierda sobre la diestra de Stewart, que estaba en el extremo del brazo de la silla, sujeta por la abrazadera, que le ceñía el antebrazo un poco por encima de la muñeca. Por indicación de Walter, palpé con la otra mano la abrazadera que sujetaba firmemente a Stewart a la silla. «¿Siente la abrazadera, señora?», preguntó Walter, y dije que sí[392]. Aparté lentamente la mano derecha, pero mi izquierda seguía sobre la diestra de Stewart, apretándola con fuerza. «¡Qué impresión si pudiera soltar ahora la mano de Stewart!», exclamó Walter. Y de pronto, con un leve chasquido, su brazo se elevó con mi mano apretada contra la suya.

Walter dijo acto seguido que palpara la abrazadera con la mano que tenía libre, porque mi izquierda estaba en el aire, sujetando la de Stewart. La abrazadera seguía allí, en el extremo del brazo de la silla, intacta, tal como había estado segundos antes, sujetando la muñeca de Stewart. Acababa de presenciar «materia viva a través de la materia», según dijo Walter: el antebrazo de Stewart había atravesado el cable de la abrazadera, que seguía cerrado alrededor del brazo de la silla. Este experimento se ha hecho muchas veces, y estuve hablando con dos peticionarios que lo habían visto en cierta ocasión con luz roja.

---

392. Todas las citas y los detalles de las sesiones a que asistí proceden de las grabaciones que se hicieron.

Walter pasó entonces la abrazadera, todavía cerrada, a través del sólido brazo de la silla y dijo: «Es suyo, cójalo». Aquello fue «materia a través de la materia», pero no materia viva. «¿Queda alguna abrazadera en la mesa?», preguntó Walter. Para mí fue aquella la parte más impresionante: oír el susurro del cable al pasar por el agujero del diminuto trinquete de la abrazadera, para sujetar el antebrazo de Stewart al brazo de la silla, reemplazando al que yo tenía en la mano. ¡Para una maniobra así hacían falta dos manos! En la habitación no se había movido nadie. No se oyó nada más en medio del silencio. Sin saber cómo, otra abrazadera había pasado de la mesa a la silla y había vuelto a sujetar la muñeca de Stewart. Palpé aquel nuevo cable que se hundía en la carne del médium.

Me identifiqué con Thomas Mann cundo describía su reacción al oír el tecleo de la máquina en la que «nadie» escribía con dos manos: el hecho de ver que ocurría lo imposible, a pesar de su imposibilidad. También me acordé de lo que había dicho sir William Crookes sobre cierta incidencia de la materia en la materia, a propósito de D. D. Home. El espíritu comunicante había dicho: «Es imposible que la materia pase a través de la materia, pero les enseñaremos lo que podemos hacer». En el centro de la mesa había un ramo de flores. «Delante de todos los presentes, un tallo de treinta y cinco centímetros de longitud, que formaba el centro ornamental del ramo, se levantó lentamente de entre las flores y descendió sobre la mesa, entre el jarrón y el señor Home. No se detuvo al llegar a la mesa, sino que pasó a través de ella, y todos estuvimos mirando hasta que la atravesó del todo», escribió Crookes. Todos veían las manos de Home, y el tallo no mostraba el menor indicio de rozadura ni aplastamiento[393].

Walter dijo que su intención era darme a entender «la gran realidad de nuestra supervivencia, la de quienes hemos pasado por la transformación llamada muerte». Dijo que el experimento evidenciaba «lo cerca que están nuestros mundos en el fondo», porque su buen resultado dependía de que los peticionarios se reunieran con amor y armonía, aportando energía suficiente para que las

---

393. R. G. Medhurst, *Crookes and the spirit world*, Souvenir Press, 1972, p. 125.

cosas ocurrieran[394]. Puede que a nosotros nos parezca un milagro, pero a ellos no.

A continuación, las trompetillas se colocaron en el suelo, delante de Stewart. Los peticionarios cantaron unos momentos para añadir energía a la habitación, y una trompetilla se puso a golpear el suelo con rapidez. Luego, se izó en el aire; veíamos claramente la franja iluminada que rodeaba su extremo más ancho. Subió hasta el techo. Se movía unas veces aprisa y otras espacio, estuvo golpeando ruidosamente el techo y luego navegó elegantemente entre los peticionarios. Me rozó la frente dándome unos golpes muy suaves. Siguió navegando totalmente a oscuras, sin tropezar con nadie ni tocarnos con violencia o de un modo molesto. Stewart salía del trance y volvía a entrar, haciendo comentarios soñolientos desde la silla («¿Va todo bien?»), con los brazos atados y las lengüetas de sus rodillas siempre visibles.

Había algo profundamente hermoso y fascinante en la danza silenciosa de aquel objeto material que había cobrado vida como un ave mágica de otro mundo, a la vez receptiva e inteligente. Fue uno de los espectáculos más asombrosos que he presenciado en mi vida. A veces, la trompetilla interrumpía su navegación aérea y se quedaba inmóvil. Cuando se detuvo a la altura de mis ojos, salió de ella una voz humana que quería formar palabras. Era totalmente grotesco oír una voz incorpórea que salía de un cucurucho en mitad del aire. Se oía respirar pesadamente a Stewart, que tosía y parecía hacer gargarismos a causa del ectoplasma. La otra trompetilla también remontó el vuelo en aquel punto y se puso igualmente a bailotear entre el suelo y el techo, unas veces moviéndose como un balancín, otras sacudiéndose como si se riera a consecuencias de las preguntas o comentarios de los encantados peticionarios. Me revolvió el pelo y me masajeó la cara dándome golpecitos suaves. Me sentía tan subyugada y llena de júbilo que deseaba que la trompetilla siguiera bailando para siempre. Por fin se oyó una voz masculina, prácticamente ininteligible, que salía de la trompetilla suspendida, como un alma perdida que pugnara por salir a la superficie en busca de aire.

---

394. Halliwell, *Part One*, p. 82.

(En una sesión posterior me quedé estupefacta cuando la trompeta flotante me acarició la nariz y la mejilla y revoloteó alrededor de mis gafas sin tocarlas en ningún momento: hazaña que ningún ser humano habría podido realizar en la oscuridad.)

Las trompetillas volvieron al suelo, y de pronto sonó con fuerza la campanilla de la mesa.

Entonces oímos la voz del doctor Barnett que se presentaba, hablando independientemente al lado de Stewart. Había construido un «mecanismo artificial» —una laringe de ectoplasma— para poder hablar por él, y dijo que planeaba materializarse y pasear entre nosotros.

Las baquetas golpearon la mesa con fuerza y con redobles, ellas solas, igual que la campanilla. Todos nos preguntamos si sería el pequeño Christopher que jugaba.

Me sentía como si me hubiera adentrado en un mundo completamente distinto, en una realidad alternativa con leyes naturales propias. Puede que todo esto parezca escandaloso, pero me limito a describir lo que yo y los demás vimos con nuestros ojos, sentimos en nuestra piel y oímos con nuestros oídos, y aseguro que no exagero. Podía mantener la mente despejada, aunque disfrutaba muchísimo, y más tarde analicé la grabación digital de la sesión para convencerme de que no me engañaba la memoria. Incluso tuve la precaución de hacer mis observaciones en voz alta, para que quedara constancia de lo que me había sucedido.

¿Cómo podían volar las trompetillas de aquel modo? Al igual que los médiums de antes, el ectoplasma de Stewart lo hace posible. En mayo de 2000, Freda dijo que todos los fenómenos físicos dependen de esta «sustancia de energía vital», que es a la vez espiritual y física. Puede ser manipulada por la energía espiritual para pasar de sustancia neblinosa a algo sólido; de algo insustancial a algo muy sustancial. «Con el ectoplasma, los científicos pueden crear seudópodos o brazos ectoplasmáticos. Son ellos los que están conectados con las trompetillas, querida», dijo[395]. El otro extremo está atado al médium; es parte de él. Lo

---

395. Ibid., p. 85.

asombroso era que, como había dicho Geley muchos años antes, Freda estuviera señalando que las creaciones de la habitación de sesiones eran muy rápidas en comparación con el desarrollo de la vida en el útero. «Lo que tarda nueve meses en madurar se crea en cuestión de segundos en la habitación de sesiones», dijo, reiterando que por esa razón el ectoplasma era tan sensible a la luz[396].

De algún modo, el ectoplasma era utilizado por los espíritus para mover objetos por la habitación. Mientras Eusapia Palladino estaba en trance, su espíritu guía, John King, explicaba de modo parecido cómo se transportaban las pizarras dentro de la habitación. Llamaba fluido a aquella emanación, aclarando que «forma manojos de rayos rectos, que son como hilos tensos que sostienen las pizarras. Cuando los hilos o rayos son suficientemente resistentes, el objeto puede elevarse por encima de las cabezas...»[397].

¿Y la reproducción de la laringe humana? «Podemos hacer vibrar vuestra atmósfera y convertir nuestros pensamientos en sonidos audibles», explicó el doctor Barnett, añadiendo que es muy difícil y que la estructura es inestable[398]. Dice que sucede como cuando los pensamientos de nuestro cerebro se convierten en sonido: para ellos, la mente es el equivalente del cerebro en el mundo físico. Las voces que hablan por la trompetilla también utilizan la laringe ectoplasmática, que se forma cerca del médium. Las voces son transportadas por un tubo ectoplásmático hueco al extremo más estrecho de la trompetilla, donde se amplifican y se oyen por el extremo más ancho[399]. Cuesta imaginar todo esto, pero sabemos que el ectoplasma existe, y otros médiums de talento han explicado del mismo modo las voces independientes.

Y al margen de los muchos informes solventes (y extrañas fotografías) de otros tiempos, sé que el ectoplasma existe porque he

---

396. Ibid.

397. Carrington, *Eusapia Palladino and her phenomena*, p. 317.

398. Katie Halliwell, *Physical mediumship and associated phenomena with the Stewart Alexander circle, Part Two: Home circles and public sittings*, Saturday Night Press, 2008, p. 102.

399. Katie Halliwell, *Physical mediumship and associated phenomena with the Stewart Alexander circle, Part Three: the etheric connection*, Saturday Night Press, 2011, p. 44.

tenido la suerte de verlo. Walter, que todavía hablaba a través de Stewart, me dijo que quería materializar su mano. ¡Era lo que yo estaba esperando! Corrí la silla hasta la otra parte de la pequeña mesa, que estaba despejada. Se encendió la bombilla roja de debajo del cristal de la mesa y la superficie se iluminó.

En el experimento de la mano, Stewart siguió atado a su silla y en trance mientras yo obedecía las instrucciones. *Copyright © Katie Halliwell*

Walter me habló todo el rato. El ectoplasma formó encima de la mesa, por el lado de Stewart, una nubecilla neblinosa, entre gris y negra, que avanzó hacia mí lentamente. La vi crecer poco a poco y redondearse; empezó a adoptar la forma de una mano, luego vi brotar dedos y de súbito adquirió la forma tridimensional de una mano humana, que se cerró y golpeó tres veces la mesa, para dar a entender que era sólida. A continuación se retiró por el borde. Había surgido una mano sólida y viva de la gaseosa energía ecto-plasmática.

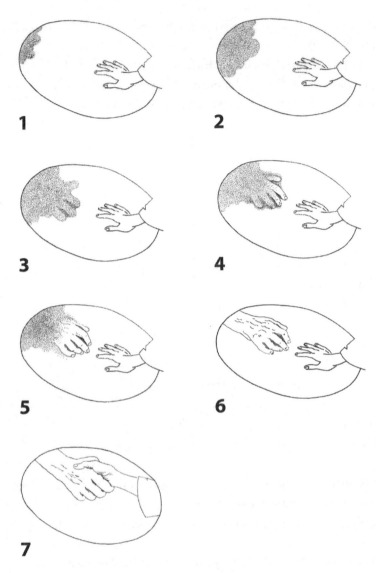

Walter me hizo entonces una pregunta: «¿Le gustaría palpar la mano de un hombre que en su mundo lleva muerto más de cien años?» ¡Imaginen mi respuesta!

Me dijo que pusiera la mano derecha en la mesa, con la palma hacia abajo. Ocurrió lo de antes: el ectoplasma avanzó desde el borde y vi que se transformaba en una mano viva, que se acercó a la mía y la tocó. Sostuve la mano materializada en la mía. Su tacto era completamente normal y humano, con articulaciones, huesos y uñas, pero estaba mucho más caliente que la mía y era más grande, los dedos eran pequeños y gruesos y la piel muy suave. Luego se retiró.

Stewart, con los brazos todavía atados a la silla, estaba demasiado lejos de la mesa para llegar a ella. En cualquier caso, la mano materializada era más grande y carnosa que las suyas; conocía la diferencia, porque en el episodio de la «materia a través de la materia» había palpado la mano de Stewart y comprobado que era más delgada y delicada. De todos modos, había visto que la mano adquiría forma delante de mí, que de una nube, de la nada, se formaba una mano completa; era imposible que fuera de nadie de la habitación[400]. Durante las tres sesiones siguientes a las que asistí, vi de cerca y en dos ocasiones la materialización de la mano de Walter, una vez con una manga colgando del antebrazo; había otras personas sentadas a la mesa, pero me tocó a mí una vez más. Es una experiencia que conmociona y parece irreal la primera vez que se vive, pero fue tal la estupefacción y el júbilo que sentí que soy incapaz de describirlos.

Walter explicó cómo lo hacía en una sesión de 2005:

Cuando la energía [el ectoplasma] ha adquirido una forma visible para ustedes, cuando tiene flexibilidad, cuando sé que su estado molecular me permitirá trabajar con ella, introduzco mi mano etérea en la energía, en el ectoplasma que se ciñe a mi mano etérea. Esta masa organizada de la que creo la mano etérea tiene consistencia y peso. El peso es el problema. Para nosotros es difícil manipular peso físico, masa física, porque vengo de un mundo que, como saben, existe en un plano vibracional más delicado que el de ustedes. Así que tengo que reducir mis vibraciones[401].

---

400. En algunas ocasiones, Stewart ha apoyado las manos en el borde de la mesa en el curso de este experimento; otras veces han sido los peticionarios los que han apoyado las suyas, para que estuvieran bien visibles. Ibid., p. 37.

401. Halliwell, *Part Two*, p. 56.

Reconozco una vez más que es posible que los lectores se sientan desconcertados por la extrañeza de todo esto, incluso que se inquieten o se nieguen a creerlo. También es posible que sientan la tentación de cerrar el libro. Yo solo les pido, por favor, que recuerden que me limito a contar con sinceridad y exactitud lo que ocurrió y lo que se dijo; los otros peticionarios experimentaron los mismos fenómenos. Además, permítaseme recordar que, como ya se señaló en capítulos anteriores, el fenómeno de las manos materializadas está científicamente documentado en experimentos rigurosamente controlados. En realidad, lo que cuentan algunos informes del pasado se parece muchísimo a lo que yo experimenté con Stewart. Sir William Crookes vio una nube luminosa «condensarse hasta adquirir forma y convertirse en una mano perfecta. En esta etapa, la mano es visible para todos los presentes». Se movía como cualquier mano normal, y luego se disolvió en la nube[402].

Charles Richet observó una masa de ectoplasma «grisáceo y gelatinoso» que salía de Eva C.:

> Poco a poco, el extremo parece ramificarse en dedos. Es como una mano embrionaria, mal formada, pero suficientemente perfilada para permitirme afirmar que es una mano izquierda vista por el dorso. Nuevo progreso: el meñique se separa casi por completo: luego se producen los siguientes cambios, muy rápidos pero muy perceptibles: una mano con los dedos cerrados, vista por el dorso, con el meñique estirado, un pulgar mal formado, y más arriba una hinchazón que parece el carpo. Creo que percibo las arrugas de la piel[403].

Y la materialización de Walter me recordó asimismo la experiencia de Geley: él vio ectoplasma y escribió que «esta especie de brote se desarrolla hasta convertirse en una mano perfectamente moldeada. La toco y tiene el tacto de una mano normal;

---

402. Medhurst, *Crookes and the spirit world*, p. 119.

403. Richet, *Thirty years of psychical research*, p. 524.

palpo los huesos y las uñas. Luego se retira, encoge de tamaño y desaparece...»[404].

Muchas personas, entre ellas David Fontana[405], han tocado también la mano materializada y totalmente animada de Walter en las sesiones de Stewart. Yo he acabado por comprender que no se trata de cosas del pasado que solo se conocen por los libros; estos notables fenómenos son un legado de los grandes médiums históricos que por fortuna se mantiene vivo en el presente. Esta manifestación rigurosamente actual vincula a Stewart con los médiums de toda la historia y permite que personas de nuestros días vean la mano y la toquen por sí mismas.

Durante mi cuarta sesión, celebrada el 20 de agosto de 2015, con otros nueve peticionarios, tuve la suerte de experimentar otra cosa, igual de increíble pero igual de real: la materialización completa del doctor Barnett. A diferencia del episodio de la mano, aquí fue necesaria la oscuridad total. Al principio hicieron levitar a Stewart con silla y todo; despertó cuando las lengüetas luminosas de sus rodillas se habían elevado treinta centímetros y dijo que le molestaba mucho que lo hicieran levitar (en alguna ocasión lo han levantado metro y medio, incluso hasta el techo, siempre atado a su silla y a menudo despierto)[406]. Observando las lengüetas comprobamos que la fuerza capaz de llevar a cabo aquella tarea lo introducía en el gabinete. Walter nos dijo entonces que uniéramos las manos y cantáramos, para concentrar la energía. Mi corazón latía con impaciencia mientras esperaba el milagro.

Los peticionarios más cercanos al gabinete no tardaron en sentir que unas manos los tocaban; alguno dijo que eran manos muy pequeñas, y los demás notamos cuatro. Me dijeron que eran los ayudantes del doctor Barnett, y que uno era un niño. Cuando el doctor Barnett se puso a pasear y a tocar a los reunidos, yo oí sus pasos. También oí su voz conforme se movía, la misma voz que

---

404. Geley, *Clairvoyance and materialization*, p. 187.

405. Fontana, *Is there an afterlife?*, p. 350.

406. Halliwell, *Part Three*, p. 136. Según los informes de Crookes, D. D. Home levitaba involuntariamente durante sus sesiones.

había oído anteriormente a través de la laringe de ectoplasma. Dijo que aquello era muy difícil para él, y cuando pareció que Stewart iba a despertar, ordenó: «¡Duerme!» Las lengüetas de Stewart eran visibles excepto cuando las tapaban las formas que se movían delante de él; otra forma de saber que allí había algo realmente «sólido». Cuando el doctor Barnett se detuvo delante de mí, me dio unos golpecitos amables en la cabeza y en las manos. Respondiendo a una pregunta, dijo: «Tengo un ayudante conmigo», y su voz sonó claramente delante de mí. Stewart se puso a toser y entonces oí moverse las cortinas del gabinete, como si alguien las hubiera cogido y las agitara con fuerza.

Parecía totalmente inconcebible, pero una forma «humana» móvil y parlante, que no había estado en la habitación hasta entonces, se había materializado, había salido del gabinete y se había disuelto en la profunda y misteriosa oscuridad de aquel recinto. ¿Cómo había sido posible? Stewart me dijo luego que los espíritus existen en un cuerpo etéreo de una vibración más alta. Es como empuñar una caña de bambú y moverla con tanta rapidez que deja de verse. Pero cuando se reduce el movimiento, se encuentra en un estado físico visible. Los espíritus tienen que decelerarse del mismo modo cuando se materializan. Entonces emplean el ectoplasma para manifestarse. Han dicho que hacerlo es muy difícil y desagradable, incluso doloroso, y lo han comparado a caminar en el barro o a llevar un abrigo empapado y pesado[407].

El amor y la armonía que reinaban en la habitación de sesiones no se parecían a nada que hubiera experimentado antes; y esto, por lo que parece, propicia el magnífico encuentro de dos mundos. Al final me dio la impresión de que la habitación estaba llena de una energía palpable, casi como si una sustancia saturase el espacio. Puede que no suene periodístico, pero solo se me ocurre repetir las palabras de Jeffrey Kane que se dijeron más arriba: «La realidad captada intuitivamente está acoplada, conectada. Más que mirar las cosas, vivimos en ellas». La experiencia de vivir en aquella habita-

---

407. Halliwell, *Part Two*, p. 20.

ción fue casi indescriptible, y sin embargo conservé la objetividad en todo momento[408].

Pero en lo que se refiere a Stewart, los fenómenos físicos son solo una parte del conjunto. Aunque representan un poderoso argumento en favor de la supervivencia, él dice que el alegato se fortalece cuando lo respaldan indicios de otra clase, sobre todo indicios en forma de mensajes comprobables de los seres queridos de los peticionarios. Yo lo he presenciado muchas veces, aunque a mí no se me entregó ningún mensaje de estos.

Por ejemplo, obtuve la grabación de una sesión celebrada en octubre de 2015 delante de muchos testigos. La estudié concienzudamente. La habitación estaba iluminada y Freda habló a través de Stewart mientras este se encontraba en trance ligero. Freda dijo que en su mundo había un caballero con ella que estaba deseoso de hablar con una amiga; el caballero había fallecido hacía poco más de cuatro años y se llamaba Derek. Una señora australiana llamada Violet Eccles se adelantó y dijo que se refería a ella. Freda la invitó a sentarse al lado del médium, y continuó.

Hacía aproximadamente cuatro años se había organizado una especie de celebración, dijo Freda, que tenía algo que ver con el *good son* [«buen hijo»] de Derek. ¿Tenía un hijo?, preguntó. Violet dijo que sí. Freda siguió escuchando: «Good son..., good-ee-son... good is son... No, *no* es *his son*, no es su hijo». «¡Goodison, Goodison Park!», exclamó Violet. Allí esparcí sus cenizas». (Es un campo de fútbol de Liverpool; a Derek le gustaba el fútbol.) «Allí se siente como en su casa», dijo Freda. (Derek vivió en Liverpool antes de trasladarse a Australia; era su patria chica.) Luego dijo Freda que Derek mandaba recuerdos a su mujer, Joan. (Su mujer se llama Joan.) Y sacó a colación a Joe, amigo de él, diciendo que había es-

---

408. Al describir solo cuatro sesiones no hago justicia a todo lo que es capaz la mediumnidad de Stewart. Hay mucho más, como puede verse en los estudios de Halliwell y otros informes. Por ejemplo, a algunos miembros del círculo íntimo se les permitía ver con luz roja el ectoplasma cuando salía de la boca de Stewart; se invitó a Halliwell a tocar físicamente el ectoplasma en diversas etapas (en forma de ráfaga de aire frío, de copos de nieve calientes, de bola sólida); el grupo vio que formas materializadas creaban sus propias «luces espirituales» con las manos y dejaban que los peticionarios les vieran las manos mientras paseaban por la habitación. Todo el círculo vio estos extraños sucesos. Cuesta creerlo, pero es verdad.

tado enfermo. (Joe era el mejor amigo de Derek y estaba enfermo.) Luego dijo que Dolly, hermana de Violet, estaba también en el otro lado. (Exacto.) «¿Hay algo sobre tocar el piano?», preguntó Freda. Violet dijo que su hermano, igualmente fallecido, era un experto pianista. «¿Quién es Allie, Allison?», preguntó Freda «Mi nuera», respondió Violet. «¡Todos están aquí!», exclamó Freda con placer, como si observara una muchedumbre que celebraba una fiesta.

De principio a fin, los difuntos comunicantes mandaron mensajes de amor, Violet hizo algunos comentarios y a veces se puso muy sentimental. «Ahora hay algo relacionado con Phil», dijo Freda. «¡Todos sus parientes me gritan!» (Violet pensó que se trataba de su sobrino. Luego comprendió que era su amigo Phil, que había muerto.) Por último, Freda dijo que los familiares de Violet le decían que dijera una palabra: «pato». Violet rió por lo bajo y Freda exclamó con aquella voz suya, irónica, de maestra de escuela: «Se desternillan de risa..., ¡muchos me gritan, querida! Debo mencionar la palabra "pato"». Violet explicó que cuando era pequeña quiso salvarle la vida a un pato que se estaba ahogando y lo creyó así porque tenía la cabeza bajo el agua. Se había convertido en una broma de familia.

Me puse en comunicación con Violet para confirmar que Stewart no sabía absolutamente nada de lo que se había dicho (él mismo me había asegurado que no), y para comprobar la veracidad de lo ocurrido[409]. Violet me dijo que la esposa de Derek le había contado después de la sesión que su marido, en efecto, había muerto cuatro años y dos meses antes, tal como había dicho Freda. En la sesión se mencionaron ocho nombres concretos (incluida la referencia al «pato»), una fecha de defunción exacta y una ceremonia concreta (lo de las cenizas en Goodison Park). Freda especificó en cuatro ocasiones la relación exacta que tenía con Violet una persona determinada. No había habido equivocaciones. Pero estos simples datos no pueden transmitir la fuerza ni la emoción que el momento tuvo para Violet, que no tuvo la menor duda de que sus seres queridos seguían viviendo después de la muerte.

---

409. Violet Eccles, comunicación por *e-mail*, 3 de marzo de 2016.

En 2014, Reville Mohr, un escéptico que no creía en la mediumnidad ni en la otra vida, viajó desde Australia con su hermana Leone Holdsworth para asistir a una sesión con Stewart. Profundamente deprimido por la pérdida de su mujer, acaecida nueve meses antes, Reville «se mostraba muy pesimista y tenía miedo de llegar a ponerse tan grosero que hubiera que poner fin a la sesión», me contó Leone[410]. A pesar de todo, ella pensó que podía serle de ayuda. Ante la sorpresa general, Freda, que hablaba a través de Stewart, invitó a Reville a tomar asiento junto al médium. Freda le preguntó: «¿Está pensando en casarse?» La respuesta fue «No». Freda dijo que no oía bien, pero que con ella había una mujer que decía *Marry Lynn*, «Cásate con Lynn». Pero a continuación rectificó diciendo: «Ah, no, es Marilyn. Reville, ¿se sorprendería si le dijera que su mujer estaba aquí conmigo?» La respuesta volvió a ser negativa. «¿Le sorprendería entonces si le dijera que ella estaba con su hija Kimberley y con su hijo Thomas, a los que usted no llegó a conocer?» Al oír aquello, Reville se derrumbó y se echó a llorar. Kimberley, hija de Reville y de Marilyn, había fallecido muy pequeña, de muerte súbita, y había sido Reville quien había descubierto el cadáver. Marilyn había tenido un aborto a los cinco meses de embarazo y el pequeño Thomas no había podido nacer. Exceptuando a la hermana de Reville, ninguna persona presente en la sala sabía absolutamente nada de aquello.

Reville se sintió tan afectado que Stewart, a la mañana siguiente, mandó un mensaje de texto a su anfitriona, que era miembro del círculo, preguntándole cómo se encontraba. «Hasta el día de hoy no he dejado de pensar en lo que me respondió —me contó Stewart, profundamente conmovido al evocar el episodio—. Me contó que Reville había salido a pasear y que al volver era como un hombre al que acabara de tocarle la lotería.» Había cambiado para siempre, se le había quitado un enorme peso de encima. «Renunciaría a todas las trompetillas voladoras, a las materializaciones, a todo, si la mediumnidad, a cambio, fuera mucho más probatoria de lo que es. Esta clase de indicios lo es todo para mí», me contó en 2016.

---

410. Leone Holdsworth, comunicación por *e-mail*, 2 de marzo de 2016. Leone me informó de lo sucedido por *e-mail* y Stewart y algunos miembros del Círculo me lo confirmaron.

Otro factor importante es la serie de curaciones que lleva a cabo el doctor Barnett cuando se materializa o a través de Stewart cuando se instala en su cuerpo, a veces en casos de enfermedades tan graves como el cáncer.

Robin Hodson y su mujer visitaron el círculo en 2011. El doctor Barnett, que hablaba a través de Stewart, dijo a Robin que se sentara delante del gabinete. Las manos de Stewart quedaron encima de las palmas de Robin y «fue como recibir una descarga eléctrica en el acto», dice Robin, que la sintió durante unos minutos. El doctor Barnett anunció que los órganos de Robin «habían sido modificados», cosa que desató risas entre los testigos, y que Robin no se enteraría de los efectos hasta tres meses después. Stewart y los miembros del círculo no lo sabían, pero Robin padecía una cardiomiopatía, una enfermedad incurable del músculo cardíaco que dificultaba el bombeo de sangre, y estaba en revisión médica constante. Tras esta experiencia en la habitación de sesiones, las piernas le flaquearon y se desplomó en la silla.

Cuando Robin fue a visitar al cardiólogo del Hospital de Brighton, le hicieron el ecocardiograma habitual. Según Robin, el médico le preguntó qué había hecho desde la visita anterior. Se había alarmado entonces porque, de acuerdo con las pruebas que le habían hecho, la eficacia del corazón del enfermo estaba por debajo del 20 por ciento y el corazón había aumentado de tamaño. En esta última visita le dijo que su nivel de eficacia había subido al 55 por ciento (lo cual estaba dentro de lo normal) y su corazón tenía ahora un tamaño casi normal. Añadió que los enfermos de cardiomiopatía raras veces se recuperaban de un modo tan milagroso. Y la presente visita se había efectuado exactamente tres meses después de haber estado en la sesión con Stewart, tal como había predicho el doctor Barnett (la cita se había concertado antes de celebrarse la sesión). Robin dice que le han desaparecido los síntomas y que ya no necesita supervisión médica[411]. Esto es solo un ejemplo de las curas del doctor Barnett.

---

411. Robin Hodson, correspondencia por *e-mail*. El 15 de noviembre de 2015 Robin me entregó un informe de lo que había ocurrido; respondió a mis subsiguientes preguntas el 25 de noviembre del mismo año.

También debo decir que los mensajes de los seres queridos a veces no tienen sentido o son inexactos y que las curas, en ocasiones, no son efectivas. Hay veces en que Stewart se sienta con su círculo y no sucede nada en absoluto. Los resultados de las sesiones no son predecibles, y a Stewart le preocupa mucho esto cuando la gente recorre largas distancias para consultarle. Lo que sucede en cada una de las sesiones está fuera de su alcance.

Pregunté a Stewart por la hipótesis psi de agente vivo, que afirma que todos los fenómenos se deben únicamente a su capacidad psi y a la de los peticionarios, que se sirven de la psicoquinesia para producir efectos físicos. «¿He creado yo al doctor Barnett? —respondió—. ¿A alguien que no puede hablar sin mí, pero que camina entre los demás, les pone las manos encima y los cura? ¿Yo soy él? ¡Absurdo!»

Unos meses antes de que terminara este libro sucedió otro suceso notable. Kevin Kussow, de Otto, en Carolina del Norte, propietario de un próspero comercio, venía celebrando sesiones durante más de treinta años con un pequeño círculo dirigido por su padre. A principios de 2016 mandó a Stewart un correo electrónico pidiéndole consejo. El círculo no se reunía desde hacía un tiempo porque el padre de Kevin estaba enfermo. Falleció el 2 de marzo de 2016, y dos días después Freda dijo en una sesión que quería hacer con Kevin la prueba de adivinación de palabras. (Los lectores recordarán seguramente las brillantes pruebas de adivinación de palabras, dirigidas por la señora Leonard, que Alan Gauld describió más arriba.)

Freda empezó dando unos cuantos detalles exactos para identificar al padre de Kevin, que acababa de presentarse en espíritu. Dijo que la cama del difunto estaba enfrente de una estantería con muchos objetos de adorno, y que a su izquierda había una puerta. Dijo que el padre de Kevin le estaba hablando de unos zapatos. Se indicó a Kevin que mirase en el segundo estante, cogiera el segundo o tercer libro por la izquierda y lo abriera por la página ochenta y cuatro, que, como era página par, quedaría a su izquierda. Cerca del principio había una frase en que se hablaba de animales o de un animal. Más abajo se mencionaban los nombres «George» y «Smith». La sesión se grabó y la cinta se envió a Kevin.

Todo era exacto: la situación de la estantería en relación con la cama y la puerta, y que estaba llena de objetos de adorno. En presencia de su madre y de sus dos hijos, Kevin fue al segundo estante y miró el segundo y el tercer libro por la izquierda. El segundo era un folleto delgado, pero el tercero era *Bury my heart at Wounded Knee*, sobre la matanza de indios americanos. Kevin buscó la página ochenta y cuatro, que quedaba a su izquierda. La segunda frase mencionaba el nombre «Pequeño Cuervo», y en la línea siguiente se hablaba de cazar bisontes: los animales a que se había referido Freda. Más abajo se hablaba de un comerciante llamado Smith y de un «hijo mestizo» llamado George, también exactamente como había dicho Freda. Los zapatos favoritos del padre —de la marca Crocs— estaban al lado mismo de la estantería.

Freda había señalado tres datos exactos en la página, además del número concreto de la página del libro que los contenía, en un lugar concreto de un estante concreto, en una casa situada al otro lado del Atlántico. Stewart no conocía personalmente a Kevin y no sabía nada de su casa. ¿Había viajado Freda a aquel sitio, o había proyectado su conciencia, para ver el libro? ¿O había sido Stewart, que, mediante un alarde de clarividencia, había «visto» aquellas palabras en aquella página concreta, además de la posición del libro en el estante, mientras estaba inconsciente? Esta segunda posibilidad le parece un disparate. «Las pruebas de adivinación de palabras son muy valiosas para defender la supervivencia —me dijo—. Es la clase de experimento que los críticos pasan por alto, muy oportunamente.» Hablé con Kevin, que no sabía que la prueba de adivinación de palabras se haría pública, y yo no tengo ningún motivo para dudar de su sinceridad[412]. Y no es la primera vez que Freda ha tenido una actuación tan brillante.

¿Demuestra la mediumnidad de Stewart que sobrevivimos a la muerte? No, si las diversas voces independientes, a veces reconocidas por los peticionarios, se deben únicamente a Stewart y a los propios peticionarios; no, si los cinco espíritus que se presentan son simple-

---

412. Kevin Kussow me dio una detallada descripción de la prueba el 3 de junio de 2016, y yo lo entrevisté por teléfono el 16 de junio.

mente personalidades múltiples inconscientes y las formas materializadas que andan y hablan son creaciones de seres humanos; no, si los poderes del ectoplasma, aún por explicar, pueden prescindir de fuerzas exteriores; no, si Stewart puede curar tocando a enfermos que no sabe que lo están, puede dar detalles exactos de difuntos y leer libros a kilómetros de distancia, y todo gracias a su capacidad psi, que opera mientras él está totalmente inconsciente. ¿Puede concebirse una hazaña así? ¿Qué cuesta más imaginar, que los incorpóreos entran en nuestro mundo con sus facultades psi o que Stewart y sus peticionarios son responsables de todo con sus aptitudes? Que juzguen los lectores. Puede que se trate de una combinación de ambas cosas. Lo único que yo puedo decir, por experiencia propia, es que el mensaje de que sobrevivimos a la muerte impregna las conversaciones, las risas y las lágrimas y las exhibiciones físicas que tienen lugar en la habitación de las sesiones. Lo que allí sucede es la esencia de todo. Es totalmente imposible cruzar la puerta que da a este «otro mundo» sin entrar en esa realidad. No puedo demostrar nada, pero quisiera que todo el mundo tuviera alguna experiencia personal.

Anoche mismo me encontraba en el centro de Nueva York cuando recibí un mensaje de texto de un miembro del círculo de Stewart: «Anoche se paseó entre nosotros el doctor Barnett e hizo unas curas...». Lo recibí mientras esperaba el metro en un andén abarrotado. Las consecuencias de aquel mensaje inesperado se me revelaron de un modo distinto al habitual. ¡Qué extraordinario era todo! En una pequeña habitación de Inglaterra, un hombre se materializaba, salía de unas cortinas, hablaba con la gente, la tocaba y luego desaparecía por donde había llegado. Y este hombre dice que en otro tiempo vivió en este mundo. Para los miembros del círculo de Stewart era un hecho tan normal que podía comunicarse mediante un mensaje de texto en un par de líneas. Y luego todos seguíamos con nuestras actividades de siempre. ¿Debería saber el resto del mundo que esto sucede?

26

Una vida en dos mundos

Por Stewart Alexander

Stewart va a dirigirse ahora a los lectores en un capítulo escrito por él. Nunca ha escrito nada para revistas de gran tirada, y esta es una rara oportunidad para saber lo que tiene que decir este insólito médium físico sobre sus experiencias y su perspectiva excepcional.

Siempre he aceptado de buen grado las muchas preguntas razonables que se me hacen sobre la mediumnidad física que creo tener de modo natural. Para empezar, a menudo me preguntan cómo puedo estar seguro de que los Espíritus que supuestamente se comunican a través de mí no son aspectos de mi inconsciente que se manifiestan con una personalidad única y desarrollada. La verdad es que no estoy seguro. Es una respuesta sincera. Sin embargo, llevo trabajando muchos años como médium (privado y público) y muchas personas han interaccionado con estos «espíritus mediadores», y esta experiencia me sugiere de manera muy contundente que son exactamente lo que dicen ser: habitantes del otro mundo. No soy religioso en modo alguno[413],

---

413. Para mí, una religión es creer y adorar a una deidad suprema: un sistema de fe y devoción. En mi opinión, esto no tiene ninguna relación ni importancia para el espiritismo, que, a lo sumo, puede poner de manifiesto la absoluta realidad de la supervivencia después de la muerte y de la comunicación entre los vivos y los llamados difuntos. Que el movimiento, en el último medio siglo, se haya transformado en una religión para adaptarse a muchas creencias presenta al mundo (tristemente, en mi sentir) una imagen falsa. El destino final del hombre no debe nada a la creencia en un Dios mitificado.

pero citaré aquello que dice la Biblia: «Por sus frutos los conoceréis». Me explicaré.

Pluma Blanca, un espíritu guía que tengo desde hace mucho, fue el primero que se me dio a conocer. Durante meses venía celebrando sesiones con un pequeño grupo y no ocurría nada. En una de ellas me encontraba solo con mi hermano y mi cuñada. Teníamos las manos unidas encima de la mesa, iluminados por una luz roja, como de costumbre. Casi había transcurrido la hora que pasábamos juntos a este efecto y mis pensamientos empezaban a concentrarse en el té y las galletas que siempre tomábamos a continuación. ¡Tal era el momento culminante de las sesiones de entonces!

De repente oí una voz, clara como una campana, en el oído izquierdo. Decía: «Apaga la luz; seguid sentados». Lo curioso es que no me pareció extraordinario oír aquello y no sufrí ningún sobresalto en aquel momento. La voz siguió diciendo sin parar, como un disco rayado: «Apaga la luz; seguid sentados. Apaga la luz; seguid sentados». Así una y otra vez. Cuando mi hermano sugirió dar por terminada la sesión y poner a calentar el agua, le dije: «No, apaga la luz». Apagó la luz roja. Ahora he de hacer una pausa mientras escribo esto, porque tengo un problema: ¿cómo describir lo indescriptible? Me esforzaré y lo intentaré.

En el momento de apagarse la luz, se me acercó algo por detrás. Fuera lo que fuese, vino hacia mí, y todo mi cuerpo, todos los nervios, todos los músculos, me empezaron a temblar y a saltar, y de súbito él estaba allí, dentro de mi cuerpo, y yo estaba fuera. Y entonces «me oí» decir de lejos: «Ya voy, hablad, hermano, hermana». Solo esas palabras, pero esas palabras fueron el principio. En cuanto fueron dichas, él, o ello, fuera lo que fuese, salió de mi cuerpo y yo me encontré nuevamente en el mismo. Momentos después, mi hermano puso fin a la sesión y encendió la luz. Estuvimos en relativo silencio, tomando el té con las galletas. Apenas dijimos nada, y volví a mi casa. La experiencia me había inquietado, por no decir otra cosa.

A la mañana siguiente llegué al despacho —por entonces era diseñador técnico de una compañía internacional de ingeniería— y el teléfono estaba sonando. Descolgué y era mi hermano, que preguntó muy emocionado: «¿Vas a venir esta noche para celebrar otra sesión?» Le respondí: «¡Ni hablar del peluquín!» Francamente, fue la primera y última vez que tuve miedo en una habitación de sesiones. No he vuelto a tenerlo desde entonces. Pero aún estaba nervioso por lo que había sucedido.

A pesar de todo, seguimos reuniéndonos. Cuando Pluma Blanca se apoderaba de mí, era siempre en los primeros minutos; en caso contrario, no pasaba nada. Cada vez que se presentaba, lo primero que ocurría era que se me deformaba la mano izquierda. Se curvaba hacia dentro. Como si padeciera de artritis aguda, aunque no era doloroso.

Ha sido un largo viaje. Después de celebrar sesiones durante años con un círculo íntimo, pues así empecé a desarrollarme, debo confesar que tengo dudas constantes. ¿Era Pluma Blanca un hijo de mis propias facultades que, por algún proceso misterioso, yo mismo había ideado sin darme cuenta tras todos aquellos años de esperar un progreso? ¿O era realmente un habitante del otro mundo y mi cuerpo un conducto de comunicación entre nuestro mundo y el suyo? Este dilema concreto, y es algo que creo fervientemente, es el que tienen los médiums más auténticos que caen en trance. Por buenas razones, nadie quiere ser culpable de engañarse a sí mismo ni, lo que es peor, de engañar a los demás. Así que me preguntaba una y otra vez si todo aquello era solo un producto de mi imaginación o quizás una personalidad de esas que llaman secundarias que yo había creado inconscientemente para responder a las expectativas. En pocas palabras, dudaba mucho de mí mismo.

Sin embargo, seguí celebrando sesiones con el círculo. Pasaron más años hasta que finalmente acepté que las voces que se oían a través de mí eran lo que afirmaban ser. Mis continuas dudas finalmente se disolvieron cuando asistí a una sesión con el médium inglés Leslie Flint a principios de los años setenta. Por entonces era internacionalmente reconocido como uno de los médiums de «voz-directa» más distinguidos del mundo, en cuya presencia las voces de los muertos se oían hablar lejos de él, en otra parte de la habitación, como si salieran del aire, mientras él permanecía silencioso en su silla. (Esta capacidad era parecida a la de Indridi Indridason, descrita en un capítulo anterior.) Flint incluso intervenía a veces en las conversaciones. Como tuve el privilegio de comprobar en persona, fue absolutamente fantástico estar allí y oír las voces de hombres, mujeres y niños hablar con sus seres queridos de este lado de la vida.

La tercera o cuarta vez que asistí a una sesión con Leslie Flint llegué a lo que creo que fue uno de los hitos de mi evolución. Varias voces hablaban con sendos peticionarios en diferentes partes de la habitación y Flint hablaba desde su silla. Llevábamos más de una hora allí cuando de pronto oí brotar la voz de mi abuela en el centro de la habitación. Había sido como una madre para mí, para mi hermano y mis dos hermanas, y había desempeñado un papel fundamental al hacerse cargo de nosotros al venirse abajo el matrimonio de nuestros padres cuando yo tenía diez años. El día en que murió, dos o tres semanas antes de aquella sesión concreta —hecho que Flint desconocía por completo—, yo había estado junto a ella en el hospital. Estaba inconsciente, pero yo le cogía la mano y entre nosotros había circulado algo que nadie más sabía. Y de repente, allí, en aquella pequeña habitación, semanas más tarde, ella misma me habló de esto: de algo que solo yo conocía en este mundo y ella en el otro. La voz que oía era la de ella. Su forma de hablar y ciertas palabras que utilizaba eran exclusivamente suyas, y en mi alma no había ninguna duda de que era ella. De ese modo me demostró que había sobrevivido a la muerte. Cuando su voz se desvaneció, sentí una intensa gratitud interior, no solo hacia ella por haber realizado aquel supremo esfuerzo de visitarme, sino también hacia todos los que estaban a ambos lados de la muerte y que habían hecho posible aquella maravillosa comunicación.

¡Pero la cosa no terminó ahí! Mientras meditaba sobre la emotiva conversación sostenida, surgió de pronto otra voz en la oscuridad, y era una voz que conocía muy bien por haberla oído y grabado en mis propias sesiones. Era de Pluma Blanca, que se había esforzado sistemáticamente por ayudarme a pesar de mis dudas sobre su autenticidad. Mientras hablaba lejos de Flint, desde otra parte de la habitación, se me ocurrió de pronto que tenía allí mi oportunidad de oro para saber de una vez para siempre si era quien afirmaba ser. ¿Era realmente un individuo autónomo, o un aspecto de mí mismo? La solución brotó de súbito en mi cabeza y dije: «¿Puedo hacerte una pregunta?» «Sí», dijo, y le pregunté si durante su vida en la tierra había tenido alguna deformidad física. Al instante, respondió: «¿Te refieres a mi mano izquierda?»

Imposible explicar lo que sentí cuando oí estas palabras. El hecho incuestionable es que en aquella habitación —en presencia de Leslie Flint, que prácticamente era un extraño y no sabía nada de mi evolución como médium— el comunicante había pronunciado seis poderosas palabras: «¿Te refieres a mi mano izquierda?» El efecto que se produjo en mí fue profundo. A raíz de aquella maravillosa experiencia no volví a dudar de que era quien afirmaba ser.

Desde aquel momento me dediqué a la «gran obra». Y prosiguió durante años, muy lentamente. Con el tiempo, el «equipo» de Espíritus (Pluma Blanca, Christopher, Freda Johnson, Walter Stinson y el doctor Barnett), que ahora son como amigos íntimos, pasó a ser parte de las sesiones semanales. La coherencia de las personalidades distintivas y las extraordinarias habilidades de que han hecho gala durante tanto tiempo nuestros amigos los Espíritus cuestionan todas las leyes de nuestro mundo físico tal como las entendemos actualmente, y han acabado por convencerme de que ellos son lo que dicen ser. Hemos grabado centenares de sesiones, y es palpable el amor que emanan los Espíritus. Los peticionarios suelen conmoverse más allá de las palabras. Sinceramente, no soy capaz de concebir que se trate de manifestaciones psicológicas de múltiples personalidades complejas mías que de un modo u otro operan milagros, curan enfermedades y leen los pensamientos de las personas mientras yo estoy «dormido», sumido en trance profundo.

Además, las manifestaciones físicas se basan en el uso de una sustancia energética (llamada ectoplasma) que los Espíritus utilizan para manipular objetos y materializarse parcial o totalmente. Aunque todo esto ocurre en total oscuridad, ha habido veces en que se ha encendido una luz roja el tiempo suficiente para que los presentes vean en acción el ectoplasma unido a mi cuerpo. Cuando Walter (nuestro operario espiritual responsable de los fenómenos físicos) materializa su mano, esta sale de una nube de ectoplasma que siempre se ve con luz roja. Si esto es puramente psicológico, y los efectos se deben a aptitudes psi inconscientes, parece muy improbable que esta sustancia misteriosa se genere y pueda ser vista por los presentes en la habitación.

Por desgracia, muy pocas personas experimentarán las maravillas de la habitación de sesiones, porque actualmente hay muy pocos médiums auténticos y círculos de confianza a disposición del público, y muchos podrían trabajar únicamente en privado[414]. En este sentido, quisiera comentar una pregunta que se me ha hecho en muchas ocasiones y en la que he pensado detenidamente. Leslie Kean me la planteó en 2015. Me preguntó si podía grabar en vídeo la materialización de la mano de Walter con una pequeña cámara de aparición reciente que puede filmar con la luz roja de baja potencia que siempre encendemos para este experimento.

Conociendo la naturaleza de su libro, pensé seriamente en lanzar por la borda las precauciones y acceder. Pero después de reflexionar comprendí, como en ocasiones anteriores, que una cosa así equivaldría a dejar mi vida y la del círculo a merced de una agitación pública que sería perjudicial para el objetivo de nuestro círculo y problemático para mi familia. Y una investigación de ese jaez no conduciría en última instancia a ninguna parte. Permítaseme explicarlo.

He pasado casi cincuenta años estudiando exhaustivamente la historia de la mediumnidad física[415]. Los hechos históricos indican

---

414. Por ello he grabado un doble CD, *Physical séance room recollections*, con mis archivos de audio. Contienen fascinantes informes de primera mano sobre sesiones, presentados por personas que tuvieron el privilegio de estar con médiums que hoy solo conocemos a través de la literatura. Todos los que toman la palabra presenciaron y experimentaron personalmente las manifestaciones que describen y se tomaron la molestia de grabarlas para futuros interesados. Gracias a que lo hicieran antes de su propia transición tenemos un maravilloso legado histórico. Superando a menudo el factor «estupefacción», estos asombrosos recuerdos de sesiones recuperan maravillas del pasado y mantienen con vida lo que nunca debemos olvidar. Para consultas y pedidos, escribir a sue@finka.karoo.co.uk.

415. Leslie Kean me sugirió que diera una lista de mis libros favoritos y que más recomiendo. Por supuesto que hay muchos más, pero quisiera destacar estos:
Arthur Findlay, *On the edge of the etheric*, Rider & Co., primera edición 1931.
Gladys Osborne Leonard, *Mi life in two worlds*, Cassell & Co. Ltd., primera edición 1931.
Harry Emerson, *Listen my son*, Casdec Ltd., primera edición 1946.
Maurice Barbanell, *This is spiritualism*, Herbert Jenkins Ltd., primera edición 1959.
S. Ralph Harlow PhD, *A life after death*, Victor Gollancz Ltd., Londres, primera edición 1961.
Leslie Flint, *Voices in the dark*, Macmillan London Ltd., 1971.
Paul Tabori, *Pioneers of the unseen*, Souvenir Press, primera edición 1972.
Guy Lyon Playfair, *The indefinite boundary*, Souvenir Press, 1976.
Elizabeth Jenkins, *The shadow and the light*, Hamish Hamilton Ltd., 1982.
David Fontana, *Is there an afterlife?*, O Books, 2005.
Louie Harris, *Alec Harris: The full story of his remarkable physical mediumship*, Saturday Night Press Publications, 2009.

que muchos médiums físicos de renombre han cooperado en cierto momento con los investigadores. Sin embargo, esta buena disposición ha suscitado en última instancia sospechas o insinuaciones de engaño incluso en el caso de médiums auténticos. A veces los hallazgos se calificaban de «no concluyentes» y los investigadores exigían cada vez más experimentos, o buscaban posibles descuidos que hubieran permitido al médium preparar fenómenos de pega. Y, en consecuencia, se exigían más experimentos y más comprobaciones.

Incluso los informes de investigadores de currículo irreprochable se ponían en duda, y a veces en ridículo. En el caso de los médiums sinceros, los fenómenos nunca satisfacían la sed de autenticidad de los investigadores, aunque tampoco podían estos demostrar que fueran fraudulentos, así que nada parecía probarse de manera concluyente ni era aceptado por la comunidad científica oficial. Este esquema se ha venido repitiendo desde Eusapia Palladino hasta Eva C.; desde Margery Crandon hasta Helen Duncan. Estas médiums cooperaban, pero al final corrían la misma suerte.

Margery, una de las médiums físicas más extraordinarias de los años veinte y treinta del siglo XX, fue motivo de enconadas polémicas tras haberse sometido a rigurosas comprobaciones durante años. Los críticos parciales pasaban por alto fenómenos notables que se producían en condiciones totalmente vigiladas pero que casualmente no podían explicarse[416]. Estos fenómenos se han olvidado muy oportunamente desde la muerte de Margery, y hoy se considera que fue una impostora muy astuta que usó sus encantos femeninos para engatusar a muchos investigadores masculinos. La investigación actual sigue haciendo caso omiso de esta cruel y desdichada injusticia, que en última instancia condujo al alcoholismo y a la muerte a una mujer valerosa.

---

416. Los investigadores llevaban a las sesiones anillas de diferentes clases de madera. Al final, las anillas aparecían engarzadas. Además, los investigadores construyeron una caja insonorizada, que pesaba unos cincuenta kilos, contenía un micrófono de condensador rodeado de aislante acústico y estaba forrada con material a prueba de sonido. La voz de Walter, el espíritu guía de Margery, parece que se las arregló para colarse en esta caja herméticamente cerrada y hablar claramente por el micro enterrado en sus profundidades. Los presentes en la habitación de sesiones no oyeron la voz, pero otros peticionarios situados en una habitación alejada la oyeron a través de un altavoz conectado.

A menudo me he preguntado cuál habría sido la suerte de Margery y otros si hubieran optado por hacer sesiones únicamente con su armonioso y privado círculo íntimo. No podemos hacer otra cosa que especular acerca de los fenómenos que habrían podido producirse si no hubieran estado sometidos a la atmósfera fría y clínica de las comprobaciones y las exigencias de efectividad. A veces se hacían fotografías durante los experimentos. Naturalmente, es bien sabido que muchos médiums tramposos han tratado de engañar a la gente crédula y que las fotos de ectoplasma y otros fenómenos estaban trucadas. Pero incluso las imágenes auténticas tomadas en condiciones vigiladas pueden parecer muy extrañas a cualquiera que no haya asistido a una sesión con un médium físico. Esto no justifica las acusaciones que se han hecho por culpa de estas fotografías contra los médiums sinceros que aceptaron el riesgo de permitir las fotos en la habitación de las sesiones.

A lo sumo, una película de la mano de Walter revelaría que la acción paranormal es una realidad, pero podría explicarse alegando que es una función fisiológica anormal que tengo yo y que he dirigido inconscientemente. No se interpretaría, ni mucho menos, como un indicio capaz de demostrar la supervivencia después de la muerte, aunque habría mucho que decir al respecto. A raíz de la investigación científica y la autenticación, nos caerían en picado la prensa y las telecomunicaciones internacionales. Por culpa de la publicidad, mi preciada vida familiar se vería seriamente alterada, así como mi círculo de la habitación de sesiones. Nuestro pequeño círculo se desmoronaría a causa de la vigilancia internacional. Y no cabe duda de que se exigirían más estudios y más filmaciones, y sería el cuento de nunca acabar.

En el peor de los casos, las filmaciones se calificarían de fraudulentas. Y yo tendría que ponerme en la cola de los médiums que transigieron antes que yo. La lacra que ya por tradición arrastran sus nombres acabaría manchando el mío para siempre. Mis hijos y mis nietos se pasarían la vida preguntándose si fui capaz de hacer trampas, porque querrían saber si las filmaciones fueron auténticas o falsas. Una perspectiva así me resulta francamente insoportable.

Mi mediumnidad funciona como resultado directo de una aguda sensibilidad innata con la que he vivido desde siempre y que se ha intensificado con el tiempo. Sometida a presión podría marchitarse y morir. Mi desarrollo como médiums físico estaría amenazado. No veo ninguna ventaja en involucrarme en un proyecto tan ambicioso, puesto que sé que tanto el éxito como el fracaso representarían una calamidad para mí, mi familia y mi círculo, y en cualquier caso no demostrarían nada. Espero que lo comprendan todas las personas a quienes les gustaría que hubiera un vídeo con una sesión, por razones que entiendo perfectamente.

Los lectores también podrían preguntar: ¿y yo? ¿No me gustaría tener yo un vídeo así para ver que la mano se materializa, dado que estoy en trance cuando ocurre? Durante muchos años he estado siempre inconsciente cuando se producían los fenómenos físicos. Con el tiempo, sin embargo, acabé por despertar esporádica e intermitentemente en esos momentos y he de decir que me gustó ser testigo de lo que hasta entonces solo conocía por lo que me contaban; por ejemplo, lo de las trompetillas que se pasean por la habitación. A veces he levitado involuntariamente, con silla y todo, por encima de la cabeza de los peticionarios —algo que confieso que no me gusta—, y entonces me despierto. En el hecho de que salga del trance en esos momentos hay, además, otra finalidad. Al oír mi voz, los peticionarios tienen otra prueba de que estoy donde se supone que estoy: en la silla y no a unos metros de distancia, manipulando tramposamente las trompetillas o enfrascado en otra actividad fraudulenta.

Y he visto algo más que esas imágenes momentáneas en mi propia habitación de sesiones. Hace unos años presencié toda una gama de manifestaciones mientras asistía a una sesión con otro médium físico. Aquella experiencia cambió literalmente mi vida: sin ellas es posible que hoy fuera un completo desconocido. En aquella ocasión éramos en total sesenta testigos. Algunas de aquellas manifestaciones eran idénticas a las que venían produciéndose en mi círculo desde hacía años. Después de la sesión veía la alegría que se reflejaba en la cara de los presentes, veía su embriaguez, y entendí que la vida de las personas pudiera verse afectada en tan poco tiempo. La creencia en que es posible vivir después de la muerte y en que es posible la comunicación entre los dos mundos se había convertido en certeza en la mente de muchas de aquellas personas. En aquel momento supe que ya no podía seguir siendo un médium privado que hacía sesiones únicamente con su pequeño círculo íntimo, como venía haciendo yo durante años. Sentí que era mi deber hacer sesiones delante del público. Y así empecé a hacer actos públicos.

Pero, en lo referente a la materialización de la mano, lo único que puedo decir es que ha sido el fenómeno más maravilloso que he presenciado personalmente. Fue en una de mis sesiones públicas, hace algunos años. Los testigos me habían hablado repetidas veces de que Walter materializaba una mano con una nube de ectoplasma, pero no esperaba verlo por mis propios ojos. Una noche memorable desperté del trance y allí estaba. Debo decir que cuando lo vi me puse a farfullar lleno de emoción, y que estuve hablando de aquello durante meses. Había una gran diferencia entre oír hablar de un fenómeno y verlo realmente: una grandísima diferencia, incluso para un médium.

A veces los Espíritus se ponen traviesos, y a menudo hay muchas risas durante las sesiones. Nunca olvidaré algo que pasó hace decenios, cuando hice de médium con un círculo en casa de mi amigo, mentor y colega Alan Crossley. Estábamos charlando antes de la sesión cuando vimos que la persiana que cubría una ventana abierta se movía a causa de la brisa y se ponía a golpear ruidosamente la base de un florero que había en el alféizar. El florero se volcó, inevitablemente, y todos vimos que el agua caía en la alfombra. Alan cogió un paño inmediatamente y se agachó para limpiarla. Pero se enderezó en el acto y dijo riendo: «Venid a ver, ¡la alfombra está seca!» Estaba total y completamente seca, a pesar del charco de agua que había encima segundos antes. Es la verdad. La verdad pura y simple.

Seis horas después, en la habitación de sesiones de Alan, desperté en plena sesión. Christopher, el joven del mundo del Espíritu que aún está con nosotros, había dicho: «¿Queréis un regalo?» Como todos dijimos que sí, oímos un «gluglú» y toda el agua de antes nos cayó encima y nos empapó. ¡En aquella ocasión nos encantó mojarnos! Seguramente recogieron el agua del florero volcado y la tuvieron suspendida en alguna parte. ¿No es fantástico? Con experiencias así, ¿cómo es posible dudar?

En otra ocasión, me encontraba con un grupo dirigido por una médium maravillosa que se llamaba Kath Matthews (que habría de ser mi primera mentora) y celebramos una sesión en blanco: no ocurrió nada en absoluto. Cuando encendimos la luz, vimos en el suelo, delante de cada uno de los peticionarios, un pequeño animal de plástico: perros, gatos, vacas, caballos, etc. Nos llevamos una desilusión al comprobar que a Kath no le habían dejado ninguno. Nos sentimos un poco molestos, porque era como si el mundo del Espíritu le hubiera hecho un desaire. A la mañana siguiente, sin embargo, Kath me llamó con voz emocionada. Vive sola y había cerrado la casa al irse los peticionarios. Me contó que, al despertar por la mañana, había un cerdito rosa encima del libro que había dejado en la mesilla de noche antes de quedarse dormida. Ya ven, así es el poder del mundo del Espíritu.

Sin embargo, por maravillosos que sean estos acontecimientos, hace mucho que sostengo que los fenómenos físicos auténticos no demuestran por sí solos la comunicación con los muertos. Nadie puede negar que las manifestaciones físicas son (o pueden ser) espectáculos fabulosos, pero, a mi juicio, la verdadera prueba de fuego de la mediumnidad es la información probatoria que se transmite en una sesión física. Si no la conoce previamente el médium, inconsciente durante la sesión, entonces es un indicio muy fuerte de que anda por medio una inteligencia de fuera.

A menudo a la gente le cuesta mucho más aceptar los fenómenos físicos. Yo estoy seguro de que si los muertos se materializaran completamente como formas sólidas, vivas y que respiran, en una habitación bien iluminada, seguiría habiendo dudas en la mente de muchos investigadores y escépticos irracionales que, sencillamente, no aceptan esta posibilidad por culpa de sus creencias.

Muchas veces me han preguntado qué significa para mí personalmente la experiencia de la mediumnidad. Si he de ser sincero, durante mucho tiempo no he sabido qué responder. Durante años, al acabar una sesión, los peticionarios invitados me agradecían la experiencia y me decían que se habían comunicado con sus seres queridos. Yo nunca sabía qué decir, más que nada porque había estado en trance todo el tiempo, así que respondía invariable y ridículamente: «Pues me alegro por usted». Sin embargo, esto cambió radicalmente a raíz de una sesión concreta que celebré hace unos años, y durante la que comprendí lo que sucedía en la habitación y cómo afectaba la sesión a los peticionarios.

Aquella noche asistió una señora que había recorrido tres mil kilómetros para estar presente. No sabíamos nada de ella, solo que parecía muy sincera. Cuando llegamos a la casa del director del círculo (en la que las sesiones se vienen celebrando desde hace más de treinta años), me la presentaron. Era tímida, y cambiamos poco más que unas frases de cortesía. Por fin entramos en la habitación y la sesión empezó. Dos horas más tarde, y cerca ya del final, la señora entró en comunicación con su pareja, que había fallecido doce meses antes de manera trágica. Huelga decir que ninguno de nosotros sabía nada de esto: la pérdida de su pareja, según nos enteramos luego, había estado a punto de destruirla. Luego supimos que había estado muy unida a su pareja, que esta había fallecido inesperadamente y que la señora había estado tan destrozada que no comía ni dormía, e incluso había acariciado la idea de suicidarse.

Cuando terminó la sesión, los peticionarios se reunieron en el salón de la planta baja. Yo, mientras tanto, me recuperé del trance, bajé las escaleras y, ya en la puerta del salón, vi a la señora, que me estaba aguardando. Me abrazó y me dijo: «Gracias por salvarme la vida». Aquello lo significaba todo para mí, y recuerdo aquel momento con mucha emoción. Nunca más volvería a murmurar una insípida frase como: «Pues me alegro por usted». Comprendí que si celebraba sesiones desde hacía tantos años era por aquello. Aquello lo representaba todo.

Además, desearía aportar mi grano de arena, dando ánimos a otros para que formen su propio círculo y trabajen por el desarrollo de la mediumnidad. A quienes desean establecer comunicaciones personales, les daré un pequeño pero importante consejo. Llevo más de treinta años reuniéndome semanalmente con el mismo grupo. En el frenético y tecnológico mundo de hoy, lo más difícil es conseguir un grupo de personas serias, capaces de reunirse en armonía como nosotros. El grupo debe reunirse con regularidad en ocasiones establecidas previamente, estar libre de conflictos, ser constante y estar entregado. Entiéndase que se trata de estar entregados y dedicados al mundo del Espíritu. La formación de un círculo puede ser irritantemente lenta y a veces muy frustrante, y exige mucha paciencia. Pero lo único que puede hacerse es estar ahí, tener fe y confianza en el mundo del Espíritu, porque es una colaboración entre los dos mundos. Así de sencillo.

La comunicación entre dos mundos es delicada: es frágil y, hablando con franqueza, sabemos poco de las condiciones que pueden afectarla e influir en ella. Lo único que podemos hacer —lo único, sea cual sea el momento— es trabajar en colaboración con los Espíritus, escucharlos, dejar que nos guíen y darles siempre lo mejor que tengamos.

Mi viaje personal, que empezó en 1968, no ha terminado aún. Lo que he aprendido por encima de todo es que el mundo del Espíritu desea desesperadamente demostrar la realidad relativa a la naturaleza de la vida; que quienes lo pueblan son quienes afirman ser; y que la muerte será el viaje más maravilloso que haremos.

¿Y qué significa esto para mi vida aquí y ahora? Vivo con la convicción de que es esencial no hacer daño a nadie; ayudar a otros; ser sinceros con nosotros mismos. Creo que todos tenemos en nuestro interior una chispa de «Dios», y por Dios entiendo el estado totalmente puro al que todos volveremos. Somos parte de ese estado puro y, como tales, somos una parte de los demás.

Hace mucho que me encuentro en una posición privilegiada que me ha permitido (a mí y a otros) mirar momentáneamente al otro lado de la cortina. Los Espíritus han hecho todo lo posible por informarnos, por darnos una idea de su glorioso mundo, ese mundo que nos aguarda a todos. Pero siempre han fracasado. Yo imagino que, para ellos, viene a ser como esforzarse por explicar qué es el color a un invidente, o como querer explicar a un sordo de nacimiento cómo es el rumor de la lluvia. Por lo que nos han contado, sabemos que el mundo de la eternidad supera en todos los aspectos al de nuestro presente. Como ha dicho nuestro Espíritu guía Freda:

«Vuestro mundo es un mundo de autoengaño; el nuestro es un mundo de realidad definitiva»[417].

Y nos ha asegurado que no perdemos nuestra individualidad, nuestra personalidad, nuestro carácter ni nuestros recuerdos cuando hacemos la transición al mundo de la realidad definitiva. Así que me mantengo inquebrantablemente aferrado a una idea: que mi mediumnidad puede ofrecer el consuelo y la seguridad de que la muerte no es el final, sino simplemente un paso a ese otro mundo al que un día todos pasaremos.

---

417. Halliwell, *Part Three*, p. 154.

Conclusión

Hemos llegado al final de un viaje de muchos niveles e interconexiones: de los recuerdos de vidas anteriores a las experiencias de muerte real, de la mediumnidad mental a las comunicaciones *post mortem* y la mediumnidad física. Puede que los lectores estén ya de acuerdo en que el material presentado aporta muchos indicios en favor de la hipótesis supervivencialista.

El debate entre la capacidad psi de agente vivo y la supervicencia no tiene solución porque la alternativa LAP (psi de agente vivo) no puede descartarse en ningún caso más allá de toda duda razonable. Pero, como dijo Alan Gauld al final de su capítulo, «una argumentación racional, sea cual sea su tendencia, basada en indicios, por difícil que sea interpretarlos, es preferible a creer o negar sin saber nada». Mi intención ha sido presentar cierta cantidad de observaciones y resoluciones para quienes buscan respuestas objetivas a la pregunta por la supervivencia *post mortem*. Aunque como periodista de investigación quiero respuestas factuales y racionales que sean universalmente válidas, por desgracia no siempre pueden ser definitivas cuando tratamos de temas como este, aunque los indicios sean muy sugerentes.

También es valioso darse cuenta de que puede haber otras formas de enfocar este problema y no limitar la solución al debate LAP versus psi superviviente; hay mucho que no sabemos. Por ejemplo, es posible que la diferencia entre las dos formas de capacidad psi no sea en realidad tan radical como parece. El investigador Daniel Drasin, que desde hace mucho tiempo es supervivencialista, lo entiende del siguiente modo:

Las filosofías y las sabidurías tradicionales han insistido desde hace milenios en que la conciencia es una propiedad primaria e irreductible de la naturaleza. Así que explicar que la mediumnidad y otras formas de presunta comunicación *post mortem* son causadas por aptitudes psi de los vivos es pasar por alto la posibilidad de que todas las operaciones psíquicas se produzcan en el seno del mismo reino o plano general que llamamos toscamente «otro lado» o «mundo de los espíritus». Puesto que hay multitud de indicios que parecen confirmar que la conciencia puede funcionar independientemente del cerebro, es posible que nuestro «verdadero yo» resida realmente en el «otro lado», estemos o no en un cuerpo físico. Si es así, entonces la distinción entre difuntos que se comunican mediante facultades psi con un médium y el médium que emplea su propia operatividad psíquica para adquirir información tal vez sea improcedente, porque, de acuerdo con esta concepción, las dos fuentes operan en el mismo plano[418].

En cualquier caso, quienes creen que la mejor explicación de los datos es la supervivencia están en buena compañía. A pesar de la cuidadosa valoración que hace de la capacidad psi y su relación con la supervivencia, Stephen Braude afirma, «con pocas garantías pero con alguna justificación, que los indicios proporcionan una base razonable para creer en la supervivencia personal *post mortem*»[419], al menos por tiempo limitado. Como sabemos, David Fontana concluía que el argumento psi de agente vivo no es apropiado para explicar los indicios. Asistió durante muchos años a sesiones con una serie de médiums físicos experimentados y presenció toda la gama de fenómenos; a diferencia de Braude, que no experimentó ningún fenómeno que estimase auténtico más allá de los tipos de PK que describí en nuestras sesiones con Kai Muegge[420].

Es evidente que, para muchos de cuantos hemos acabado por aceptar la supervivencia, esta convicción podría basarse en última

---

418. Daniel Drasin, comunicación personal, 17 de noviembre de 2015.

419. Braude, *Immortal remains*, p. 306.

420. Braude, comunicación personal, 25 de enero de 2016.

instancia no solo en los indicios que podemos analizar, sino también, como dice Fontana, «en experiencias personales y en alguna certeza intuitiva interior sobre nuestra verdadera naturaleza»[421]. Michael Sudduth comenta, en este mismo sentido: «Mi posición y mis argumentos no descartan que haya una justificación experiencial para creer en la supervivencia. Sujetos con experiencias cercanas a la muerte, sujetos con recuerdos de presuntas vidas anteriores o médiums que tienen una relación muy concreta con "comunicantes" podrían estar perfectamente en posesión de una base experiencial que justifique su creencia en la supervivencia»[422].

Es verdad que hay muchos indicios convincentes, aunque necesitan la aceptación previa de las suposiciones complementarias que se expusieron más arriba. Emil Jensen, descrito por Erlendur Haraldsson, era un comunicante intruso que dio detalles suficientes para ser identificado años después como una persona que había vivido realmente. Se materializaba delante de muchos testigos de confianza en la habitación de sesiones de Indridi Indridason. ¿Representa una prueba de que sobrevivimos a la muerte la aparición de un ser así, que sabemos que anduvo por la tierra? Sospecho que los testigos que hablaron con Jensen acabaron convencidos de que sí. Pero ¿cómo podemos estar seguros de que la forma materializada era realmente la misma «persona» que el intruso comunicante danés, y no una forma generada de algún modo por el médium y los peticionarios?

Están además quienes dicen experimentar la continuidad de la conciencia antes del nacimiento y después de la muerte. Si un niño recuerda muchos detalles emocionalmente intensos sobre una persona que el propio niño dice que fue en una vida anterior, detalles que se confirman cuando esa persona se identifica, ¿quiere decir esto que el niño tuvo una vida previa? Aunque es ciertamente difícil explicarlo de otro modo, no es una prueba en sentido estricto. Y muchas personas están convencidas, incluso

---

421. Fontana, *Is there an afterlife?*, p. 471.

422. Michael Sudduth, «Personal reflections on life and death», *Cup of Nirvana*, 7 de Agosto de 2015.

médicos e investigadores con experiencia, de que los «muertos» abandonan su cuerpo, entran en un reino *post mortem* y vuelven para contárnoslo. Es posible que las entidades incorpóreas sean capaces de comunicarse con nosotros, mover objetos e incluso materializar sus manos cuando llegan al final del trayecto sin retorno que llamamos muerte.

En mi caso, los estudios y los informes han tenido menos impacto que mis propias experiencias personales, aunque es probable que estas no sean tan convincentes para otras personas. Las comunicaciones *post mortem* que al parecer recibí de mi hermano, en concreto oír su voz irrumpiendo en mi espacio desde fuera de mis pensamientos, los globos rojos que aparecieron en el árbol de delante de mi ventana, los tapones de botella que saltaban, la forma oscura que se me apareció a la luz de la luna, tuvieron para mí más vida que todas las experiencias que había leído. Las sentí tan claramente exteriores a mí que me veo obligada a concederles esa realidad. ¿Y por qué no? Como ha dicho Jeffrey Kane, «tengo la certeza cuando estoy en medio de la experiencia». Las dudas aparecen después.

Mis dos lecturas con médiums mentales, descritas detalladamente más arriba, me permitieron percibir que había continuidad entre las dos personas que aparecieron. Tenía la intuición de que mi hermano no había desaparecido del todo y estaba presente de alguna otra manera. Las lecturas llenaron el doloroso vacío de su muerte prematura y dieron el traste con esa irrevocabilidad. Nunca sabré si esto es una verdad objetiva o no. Pero puedo dar fe de la fuerza que tiene una lectura altamente probatoria (lo cual es una rareza) para mitigar el dolor que produce perder a un ser querido.

Y, como ya dije en otro momento, las sesiones con Stewart Alexander han cambiado mi vida. Desde que presencié la materialización de aquella mano humana, la toqué y sentí su vida y su calor, se abrió una puerta en mí. Encontré algo totalmente incomprensible pero físicamente real. He llegado a conocer bien a los espíritus guías de Stewart, porque he reído con ellos, les he hecho preguntas y me han conmovido con la pureza de sus intenciones y la especificidad de sus personalidades. No puedo negar que fue como entrar en el espacio extraordinario en que dos mundos se unen, cuestionando mi anterior concepción de la realidad. Sin embargo, no soy capaz de explicar estas cosas, y siempre me suscitarán interrogantes que probablemente no sabré solucionar nunca.

Proceda de donde proceda la fuerza que produce estos extraordinarios fenómenos, ninguna persona intelectualmente sincera que estudie la literatura y se involucre con médiums auténticos y dotados podrá negar que la capacidad psi es real. Puede que la desconexión entre esos inexplicados fenómenos y las leyes que gobiernan la realidad física (tal como la conocemos hoy) refuerce la hipótesis de que la conciencia, en efecto, subsiste al margen del cuerpo físico. No soy científica, pero diría que, si la conciencia es no-local y si hay planos o reinos no-físicos, lógicamente tendrán que existir fuera de los confines del mundo material y, en consecuencia, no estarán sujetos a las leyes de la física. Lo único que pido a quienes niegan que esto sea posible es que observen los indicios con mente abierta.

Stephen Braude empezó estudiando la literatura sobre psicoquinesia y telepatía en los años setenta y hasta entonces, al igual que sus «no menos ignorantes» mentores (y que muchos escépticos actuales), la había desestimado por «confusa o engañosa». Esperaba que sus investigaciones apoyaran su convicción de que aquel material era inútil. «Pero los indicios me vencieron —informa—. Cuanto más aprendía, más débiles me parecían las tradicionales hipótesis contrarias de los escépticos y más claramente veía hasta qué punto se basa el escepticismo en la ignorancia.» Admite que se encontraba en una posición excepcional para percibir la cobardía y la insinceridad intelectuales en los escépticos más implacables porque había visto esos rasgos en sí mismo. «Son demonios que conozco íntimamente», dice. Y escribe:

> Para mí no es nada cómodo anunciar a mis colegas académicos que creo, por ejemplo, que un acordeón puede flotar en el aire e interpretar canciones, o que pueden materializase manos que mueven objetos y luego se disuelven o desaparecen [...] Pero si he llegado a adoptar esta postura ha sido porque he agotado las posibilidades

lógicas. La verdad es que mi incomodidad disminuye cuando entiendo que los escépticos desdeñosos y con aires de superioridad saben muy poco sobre los indicios, y que la confianza que aparentan tener en sus opiniones se reduce a poses y faroles insinceros[423].

Cuando recordamos a los valerosos investigadores de principios del siglo veinte, que tenían que afrontar el mismo desdén de sus colegas, vemos que el investigador Hereward Carrington mantenía la misma postura que Braude mantiene actualmente. Muy escéptico al principio, Carrington tiene un valioso consejo para todos nosotros:

No iba a las sesiones de Eusapia predispuesto a que me convencieran; pero el hecho de que acabara tan convencido (porque era el primer caso de auténtica mediumnidad física que veía en diez años de investigación ininterrumpida) demuestra, en mi opinión, que los escépticos más intransigentes podrían acabar convirtiéndose si se dignaran dejar de criticar los informes y las sesiones de los demás y celebraran sesiones también ellos. Solo de ese modo puede modificarse la actitud mental de uno y dejar que se imponga la verdadera naturaleza de los hechos, como se me impuso a mí[424].

Todos podemos elegir la forma de entender estas excepcionales aptitudes humanas y estas fuerzas misteriosas que permanecen ocultas tras la fachada de nuestro mundo material. Tienen capacidad para redefinir quiénes somos y modificar nuestra idea de la vida y de la muerte. La ciencia convencional acabará por reconocerlas algún día, pero hasta entonces vamos un paso por delante. Podemos sacar nuestras propias conclusiones basándonos en la observación de los indicios, en nuestra experiencia y en lo que nos dice la intuición sobre lo que sabemos íntimamente, todo lo cual da forma y sentido

---

423. Braude, *Limits of influence*, prefacio. Las citas del párrafo anterior proceden de este mismo prefacio.

424. Carrington, *Eusapia Palladino*, pp. ix-x.

a nuestra relación con la cuestión de la supervivencia. Espero que este libro haya abierto puertas que permitan a los lectores adentrase fructíferamente en ese proceso y consolarse hasta cierto punto con la idea de que estamos rodeados de mucho misterio, y de que la muerte podría muy bien no ser el fin de todo.

Agradecimientos

Mientras trabajaba en este libro he contado con la ayuda de muchas personas. Ante todo, me gustaría dar las gracias a Gary Jansen, editor jefe de Crown Publishing Group, por sus inteligentes comentarios y la perfección con que corrigió y preparó el texto. Su labor mejoró el libro de un modo tremendo. Autor distinguido y hábil editor, Gary siempre ha estado ahí cuando las circunstancias de la vida me han obligado a posponer plazos y me ha orientado con gran pericia en las diversas fases del proceso editorial.

También estoy enormemente agradecida a los diez destacados colaboradores que han enriquecido y fortalecido mi texto con sendos capítulos. Tras muchos años de trabajo y experiencia, es mucho lo que saben y no tengo palabras para elogiar su profunda dedicación a campos que el saber oficial no está dispuesto a reconocer. Mi más sincera gratitud a Bruce Leininger y también a Jeffrey Kane, Jane Katra, Laura Lynne Jackson, Sandra O'Hara, Mark Lewis y Russ Stratton por sus incesantes informaciones, que fueron cruciales para dar la debida forma a las historias y los casos que presento.

Un agradecimiento especial a mis agentes literarias, Phyllis Wender y Allison Cohen, de Gersh Agency, que creyeron en este libro desde el principio y colaboraron en su nacimiento. Tras haber trabajado conmigo en mi libro anterior, *OVNIS*, Phyllis y Allison han sido parte esencial de mi equipo y no sabría dónde estaría ahora sin ellas.

Hay además muchas personas que me han aconsejado y a quienes he consultado durante los tres años que me ha costado preparar el libro. Quisiera dar las gracias en especial a Stephen Braude por darme documentos y referencias históricos; por sostener, a través de Skype, incontables conversaciones que introducían dudas en mi concepción de las cosas; y por invitarme a ir a Alemania como parte de su equipo, para estudiar la mediumnidad de Kai Muegge. Además, Jim Tucker, Stewart Alexander, Alan Gauld, Julie Beischel y Michael Sudduth me concedieron generosamente su tiempo y sus conocimientos y de un modo u otro dejaron su impronta en estas páginas. Los cineastas Daniel Drasin y Tim Coleman me dieron a conocer material y datos valiosos, así como transcripciones de entrevistas e información útil; Dan mejoró con mano maestra la calidad de las fotos, lo cual fue fundamental para que se publicaran.

Muchas gracias también a Katie Halliwell, a Robert Narholz y a Barrie Coleman por los dibujos a mano que ilustran el texto; a Bob y Phran Ginsberg, de Forever Family Foundation, por responder a mis incesantes preguntas sobre mediumnidad mental y la puntuación de lecturas; a Kai Muegge por su confianza y por permitirme estudiar su mediumnidad; a Howie Abraham y a Ken Saari por su apoyo incondicional y sus útiles conexiones; a Jon Beecher, de White Crow Books, por proporcionarme algunos de sus valiosos libros y fotografías; a Larry Landsman por planear un documental sobre este tema; a Kevin Kussow, a Violet Eccles y a Leone Holdsworth por sus informes sobre experiencias con Stewart Alexander; y a Cyndi Hammons por invitarme a su casa y ayudarme en la investigación.

Estoy especialmente agradecida a los miembros del Círculo Íntimo de Stewart Alexander —en concreto a Ray y June Lister, Carol Petch, Chris y Jane Jackson y Lisa Clifford— por la calurosa acogida que me dispensaron. Con Ray y Carol sostuve muchas conversaciones informativas. Katie Halliwell, un arraigado miembro de honor que ha pasado muchos años documentando los fenómenos que se producen en la habitación de las sesiones, me dio generosamente toda clase de información. Y Alf y June Winchester, asociados al círculo desde hace mucho y seguidores de la mediumnidad de Stewart, también me fueron de gran ayuda.

En Crown, el editor asociado Campbell Wharton fue fundamental para sacar adelante el proyecto cuando propuse la idea.

También doy las gracias a Molly Stern, directora general, a Elizabeth Rendfleisch, directora de diseño; a Kevin Garcia, director de producción; a Nicole Ramirez, subdirectora de producción; a Robin Slutzky, corrector de estilo; a Alane Gianetti, diseñador de la sobrecubierta; a Tricia Boczkowski, vicepresidenta y directora editorial; a Tammy Blake, vicepresidenta de publicidad; a Maya Lane, publicista; a Julie Cepler, directora de márketing; y a Christina Foxley, comercial.

Agradezco asimismo la ayuda adicional que he recibido de John Alexander, Carlos Alvarado, Ralph Blumenthal, Yves Bosson, Will Bueche, Annette Childs, Samir Coussa, Tatiana Daubek, Paul Gaunt, Anna Harrison, Sandy Ingham, Robert Mitchell, Peter Mulacz, Marisa Martyn Rosenbaltt, Erika Ruehlman, Leo Ruickbie, Ralph Steiner y Lisa Trump. Muchas gracias igualmente a los creadores canadienses de la página web *Surviving Death*, a Raj Ramtuhol por el apoyo técnico y el trabajo de programación, y a Sheela Ramtuhol por el diseño gráfico.

Por último, mi mayor gratitud por el apoyo personal que he recibido de mi hijo Paul McKim, de mi amigo Jose Lay y de los familiares que me estimularon mientras hacía el insólito y a menudo solitario viaje de investigación y redacción de *Sobrevivir a la muerte*.

Sobre la autora

LESLIE KEAN es periodista de investigación independiente y autora de *OVNIS: la más amplia recopilación de documentos oficiales desclasificados* (Ediciones Urano, 2017), que figuró en los primeros puestos de las listas de libros más vendidos del *New York Times*. En 2011 colaboró en la producción de un documental sobre su libro para History Channel, realizado por Breakthru Films, compañía que ha recibido varios premios. Kean ha aparecido en programas de CNN, MSNBC y FOX, en *The Colbert Report*, en la radio nacional de Estados Unidos (NPR) y en las páginas de *USA Today*, *US News & World Report* y *Columbia Journalism Review*, entre otros medios. Escribe artícu¹ para el *Huffington Post* desde 2012.

Ha sido asimismo productora y presentadora en directo de un informativo diario emitido por KPFA, emisora de radio de California. Ha escrito artículos para docenas de publicaciones estadounidenses y extranjeras, entre ellas *Boston Globe*, *Philadelphia Inquirer*, *Atlanta Journal-Constitution*, *Providence Journal*, *International Herald Tribune*, *Globe and Mail*, *Sydney Morning Herald*, *The Nation* y *Journal for Scientific Exploration*. Mientras fue corresponsal en Birmania, escribió en colaboración *Burma's revolution of the spirit: the struggle for democratic freedom and dignity*, publicado en 1994. Ha colaborado con ensayos en antologías publicadas entre 1998 y 2009.

ECOSISTEMA DIGITAL